Gabriele Anderl   »9096 Leben«

Gabriele Anderl

»9096 Leben«

Der unbekannte Judenretter
Berthold Storfer

Mit einem Vorwort von
Arno Lustiger

Rotbuch Verlag

Bildnachweis

I, VI, VII, VIII, IX, XII: privat
II: akg/Imagno
III, IV: Bildarchiv Pisarek/akg-images
V: Wiener Stadt- und Landesarchiv;
Bestand Landesgericht für Strafsachen Wien
X, XI: bpk/Walter Zadek
XIII, XIV, XV: Archiv der Israelitischen Kultusgemeinde Wien;
A/VIE/IKG/II/AUS/7G
XVI: dpa, picture-alliance/United Archives

ISBN 978-3-86789-156-1

1. Auflage
© 2012 by Rotbuch Verlag, Berlin
Umschlaggestaltung: Katharina Fuchs, Rotbuch Verlag
Umschlagabbildung: picture-alliance/dpa
Druck und Bindung: GGP Media GmbH, Pößneck

Ein Verlagsverzeichnis schicken wir Ihnen gern:
Rotbuch Verlag GmbH
Alexanderstraße 1
10178 Berlin
Tel. 018 05/30 99 99
(0,14 Euro/Min., Mobil max. 0,42 Euro/Min.)

www.rotbuch.de

Dieses Buch widme ich der Erinnerung an Adi und Oskar Sitzmann sowie Kurt Schreier, die mit Berthold Storfers großem Transport aus dem nationalsozialistischen Österreich entkommen sind und so den Holocaust überlebt haben.

Ich widme es auch Ela und Turpal, Hava und Hadidzha – Flüchtlingskindern aus Tschetschenien, die mir besonders ans Herz gewachsen sind und für die ich hoffe, dass sie nach ihren traumatischen Erlebnissen in ihrer Heimat und auf der Flucht in Österreich bleiben und zur Ruhe kommen können.

Inhaltsverzeichnis

Vorwort

Wer an dem Thema der Rettung mitteleuropäischer Juden durch die Auswanderung nach Palästina interessiert ist, muss der Autorin des Buches »*9096 Leben*«. *Der unbekannte Juden-retter Berthold Storfer* zu Dank verpflichtet sein. Gabriele Anderl hat sich bereits früher in einer Reihe von Publikationen mit dem Thema befasst. Für ihre Biographie über Berthold Storfer hat sie zahlreiche weitere Dokumente aus einer Reihe von Archiven, vor allem in Jerusalem und Wien, ausgewertet und zum Teil erstmals veröffentlicht. In dem Buch geht es um die organisierte Flucht Tausender Juden nach Palästina, die vor der Schoah gerettet werden konnten. Es geht auch um das Leben einer bisher kaum bekannten, aber dennoch sehr bedeutenden Persönlichkeit. Wie ist zu verstehen, dass über einen Menschen, der 9 096 Juden zur Auswanderung und damit zum Überleben verholfen hat, bisher so wenig und vor allem so wenig Richtiges bekannt gewesen ist?

Im Sammelband zur ersten Konferenz über Rettungsversuche während des Holocaust – *Rescue Attemps during the Holocaust* – im April 1974 in Jerusalem ist Storfer mit keinem einzigen Wort erwähnt. Im ihrem 1990 erschienenen, bisher nur auf Hebräisch und Englisch publizierten Werk *Escaping the Holocaust* über die illegale Einwanderung nach Palästina in den Jahren 1939 bis 1944 hat die israelische Historikerin Dalia Ofer Storfers Wirken immerhin ein längeres Kapitel gewidmet. Jürgen Rohwer hat in seinem Aufsatz »Jüdische Flüchtlingsschiffe im Schwarzen Meer 1934–1944« im von Ursula Büttner herausgegebenen Buch *Das Unrechtsregime* (Band 2) 1986 eine ausführliche Darstellung der Schiffstransporte unter der Beteiligung der Zionisten und Storfers verfasst.

Am 27. Januar 2011 erschien in der *Frankfurter Allgemeinen Zeitung* mein ganzseitiger Aufsatz »Der Kommerzialrat charterte die rettende Flotte«. In diesem Artikel habe ich mich unter anderem auch auf Texte und Informationen von Gabriele Anderl, die sich in mehreren Aufsätzen mit Storfer befasst hatte, gestützt. In dem 28-seitigen Kapitel »Zielort Palästina« meines 2011 erschienenen Buches *Rettungswiderstand. Über die Judenretter in Europa während der NS-Zeit* gehe ich auch auf die Persönlichkeit Berthold Storfers und sein Wirken ein.

Zum Verständnis des Geschehens möchte ich einige historische Anmerkungen anbringen. Der »Anschluss« Österreichs unter dem Jubel der Bevölkerung am 12. März 1938 markierte eine neue, radikale Etappe der Judenverfolgung, die alles, was sich bis dahin in Deutschland ereignet hatte, in den Schatten stellte. Sofort begann die systematische Entrechtung der jüdischen Bevölkerung, die gemäß dem Zensus von 1934 191 481 Menschen umfasste. Durch die Einführung der Nürnberger Gesetze vergrößerte sich die Zahl durch Hinzurechnung von konfessionslosen und getauften »Juden« auf über 200 000.

Es begann im März 1938 mit willkürlichen Übergriffen und Demütigungen. So wurden viele Juden dazu gezwungen, knieend die Straßen Wiens zu säubern. Schließlich wurden etwa 26 000 größere und kleinere Betriebe »arisiert« oder liquidiert, Arztpraxen und Rechtsanwaltskanzleien enteignet, Immobilien und sonstiges Vermögen systematisch entzogen. 63 000 Wohnungen wurden in kurzer Zeit »arisiert«, ihre Bewohner vertrieben. Durch unzählige Gesetze und Verordnungen wurde den Juden die Lebensgrundlage entzogen, wodurch sie sich zur möglichst raschen Flucht gedrängt sahen.

Die Juden in Österreich

Bis 1914 lebten in beiden Teilen der k. u. k. Monarchie 1 440 000 Juden. Sie hatten großen Anteil an der Entwicklung von Literatur, Musik, Kunst und Wissenschaften. Sie waren treue Bürger der Monarchie, die ihnen eine freie Entfaltung ermöglichte. Sechs jüdische Feldmarschallleutnants verteidigten ihre Heimat in kriegerischen Auseinandersetzungen. Bereits im Jahr 1809 war Feldmarschallleutnant Armand v. Nordmann in der Schlacht von Wagram gegen Napoleons Armee gefallen. Über 300 000 Juden haben am Ersten Weltkrieg teilgenommen; jeder Zehnte von ihnen ist gefallen. Ab 1914 gab es in der k. u. k. Armee 25 000 jüdische Offiziere, auch in den höchsten Rängen, außerdem 16 jüdische Generäle und mehrere Oberste. Einige von ihnen wurden später nach Theresienstadt deportiert. Zum Vergleich: Vor 1914 gab es im deutschen Heer keine jüdischen Offiziere. Während des Ersten Weltkriegs wurden von den 100 000 jüdischen Soldaten nur 1 400 Juden zu Offizieren befördert.

Am Beispiel von zwei hohen Offizieren soll gezeigt werden, dass der mörderische Rassismus der Nationalsozialisten keine Grenzen kannte und die Treue der Juden zu ihrem Staat in Krieg und Frieden den Antisemiten nichts bedeutete.

Einer von ihnen war Emil v. Sommer. Während des Ersten Weltkriegs wurde er als Bataillonskommandeur verwundet und geriet im Frühjahr 1915 in russische Kriegsgefangenschaft, konnte jedoch schließlich flüchten und war dann neuerlich im Einsatz, diesmal auf dem italienischen Kriegsschauplatz, als Regimentskommandeur an der Piave-Front.

1919 erwarb er die Heimatberechtigung in Wien. Bei der Besetzung des Burgenlandes durch ungarische Freischärler im September 1921 kämpfte er als Oberst und Kommandant des 2. Bataillons des Infanterieregiments 5 für Österreich. 1924 war er Leiter der militärischen Eroberung des Burgenlandes durch die Republik Österreich und wurde daraufhin zum Generalmajor ernannt. Von 1932 bis 1934 war Emil Sommer Bundesführer des Bundes jüdischer Frontsoldaten (BJF), einer Abwehrbewegung gegen den zunehmenden Antisemitismus. Der BJF war damals mit 20 000 Mitgliedern der größte jüdische Verein Österreichs. Im Mai 1938 befahlen einige SA-Leute dem General v. Sommer, die Straße vor seiner Wohnung zu säubern. Er erschien in Generalsuniform mit allen Orden und Ehrenzeichen, worauf die Rabauken verschämt das Weite suchten. Im September 1942 wurden Emil Sommer und seine Frau Anna nach Theresienstadt deportiert, wo sie als »prominente« Häftlinge galten. Beide überlebten den Holocaust. Nach der Rückkehr nach Wien wurde Emil Sommer 1946 zum Kultusrat der wiedererstandenen Israelitischen Kultusgemeinde in Wien gewählt. Er starb am 10. April 1947 in den USA.

Ein anderes Schicksal hatte der jüdischstämmige General Johannes Friedländer. Als Gebirgsjägerkommandeur nahm er unter anderem an vier der vielen blutigen Schlachten am Fluss Isonzo teil und wurde schwer verwundet. Im März 1937 wurde der erst 54-jährige General zum Feldmarschallleutnant befördert. Er erhielt fünf Orden der Republik Österreich, nachdem er bereits in der Monarchie mit sieben Orden ausgezeichnet worden war. Johannes Friedländer und seine Ehefrau Margarethe wurden, obwohl beide getauft waren, als Juden behandelt, weil ihre Großeltern Juden gewesen waren. Vergeblich versuchten Friedländers Kriegskameraden, nun hohe Wehrmachtsoffiziere, ihnen einen »Ariernachweis« zu beschaffen. Am 30. März 1943 wurde Friedländer nach Theresienstadt und am 21. Mai 1944 nach Auschwitz deportiert. Von dort wurde er am 18. Januar 1945 auf einen Todesmarsch geschickt. Der 63-jährige Friedländer wurde lange von Mithäftlingen gestützt, aber bald verließen ihn die Kräfte. Bei Wodzisław in Oberschlesien wurde er von SS-Oberscharführer Bruno Schlager erschossen. Zynisch kommentierte dieser seine Mordtat mit den Worten: »Der Feldmarschall hat zwei Kugeln bekommen.«

Die Alibikonferenz

Wegen des Flüchtlingsstroms, den der »Anschluss« Österreichs ausgelöst hatte, ließ Präsident Franklin D. Roosevelt eine internationale Flüchtlingskonferenz abhalten, die am 6. Juli 1938 im französischen Kurort Evian eröffnet wurde. Die Konferenz war ein Fiasko und lediglich eine Alibiveranstaltung, um das Gewissen der Regierenden der Welt zu beruhigen. Von den 32 teilnehmenden Staaten erklärte sich nur die Dominikanische Republik bereit, Juden aufzunehmen.

Von besonderem Interesse ist das Erscheinen der kleinen Delegation von Juden aus Österreich in Evian. Es gibt glaubhafte Hinweise darauf, dass der berühmte Wiener jüdische Arzt Prof. Heinrich Neumann von Héthárs im Auftrag des Reichsstatthalters Arthur Seyß-Inquart den Delegationen der verschiedenen Länder den Vorschlag unterbreitet hat, Tausende von Juden gegen 250 Dollar Lösegeld pro Person freizukaufen. Andernfalls würden die Betroffenen in Konzentrationslager eingewiesen. Im *Völkischen Beobachter* war der hämische Kommentar zu lesen, Deutschland biete der Welt seine Juden an, aber keiner wolle sie haben.

An der Konferenz nahm auch der 1880 in Czernowitz geborene Wiener Kommerzialrat Berthold Storfer teil. Der ehemalige Kavallerieoffizier der k. u. k. Armee hatte am Ersten Weltkrieg teilgenommen und war, als Kriegswirtschaftsrat im Majorsrang, zur Versorgung des Heeres abkommandiert worden. Bis 1938 war er anschließend ein erfolgreicher Bankier und Geschäftsmann in Wien mit vielfältigen Kontakten zum Balkan gewesen.

Nach dem »Anschluss« beschloss Storfer angesichts der Verfolgungssituation, so viele Juden wie nur möglich durch Auswanderung zu retten, obwohl er sich früher nicht für jüdische Probleme interessiert und sich sogar hatte taufen lassen. Er kehrte aber später, vermutlich nach dem »Anschluss«, wieder zum jüdischen Glauben zurück.

Wegen der pogromartigen Verfolgungen in Österreich in den Wochen nach dem »Anschluss« entschlossen sich viele Juden in Panik zur sofortigen Flucht. Auch die übrigen erkannten, dass sie keine Zukunft in ihrer bisherigen Heimat haben würden. Schon vor 1938 waren Juden, wenn auch in bescheidener Zahl, aus Österreich nach Palästina ausgewandert. Bereits ab 1934 hatten erste Experimente illegaler Schiffstransporte in das britische Mandatsgebiet stattgefunden, die sowohl linksorientierte als auch rechtszionistische Organisationen durchgeführt hatten. Die Passagiere waren bis 1938 allerdings fast ausschließlich aus Osteuropa gekommen.

Der US-amerikanische Marinehistoriker Paul P. Silverstone zählt in seinem Werk *Our only Refuge is Palestine. Open the Gates* für die Zeit von 1938 bis 1944 über 70 illegale Schiffstransporte nach Palästina.

Der NS-Staat war an einer forcierten Auswanderung der Juden auch deshalb interessiert, weil er es auf das jüdische Vermögen, das auf etwa drei Milliarden Reichsmark geschätzt wurde, abgesehen hatte, das er unter anderem dringend für die Aufrüstung brauchte. Wer Deutschland verließ, durfte nur zehn Reichsmark mitnehmen. Aufgrund der Verordnung über die Anmeldung des jüdischen Vermögens vom 26. April 1938 mussten Juden ihr gesamtes Vermögen, sofern dessen Gesamtwert mehr als 5.000 Reichsmark betrug, detailliert offenlegen. Die Verordnung war eine wichtige Grundlage für die weiteren Enteignungsmaßnahmen. Im August 1938 wurde in Wien die »Zentralstelle für jüdische Auswanderung« gegründet, deren erster Leiter Adolf Eichmann war. Sämtliche mit der Auswanderung befassten Behörden waren unter einem Dach konzentriert. Erklärtes Ziel war es, Österreich so rasch wie möglich »judenrein« zu machen.

Die Vertriebenen mussten vor der Abreise eine Reihe diskriminierender Steuern bezahlen: Die Reichsfluchtsteuer und die nach dem Novemberpogrom eingeführte Judenvermögensabgabe (JUVA) flossen in die Staatskassen, die sogenannte Passumlage wurde von der »Zentralstelle« nicht an die Reichsbehörden überwiesen; sie diente zur Finanzierung der Auswanderungs-Aktivitäten und zur Bereicherung der SS-Offiziere. Es musste auch eine Steuerunbedenklichkeitsbescheinigung vorliegen, ehe die Verfolgten das Land verlassen durften. Ihre Bankkonten wurden gesperrt und verfielen spätestens mit der 11. Verordnung zum Reichsbürgergesetz vom November 1941 dem Deutschen Reich.

Ende Februar 1939 erhielt Berthold Storfer von Eichmann den Auftrag, die Organisierung der illegalen Transporte zu übernehmen sowie die entsprechenden Aktivitäten zionistischer Aktivisten zu koordinieren. Storfer musste im Rahmen dieser Tätigkeit, die trotz der unvermeidlichen Kooperation mit Eichmann ein Rettungsprogramm war, fast unüberwindliche Schwierigkeiten und Komplikationen bewältigen. Er war gezwungen, mit Personen und Institutionen zu verhandeln, denen es in erster Linie darum ging, die Notlage der verfolgten Juden auszubeuten. Nur schrottreife Dampfer standen zu überhöhten Preisen zum Kauf oder zur Charterung zur Verfügung. Storfer hatte das Glück, einen vertrauenswürdigen Reeder als Verhandlungspartner zu gewinnen, den Griechen Sokrates Avgherinos. Schiffskäufe mussten angebahnt, Kapitäne und Mannschaften angeheuert, die Verpflegung für die Transporte musste sichergestellt werden. Unzählige Formalitäten mit Hafenverwaltungen, diplomatischen Vertretungen und Reisebüros in der Slowakei und auf dem Balkan waren zu bewältigen.

Der im März 1939 in Wien gegründete und von Berthold Storfer geleitete »Ausschuss für jüdische Überseetransporte« sollte im Auftrag Adolf Eichmanns nicht nur selbst illegale Transporte nach Palästina organisieren, sondern gleichzeitig die diesbezüglichen Operationen der zionistischen Aktivisten koordinieren und überwachen. Das betraf die rechten Revisionisten der Organisation »Betar« ebenso wie die Agenten des »Mossad-le-Alija Bet«, einer eigens für dieses Vorhaben geschaffenen Zweigorganisation der zionistischen Arbeiterbewegung.

Nach der Zerschlagung der Tschechoslowakei im Frühjahr 1939 wurde von Eichmann auch in Prag eine »Zentralstelle für jüdische Auswanderung« eingerichtet, die von SS-Obersturmführer Hans Günther geleitet wurde. Auch der jüdische Geschäftsmann Robert Mandler, der sich in Prag mit der Organisierung illegaler Transporte befasste, war nun zu einer gewissen Kooperation mit der SS gezwungen. Storfer und Mandler waren weder aktive Zionisten, noch waren sie einfache Handlanger Eichmanns. Vielmehr bemühten sie sich im Rahmen ihrer Möglichkeiten, möglichst viele Juden zu retten. Beide wurden später selbst von den Nationalsozialisten ermordet.

Die Auswahl der Kandidaten für die Transporte war eine Quelle ständiger Konflikte und Reibungen zwischen Storfer und den zionistischen Aktivisten, die bei ihren Transporten eindeutig ihre jungen Kader bevorzugten, die das jüdische Palästina aufbauen sollten. Storfer dagegen organisierte auch die Reise von KZ-Häftlingen, die unter der Bedingung des sofortigen Verlassens des Landes freigelassen wurden. Verzögerte sich die Ausreise, drohte ihnen die Wiederverhaftung. Storfer nahm auch vermögende Flüchtlinge mit, die für die Passage größere Summen aufbringen und somit die Ausreise vieler verarmter Menschen mitbezahlen konnten.

Kriegsbedingt stiegen die mit den Transporten verbundenen Kosten: Die Preise für Kohle, Lebensmittel und Versicherungsprämien erhöhten sich, sodass sich Storfer mit immer größeren Forderungen seiner Verhandlungspartner konfrontiert sah. Die Schiffe sollten zunächst unter spanischer Flagge fahren, aber der spanische Konsul widerrief seine Zusage und Storfer musste die panamaische Registrierung und die Schiffsflaggen dieses Landes teuer bezahlen.

Storfer reiste mehrmals nach Griechenland und Rumänien, um Formalitäten in den Häfen zu erledigen und um sich vor Ort ein Bild von der Situation zu machen. In einem Schreiben vom 22. März 1940 schilderte er die verschiedenen Bereiche seiner Arbeit, die er trotz der sich stets neu auftürmenden Schwierigkeiten bewältigen musste: die Devisenbeschaffung über ausländische jüdische Organisationen, die Auswahl der Mitreisenden, die Beschaffung von Transitvisa und fiktiven Zielvisa, die Reise mit der Donau-Dampfschifffahrtsgesellschaft (DDSG) zu den Schwarzmeerhäfen in Rumänien und schließlich der Seeweg nach Palästina. Er berichtete auch von einem »Hexenkessel von Intrigen über alles«. Zuletzt verlangten die Matrosen doppelten Lohn – im Grunde zu Recht, drohte ihnen doch die Verhaftung und Internierung durch die britische Mandatsbehörde, sollten die Schiffe von der Britischen Kriegsmarine aufgebracht werden.

Im März 1940 übernahm Storfer auf Befehl der SS die Leitung der legalen wie der illegalen Transporte auch aus dem damaligen »Altreich« und dem »Protektorat Böhmen und Mähren«. Er war damit zur zentralen Figur für die illegale Einwanderung von Juden aus dem gesamten Deutschen Reich nach Palästina geworden. Die zionistischen Emissäre und Funktionäre reagierten mit Hass und beschuldigten Storfer, ein Kollaborateur und »im Bunde mit dem Teufel« zu sein. Dies war eine besonders unverschämte und infame Beleidigung. Auch die zionistischen Aktivisten hatten notgedrungen jahrelang mit den NS-Behörden zusammengearbeitet, denn die Auswanderung Tausender Flüchtlinge war nur mit deren

Zustimmung möglich. Die NS-Stellen waren es auch, die die notwendigen Ausreisepapiere ausstellten.

Nach dem Kriege revidierten einige Zionisten ihre negative Meinung über Berthold Storfer, allerdings kaum jemals öffentlich. Bis heute ist dieser Held der Rettung in der jüdischen Welt unbekannt oder Persona non grata.

Die größte maritime Rettungsaktion der Geschichte

Storfer selbst gelang es im September 1940, einen von ihm selbst organisierten Transport auf den Weg zu bringen. Es war der größte illegale Transport nach Palästina und die größte maritime Rettungsaktion während des Krieges. Nur einer Person mit seiner Energie und Durchsetzungsfähigkeit, seinem Mut und seiner Kenntnis der Balkanregion war es möglich, ein solches Unternehmen zu realisieren.

Anfang September 1940 brachten vier Schiffe der Donau-Dampfschifffahrtsgesellschaft die Flüchtlinge, die aus Österreich, dem damaligen »Protektorat Böhmen und Mähren«, dem »Altreich« und aus Danzig stammten, zu den rumänischen Häfen Tulcea und Sulina. Unter ihnen waren Hunderte freigelassene Häftlinge aus Dachau und Buchenwald, viele alte Menschen und Kinder.

Am 7. Oktober lief die *Atlantik* mit 1829 Flüchtlingen von Tulcea aus. Es folgten die *Pazifik* mit 986 und die *Milos* mit 880 Passagieren. Insgesamt umfasste der Konvoi also 3695 Menschen.

Die Schiffe *Pazifik* und *Milos* wurden am 14. November vor Haifa von britischen Kriegsschiffen aufgebracht und in den Hafen geleitet. Rasch wurde damit begonnen, die Passagiere an Bord des im Hafen liegenden ursprünglich französischen Dampfers *Patria* zu bringen, mit dem die Flüchtlinge nach Mauritius deportiert werden sollten. Nachdem am 24. November auch die *Atlantik* in Haifa eingetroffen war, wurde mit der Umschiffung auch ihrer Passagiere auf die *Patria* begonnen. Um die Deportation zu verhindern, hatten Mitglieder der jüdischen Untergrundorganisation *Hagana* ohne Rücksprache mit deren Leitung am Rumpf des Schiffes eine Sprengladung angebracht, die die Ausfahrt unmöglich machen sollte. Nachdem die ersten Passagiere der *Atlantik* an Bord gebracht waren, detonierte die Sprengladung. Sie erwies sich als viel stärker als beabsichtigt, sodass die *Patria* binnen kurzem sank. Trotz aller Rettungsmaßnahmen der Britischen Marine kamen 254 Personen bei der Katastrophe ums Leben. Die Überlebenden und die restlichen Passagiere der *Atlantik* wurden zunächst im Anhaltelager Atlit interniert. Unter Gewaltanwendung des britischen Militärs wurden schließlich all jene Flüchtlinge, die sich noch nicht auf der sinkenden *Patria* befunden hatten, aus dem Lager gezerrt und nach Mauritius verschifft, wo sie für die Dauer des Krieges unter gefängnisartigen Bedingungen festgehalten wurden.

Man darf auch die 1800 Opfer der Schiffsunglücke und Havarien nicht vergessen. Sowjetische U-Boote haben die Schiffe *Struma* mit 760 und *Mefkure* mit 320 Passagieren versenkt. Diese Kriegsverbrechen wurden geleugnet, vegessen und nie geahndet.

Verschwiegene Rettungstat

Mehr als 65 000 österreichische Juden wurden Opfer des Holocaust. Rund zwei Drittel der ehemaligen jüdischen Bevölkerung konnte durch Flucht entkommen. Durch Storfers direkte organisatorische Leistung sowie unter seiner Gesamtleitung konnten insgesamt 9 096 Menschen aus Österreich und anderen Teilen des Deutschen Reiches entkommen. Man müsste annehmen, dass ein Retter dieses Kalibers schon vor langer

Zeit von der Jerusalemer Holocaustgedenkstätte Yad Vashem als Gerechter hätte geehrt werden müssen. Das ist nicht der Fall. Nach wie vor werden Storfers Rettungsaktionen, denen Tausende ihr Leben verdanken, totgeschwiegen.

»Wenn einer eine einzige Seele rettet, ist es so, als hätte er die ganze Welt gerettet.« Dieser Spruch aus dem Talmud ist das Gründungsmotto von Yad Vashem. Der Text entspricht den universalistischen Geboten der Propheten Israels wie Jesaja und Jeremia, die für alle Menschen gelten, für Juden wie für Nichtjuden. Trotzdem und in Widerspruch zum eigenen Motto werden von Yad Vashem nur nichtjüdische Retter als Gerechte geehrt. Die in derselben Zeit wirkenden jüdischen Retter werden dagegen ignoriert, obwohl oft auch sie ihr Leben für die Rettung ihrer Brüder riskiert oder verloren haben. Storfer war viele Jahre Christ gewesen. Doch das zählt in Jerusalem nicht: »Einmal Jude, immer Jude« lautet das rabbinische Gesetz.

Sollten in Zukunft die Regeln Yad Vashems geändert werden, dann wäre der Held der Rettung Berthold Storfer einer der ersten Kandidaten für eine Ehrung.

Storfer, eines der letzten Opfer

Berthold Storfer war nach der Abfertigung seines großen Transportes weiterhin in Schiffsangelegenheiten tätig, sogar noch, als die Wiener »Zentralstelle für jüdische Auswanderung«, ursprünglich seine »vorgesetzte Stelle«, im Frühjahr 1943 geschlossen wurde.

Am 2. September 1943 tauchte Storfer unter, nachdem er erfahren hatte, dass er verhaftet werden sollte. Doch schon am 7. September wurde er aufgespürt und festgenommen. Anschließend wurde er nach Auschwitz verbracht, wo er von Eichmann 1944 besucht wurde. Was war das Ziel dieser Begegnung, da Eichmann doch schon vorher wusste, dass Storfer nicht freigelassen werden sollte?

Storfer hat die Befreiung von Auschwitz im Januar 1945 nicht mehr erlebt, denn er wurde 1944 als Geheimnisträger besonderen Ranges ermordet. Ohne die Bedingungen zu kennen, unter denen Storfer agieren musste, um möglichst viele Juden zu retten, lässt sich seine Rolle nicht beurteilen. Gabriele Anderls Buch kann als Kompass bei den Überlegungen über diesen Helden der Rettungsaktivitäten dienen.

Über die Legalität und die sogenannte Illegalität der jüdischen Einwanderung nach Palästina

Der Völkerbund erteilte am 24. Juli 1922 Großbritannien das Mandat über Palästina, weil der damalige britische Außenminister Lord Arthur James Balfour im November 1917 die »Errichtung einer nationalen Heimstätte für das jüdische Volk in Palästina« zugesichert hatte. Von Anfang an handelte die Mandatarmacht allerdings nicht als Treuhänderin, sondern im Stile einer Kolonialmacht. 1923 wurde mehr als die Hälfte des Mandatsgebiets abgetrennt und dort der britische Vasallenstaat Transjordanien gegründet. Das war illegal. Eine der Voraussetzungen für die Erfüllung des Mandatsauftrags war das Recht auf die unbeschränkte Einwanderung von Juden. Bald wurde dieses Recht durch starke Einschränkungen unterhöhlt. Auch das war illegal. Zwischen 1936 und 1939 gab es einen Aufstand der arabischen Bevölkerung Palästinas mit Hunderten von jüdischen Toten und fast tausend Verletzten. Nach dessen Niederschlagung verfügte die britische Regierung mit dem *Weißbuch* von 1939 eine nochmalige drastische Reduzierung der jüdischen Einwanderung. Das war ein eklatanter Verstoß gegen den Mandatsauftrag. Ausgerechnet zu Beginn der tragischsten Periode der jüdischen Geschichte verschloss

Großbritannien de facto – ausschließlich eigenen kolonial-imperialen Interessen und Zielen folgend – die Tore Palästinas für Juden. Das *Weißbuch* verstieß gegen die Bestimmungen des Mandats und war somit illegal. Mit Kriegsbeginn wurden die Grenzen einige Monate später praktisch vollständig dichtgemacht, denn die jüdischen Flüchtlinge aus dem Deutschen Reich galten nun als »feindliche Ausländer«.

Dem Geist des Mandats widersprach auch, dass die Briten jahrelang mit Kreuzern und Zerstörern Einwandererschiffe, häufig in internationalen Gewässern, aufbrachten, sie enterten und unschuldige Menschen verhafteten und in Militärlagern wie Atlit in Palästina sowie auf den Inseln Zypern und Mauritius internierten. Die Betroffenen wurden wie Kriminelle behandelt, was illegal war. Sollten die britischen Kriegsschiffe nicht eher gegen den Feind kämpfen?

Wie kann man angesichts dieser Tatsachen und Hintergründe von einer illegalen jüdischen Einwanderung sprechen? Die Juden Europas wollten und mussten den naziverseuchten, mörderischen europäischen Kontinent um jeden Preis hinter sich lassen. War das illegal?

Wir benutzen diesen Ausdruck mit einer *reservatio mentalis* nur, weil er sich im allgemeinen Sprachgebrauch durchgesetzt hat und obwohl er, in Bezug auf die lebensrettende Flucht, falsch ist.

Auch nach Ende des Zweiten Weltkriegs setzten die Briten ihre illegalen und inhumanen Aktionen fort. 1945 wurde die Organisation »Bricha« gegründet, um Überlebende des Holocaust aus Osteuropa und den Displaced-Persons-Lagern in Deutschland und Österreich auf Schiffen nach Palästina zu schleusen. Nach dem Pogrom von Kielce am 4. Juli 1946, bei dem alle jüdischen Überlebenden der Stadt ermordet worden waren, flüchteten über 110 000 Juden panikartig aus Polen in die DP-Lager. Die »Bricha« operierte schließlich in Mitteleuropa, Frankreich und Italien. Ihre Zentrale in Paris wurde von

Asher Ben-Natan, der später der erste israelische Botschafter in Deutschland wurde, geleitet. Mit 47 Schiffen versuchten die jüdischen Organisationen, die britische Blockade zu durchbrechen. Wie schon in den Jahren der NS-Herrschaft erreichten auch in dieser Phase trotz der geschilderten Abwehrmaßnahmen Tausende »illegale« Einwanderer das Land.

Doch in der Regel wurden die von der »Bricha« organisierten Schiffe auf See abgefangen und 51 000 Überlebende der Schoah von den britischen Behörden in vier überfüllten Lagern auf der Insel Zypern interniert. Erst nach der Gründung des Staates Israel konnten die Betroffenen dorthin einreisen. Jahrelang hat die britische Labour-Regierung mit ihrem Außenminister Ernest Bevin Tausende jüdische Überlebende des nationalsozialistischen Terrorregimes kriminalisiert und interniert. Das ist ein schwarzer Fleck in der Geschichte des Britischen Imperiums.

Noch am 26. April 1948, wenige Wochen vor dem Ende ihrer Herrschaft in Palästina, fingen die Briten das letzte Schiff der »Alija Bet«, die *Nachschon*, mit 553 Passagieren vor Haifa ab, wobei es zu Tätlichkeiten der britischen Soldaten gegen die Flüchtlinge kam.

Die Affäre um das Flüchtlingsschiff *Exodus* machte das Problem der jüdischen Überlebenden in Europa und den Kampf der Juden um einen jüdischen Staat in Palästina zu einem weltweit diskutierten Thema. Die *Exodus* lief am 11. Juli 1947 mit 4 515 Überlebenden des Holocaust vom Hafen Sète in Südfrankreich aus. Sie wurde von britischen Zerstörern verfolgt und aufgebracht, die Passagiere im Hafen von Haifa gewaltsam auf britische Dampfer geschafft. Es gab infolge der Übergriffe vier Tote und 150 Verletzte. Die Schiffe liefen kurz danach nach Frankreich aus, wo sie wochenlang ankerten. Schließlich beschlossen die Briten, die Passagiere nach Deutschland zu verbringen, wo sie im Lager Poppendorf bei Lübeck interniert wurden.

Diese Vorgänge gehören zu den größten Skandalen und Schandtaten der jüngeren Geschichte. Die *Exodus*-Affäre trug wesentlich zum Ende der britischen Herrschaft in Palästina bei.

Während des Zweiten Weltkriegs hatten führende Politiker des jüdischen Palästinas und der ehemalige Soldat der Jüdischen Legion während des Ersten Weltkriegs, David Ben Gurion, die Juden Palästinas aufgefordert, sich trotz der feindseligen Haltung der Briten bei der Einwanderung als Freiwillige zur britischen Armee zu melden. Ben Gurion erklärte, dass die Juden Palästinas gemeinsam mit den Briten mit großem Einsatz gegen Hitler-Deutschland kämpfen sollten, als gäbe es das *Weißbuch* nicht. Zugleich aber sollten sie das *Weißbuch* bekämpfen, das die Rettung Tausender verhinderte, als gäbe es keinen Krieg. Über 30 000 jüdische Männer und Frauen dienten in allen Waffengattungen der britischen Armee im Nahen Osten und in Nordafrika. Später wurde die autonome »Jewish Brigade Group« mit 5 000 Soldaten und Offizieren unter dem Kommando des jüdischen Brigadegenerals Ernest Benjamin gegründet. Die Jüdische Brigade kämpfte bis zum letzten Tag des Krieges im Bestand der 8. Armee und half später vielen Überlebenden des Holocaust bei ihrer legalen oder illegalen Auswanderung nach Palästina.

Arno Lustiger

Einleitung

Berthold Storfer hat weitaus mehr Menschen gerettet als der inzwischen weltweit bekannte Oskar Schindler – wenn auch unter ganz anderen Rahmenbedingungen und in einer früheren Phase der antijüdischen Politik der Nationalsozialisten. Auch wenn Storfers Name da und dort in der Literatur über den Holocaust Erwähnung gefunden hat, ist seine Lebensgeschichte einer breiteren Öffentlichkeit bis heute unbekannt geblieben, und eine Würdigung seiner Verdienste steht noch immer aus.

Dieses Buch stellt den Versuch einer biographischen Annäherung an eine schillernde, streitbare und zugleich umstrittene Persönlichkeit dar, an einen Menschen, der zeitlebens und über den Tod hinaus polarisiert hat. Storfer hat das Leben Tausender Verfolgter durch die Organisation ihrer Flucht ins Ausland gerettet und selbst mit seinem Leben bezahlt. Er ließ viele Möglichkeiten zu entkommen ungenützt und wurde 1944 in Auschwitz ermordet.

Die Teilnehmer seiner Schiffstransporte stammten aus den verschiedensten Teilen des »Großdeutschen Reiches« – aus dem damaligen »Altreich« und aus Danzig ebenso wie aus dem 1938 annektierten Österreich und dem im März 1939 nach der Zerschlagung der Tschechoslowakei eingerichteten »Protektorat Böhmen und Mähren«.

Ziel dieses Buches ist es nicht, Berthold Storfer zu heroisieren, sondern vielmehr, ein differenziertes Bild eines bemerkenswerten Menschen zu zeichnen, dessen Motive sich vielfach nur erahnen lassen. Obwohl Storfers im Jahr 1940 abgefertigter großer Flüchtlingstransport – eine Zusammenfassung mehrerer Einzeltransporte – breiten Raum in der Darstellung einnimmt, wird nicht versucht, Storfers Leben vor 1938 ausschließlich mit dem Blick auf den späteren Judenretter zu interpretieren.

Berthold Storfer, geboren 1880, entstammte einer jüdischen Familie in Czernowitz. Über seinen familiären Hintergrund, seine Kindheits- und Jugendjahre ist wenig bekannt, hat er doch die beiden ersten Jahrzehnte seines Lebens in den verschiedenen von ihm verfassten Lebensläufen praktisch ausgeblendet.

Die mittlerweile zum Mythos gewordene Stadt Czernowitz, rumänisch Cernăuți, die bis 1918 zur österreichisch-ungarischen Monarchie gehörte und heute auf dem Gebiet der Republik Ukraine liegt, wird zwar als Storfers Geburtsort genannt, findet aber in seinen umfangreichen Korrespondenzen kaum jemals Erwähnung. Nur in den allerletzten Briefen, die er 1943 aus Bukarest erhielt, wurde angedeutet, dass Storfers Schwester Berta (Bertha) und deren Mann, Josef Goldner, im selben Jahr aus Wien nach Rumänien geflüchtet waren und planten, sich in Czernowitz niederzulassen.

Die Liste der berühmt gewordenen Czernowitzer ist lang. Unter ihnen finden sich vor allem Literaten und Literatinnen wie Rose Ausländer, Klara Blum, Josef Burg, Paul Celan, Karl Emil Franzos, Gregor von Rezzori und Walther Rode, aber etwa auch der Psychoanalytiker Wilhelm Reich und der Sänger Joseph Schmidt.

In den zahlreichen Publikationen über Czernowitz, etwa in Hugo Golds Standardwerk *Geschichte der Juden in der Bukowina*[1], finden sich keine Hinweise auf Berthold Storfer und dessen Vorfahren. Allerdings wurde er kürzlich auf einer Internetplattform in die Reihen der prominenten Töchter und

Söhne dieser Stadt aufgenommen: »Again, a Czernowitzer –
Berthold Storfer« lautet der Titel einer im Februar 2011 ins
Netz gestellten Kurzbiographie.[2] Ein sehr weitschichtiger Verwandter dürfte der Psychoanalytiker und Publizist Adolf Josef
Storfer (geboren 1888 in Botoşani/Rumänien, gestorben 1944
in Melbourne/Australien) gewesen sein, der sich aus dem nationalsozialistischen Österreich nach Shanghai retten konnte.
Er findet in den Akten mit Bezug zu Berthold Storfer allerdings nirgendwo Erwähnung.

Berthold Storfer konnte sich noch in der Zeit der Donau-
monarchie als Geschäftsmann etablieren – sein Lebensmittel-
punkt dürfte sich damals in Ungarn befunden haben. Während des Ersten Weltkriegs war er als Kriegswirtschaftsrat in
seiner Heimatregion im Einsatz. Kurz nach Ende des Krieges
ließ sich Storfer in Wien nieder, wo er sich rasch als erfolgreicher Geschäftsmann, Bankier und Finanzexperte mit zahllosen Funktionen und Firmenbeteiligungen sowie besten Kontakten, besonders in die ehemaligen Kronländer der Monarchie
und in den Balkanraum, etablieren konnte. Zu den führenden
Wirtschaftsmagnaten seiner Zeit dürfte er, trotz anders lauten-
der Behauptungen, jedoch nicht gezählt haben.

1924 hatte Storfer das Heimatrecht in Österreich erworben,
allerdings nicht in Wien, sondern aus nicht aufklärbaren Gründen in der kleinen steirischen Gemeinde Fölling, die inzwischen in die Stadt Graz eingemeindet worden ist. In Anerkennung seiner geschäftlichen Kompetenz und seiner altruistischen
Tätigkeit auf kulturellem Gebiet wurde Storfer 1930 mit dem
nur in Österreich bekannten Titel eines Kommerzialrates ausgezeichnet.

Storfers Geschäftstätigkeit in der Ersten Republik wurde
durch den »Anschluss« Österreichs an das nationalsozialistische Deutschland im März 1938 jäh beendet.

Diese geschichtliche Zäsur markierte auch einen Radikali-
sierungsschub in der antijüdischen Politik der Nationalsozia-

listen. Die systematische Vertreibung der jüdischen Bevölkerung aus dem damaligen »Reichsgebiet«, das nun auch Österreich umfasste, stand auf der Tagesordnung. Fester Bestandteil des Vertreibungsprogramms war die vorangehende wirtschaftliche Enteignung der Opfer.

Der aus München stammende Alfred Heller, der später die Erinnerungen an seine Flucht aus Deutschland in der dritten Person und unter dem Pseudonym »Seligmann« aufzeichnete, schloss sich 1940 in Wien Storfers Transport an. Von Wiener Bekannten erfuhr Heller, was sich seit dem März 1938 in jener Stadt abgespielt hatte, die er Jahre zuvor als Tourist erkundet hatte und die er nun als fremd und abweisend erlebte: »Zweihunderttausend Juden haben hier gewohnt. Jetzt sind es noch sechzigtausend. Was Ihr in fünf Jahren erlebt habt, hat sich bei uns in drei Monaten abgespielt. Die Hölle war losgelassen. (…) es war die besondere Rohheit, die den ›gemütlichen‹ Wiener wie ausgewechselt hat. Eine Lust, leiden zu sehen. Und desto viehischer, je weiter die Menschen, die nach Rassenreinheit brüllen, selbst von irgendeiner Rassenreinheit entfernt sind.«[3]

Während viele Juden in Deutschland erst nach dem Novemberpogrom realisierten, dass an einen weiteren Verbleib in der Heimat nicht mehr zu denken war, war dem Großteil der jüdischen Bevölkerung Österreichs schon bald nach dem »Anschluss« klar geworden, dass nur die Flucht als Ausweg blieb. In dieser Situation legten unterschiedlichste Gruppierungen und Persönlichkeiten den Behörden ihre Konzepte für eine Zentralisierung der jüdischen Auswanderung vor – das Thema lag gewissermaßen »in der Luft«. Während für die einen der Rettungsgedanke im Vordergrund stand, versuchten andere, die Gunst der Stunde zu nutzen, um sich als »Musterschüler« des Regimes zu profilieren. Manche witterten ganz einfach die Chance, mit der Not der Betroffenen gute Geschäfte zu machen. Allen war klar, dass sie mit ihren Initiativen, die auf eine

Beschleunigung der jüdischen Auswanderung abzielten, auf breite Zustimmung in der Bevölkerung stoßen würden.[4]

Auch Berthold Storfer bot bereits wenige Wochen nach der nationalsozialistischen Machtergreifung in Österreich den neuen Herren seine Dienste bei der Förderung der jüdischen Auswanderung an. Hatte er 1938 mit seinen Vorstößen noch wenig Erfolg, so änderte sich dies im zeitigen Frühjahr 1939: Adolf Eichmann, Angehöriger des SD, des Sicherheitsdienstes der SS, der in Wien im August 1938 die »Zentralstelle für jüdische Auswanderung« gegründet hatte, betraute ihn mit der Einrichtung und Leitung eines »Ausschusses für jüdische Überseetransporte«. In der Praxis ging es dabei fast ausschließlich um die Organisierung und Koordinierung »illegaler Transporte« nach Palästina – durch die jüdische Flüchtlinge unter Verstoß gegen die geltenden Einwanderungsbeschränkungen mit Schiffen in das damalige britische Mandatsgebiet im Nahen Osten geschleust wurden.

Es gelang Storfer in den folgenden eineinhalb Jahren, Flüchtlingstransporte in einer beachtlichen Größenordnung zu realisieren. Die Vorbereitung und Durchführung war angesichts der Rahmenbedingungen eine außerordentliche Leistung. Storfer brachte aufgrund seiner langjährigen Geschäftstätigkeit und seiner intimen Kenntnis des Balkanraumes die besten Voraussetzungen mit.

Bevollmächtigt von Eichmann, betrat Storfer ein Terrain, auf dem bis dahin ausschließlich zionistische Organisationen und Privatpersonen operiert hatten. Erste Experimente von illegalen Transporten auf dem Seeweg hatten, wenn auch nur in sehr bescheidenem Rahmen, bereits in den Jahren vor 1938 stattgefunden – als Antwort auf die seit den 1920er Jahren sukzessive verschärften Einwanderungsbestimmungen der britischen Mandatsbehörde. Bald nach dem »Anschluss« Österreichs war die illegale »Alija« oder »Alija Bet« (»B«-Einwanderung), wie sie in der zionistischen Terminologie genannt wurde, zu einem Massenrettungsprogramm ausgebaut worden. Zunächst dominierten die ideologisch weit rechts stehenden »Revisionisten«, die sich 1935 als »Neue Zionistische Organisation« von der »Zionistischen Weltorganisation« abgespalten hatten, sowie ihnen nahestehende Privatpersonen wie der Wiener William (Willy) R. Perl das Geschehen. Ab Ende 1938 befassten sich auch die zionistische Arbeiterbewegung durch ihre Zweigorganisation »Mossad« und die eng mit ihr verbundene Pionierbewegung »Hechaluz« mit der Organisierung illegaler Transporte.

Trotz unüberwindlicher ideologischer Differenzen war beiden Fraktionen, den rechten wie den linken Zionisten, ein Ziel gemein: die Etablierung eines jüdischen Gemeinwesens in Palästina, das zur Heimstätte von Juden aus aller Welt werden sollte. Ein verbindendes Element der Aktivisten aus beiden Lagern war auch ihr starker Idealismus.

Berthold Storfer gelang es nach seiner Bestellung zum Leiter des »Ausschusses für jüdische Überseetransporte« rasch, seinen Einfluss gegenüber den anderen Akteuren auszubauen. Diese Tatsache sowie sein Nahverhältnis zu Eichmann und anderen Vertretern des SD und der SS brachten ihn, der zwar Jude, aber kein Zionist war, bald in heftige Konflikte und eine nicht zu entschärfende Konkurrenzsituation mit den zionistischen Organisationen. Zu besonderen Eskalationen kam es in seinen Auseinandersetzungen mit Vertretern des »Mossad« und des »Hechaluz«. Es war ein Machtkampf, ein Kräftemessen, in dem es jedoch sehr wohl auch um ideologische Fragen ging. Die zionistische Arbeiterbewegung war nämlich darum bemüht, hinsichtlich der jüdischen Einwanderung nach Palästina, das sich noch im Aufbau befand, bestimmte Prinzipien aufrechtzuerhalten: Es sollten zunächst in erster Linie junge, gesunde und ideologisch geschulte Personen, die auch ein brauchbares militärisches Potenzial darstellen würden, ins Land kommen. Diese Grundsätze sollten auch bei der Zusammenstellung der illegalen Transporte und trotz der immer bedrohlicheren Verfolgungssituation im Herkunftsland nicht aus den Augen verloren werden. Eichmann hingegen ging es darum, auch die älteren und gebrechlichen Jüdinnen und Juden loszuwerden.

Der ideologisch weit links stehende »Hechaluz« versuchte seit seinen Anfängen im Jahr 1917, seine Mitglieder dazu zu bewegen, auf eine höhere Schul- und Universitätsbildung zu verzichten und sich statt den als »typisch jüdisch« definierten kaufmännischen und intellektuellen Tätigkeiten landwirtschaftlichen und handwerklichen Berufen zuzuwenden. Vor allem auch, weil der »Hechaluz« das Leben in Kollektivsiedlungen in Palästina propagierte, war es bereits in der Zwischenkriegszeit zu heftigen Generationenkonflikten mit den älteren, bürgerlichen Zionisten gekommen. Storfer, der wohlhabende Geschäftsmann, repräsentierte für die Leiter der »Hechaluz«-Bewegung geradezu den Prototyp des verabscheuenswürdigen Kapitalisten. Die Konkurrenzsituation zwischen Storfer und den anderen Organisatoren illegaler Transporte hatte für das Gelingen dieser Unternehmungen zum Teil höchst nachteilige Folgen.

Bald wurden von führenden Vertretern der zionistischen Organisationen heftige Vorwürfe gegen Storfer erhoben, wobei er der Kollaboration mit den Nationalsozialisten und des Verrats an den Zielen der zionistischen Bewegung beschuldigt wurde. Die Auseinandersetzung mit Storfers Tätigkeit berührt somit auch die bis heute zum Teil emotional geführte Debatte über Kooperation und Kollaboration jüdischer Funktionäre mit dem NS-Regime, anderseits aber auch die Thematik der jüdischen Rettungsbemühungen und des jüdischen Widerstandes.

Ab 1938 hatte Adolf Eichmann, der zuvor im SD-Hauptamt in Berlin tätig gewesen war, in Wien sein »Modell« der antijüdischen Politik erprobt. Ein zentraler Bestandteil seiner Methode war die systematische Umstrukturierung und Unterwerfung der jüdischen Administration. Die jüdischen Funktionäre wurden zur Kooperation mit den Nationalsozialisten gezwungen und in die Vertreibungsmaßnahmen, später, nachdem der Betrieb bereits reibungslos eingespielt war, auch in die organisatorische Vorbereitung der Deportationen einbezogen.

In seinem Standardwerk *Instanzen der Ohnmacht* führt der Historiker und Schriftsteller Doron Rabinovici vor Augen, wie die Wiener jüdische Gemeindeleitung zum Prototyp aller späteren Judenräte in Europa geworden ist. Nachdem er die individuellen Motive der einzelnen Protagonisten untersucht und deren Handlungsspielräume ausgelotet hat, gelangt er zu einem ernüchternden Gesamturteil: Die jüdischen Verwaltungsorgane seien unter den vorgegebenen Bedingungen des nationalsozialistischen Herrschaftssystems nichts als »Instanzen der Ohnmacht« gewesen.[5]

Verstörend ist auch seine Erkenntnis, dass die Taktik der Nationalsozialisten aufgegangen ist: Die Vertreter der jüdischen Gemeinschaft hatten die diskriminierenden Gesetze bekanntgeben, die Absonderung und Kennzeichnung der Opfer gewährleisten und die »Sammellager« für die Deportationen betreiben müssen. Sie waren gezwungen worden, eine Kartei der Juden zu erstellen, um zunächst die Verpflegung und zuletzt – wie sich zu spät herausstellte – den Abtransport zu den Vernichtungsstätten zu ermöglichen. Teil dieses Kalküls war es aber auch, dass sich die Empörung der Opfer nicht gegen die eigentlichen Täter, sondern vielmehr gegen die dazwischengeschalteten jüdischen Funktionäre richten sollte. Tatsächlich wurden diese nach dem Krieg häufig als die eigentlich Schuldigen zur Verantwortung gezogen, während so mancher SS-Mann, der in Deportationen verwickelt gewesen war, ungeschoren davonkam.

Im Unterschied zu anderen von Deutschland besetzten Ländern waren die Juden in Österreich keine Minderheit innerhalb einer von den Invasoren unterdrückten Bevölkerung. Vielmehr hatte ein großer Teil der Österreicher den »Anschluss« begrüßt und beteiligte sich – häufig ohne jede Anordnung von oben – an den antisemitischen Pogromen und Raubzügen. Auf diese Weise auf sich selbst zurückgeworfen, blieb der jüdischen Führung bloß die Interaktion mit dem Feind. Nur in Verhandlungen mit den Nationalsozialisten ließ sich der Massenexodus organisieren. Diese Bemühungen waren durchaus erfolgreich: Rund zwei Drittel der jüdischen Bevölkerung Österreichs konnte durch Flucht gerettet werden.

Als besonders verhängnisvoll erwies sich, dass zwischen Oktober 1939 und Herbst 1941 Auswanderung und Deportationen parallel liefen. Adolf Eichmann organisierte im Oktober 1939 erstmals Zwangsverschickungen aus Wien, Kattowitz und Mährisch-Ostrau in die kurz zuvor von Deutschland eroberten Gebiete Polens. Geplant war die Schaffung eines jüdischen »Reservates« im »Generalgouvernement«, wobei es noch nicht um systematische Massentötungen ging. Allerdings wurde eine starke Dezimierung der Betroffenen als Folge der am Zielort vorgefundenen Lebensbedingungen bewusst in Kauf genommen. Obwohl die Deportationen aufgrund NS-interner Widerstände rasch wieder eingestellt wurden, nutzte die SS die Drohung weiterer Verschickungen, um die »normale« Auswanderung zu forcieren. Im Februar und März 1941 setzte abermals eine Deportationswelle aus Wien ein, und ab dem Herbst desselben Jahres begannen die systematischen Deportationen. Die »normale« jüdische Auswanderung wurde jedoch erst im Oktober 1941 vollständig verboten.

Dieser fließende Übergang half den Tätern, die Opfer über ihre wahren Ziele zu täuschen. Im Frühjahr 1941 war noch nicht klar, was die Juden im Osten erwarten würde. Erst nach dem Abschluss der großen Massendeportationen im Herbst 1942 erfuhr die Wiener jüdische Leitung von der systematischen Vernichtung.

Die Monstrosität der Verbrechen sprengte alle Vorstellungen, auch die der Opfer. 1938, als sich die Zusammenarbeit zwischen jüdischen Organen und nationalsozialistischen Instanzen einzuspielen begann, war noch nicht einmal den Tätern klar, was in den folgenden Jahren geschehen würde. Die Organisierung eines effektiven jüdischen Widerstandes hätte eine breite Unterstützung durch die übrige Bevölkerung vorausgesetzt, die nicht existierte.[6]

»Eichmann erinnerte sich einzig an solche Juden, die vollkommen in seiner Macht gewesen waren. Er hatte nicht nur die Emissäre aus Palästina vergessen, sondern auch Juden, denen er früher in Berlin begegnet war und die er gut gekannt hatte, als er noch ein einfacher Agent war, ohne alle exekutive Vollmachten«, schreibt Hannah Arendt in ihrem Buch *Eichmann in Jerusalem*.[7] Einer der Berliner Funktionäre, die Eichmann offenbar aus seinem Bewusstsein verdrängt hatte, war Dr. Franz Meyer, ein früheres Vorstandsmitglied der zionistischen Organisation in Deutschland. Vor dem »Anschluss« Österreichs habe sich Eichmann im Umgang mit den jüdischen Funktionären noch korrekt, wenn auch persönlich unverbindlich benommen, erinnerte sich Meyer nach dem Krieg. Er habe ihn mit »Herr« angesprochen und ihn aufgefordert, sich zu setzen. Zwei Jahre später, im Februar 1939, sei der Ton völlig verändert gewesen. Eichmann hatte die führenden Persönlichkeiten des deutschen Judentums nach Wien beordert, um ihnen seine neuen Methoden der »forcierten Auswanderung« vorzuführen. Meyer beschrieb diese Vorladung in einen großen Saal im Erdgeschoss des »arisierten« Palais von Baron Louis Rothschild, in dem Eichmann die »Zentralstelle für jüdische Auswanderung« eingerichtet hatte, wie folgt: »Hier plötzlich saß ein Mann, der in seiner Unverschämtheit Herr über Leben und Tod war, der grob war, uns anranzte, wir durften uns überhaupt nicht seinem Tisch nähern, wir mussten die ganze Zeit stehen.«[8] Es war genau jene Zeit, in der Eichmann Storfer mit der Leitung des »Ausschusses für jüdische Überseetransporte« betraute. Die Spielregeln und die klare Verteilung der Machtverhältnisse müssen auch Storfer bewusst gewesen sein.

Über die Definition des Begriffes »jüdischer Widerstand« herrscht in der Fachliteratur keine Einhelligkeit. Erwähnt seien hier lediglich einige Positionen, die den Terminus besonders großzügig definieren. Warnt etwa Arnold Paucker davor, »sich bei der Behandlung dieses Themas auf die politische Antinazi-Aktivität junger jüdischer Antifaschisten zu beschränken«,[9] so plädiert Ferdinand Kroh für eine noch weiter gefasste Anwendung des Begriffes: »Was (…) die Frage nach dem Widerstand angeht, so vertrete ich die Auffassung, dass alle Aktionen, die während der nationalsozialistischen Herrschaft das Leben von Juden retteten oder zu retten versuchten, Widerstandsaktionen waren. (…) Wo immer Juden sich selbst und ihre Leidensgenossen vor dem mörderischen Zugriff des Nationalsozialismus zu bewahren versuchten, da war dies jüdischer Widerstand.«[10]

Kroh ist folglich auch der Meinung, dass die illegalen Transporte nach Palästina als Widerstandsaktionen zu bewerten seien. In dieselbe Kerbe schlägt Arno Lustiger in seinem 2011 erschienenen eindrucksvollen Buch *Rettungswiderstand*, mit dem erstmals versucht wird, alle Facetten des Phänomens »Judenrettung« in Europa während der NS-Zeit systematisch zu erfassen. Auch der – bewaffnete und unbewaffnete – jüdische Widerstand wird von Lustiger ausführlich untersucht.[11] Ein besonderes Anliegen Lustigers ist es, auch Berthold Storfer als Judenretter im öffentlichen Bewusstsein zu verankern und ihn, der Ziel heftiger Angriffe und Verleumdungen gewesen ist, zu rehabilitieren.

Unbestritten ist, dass sowohl Storfer als auch zionistische Aktivisten Tausenden Menschen zur Flucht verholfen und dadurch das Leben der meisten Betroffenen gerettet haben. Das

Prädikat »Judenretter« kann und soll somit ohne Bedenken vergeben werden. Etwas weniger eindeutig ist für die Verfasserin dieses Buches die Antwort auf die Frage, ob Fluchthilfe in dieser Periode als »Widerstand« beziehungsweise »Rettungswiderstand« bezeichnet werden soll – geht es doch um eine Phase, in der die antijüdische Politik der Nationalsozialisten ganz im Zeichen der systematischen Vertreibung stand. Vor allem der SD, der Sicherheitsdienst der SS, förderte die Tätigkeit der zionistischen Organisationen, weil auch diese die Auswanderung der Juden – wenngleich unter ganz anderen Vorzeichen – befürworteten.

Auch in dieser Zeit gab es allerdings Juden, denen die Nationalsozialisten, aus verschiedenen Gründen, die Ausreise untersagten, und sei es nur, weil sie die ihnen auferlegten diskriminierenden Steuern nicht bezahlen konnten. Wer solchen Personen zur Flucht verhalf, leistete ohne Zweifel Widerstand, ebenso, wer versuchte, das Vermögen von Vertriebenen aus selbstlosen Motiven vor dem Zugriff des NS-Regimes zu retten. Widerstand war fraglos auch jede Art von Fluchthilfe nach dem offiziellen Verbot der jüdischen Auswanderung durch die Nationalsozialisten im Herbst 1941.

Es ist freilich abwegig, die zionistischen Organisationen angesichts der partiellen Überschneidung ihrer Ziele mit denen der Nationalsozialisten der kollektiven Kollaboration zu bezichtigen oder, wie dies in der revisionistischen Geschichtsschreibung häufig der Fall ist, damit die NS-Verbrechen zu relativieren. Obwohl die Nationalsozialisten alle jüdisch-nationalen Strömungen im Unterschied zu den auf Assimilation ausgerichteten Kräften förderten, blieb ihre Haltung gegenüber dem Zionismus stets ambivalent und paradox: Sie erblickten darin zwar ein brauchbares Instrument zur Durchsetzung der von ihnen angestrebten politischen und gesellschaftlichen Trennung von Juden und Deutschen und zur Schaffung eines »judenreinen« Reichsgebietes, doch unterstützten sie zu keinem Zeitpunkt die Idee eines selbständigen jüdischen Staates. Das Gegenteil war der Fall: Die Entstehung eines solchen politischen Gebildes, in ihren Augen ein neues, gefährliches Machtzentrum der wichtigsten ideologischen »Gegner«, wurde als bedrohliches Szenario gewertet. Die Vorstellung einer »jüdischen Weltverschwörung«, mit dem »internationalen Bolschewismus« und der zionistischen Bewegung als ihren Agenten, hatte sich bereits Anfang der 1920er Jahre als ein Eckpfeiler der nationalsozialistischen Ideologie etabliert.[12]

Trotz gewisser Vorbehalte gegen die Verwendung des Begriffes »Rettungswiderstand« im Zusammenhang mit Storfer lässt sich in dessen Agieren doch eine Art von Widerständigkeit ausmachen – auch wenn er sich in ein gefährliches Nahverhältnis zum NS-Regime begeben hat. Es ist Doron Rabinovici zuzustimmen, wenn dieser behauptet, Storfer habe sich »auf seine Art« dagegen gewehrt, »zum ›Untermenschen‹ degradiert zu werden. Seine Aktivität war eine Form der persönlichen Auflehnung, ein individueller Widerstand gegen die Schmach, zum bloßen Opfer erniedrigt zu werden.«[13]

Viele Zeugnisse, darunter auch an Storfer gerichtete Schreiben sowie von ihm verfasste Berichte, vermitteln eine Vorstellung von der Angst und tiefen Verzweiflung der jüdischen Bevölkerung in den damaligen »Reichsgebieten«. Ungeachtet der Tatsache, dass die Nationalsozialisten die jüdische »Auswanderung« forcierten, standen der tatsächlichen Ausreise zahllose Hindernisse entgegen. »Es waren (…) nicht nur die von den deutschen Behörden erfundenen kleinlichen Schikanen und Gemeinheiten der administrativen Prozeduren, das zermürbende Antichambrieren bei Konsulaten und Reedereien, die Gänge zur Polizei, zum Finanzamt, zu allen möglichen sonstigen Dienststellen, die Verhandlungen mit dem Zoll und der Spedition – und oft alles vergeblich –, die das Auswandern zum Vabanque-Spiel machten. Die andere, mindestens ebenso große Schwierigkeit bestand darin, ein Gastland zu finden, das

Asyl gewähren wollte (…). Der NS-Staat forcierte und bremste die Auswanderung der deutschen Juden gleichzeitig. Die Verdrängung aus der Wirtschaft sollte den Emigrationswillen fördern, aber die Ausplünderung durch Vermögenskonfiskation und ruinöse Abgaben hemmte die Auswanderungsmöglichkeiten. Kein Immigrationsland ist an verarmten Einwanderern interessiert, und eine Heimtücke des Regimes bestand darin, dass es mit der Emigration der Juden den Antisemitismus zu exportieren hoffte«, schreibt Wolfgang Benz.[14]

Die Beschäftigung mit Berthold Storfer führt zwangsläufig auch zu einem besonders beschämenden Kapitel des 20. Jahrhunderts – zum Umgang der »freien« Welt mit den von den Nationalsozialisten vertriebenen Juden. Die massiven Abwehrmaßnahmen der meisten Länder gegen den Zustrom von Flüchtlingen hat Ralph Weingarten zu der Schlussfolgerung bewogen, dass sich damit »alle Völker der Welt auch an der Endlösung und deren Ausmaß voll mitschuldig« gemacht hätten[15] – eine Sichtweise, die er ohne Zweifel keineswegs als Relativierung der NS-Verbrechen missverstanden wissen wollte.

Angesichts der immer rigideren Einwanderungsbeschränkungen der potenziellen Aufnahmestaaten wurde die illegale Einwanderung in verschiedene Staaten für viele Verfolgte zur einzigen Möglichkeit, ihr Leben zu retten. Während in Großbritannien selbst immerhin Zehntausende Juden Aufnahme fanden, verschärfte die britische Regierung in ihrem damaligen Mandatsgebiet Palästina, trotz der sich abzeichnenden Katastrophe des europäischen Judentums, ihre schon zuvor harte Immigrationspolitik mit dem *Weißbuch* vom Mai 1939 noch weiter. Mit Kriegsbeginn wurden wenige Monate später alle jüdischen Flüchtlinge – Männer, Frauen und Kinder gleichermaßen – als »feindliche Ausländer« und potenzielle deutsche Spione eingestuft, womit die legale Einwanderung fast gänzlich zum Erliegen kam.

Die Vorbereitung und Durchführung illegaler Flüchtlingstransporte war eine organisatorische Großleistung. Tagtäglich
traten auf den verschiedensten Ebenen neue, kaum überwind-
bare Schwierigkeiten auf. Viele der Personen und Institutionen wie Schifffahrtsgesellschaften oder Reisebüros, mit denen
Storfer zu verhandeln gezwungen war, versuchten auf skrupel-
lose Weise, aus der Notlage der jüdischen Bevölkerung Kapital
zu schlagen.

Wegen des Krieges herrschte großer Mangel an Schiffsraum,
und die Preise für Dampfer, Kohle, Öl und Personal zogen von
Woche zu Woche an. Nur noch wenige Reeder und Seeleute
waren dazu bereit, an illegalen Menschentransporten mitzuwirken, boten sich ihnen doch Möglichkeiten zu lukrativeren
und vor allem ungefährlicheren Geschäften. Immer häufiger
wurden Schiffe durch die Seepolizei in Palästina sequestriert
und zu geringem Preis versteigert, Kapitäne und Matrosen in
Haft genommen.

»In Piräus herrscht eine tumultöse Hausse punkto Schiffe
und Schiffsfrachten, die alle Dämme niederreißt«, charakteri-
siert Berthold Storfer im April 1940 die angespannte Lage.[16]
Mit der Wahl des griechischen Reeders Sokrates Avgherinos
zu seinem wichtigsten Geschäftspartner hatte Storfer dennoch
einen guten Griff getan, denn Avgherinos scheint moralisch
weitgehend integer agiert zu haben.

Der Erfolg der Flüchtlingstransporte wurde durch einen
weiteren Umstand maßgeblich beeinträchtigt: die Ausweitung
des deutschen Einflussbereiches in Europa und des Kriegsgebietes, vor allem auch im Mittelmeer. Bald stand Storfer vor
der Frage, ob angesichts der von Minen und U-Booten ausge-
henden Gefahren Schiffstransporte überhaupt noch möglich
und zu verantworten waren.

Bis Kriegsbeginn war es den zionistischen Organisatoren
gelungen, eine beachtliche Zahl von Transporten erfolgreich
durchzuführen. 17 240, also fast die Hälfte der knapp 40 000

jüdischen Einwanderer, die 1938 und in den folgenden acht Monaten bis Anfang September 1939 nach Palästina gelangten, waren illegale Einwanderer. Mit Beginn des Krieges hatten sich die Hindernisse bei der Durchführung der Transporte vervielfacht. Hinzu kam noch, dass unter dem Eindruck der ersten Deportationen im Oktober 1939 Gruppen überstürzt und ohne genügende Vorbereitung auf den Weg gebracht wurden. Es wird noch wiederholt von endgültig oder vorübergehend gestrandeten Transporten wie dem »Kladovo-Transport«, dem *Sakarya*-Transport oder der dramatischen Reise der *Pentscho* die Rede sein.

Unter extrem erschwerten äußeren Bedingungen vollbrachte es Storfer im Herbst 1940, seinen großen Transport, der aus mehreren Teilgruppen aus verschiedenen Regionen des Deutschen Reiches bestand, auf vier Donauschiffen und schließlich drei Hochseedampfern auf den Weg zu bringen. Mehr als 3 500 Menschen konnten so vom europäischen Festland entkommen. Es war der letzte illegale Transport, der das »Reichsgebiet« verlassen konnte. Trotz seiner energischen Bemühungen scheiterten Storfers Versuche, weitere illegale Transporte nach Palästina durchzuführen.

Folgt man der Interpretation des deutschen Zeit- und Marinehistorikers Jürgen Rohwer, dann hat Berthold Storfer, der selbst kein Zionist war, indirekt zur Entstehung des späteren Staates Israel beigetragen: »Die fast 120 000 Juden aus Europa, die sich von 1934 bis 1948 unter Zurücklassung ihrer Habe und oft ihrer Angehörigen über See auf den Weg nach ›Erez Israel‹ machten, denen niemand in seinem Herrschaftsbereich ein menschenwürdiges Leben gewähren wollte, die unbeschreibliche Lebensbedingungen auf den überladenen Schiffen auf sich nahmen, um mit nicht mehr als ihren auf dem Leib getragenen Kleidern in der neuen Heimat an Land zu gehen, die teilweise noch monate- und jahrelange Internierungen in stacheldrahtbewehrten Lagern zu erdulden hatten, sie trugen entscheidend dazu bei, dass 1948 Israel entstehen (…) konnte.«[17]

Obwohl sein eigentlicher Auftrag damit beendet war, gelang es Storfer weitere drei Jahre, für maßgebliche Stellen des NS-Staates unentbehrlich zu bleiben. Nach wie vor ging es dabei um Schiffe. Nun rückte der Dampfer *Rositta*, den der Reeder Avgherinos bereits vor der Abreise der letzten Flüchtlingsgruppe gechartert hatte, in den Mittelpunkt des Interesses. Das Schiff geriet schließlich in das Visier der Deutschen Kriegsmarine in Rumänien und Bulgarien, die es für ihre Zwecke verwenden wollte. Da nur Storfer mit der Vorgeschichte und den komplizierten Rechtsverhältnissen vertraut war, wurde er in den folgenden Jahren zu einem unverzichtbaren Verhandlungspartner der deutschen Behörden.

Verglichen mit der Rolle anderer jüdischer Funktionäre in dieser Phase war Storfers Kooperation mit den NS-Behörden unverfänglicher, ging es doch nicht um Mitwirkung an der Vorbereitung und Abwicklung der Deportationen, sondern um Schiffe. Neben seinen Aktivitäten im Zusammenhang mit der *Rositta* war Storfer noch mit einer anderen Angelegenheit befasst: Während der Vorbereitung seines großen Transportes hatte er es mit einem besonders hartnäckigen Verhandlungspartner und zugleich Widersacher zu tun gehabt, mit dem Direktor der ab 1938 zu den mächtigen Hermann-Göring-Werken gehörigen Donau-Dampfschifffahrtsgesellschaft, DDSG. Diese hatte ihre Monopolstellung im Donauraum beim Transport jüdischer Flüchtlinge schamlos ausgenutzt. Storfer machte seiner Empörung über diese Ausbeutungssituation in vielen Schreiben Luft.

Etwa eineinhalb Jahre nachdem sein großer Transport Europa verlassen hatte, klagte die Wiener Preisüberwachungsstelle, eine Polizeibehörde, die DDSG wegen überhöhter Preise beim Transport der jüdischen Flüchtlinge an. In dieser Rechtssache ging es freilich nicht um die Interessen der Vertriebenen, sondern ausschließlich darum, Verstöße gegen die Kriegswirtschaftsverordnungen drastisch zu ahnden.

In den Rechtsstreit, der sich über Jahre hinzog, schaltete sich auch eine Danziger Behörde ein, der sogenannte »Judenkommissar«. Auch hier ging es nicht um die Rechte der ausgeplünderten Juden, sondern um einen NS-internen Verteilungskonflikt: Der »Judenkommissar« begehrte die Rückerstattung von ungerechtfertigt an die DDSG bezahlten, aus jüdischem Vermögen stammenden Beträgen, um sich auf diese Weise den Zugriff darauf zu sichern.

Hunderte Seiten geschäftlicher Korrespondenzen belegen, dass sich Storfer in einer für Laien bisweilen kaum durchschaubaren Materie souverän bewegt hat. Durch seine Spezialkenntnisse und wohl auch durch sein außergewöhnliches Selbstbewusstsein gelang es ihm ungewöhnlich lange, der nationalsozialistischen Vernichtungsmaschinerie zu entgehen. Er befand sich in dieser Zeit allerdings in einer Doublebind-Situation: In dem Bewusstsein, dass seine Unabkömmlichkeit eine gewisse Sicherheit für ihn bedeutete, tat er alles, um die in ihn gesetzten Erwartungen zu erfüllen. Gleichzeitig muss er gewusst haben, dass seine Mitwirkung bei einem erfolgreichen Abschluss der ihm übertragenen Aufgaben nicht länger unverzichtbar sein würde. Auch hat er wohl geahnt, dass er inzwischen als Geheimnisträger, der zu viel Einblick in NS-interne Angelegenheiten gewonnen hatte, zu einer potenziellen Gefahr für das Regime geworden war.

Im Herbst 1943 war auch für Storfer der Moment gekommen, in dem er nicht länger begünstigt wurde. Vermutlich war dafür auch der Umstand ausschlaggebend, dass die Wiener »Zentralstelle für jüdische Auswanderung« im Frühjahr 1943 aufgelöst worden war und die Gestapo ihre Agenden übernommen hatte. Damit hatte Storfer den – wenn auch prekären – Schutz durch seine »vorgesetzte Stelle« verloren.

Er versuchte sich zu verstecken, wurde jedoch aufgespürt, direkt nach Auschwitz deportiert und dort 1944 ermordet, aller Wahrscheinlichkeit nach erschossen. Eine nichtjüdische Freundin, die Ärztin Katharina (Käthe) Müller, die vermutlich seine Geliebte war, versuchte ihn in ihrem Gartenhäuschen an der Peripherie von Wien zu verstecken, doch Storfer wurde entdeckt. Katharina Müller überlebte die NS-Zeit, obwohl sie viel riskiert hatte. In der letzten Kriegsphase gehörte sie der österreichischen Widerstandsorganisation »O5« an, die unter anderem Deserteure unterstützte.

So dicht die Informationen über bestimmte Abschnitte von Storfers Leben und Tätigkeit sind, so wenig wissen wir über seine politischen Anschauungen und sein Privatleben. Er scheint sich vor dem »Anschluss« nicht politisch exponiert, sondern auf seine geschäftlichen Aktivitäten konzentriert zu haben. Bis zum »Anschluss« Österreichs war Storfer auch im jüdischen Leben Wiens nicht in Erscheinung getreten. Er hatte sogar, wie aus amtlichen Dokumenten hervorgeht, in der Zwischenkriegszeit über einen längeren Zeitraum nicht mehr der jüdischen Konfession angehört, sondern war »evangelisch A. B.« (Augsburger Bekenntnis) gewesen. In der NS-Zeit galt er nicht nur als Jude im Sinne der Nürnberger Gesetze, sondern war offenbar auch wieder mosaisch. Im Matrikenamt der Israelitischen Kultusgemeinde Wien finden sich allerdings keine Unterlagen über einen Wiedereintritt Storfers in die jüdische Religionsgemeinschaft.

Storfers inzwischen ebenfalls verstorbener Neffe, Josef Storfer (hier in Abgrenzung zu Storfers Bruder »Josef Storfer jr.« genannt), dem die Verfasserin zahlreiche wichtige Hinweise verdankt, konnte in dieser Hinsicht wenig zur Aufklärung beitragen. Er berichtete jedoch aus eigener Erinnerung über einen Vorfall in der Zwischenkriegszeit: Damals sei Berthold Storfers Name vor den Wahlen der Israelitischen Kultusgemeinde von der »Union österreichischer Juden« für Wahlwerbezwecke verwendet worden. Die »Union« definierte im Gegensatz zu den Zionisten die Zugehörigkeit zum Judentum ausschließlich auf religiöser Basis und befürwortete auf allen anderen Ebenen eine weitgehende Assimilation ihrer Mitglieder an die Mehrheitsgesellschaft. Berthold Storfer war laut Josef Storfer jr. über die nicht mit ihm abgesprochene Aktion zutiefst empört und distanzierte sich nachdrücklich davon.[18]

Wenn es um die Frage nach Storfers Beweggründen geht, bleiben wir in hohem Maße auf Spekulationen angewiesen. War es vorrangig der Wunsch, Menschenleben zu retten, der ihn gleich nach dem »Anschluss« dazu bewegt hat, den Nationalsozialisten aus freien Stücken seine Dienste anzubieten? Oder hoffte er, auf diese Weise unter dem neuen Regime etwas von seinem früheren Einfluss bewahren und vielleicht auch sein Vermögen retten zu können? Denkbar ist, dass ihn ein Bündel von Überlegungen zu seiner Entscheidung veranlasst hat.

Storfer hätten sich bei seinen Auslandsreisen nach dem »Anschluss« zahlreiche Möglichkeiten geboten, selbst zu flüchten. Er nutzte diese Chancen nicht. Auch die Gründe dafür sind unbekannt. Möglicherweise fürchtete er Repressalien gegen seine Familie. Er selbst blieb zeitlebens ledig, doch hatte er mehrere Geschwister, die innerhalb des Deutschen Reiches lebten und mit denen er, auch geschäftlich, in engster Verbindung stand.

Als weiteren Erklärungsversuch könnte man die Frage aufwerfen, ob Storfer trotz seiner Weltgewandtheit und seiner Erfahrungen die Gefährlichkeit des NS-Regimes zumindest anfangs unterschätzt haben könnte.

Zahllose Schriftstücke, die Storfer im Rahmen seiner Tätigkeit als Leiter des »Ausschusses für jüdische Überseetransporte« verfasst hat, geben Einblick in alle Details seiner Tätigkeit, beinhalten aber nur selten persönliche Stellungnahmen. Auffallend ist, dass kaum jemals eine Spur von Sympathie für das zionistische Aufbauwerk in Palästina anklingt. Wenn er von den dort lebenden Juden sprach, verwendete er Formulierungen wie etwa »Faktoren des Ziellandes«, die auf große innere Distanz schließen lassen. Anzumerken ist freilich, dass Storfers Korrespondenzen einer rigiden Zensur durch die NS-Stellen unterlagen – davon zeugen Briefumschläge mit entsprechenden Stempeln, unter anderem von der Gestapo. Schon angesichts dieser Tatsache war äußerste Sachlichkeit geboten.

Das wohl irritierendste Kapitel von Storfers Aktivitäten nach dem »Anschluss« Österreichs ist seine Rolle bei den ersten Deportationen aus Wien im Oktober 1939 nach Nisko am San, in dem noch im administrativen Aufbau befindlichen Generalgouvernement. Storfer, der mit einigen anderen jüdischen Funktionären in die Region beordert wurde, um eine jüdische Selbstverwaltung aufzubauen, kam der SS weit entgegen: Er bot ihr seine Hilfe bei der weiteren Gestaltung des geplanten jüdischen Ansiedlungsgebietes, einer Art »Reservat«, an. Storfers Motive bleiben auch in diesem Fall unklar.

Storfers Korrespondenzen sind von viel Sachkenntnis und großer Nüchternheit gekennzeichnet, über sein Innenleben, seine Gefühle und Überzeugungen verraten sie wenig. Dennoch konnte Storfer in bestimmten Situationen sehr emotional reagieren – nämlich immer dann, wenn er sich in seiner persönlichen Ehre verletzt fühlte, seine Autorität und sein Einfluss in Frage gestellt schienen und er, statt Dankbarkeit zu ernten, zum Ziel von Angriffen wurde. Dieses Verhaltensmuster kam vor allem in seinen Konflikten mit den zionistischen Funktionären zum Tragen.

Auch viele Flüchtlinge, die in die ungeheuren Schwierigkeiten, die mit der Vorbereitung eines Transportes verbunden waren, keinerlei Einblick hatten, stellten Storfer kein gutes Zeugnis aus. Sie sahen in ihm einen gewinnorientierten Geschäftsmann – eine Einschätzung, die in krassem Gegensatz zu Storfers Selbstwahrnehmung in dieser Periode gestanden haben dürfte. Wiederholte Male betonte er, dass sein »Ausschuss für jüdische Überseetransporte« eine »gemeinnützige Institution« sei und er selbst ein »ehrenamtlich arbeitender Fürsorger«.[19]

Als unbestritten altruistisch und einfühlsam lässt sich Storfers Handeln in einer viel weiter zurückliegenden Angelegenheit beurteilen: Er hatte sich nach dem Ersten Weltkrieg unermüdlich und letztlich erfolgreich für die Befreiung seines ehemaligen Vorgesetzten, General Eduard Fischer, aus der russischen Kriegsgefangenschaft eingesetzt und Fischer nach dessen Rückkehr nach Wien lange Zeit finanziell unterstützt.

Obwohl im Rahmen dieses Buches ausführlich auf die Situation der Flüchtlinge eingegangen wird, die die Reichsgebiete mit Storfers Transporten verlassen konnten, sind ihre Erlebnisse während der Flucht, beim Untergang der *Patria* und in ihrer Verbannung auf die Insel Mauritius durch die britischen Behörden nicht das eigentliche Thema dieser biographisch angelegten Arbeit. Verwiesen sei auf die zahlreichen Zeugnisse von Überlebenden sowie den 2002 entstandenen Dokumentarfilm von Michel Daëron *Irrfahrt der Atlantik (Atlantic Drift)*. Auch die Geschichte der illegalen Transporte nach Palästina kann hier nicht in allen Details rekapituliert werden – nähere Details und ausführliche Quellenangaben finden sich in den Veröffentlichungen der israelischen Historikerin Dalia Ofer, des deutschen Zeit- und Marinehistorikers Jürgen Rohwer sowie der Verfasserin dieses Buches (siehe die Bibliographie im Anhang).

Angemerkt sei, dass Storfer in seinen umfangreichen Korrespondenzen als Leiter des »Ausschusses für jüdische Überseetransporte« vielfach das Wort »wir« verwendete, das sich unterschiedlich interpretieren lässt. Zum einen schloss er damit wohl seine Mitarbeiter ein, bisweilen vermutlich auch die Leitung der Wiener jüdischen Gemeinde, mit der er in engem Kontakt stand. Das »wir« dürfte sich bisweilen aber auch auf bestimmte NS-Stellen bezogen haben, in deren Auftrag und unter deren Aufsicht er agierte: auf die »Zentralstelle für jüdische Auswanderung« in Wien, die gleichnamige Stelle in Prag, die später in »Zentralamt für die Regelung der Judenfrage in Böhmen und Mähren« umbenannt wurde, und die »Reichszentrale für die jüdische Auswanderung« in Berlin schließlich, als übergeordnete Instanz, auf das um die Jahreswende 1939/40 im Reichssicherheitshauptamt etablierte Eichmann-Referat IV D 4 (später IV B 4). Letzteres war zunächst für die Vertreibung der jüdischen Bevölkerung aus den Reichsgebieten, später für die Organisierung der Deportationen aus ganz Europa zuständig.[20]

Im Abschlussbericht über seinen großen Transport und in mehreren Detailberichten legte Storfer der SS statistisches Zahlenmaterial vor, aus dem hervorging, wie viele Personen in den Jahren 1939 und 1940 als Resultat seiner eigenen organisatorischen Leistungen sowie, darüber hinaus, unter seiner Oberaufsicht ausgewandert waren. Storfer gab an, dass die Auswanderung von 2 042 Personen direkt durch ihn finanziert worden sei, weitere 7 054 Flüchtlinge hätten unter seiner Leitung das Reichsgebiet verlassen. Von den zuletzt genannten 7 054 Menschen seien 1 740 aus Österreich gekommen, die übrigen aus dem damaligen »Altreich«, dem »Protektorat Böhmen und Mähren« sowie aus Danzig. Gemäß einer anderen Aufstellung hatte die Gesamtzahl der aus Österreich stammenden Flüchtlinge in seinen Transporten rund 3 800 betragen.

Fragezeichen bleiben, was die von Storfer errechnete Zahl von insgesamt 9 096 Menschenleben betrifft, an deren Rettung er nach eigenen Angaben maßgeblich mitgewirkt hat. Sie ist grundsätzlich nicht anzuzweifeln, da wenig wahrscheinlich ist, dass Storfer der SS falsche Zahlen vorgelegt hat. Offen bleibt aber, wie groß sein tatsächlicher Anteil am Zustandekommen der nicht direkt von ihm initiierten und durchgeführten Transporte gewesen ist. Konkrete Schiffsnamen oder die Namen anderer Organisatoren fehlen in den genannten Aufstellungen, was bedeutet, dass Storfer die unbestrittenen Leistungen seiner Konkurrenten weitgehend ausgeblendet hat.[21] Diese nämlich hatten auch in der Zeit seiner Tätigkeit als Leiter des »Ausschusses für jüdische Überseetransporte« ihre Rettungsbemühungen unbeirrt und mit großem Einsatz fortgesetzt.

Der Bezugszeitraum für Storfers Zahlenangaben dürfte die Periode von seiner Bestellung im Februar/März 1939 bis zur Abfahrt seines großen Transportes mit über 3 500 Menschen im Herbst 1940 gewesen sein. In diese Phase fiel etwa auch die Abreise des später in Serbien gestrandeten »Kladovo-Transportes«.[22] Ob die mehr als tausend Mitglieder dieser Gruppe, die nach dem deutschen Überfall auf Jugoslawien großteils ermordet wurden, in Storfers Statistik berücksichtigt sind oder nicht, lässt sich ebenfalls nicht eindeutig nachvollziehen. Grundsätzlich müssten auch die Vorbereitung und Abfertigung dieses Transportes seiner Kontrolle unterstanden haben, obwohl er immer wieder betonte, für das Schicksal der Gruppe nicht verantwortlich zu sein. Nach dem vorzeitigen Ende der Reise in Serbien waren die Flüchtlinge zwar keineswegs gerettet, befanden sich aber außerhalb des Reichsgebietes. Die SS, der es zu dieser Zeit vorrangig um die Reduzierung der jüdischen Bevölkerung innerhalb des Deutschen Reiches ging, rügte Storfer für dessen ohnedies zögerliche Versuche, etwas zur Rettung dieser Menschen beizutragen.

Wie dem auch sei: Der von Storfer errechneten Gesamtzahl von »9 096« Menschen, die in der besagten Periode direkt durch ihn oder unter seiner Mitwirkung außer Landes gebracht worden seien, kommt ohne Zweifel auch eine symbolische Bedeutung zu: In ihr spiegeln sich auf indirekte Weise die Konflikte zwischen ihm und den zionistischen Organisatoren illegaler Transporte nach Palästina wider.

Neben der umfangreichen, im beigefügten Verzeichnis angeführten Sekundärliteratur basiert diese Arbeit wesentlich auf
zum Teil erstmals verwendeten Primärquellen. Es handelt sich
um Dokumente aus in- und ausländischen Archiven. Zwei
Archivbestände waren für die vorliegende Arbeit von ganz besonderer Bedeutung: zum einen die Storfer-Akten im Jerusalemer Bestand des Archivs der Israelitischen Kultusgemeinde
(IKG) Wien, die sich in den Central Archives for the History
of the Jewish People befinden; zum anderen ein dickes Kon-
volut von Akten, das 1998 in einem Depot der IKG in Wien
in einer alten Aktentasche wiederentdeckt worden ist, die
Storfer offenbar bis zuletzt verwendet hat.

Die Arbeit mit dem aus vielen Hundert Seiten bestehenden
Quellenmaterial aus der Aktentasche stellte eine große Heraus-
forderung dar. Durch den zum Teil schlechten Erhaltungszu-
stand der Schriftstücke ist die Lesbarkeit vielfach beeinträchtigt. Das noch größere Problem ist jedoch, dass sich etliche
handschriftlich verfasste Briefe und Notizen Storfers und anderer Personen nicht vollständig und eindeutig entziffern lassen. War Storfers schwungvolle Handschrift in den früheren
Jahren noch relativ gut lesbar, so wurde sie mit der sukzessiven
Zuspitzung der äußeren Verhältnisse fahriger. Oftmals fertigte
Storfer, bisweilen auch in Kurzschrift, nur stichwortartige Notizen an, deren Bedeutung sich kaum erschließen lässt. Bemerkenswert ist seine stilistische Eleganz, selbst in trockenen geschäftlichen Korrespondenzen, von der zahlreiche Zitate in
diesem Buch einen Eindruck vermitteln.

Weitere wichtige Akten wurden in Wiener Archiven – im
Österreichischen Staatsarchiv (Archiv der Republik und Kriegs-
archiv), im Dokumentationsarchiv des österreichischen Widerstandes (DÖW), im Wiener Stadt- und Landesarchiv, im Archiv der Universität Wien, beim Zentralgewerberegister des
Magistrats der Stadt Wien sowie im Archiv der Wirtschaftskammer Österreich bzw. Wien eingesehen. Auch Akten aus

dem Archiv der Holocaustgedenkstätte Yad Vashem und den
Central Zionist Archives in Jerusalem wurden eingesehen,
ebenso Dokumente aus dem früheren Public Record Office in
London – den heutigen National Archives sowie aus dem Bun-
desarchiv Berlin und dem Institut für Zeitgeschichte Zürich.
Hinzu kamen umfangreiche Recherchen bei verschiedenen
Behörden und Forschungseinrichtungen im In- und Ausland,
Interviews mit Zeitzeugen sowie verschiedene briefliche und
telefonische Auskünfte.

Berthold Storfers
familiärer Hintergrund[23]

Der Informationsstand über Berthold Storfers Vorfahren sowie seine Kindheit und Jugend in Czernowitz, im Osten der
österreichisch-ungarischen Doppelmonarchie, ist dürftig. Die
mittlerweile umfangreiche Literatur über Czernowitz vermittelt allerdings eine Vorstellung von dem Umfeld, in dem Storfer die ersten beiden Jahrzehnte seines Lebens verbracht haben
dürfte.

Das am Fluss Pruth gelegene Czernowitz heißt heute Cher-
nivtsi und ist eine Gebietshauptstadt in der Ukraine. 1895, also
15 Jahre nach Storfers Geburt, lebten dort 54 000 Menschen –
27 000 von ihnen waren Deutsche, 10 000 Ruthenen und jeweils 8 000 Polen und Rumänen. 17 000 der Bewohner gehörten der jüdischen Konfession an. Viele jiddischsprachige
Einwohner gaben bei den Volkszählungen Deutsch als Mutter-
sprache an, da Jiddisch nicht als eigenständige Sprache anerkannt war.

Während des »Goldenen Zeitalters« der Vielvölkergemein-
de, als Czernowitz die pulsierende Hauptstadt des Kronlandes
Bukowina war, trug sie den Beinamen »Klein-Wien des Os-
tens«. Sie war Theaterstadt, ein kulturelles Zentrum und die
Heimat berühmter Persönlichkeiten. 1875 hatte Kaiser Franz
Joseph dort eine deutschsprachige Universität gegründet. Gegen Ende des 19. Jahrhunderts gab es in Czernowitz eine Bier-
brauerei, zwei Dampfmühlen, eine Sägemühle, eine Öl- und
eine Maschinenfabrik. Wirtschaftlich bedeutsam war vor allem

die rege Handelstätigkeit der Bewohner, insbesondere nach Russland und Rumänien.

Nach dem Zerfall Österreich-Ungarns wurde Galizien Ende Oktober 1918 dem wiedererstehenden Polen zugeschlagen, die Bukowina aber im November von Rumänien annektiert. Bald wurde im jetzt Cernăuți genannten Czernowitz Rumänisch als Unterrichtssprache an der Universität eingeführt. Noch 1930 waren 40 Prozent der Gesamtbevölkerung Juden. 1940 fiel Czernowitz an die Sowjetunion, von 1941 bis 1944 war die Stadt abermals rumänisch.[24]

Als Zentrum der sowjetischen Rüstungsindustrie nach dem Zweiten Weltkrieg über Jahrzehnte für Westeuropäer gesperrt, wurde die Stadt Czernowitz nach dem Zusammenbruch des »Ostblocks« angesichts ihrer Rolle in der Vergangenheit und ihrer Lage zwischen »Ost« und »West« verstärkte publizistische Aufmerksamkeit zuteil: »Erst durch den Zerfall der Sowjetunion und das Ende der Diktatur Ceaușescus in Rumänien wurden jene östlichen Gegenden, die einst die Bukowina ausmachten, wieder frei bereisbar. Seither begibt sich eine ständig wachsende Zahl von Reisenden auf die Suche nach familiären Wurzeln, nach Relikten einst blühender Kulturen oder nach Spuren jener Schriftsteller, Wissenschaftler und Künstler, die wesentlich zur Entstehung des ›Mythos Czernowitz‹ beigetragen haben. Eine Fülle von Publikationen (Bücher, Zeitungsartikel, Dokumentarfilme) unterschiedlichster Art und Qualität inspirieren und begleiten sie dabei«, schreiben Cécile Cordon und Helmut Kusdat im Vorwort zu dem von ihnen herausgegebenen Sammelband *An der Zeiten Ränder*.[25]

Berthold Storfer kam am 16. Dezember 1880 in Czernowitz als ehelicher Sohn des Meier Storfer und seiner Gattin Jüdess, geborene Schwarz, zur Welt. Wie aus verschiedenen Dokumenten hervorgeht, wurde die Mutter auch Ida, Idl oder Ides genannt. Aus einer Abschrift von Berthold Storfers Geburtszeugnis geht hervor, dass bei der Entbindung eine Dokiza Stritolski Beistand geleistet hat. Als Paten scheinen Leib Schächter und die genannte Geburtshelferin auf.[26] Bekannt sind auch die Namen der Großeltern väterlicherseits: Mosche und Rosa Storfer. Ein altes Porträt aus Familienbesitz zeigt Storfers Großvater als Mann mit prächtigem Bart und einer Art Kippa, die darauf hindeutet, dass er ein gläubiger Jude gewesen sein dürfte.

Berthold Storfers Mutter, Ida Storfer, wurde am 28. September 1860 (laut einer anderen Angabe bereits 1858) in Czernowitz geboren, wohin sie bis zu ihrem Tod zuständig blieb, und war mosaischer Konfession.

Aus den historischen Meldeunterlagen und der Todesfallaufnahme lässt sich rekonstruieren, dass Ida Storfer, bis zuletzt rumänische Staatsbürgerin, die letzten drei Monate ihres Lebens in Wien verbracht hat. Sie wohnte in der Zeit vom 11. September bis zum 11. Dezember 1920 in der Reisnerstraße 3 im dritten Wiener Gemeindebezirk. Als Todestag wird der 15. Dezember angegeben – es war der Tag vor dem 40. Geburtstag ihres Sohnes Berthold. Ida Storfer starb 60-jährig in einem vornehmen Privatsanatorium in der Schmidgasse 12–14 in Wien-Josefstadt an einer Eierstockgeschwulst. Es handelte sich um das bekannte Sanatorium Fürth, das von Julius Fürth, einem Freund Sigmund Freuds, geleitet wurde. Es spricht viel für die Annahme, dass Berthold Storfer seine bereits schwerkranke Mutter aus Czernowitz nach Wien geholt hat, um ihr dort eine bessere Pflege angedeihen zu lassen.

Ida Storfers Leiche wurde auf dem Wiener Zentralfriedhof zunächst in einem normalen Grab bestattet und im Juli 1921 in eine Gruft beim I. Tor verlegt. Der Grabstein trägt heute auch Berthold Storfers Namen. Im Sterbebuch der jüdischen Gemeinde wird Ida Storfer als »Hausbesitzersgattin« bezeichnet. Wann ihr Ehemann gestorben und wo er begraben ist, konnte nicht festgestellt werden. Es gibt keine Indizien dafür, dass auch er sich längere Zeit in Wien aufgehalten hat.

Berthold Storfers Neffe, der 2005 verstorbene Josef Storfer jr., der seinen Onkel als 15-Jähriger zum letzten Mal gesehen hatte, konnte nur wenige Angaben zum Familienhintergrund machen. Sie basierten im Wesentlichen auf Erzählungen seines Vaters, der ebenfalls den Holocaust überlebt hatte. Durch Verfolgung und Flucht waren auch die meisten Dokumente und Photographien aus Familienbesitz abhandengekommen.

Josef Storfer jr. erinnerte sich jedoch an Berichte, wonach seine Vorfahren in der Bukowina ihren Lebensunterhalt als Getreidemüller verdient hatten. Es sei kolportiert worden, dass die Storfers bei den ruthenischen Bauern wegen ihrer Ehrlichkeit sehr beliebt gewesen seien, denn die Kunden hätten darauf vertrauen können, dass Aus- und Einwaage immer übereingestimmt hätten.[27]

Berthold Storfers grammatikalisch und stilistisch einwandfreies Deutsch, wie es durch unzählige von ihm verfasste Schriftstücke bezeugt ist, lässt darauf schließen, dass in seiner Familie Deutsch und nicht Jiddisch gesprochen worden ist.

Unklar bleibt, wie viele Kinder der Ehe von Meier und Ida Storfer entstammten. Nachweislich hatte Berthold Storfer zumindest zwei Brüder, Josef und Samuel, und eine Schwester namens Berta, später verehelichte Goldner. In Storfers Korrespondenzen aus den letzten Jahren seines Lebens, vor allem aus den Jahren 1942 und 1943, tauchen wiederholt Namen von in Rumänien lebenden Personen auf, die zum Kreis seiner Angehörigen gezählt haben dürften. Die genauen verwandtschaftlichen Beziehungen bleiben jedoch unklar, vor allem auch, weil häufig nur Vornamen, Abkürzungen oder Kosenamen genannt werden und Unterschriften in Briefen nicht zu entziffern sind.

Josef Storfer war zehn Jahre jünger als sein Bruder Berthold. Er wurde am 20. November 1890 in Lukawitz bei Czernowitz geboren und war noch Mitte der 1920er Jahre nach Woloka im Bezirk Cernăuți (früher Czernowitz) zuständig. Zum Zeitpunkt seiner ersten Eheschließung lebte er bereits in Wien: Er heiratete am 10. Juli 1927 im Tempel in der Schmalzhofgasse in Wien-Mariahilf Charlotte Ackermann (in den Matriken der Israelitischen Kultusgemeinde Wien wird in Klammern der Name Bass angegeben).[28] Trauzeuge war Friedrich Schwarz, damals in Wien 3., Posthorngasse 8/14 wohnhaft. Es könnte sich um einen Verwandten der Mutter Josef und Berthold Storfers gehandelt haben, die mit ihrem Mädchennamen Schwarz geheißen hatte. In den 1940er Jahren wird in Storfers Korrespondenzen auch ein für ihn in Rumänien tätiger Vertrauensmann mit Namen Fritz Schwarz erwähnt – möglicherweise handelte es sich um dieselbe Person. In den Matriken der Kultusgemeinde wird als Beruf Josef Storfers zum Zeitpunkt der Eheschließung »Bankier« angegeben. Tatsächlich war er in leitender Position in der Bank- und Kommanditgesellschaft seines Bruders Berthold tätig.

Samuel Storfer, ein weiterer Bruder, kam am 31. Mai 1894 in Woloka zur Welt und war somit 14 Jahre jünger als Berthold. Er nahm zwischen 1914 und 1918 als Gefreiter am Ersten Weltkrieg teil und heiratete am 11. September 1921 im Wiener Stadttempel Rachele (Rachel) Evelina Levi, die am 2. September 1895 in Konstantinopel geboren wurde und vermutlich eine sephardische Jüdin war. Die Ehe wurde im Februar 1936 vor dem Landesgericht für Zivilrechtssachen in Wien geschieden. Im Matrikenamt ist unerklärlicherweise noch ein zweites Datum für die Scheidung eingetragen: der 15. November 1938. Möglicherweise lässt sich der Widerspruch mit der Einführung des deutschen Eherechts nach dem »Anschluss« Österreichs erklären. Samuel Storfer heiratete am 21. Januar 1942, also während der NS-Zeit, ein zweites Mal: Die Trauung mit Cornelia (Nelly) Storfer, geborene Eisert, die am 14. August 1894 in Wien zur Welt kam, fand auf dem Standesamt Leopoldstadt statt. Josef und Samuel Storfer lebten wie ihr Bruder Berthold nach dem Ende des Ersten Weltkriegs in Wien.

Nachweislich verwandt mit Berthold Storfer waren auch Benedikt Jesaias, Heinrich und Friedrich Storfer in Wien – das genaue Verwandtschaftsverhältnis bleibt jedoch unklar. Erwähnt wird außerdem ein »Milan« Storfer, auch »Storfer junior« genannt, der nach 1939 im »Ausschuss für jüdische Überseetransporte« mitgearbeitet haben dürfte.

Der spätere Rechtsanwalt Dr. Benedikt Storfer wurde am 23. August 1870 geboren. Er führte in der Zwischenkriegszeit eine Kanzlei im selben Haus, in dem Berthold Storfers Bank- und Kommanditgesellschaft ihren Sitz hatte. Benedikt Storfer starb am 5. Mai 1942 in der Seegasse 9 in Wien-Alsergrund – es war die damalige Adresse des jüdischen Altersheims. Als Todesursachen sind im Friedhofsbuch der Israelitischen Kultusgemeinde Wien Hirnerweichung, Lungenentzündung und Herzlähmung angeführt.

Friedrich Storfer, den Berthold Storfer in einem Schreiben als »weitläufigen Verwandten« bezeichnete, wurde am 28. Oktober 1891 in Bojan geboren. Heinrich Storfer kam am 13. Juli 1902 in Oberwikow zur Welt. Der Ort liegt heute in Rumänien, im Kreis Suceava, und heißt in der Landessprache Vicovu de Sus. Heinrich Storfer, von Beruf offenbar Buchhalter, lebte seit 1922 in Österreich. Er war mit der 1906 in Wien geborenen Elsa, ehemals Lustig, verheiratet.[29]

Eng verbunden mit Berthold Storfers geschäftlicher Tätigkeit war später auch der Ehemann seiner Schwester Berta, Josef Goldner. Dieser wurde am 25. Dezember 1884 in Zalucze (Sniatyn-Zalucze, früher Polen, später Rumänien, heute Ukraine) geboren und war dorthin zuständig. Er war der Sohn von Chaim Hersch und Koine Goldner, geborene Münzer. Der Ehe von Josef und Berta Goldner entstammten zwei Kinder. Der Sohn K. war zur Zeit des »Anschlusses« Österreichs im Jahr 1938 noch minderjährig, die Tochter Emilie bereits verheiratet. Ihr Ehemann war Inhaber eines kleinen Betriebes in Wien.

Josef Goldner hatte am Ersten Weltkrieg teilgenommen. Danach war er zunächst Beamter der Wirtschaftskreditgenossenschaft, die in den Lokalitäten von Berthold Storfers Bankfirma etabliert war und mit dieser ihre Geschäfte abwickelte. Später führte er ein Inkassobüro unter derselben Adresse – Hessgasse 6 / Schottenring 8 am Rande des ersten Wiener Gemeindebezirks. Er wohnte in der Josefstädterstraße 29 im achten Bezirk. Goldner gehörte der jüdischen Konfession an. Er war noch während der NS-Zeit nach Czernowitz zuständig und besaß die rumänische Staatsbürgerschaft.

Geschäftstätigkeit
vor dem Ersten Weltkrieg

Mehrere ausführliche, vor und während der NS-Zeit von ihm selbst verfasste Lebensläufe vermitteln einen Einblick in Storfers beruflichen Aufstieg und seine wirtschaftlichen Aktivitäten. Er wandte sich, wie er ausführte, »nach Absolvierung der handelsakademischen und volkswirtschaftlichen Studien« der Holz- und Forstindustrie zu und war »schon nach vierjähriger Praxis im Innen- und Außendienst« tätig. Wo Storfer seine schulische Ausbildung und die genannten Studien absolvierte, bleibt in den Lebensläufen unerwähnt.

1904, also im Alter von nur 23 oder 24 Jahren, wurde er Vorstandsmitglied der Waldindustrie AG Dresden. Diese Firma stand der Löbauer Bank in Sachsen sowie der Dresdner Bank nahe und verfügte über großen Wald- und Sägewerksbesitz in Siebenbürgen und Galizien. 1907 war Storfer bereits protokollierter Kaufmann in Budapest und gründete gemeinsam mit der dortigen Innerstädtischen Sparkasse die Ungarisch-Rumänische Holzindustrie AG; Vorsitzender dieser Aktiengesellschaft war der Präsident der Innerstädtischen Sparkasse, Franz Szekely. Die Ungarisch-Rumänische Holzindustrie AG besaß ebenfalls große Holzexploitationen in Siebenbürgen und Rumänien. Storfer übernahm gemäß eigenen Angaben in diesem Unternehmen als Mitaktionär im Majoritätssyndikat und Mitglied des Exekutivkomitees eine leitende Funktion: »Meiner Leitung unterstanden damals alle wichtigen Arbeiten des Unternehmens, welches sich neben den Exploitationen in eigener Regie mit dem Exporte nach dem Orient und dem Kontinente befasste«, gab er in einem seiner Lebensläufe an.

1909 beteiligte er sich an der Ostungarischen Holzindustrie AG, die von der Ungarischen Escompte- und Wechslerbank finanziert wurde. Präsident dieser Institution war Baron Marczell Beck, der Generaldirektor hieß Josef Bun. Storfer war in den Jahren unmittelbar vor dem Ersten Weltkrieg Mitglied des Gründungssyndikates im Verwaltungsrat und Mitglied des Exekutivkomitees. In denselben Jahren war er auch Verwaltungsrat und Mitglied des Exekutivkomitees der Ungarischen Verkehrsbank – eines Tochterunternehmens der Ungarischen Escompte- und Wechslerbank in Budapest mit Filialen in Wien, Triest und Fiume (Rijeka). De facto handelte es sich bei der Ungarischen Verkehrsbank um die eigentliche Warenabteilung der Ungarischen Escompte- und Wechslerbank. Später wurden die beiden Institute fusioniert. 1910 veranlassten, wie Storfer ausführte, »die günstigen Erfolge in der Holzindustrie (…) die erstgenannte Gruppe, den Wirkungskreis nach Bulgarien zu verlegen, woselbst unter Führung des ehemaligen Ministerpräsidenten Dr. Daneff ein Tochterunternehmen, [die] ›Erste bulgarische AG für Holzindustrie‹ entstand. Die sodann angeknüpften guten Verbindungen in Bulgarien führten zu einer Reihe von Unternehmungen und Handelsoperationen in der Kohlen-, Tabak- und Waggonbranche.«

Den nächsten Abschnitt seiner Karriere – die Zeit von 1911 bis zum Ausbruch des Zweiten Weltkriegs – fasste Storfer unter der Überschrift »Ausdehnung meiner Interessen auf Bank-, Agrar- und andere Gebiete« zusammen: 1911, Storfer war gerade einmal 30 Jahre alt, wurde er in der Ungarischen Agrar- und Rentenbank zur Mitarbeit bei der ihr angeschlossenen Ungarischen Ansiedlungs- und Parzellierungsbank berufen. Im Rahmen dieser Institution, deren Direktor er bis 1914 war, wickelte er »eine Reihe großer Bank- und Geschäftsoperationen auf allen Gebieten der landwirtschaftlichen Industrie und der Innenkolonisation ab«. Mit derselben Bankgruppe gründete er unter eigener Kapitalbeteiligung die Realitäten- und Verkehrs AG. Deren Aktienbesitz befand sich Mitte der 1930er Jahre noch immer in seinem Besitz.

1911 kaufte Storfer einen Großgrundbesitz, der aus 3000 Katastraljoch Acker, Wald, einer Fischzucht und einer Mühle bestand. Wo genau sich dieser Besitz befand, geht aus seinen autobiographischen Angaben allerdings nicht hervor. In polizeilichen Erhebungsberichten aus der Zwischenkriegszeit wird jedoch erwähnt, dass Storfer vor dem Ersten Weltkrieg ausgedehnte Ländereien in der Bukowina erworben habe. Wie aus einem Lebenslauf Storfers deutlich wird, bildeten diese Liegenschaften noch Mitte der 1930er Jahre sein lastenfreies Eigentum.

Bis zum Ausbruch des Ersten Weltkriegs führte Storfer »sodann ununterbrochen industrielle Operationen« erfolgreich durch, »zumeist im Konsortium mit erstklassigen Unternehmungen«. »Nur aus dem Gedächtnisse und im Telegrammstil« benannte er später »einige Aktionen« seiner damaligen Tätigkeit: So war er in einem Konsortium in Paris – dem Syndicat des Pays orientaux – für verschiedene Unternehmungen in Österreich-Ungarn und auf dem Balkan aktiv. Es handelte sich um eine bankgeschäftliche Zusammenarbeit, und Storfer saß im Verwaltungsrat. Zu den Mitgliedern des Syndikates zählten der Bankier Péreire (der Vater des gleichnamigen Bankinhabers in Paris), ein Herr Vlasto, Mitglied der Banque de France, sowie Octave Noël, Präsident der Messageries Maritimes.

»Das Konsortium hat mit meiner leitenden Stellung mehrere große [Wort fehlt] auf dem Gebiete des Hafen-, Bahn- und Schiffbaues ins Leben gerufen, ferner Bergwerke und Handelsunternehmungen in Ungarn, Rumänien und am Balkan gegründet«, führte Storfer weiter aus, notierte aber gleichzeitig, dass in Paris auch vor dem Ersten Weltkrieg ein »vermindertes Interesse« an Deutschland und Österreich bestanden habe. Storfer war zudem Verwaltungsrat und Mitglied des Exekutivkomitees der Vaterländischen Holzproduktion AG. Dort vertrat er gemeinsam mit dem Präsidenten der Ungarischen Handels- und Gewerbekammer und Präsidenten der Ungarisch-italienischen Bank, Anton Eber, die Interessen einer Großbankgruppe. Dieselben Funktionen wie bei der Vaterländischen Holzproduktion AG hatte Storfer bei der Aktiengesellschaft der Hotels und Kuranstalten, deren großer Besitz in Italien lag.[30]

Kriegswirtschaftsrat im
Ersten Weltkrieg

Im Ersten Weltkrieg war Storfer an der russisch-rumänischen Front im Einsatz. Während der letzten beiden Kriegsjahre war er dem Heeresgruppenführer Gendarmeriegeneral Dr. h. c. und Maria-Theresien-Ritter Eduard Fischer als Adlatus zugeteilt. Unter Fischer wurde er schließlich k. u. k. Kriegswirtschaftsrat im Majorsrang. Er befasste sich hauptsächlich mit der Aufbringung von Lebensmitteln aus Feindgebieten wie Rumänien und Russland für die VII. Armee und das notleidende Hinterland.

Storfer wurde für diese Tätigkeit mit dem Offizierskreuz des Franz-Josefs-Ordens mit der Kriegsdekoration sowie mit dem Komturkreuz des Franz-Josefs-Ordens mit dem Stern und der Kriegsdekoration ausgezeichnet. Diese Dekoration entsprach dem Rang eines Obersten.[31] Die Informationen über Storfers Rolle während des Ersten Weltkriegs stammen fast ausschließlich aus der Feder seines ehemaligen Vorgesetzten Fischer, der ihm höchstes Lob zollte. Storfers Personalakten sind im Österreichischen Staatsarchiv/Kriegsarchiv nicht mehr erhalten – möglicherweise wurden sie später, während des Zweiten Weltkriegs, entnommen und nicht mehr zurückgestellt.

Dem Lebenslauf, den Storfer 1940 der »Zentralstelle für jüdische Auswanderung« übermittelte, legte er auch die Abschrift eines Schreibens von Generalmajor Eduard Fischer bei, das dieser unmittelbar nach Ende des Ersten Weltkriegs an Storfer gerichtet hatte. Der Brief ist in Czernowitz verfasst und mit dem 16. November 1918 datiert. Als Absender wird »K. und k. Aufbringungsleitung G. Mj. Ed. Fischer« angegeben, als Betreff die »Liquidierung der Aufbringungsleitung durch Kriegswirtschaftsrat Berthold Storfer. Nr. 62 res.ad«. Das Schriftstück ist an »Seine Hochwohlgeboren Herrn k. und k. Kriegswirtschaftsrat Berthold Storfer, Offizier des F. Josef Ord. m. d. K. D. in Czernowitz« gerichtet. Fischer schrieb: »Da ich mit heutigem Tage vom kgl. rum. Divisionskommando kriegsgefangen erklärt wurde und nach Jassy gebracht werde, beauftrage ich Euer Hochwohlgeboren, die Liquidierung der Aufbringungsleitung in meinem Namen durchzuführen.

Ich ermächtige E. H., alle zur Durchführung der Liquidierung erforderlichen Schritte bei allen k. u. k., k. k. österr. und kgl. ungr. Kommanden und Militärbehörden sowie bei den kgl. rum. Kommanden und der provisorischen Regierung der Bukowina in meinem Namen einzuleiten und durchzuführen. Sie haben, falls Ihnen Gefangenschaft droht, sofort Czernowitz zu verlassen, sich nach Wien oder Budapest zu begeben und von dorten aus die nötigen Schritte zur Durchführung der Liquidierung vorzunehmen.«[32]

Eduard Fischer gedachte in seinen 1935 erschienenen Erinnerungen an die Verteidigung der Bukowina gegen die Russen mit besonderer Dankbarkeit jenes Mannes, der ihm »im gemeinsamen Schirmen der Heimat kenntnisreicher und wertvoller Helfer gewesen« sei. Er zollte dem ehemaligen k. u. k. Kriegswirtschaftsrat, »im Frieden Gutsbesitzer und Großindustrieller«, überschwängliches Lob. »Dieser bewährte Kamerad«, so schrieb er, sei »mit Rat und Tat« seine »rechte Hand« gewesen.[33] Fischer berichtete, er sei auf Storfers »Befähigung zu ungewöhnlichen Leistungen durch eine Auskunft der königlichen Budapester Stadthauptmannschaft als höchster politischer Behörde der Hauptstadt« aufmerksam gemacht worden. Dort habe Storfer – wiewohl Österreicher – viele Jahre gewirkt. Fischer zitierte aus dem genannten Empfehlungsschreiben:

»Sein politisches Verhalten ist über jeden Zweifel erhaben, und seine Tätigkeit auch während des Krieges lieferte den Beweis höchsten patriotischen Empfindens. Als hervorragender volkswirtschaftlicher Fachmann wird er von den hiesigen größten Instituten als Experte herangezogen und gilt als Autorität in wirtschaftlichen Fragen des Balkans.«[34]

Storfer habe sich nicht nur als Soldat in den gefährlichsten Lagen bewährt, sondern ihm, Fischer, »vor allem die Unsumme von Dienstleistungen administrativer und wirtschaftlicher Art« abgenommen und in dieser Hinsicht Beispielloses geleistet. »Bis spät in die Nacht unermüdlich tätig, stand er an der Spitze eines Korps von Militärbeamten und Angestellten, deren Zahl im letzten Kriegsjahre mehr als hundert Köpfe betrug. Die gesamte Verpflegsorganisation in der Bukowina und im besetzten Gebiete lag in seinen Händen. Das Gelingen der erwähnten, im Auftrage Kaiser Karls mir anbefohlenen Hilfsaktion für das notleidende österreichische Hinterland, namentlich für Wien, war in erster Linie meinem Mitarbeiter Storfer zu danken. Er besorgte auch den oft komplizierten Verkehr mit der Landesregierung, dem Landesverteidigungsministerium, dem Gendarmerie-Generalinspektorat und anderen Dienststellen.«

Durch seine Verbindungen mit führenden politischen Persönlichkeiten der neutralen Staaten sei es Storfer gelungen, dort Erfolge zu erzielen, wo alle anderen Mittel versagt hätten. So habe er zu dem »heldenmütigen Verteidiger von Przemysl«, G. d. J. Kusmanek, der nach Russland verschickt worden sei, eine ebenso rasche wie sichere Verbindung hergestellt und dem General sogar Medikamente zukommen lassen. Dies sei nur ein Beispiel, denn zahlreiche andere in Russland verschollene Kriegsgefangene hätten es ebenfalls Storfer zu verdanken gehabt, dass sie wieder mit ihren Angehörigen Kontakt aufnehmen konnten.[35] Fischer wies darauf hin, dass er Storfers Leistungen auf dem Gebiet der Militärfürsorge in seinen Berichten an das Kriegsministerium und das Bundesministerium für Heerwesen beschrieben habe. Auf die ihm zustehenden Gebühren der achten Rangsklasse habe Storfer verzichtet.

Während Fischers zweijährigen Exils habe Storfer keine Minute geruht. »Zu meinem Glücke ist es ihm in einer ›Odyssee‹ von Fährnissen unter Umständen, deren Erzählung allein ein spannendes Buch füllen würde, gelungen, der Gefangennahme zu entgehen und am Leben zu bleiben.«[36] — Genauere Informationen über diese abenteuerliche Flucht Storfers finden sich in Fischers Buch bedauerlicherweise nicht. Wie Fischer weiter ausführte, setzte sich Storfer bei allen maßgeblichen Behörden und Persönlichkeiten des In- und Auslands für die Rückkehr Fischers in die Heimat ein und unterstützte ihn außerdem in materieller Hinsicht: »Immer wieder ließ er mir, dem aller Geldmittel Entblößten, reichliche Zuwendungen auf umständlichem Wege übermitteln. Einzig diese Hilfe ermöglichte es mir, mein trauriges Los zu ertragen.«[37]

Als Storfers Bemühungen endlich von Erfolg gekrönt waren und Fischer wieder nach Wien zurückkehren konnte, war es vor allem »der getreue Kamerad Storfer«, der sich liebevoll um ihn und vor allem auch um seine schwerkranke Gattin kümmerte: »Er räumte uns seine eigene Wohnung ein, verhalf mir zu einer ehrenvollen Tätigkeit für meinen Lebensabend. Und ihm danke ich, dass meiner kurz darauf verstorbenen Frau ein würdiges Begräbnis zuteil geworden ist.«[38] Für Fischer war Storfer »einer jener Männer, deren Vaterlandsliebe und unermüdliche Arbeitskraft, deren Tüchtigkeit auf vielseitigen Gebieten und selbstlose Kameradschaft unser liebes ›Altösterreich‹ verkörpert haben. Seiner wahrhaft selbstlosen Person zu gedenken erachte ich als meine Ehrenpflicht.«[39]

Storfer selbst erwähnte später, im Mai 1940, bei der Übermittlung seines Lebenslaufs an die »Zentralstelle für jüdische Auswanderung« in einem Begleitschreiben ausdrücklich seine Verdienste während des Ersten Weltkriegs und die Wertschätzung, die ihm von Generalmajor Eduard Fischer auch noch nach dem Krieg entgegengebracht wurde: »[Ich] erlaube (...) mir, darauf hinzuweisen, dass ich im großen Kriege mit höchsten Auszeichnungen ausgezeichnet wurde und dass auch die Republik Österreich mir für meine Verdienste taxfrei den Titel eines Kommerzialrates verliehen hat. Auf die abschriftlich beiliegende Befürwortung meines Kommandanten im Kriege wurde mir auch in der Republik Österreich zugebilligt, die Uniform eines K. u. k. Kriegswirtschaftsrates bei besonderen Anlässen zu tragen. Schließlich verweise ich noch auf die Memoiren meines ehemaligen Kommandanten, des berühmten Gendarmeriegenerales Dr. h. c. Fischer, welche im militärwirtschaftlichen Verlag des Generalmajors (des Generalstabes) Franz Schubert erschienen sind. Auf Seite 192 dieser Memoiren hat mir der General ein für mich ehrenvolles Kapitel gewidmet.«[40]

Unter Storfers Akten findet sich tatsächlich ein Schreiben des damaligen Bundesministeriums für Landesverteidigung aus dem Jahr 1935, in dem es um die Bewilligung zum Tragen der Uniform geht: »Mit Erlass 33 831 – Abt. 3 von 1933 wurde Euer Hochwohlgeboren im Sinne der Uniformverordnung die Bewilligung zum Tragen der Uniform widerruflich erteilt. Euer Hochwohlgeboren werden aufgefordert, sich bis längstens 1. Juli 1935 persönlich in der bewilligten Uniform beim Stadtkommando in Wien einzufinden und den Uniformausweis dortselbst zu beheben. Nach dem 1. Juli 1935 unbehobene Uniformausweise werden ohne weitere Verständigung eingezogen. Hiemit erlischt auch die erteilte Bewilligung.«[41]

Die Zwischenkriegszeit

Wie aus einer Abschrift seines Ende 1924 ausgestellten Heimatscheines hervorgeht, besaß Berthold Storfer in Fölling in der Umgebung von Graz das Heimatrecht. Er war von diesem Zeitpunkt an dorthin und nicht mehr nach Czernowitz zuständig und österreichischer Staatsbürger. Als Storfers Beruf wurde im Heimatschein »Industrieller« eingetragen, als Familienstand »ledig«.[42] Die Frage, warum Storfer, der zu dieser Zeit bereits in Wien Fuß gefasst hatte, ausgerechnet in der kleinen steirischen Gemeinde Fölling das Heimatrecht erworben hat, lässt sich bislang nicht beantworten, weil die dortigen Meldedaten, die Optionsakten Storfers und sonstigen relevanten Aktenbestände nicht erhalten sind. In dem umfangreichen Schriftverkehr Storfers fanden sich ebenfalls keine weiteren Bezüge zu dieser Region.

Nach der Entstehung der Republik Deutsch-Österreich 1918 war in der ersten provisorischen Verfassung auch ein neues Staatsbürgerschaftsrecht festgeschrieben worden. Nach diesem kam allen Personen, die in einer Gemeinde der Republik heimatberechtigt waren, die Staatsbürgerschaft zu. Von besonderer Bedeutung war auch das Optionsrecht: Personen, die ihre österreichische Staatsbürgerschaft aufgrund des Heimatrechts in einem Gebiet, das nun nicht mehr zu Österreich gehörte, verloren hatten, konnten für die Zugehörigkeit zum neuen Staat optieren. Gerade bei jüdischen Kriegsflüchtlingen wurde der Antrag auf Erwerbung der österreichischen Staatsbürger-

schaft in der Praxis aber häufig abgelehnt. Gemäß der österreichischen Bundesverfassung von 1920 war die Vollziehung
der Staatsbürgerschaftsangelegenheiten Landes-, und nicht
mehr Bundessache. Voraussetzung war das Heimatrecht in
einer Gemeinde des Landes.[43]

In den historischen Meldeunterlagen für Wien scheint Storfer erstmals am 28. Juni 1919 auf. Bis zum 1. November des
darauffolgenden Jahres lebte er in der Prinz-Eugenstraße 16/15
im vierten Wiener Gemeindebezirk, allerdings war er schon
vorher – möglicherweise seit Ende 1918 – im *Grandhotel* in
Wien gemeldet gewesen. Seine Konfession wurde in dieser Zeit
mit »evangelisch« angegeben. Bereits Anfang November 1920
zog er in die Argentinierstraße 29/1/8, wo er in der Folge bis
wenige Wochen vor seiner Deportation im Herbst 1943, also
fast 23 Jahre lang, wohnte.[44] Da die in den verschiedenen Quellen erwähnten Angaben über Stockwerk, Türnummer und
Wohnungsgröße zum Teil voneinander abweichen, ist denkbar,
dass Storfer innerhalb des Hauses umgezogen ist oder seine
ursprüngliche Wohnung vergrößert hat. Diese bestand aus
drei Zimmern, einem Badezimmer, einem Vorzimmer, einem
Kabinett und einer Küche. Den Haushalt ließ sich Storfer von
einer Wirtschafterin führen. Offenbar wurde Storfers Wohnung in den Nachkriegsjahren wiederholt behördlich angefordert – wohl auf Grundlage der sogenannten Notgesetze, die
nach Ende des Ersten Weltkriegs wegen der schwierigen wirtschaftlichen Situation in Österreich eingeführt worden waren:[45] »Die für zwei Personen verhältnismäßig große Wohnung
wurde wiederholt schon angefordert, doch machte Storfer sie
immer durch Erlag größerer Summen frei. Storfer soll auch in
Berlin Häusertransaktionen durchgeführt haben. Besondere
Wertobjekte Storfers konnten nicht festgestellt werden«, heißt
es in einem behördlichen Bericht aus dem Jahr 1924.[46]

Ungeklärt bleibt, wann und aus welchen Motiven Storfer
vom Judentum zum evangelischen Glauben übergetreten ist.

Die von der Polizeidirektion Wien Mitte der 1920er Jahre durchgeführten Erhebungen ergaben, dass er zu diesem Zeitpunkt protestantisch war. Er scheint aber später wieder zum jüdischen Glauben zurückgekehrt zu sein, denn in verschiedenen Dokumenten aus der NS-Zeit bezeichnete sich Storfer als »mosaisch«. Auch der Zeitpunkt und die Motive dieses neuerlichen Konfessionswechsels bleiben unklar.

Aus verschiedenen Lebensläufen, behördlichen Erhebungsberichten sowie den Unterlagen des Zentralgewerberegisters in Wien[47] lassen sich die zahlreichen geschäftlichen Aktivitäten Storfers in der Zwischenkriegszeit rekonstruieren. Die Vielzahl seiner Unternehmensbeteiligungen, zum Teil geringfügig voneinander abweichende Angaben in den unterschiedlichen Versionen seines Curriculums sowie komplizierte Firmenneugründungen und die wiederholte Änderung von Firmennamen erschweren zuweilen den Überblick.

Am 11. Februar 1920 hatte Berthold Storfer am Franz-Josefs-Kai 13, am Rande der Wiener Innenstadt, einen Großhandel mit Industrieartikeln eröffnet und dessen Standort später in die Wiesingerstraße 6 im selben Bezirk verlegt. Obwohl der Handelsbetrieb am 5. November 1922 gelöscht wurde, besaß Storfer weiterhin ein Büro unter der besagten Adresse.

Mit einer Einlage von 7,5 Millionen Kronen trat er dem am 21. März 1921 gegründeten Bank- und Kommissionsgeschäft Felix Javitz & Co. in Wien I., Schottenring 8, als Kommanditist bei und wurde als Prokurist eingetragen. Im Oktober 1922 wurde die Firma Felix Javitz & Co. gelöscht. Wie Storfer angab, war diese jedoch bereits Anfang Juli 1922 mit Aktiva und Passiva von der von ihm gemeinsam mit der Prager Creditbank gegründeten Firma Bankkommanditgesellschaft Berthold Storfer & Co. übernommen worden, deren öffentlicher Gesellschafter er war. Die Gründung habe in erster Linie den Zweck gehabt, die bankgeschäftlichen Agenden der Prager Creditbank, ihrer Filialen und Affiliationen in Wien abzuwickeln.

Im Sinne von Storfers Kommanditverträgen wurde seine Firma von der Prager Creditbank kontrolliert und periodisch revidiert.

Die Bankkommanditgesellschaft Berthold Storfer & Co. befasste sich mit allen Zweigen des Bankgeschäfts – aufgezählt wurden Effektenkommissions-, Effektenlombard-, Effektenarbitrage-, Devisenkommissions-, Devisenarbitrage-, Devisenkost- und Warenlombardgeschäfte, ferner Kreditgeschäfte aller Art, wie beispielsweise Hypotheken-Kontokorrent-Eskompt von Buchforderungen.

Ursprünglich war als Kommanditist der Bankkommanditgesellschaft Berthold Storfer & Co. dessen Bruder Samuel Storfer mit 50 Millionen Kronen Einlage eingetragen, er wurde jedoch am 10. Juli 1922 gelöscht. An seiner Stelle tauchte nun die Banque Roumaine de Commerce et de Credit de Prague in Bukarest mit 50 Millionen Kronen Einlage auf. Kollektivprokuristen waren Dr. Julius Goepkéz, Dr. Fritz Gruder und Osias Dorn, die alle in Wien lebten. Goepkéz wurde im Frühjahr 1923 gelöscht und durch Storfers Bruder Josef Storfer ersetzt. An die Stelle von Osias Dorn traten Mitte 1923 Arthur Hahn und Anton Czinner[48]. Am 7. Oktober 1922 war die Prager Creditbank mit 50 Millionen Kronen Einlage als Kommanditistin eingetreten.[49]

Im Zusammenhang mit Storfers geschäftlicher Tätigkeit kam es wiederholt zu gerichtlichen Auseinandersetzungen, und es wurden mehrfach Klagen gegen ihn eingebracht. Die erste nachweisbare derartige Auseinandersetzung war eine Besitzstörungsklage: Storfer wurde vorgeworfen, er habe sich anlässlich der Überleitung von Javitz & Co. in die Firma Berthold Storfer & Co. die Banklokalitäten, die Einrichtung und die Bücher ohne Einwilligung des Generaldirektors Felix Javitz angeeignet.

1922 war Felix Javitz, Generaldirektor der rumänischen Bankfiliale der Prager Creditbank, nach wie vor Mitglied der

Devisenzentrale in Wien, und die Firma Javitz & Co. war im Handelsregister noch nicht gelöscht worden. Bankhäuser waren zur Mitgliedschaft in der Devisenzentrale verpflichtet, um Transaktionen mit fremden Zahlungsmitteln durchführen zu dürfen, und sie mussten ihr auf Wunsch Einblick in ihre Geschäfte gewähren. Storfer hatte im Juli 1922 die Übernahme der Firma bei der Devisenzentrale angezeigt, worauf ihm angeblich provisorisch, aber nicht offiziell die Mitgliedschaft in dieser verliehen worden war.

Im September 1922 wurde Storfer von der Devisenzentrale wegen des Verdachts verbotener Kronenüberweisungen an einen Ausländer – es soll sich um einen Betrag von 30 Millionen Kronen gehandelt haben – bei der Finanzbezirksdirektion angezeigt.[50]

Storfers Bankhaus war am Schottenring 8, im ersten Wiener Gemeindebezirk, unweit der Universität, in sechs Räumen untergebracht, und zwar im ganzen ersten Stockwerk des Hauses, das sich damals im Besitz der Universale Allgemeine Versicherungs AG befand.[51] Sowohl an der Außenfassade als auch im Inneren des Gebäudes wiesen mehrere, zum Teil einige Meter breite Tafeln unübersehbar auf Storfers Firma hin. Heute beherbergt der repräsentative Ringstraßenbau unter anderem das Japanische Informations- und Kulturzentrum.

Storfer hielt die Verwendung der genannten Firmenbezeichnung, als Kommandite einer Prager Großbank, für angemessen. Durch einen mündlichen Bescheid des österreichischen Bundesministeriums für Finanzen wurde ihm 1925 – unter Verweis auf eine Verordnung vom 17. Juli desselben Jahres – jedoch die weitere Verwendung dieses Namens untersagt, da eine solche Firmierung keiner einzigen Privatbank bewilligt werde. Storfer musste den Wortlaut auf »Kommanditgesellschaft Berthold Storfer & Co.« abändern. Am 6. Oktober 1925 suchte er in einem Schreiben an das genannte Ministerium neuerlich um die bundesbehördliche Bewilligung zum Betrieb seines Bankgewerbes an.[52] Im Zusammenhang damit zogen die Polizeidirektion Wien beziehungsweise die Wirtschaftspolizei Erkundigungen über den Konzessionswerber Berthold Storfer ein, unter anderem bei der Steuerbehörde und beim Nachrichtendienst.

Die Wirtschaftspolizei bestätigte Storfers guten Leumund und seine Unbescholtenheit gemäß dem Strafregisterauszug der Polizeidirektion. Die Nachforschungen ergaben außerdem, dass Storfers Firma »im Allgemeinen günstig beurteilt« wurde und dass man besonders Storfers »Aktivität« lobte. Festgestellt wurde, dass er »sehr vermögend« sei und über einen sehr wertvollen Grundbesitz verfüge, was auch der Steuerdienst bestätigte. 1925 hatte Storfer über seine Vermögensverhältnisse folgende Angaben gemacht: Er besitze »an Bargeld, Effekten, Forderungen, Landbesitz, Grundstücken, Beteiligungen bei Unternehmen etc. ein Vermögen von drei Millionen Schilling. Das Betriebskapital beträgt 1,5 Millionen S, darunter fremdes Kapital 665.000 S. Überdies hat sich die Prager Creditbank mit ihrem Commanditvertrage für die Dauer von zehn Jahren verpflichtet, der Kommanditgesellschaft Kredite zu erteilen und dieselbe nach besten Kräften in allen Belangen auf das Sorgfältigste zu fördern.«[53]

Storfers Unternehmen war an der Börse zugelassen und Arrangementteilnehmerin des Wiener Giro- und Kassenvereins. Die allgemeine Börsenkrise hatte die Firma relativ gut überstanden, sie arbeitete Mitte der 1920er Jahre in eingeschränktem Umfang, aber mit akzeptablen Erfolgen. Die Fundierung hatte sich bis dahin als ausreichend erwiesen, die Verbindlichkeiten wurden zufriedenstellend abgewickelt.

In Storfers Unternehmen waren Mitte der 1920er Jahre drei Prokuristen, weitere 15 Beamte sowie zwei Diener beschäftigt – einige Jahre zuvor, während der Hochkonjunktur, waren es noch insgesamt 85 Mitarbeiter gewesen, unter ihnen vier Prokuristen. 1927 berichtete Storfer dem Finanzministerium, er habe »infolge der bekannten stagnierenden Verhältnisse auf börsen- und bankgeschäftlichem Gebiete eine gewisse Zurückgezogenheit an den Tag« legen müssen, beabsichtige aber, in naher Zukunft »eine höhere Aktivität [zu] entfalten«. Er hatte inzwischen durch den Verkauf eines großen Effektenpaketes nach Deutschland die Mittel seiner Firma wesentlich vergrößert und mit »der erstrangigen käuferischen Gruppe« auch noch andere Abschlüsse bank- und kreditversicherungstechnischer Art getätigt.

Bei der nach Deutschland verkauften Beteiligung handelte es sich um die Aktienmehrheit der Versicherungsgesellschaft Universale, für die Storfer etwa eine Million Reichsmark erhalten haben soll: »Der Versicherungskonzern, welcher nunmehr die Majorität der ›Universale‹ Allgemeine Versicherungs AG besitzt, hat sich uns gegenüber obligiert, den bisherigen bankgeschäftlichen Verkehr der ›Universale‹ weiterhin durch uns zu leiten«, gab Storfer 1927 an.[54] Seine Firma habe, betonte er, auch »unter den schwierigsten Verhältnissen« alle Verpflichtungen pünktlichst erfüllt. Er beabsichtigte, weiterhin alle bankgeschäftlichen Agenden zu betreiben und diese, soweit aufgrund der äußeren Umstände möglich, zu vergrößern.[55]

Anfang 1927 meldeten Berthold Storfer und die Prager Creditbank in Prag, beide vertreten durch den Rechtsanwalt Dr. Arnold Lehmann, Änderungen des Gesellschaftsvertrages zur Eintragung im Handelsregister an, weil die Kommanditgesellschaft Prager Creditbank (Prag) ihre Vermögenseinlage von 5.000 Schilling auf 200.000 Schilling erhöht hatte. Für die Prager Creditbank waren die beiden Direktoren Franz Chytil und Dr. Miroslav Pos zeichnungsberechtigt. Im Handelsregister wurde am 22. April 1927 der Austritt der Kommanditistin Banca Romana de Comerț și de Credit din Praga aus der Bankkommanditgesellschaft Berthold Storfer & Co. vermerkt.[56]

In den erwähnten behördlichen Erhebungsberichten aus den 1920er Jahren wurden weitere Einzelheiten über Storfers berufliche Laufbahn festgehalten. So hieß es, Storfer habe »die Grundlage zu seinem Vermögen (...) durch die Geschäfte« gelegt, »die er während des Krieges (Storfer brachte es bis zum Major) in Verbindung mit dem damaligen Gendarmeriekommandanten Dr. Eduard Fischer in der Bukowina machte. Storfer gilt in den Kreisen seiner Landsleute als Finanzgröße und Verdiener größten Stiles.«[57]

Vermerkt wurde auch, dass Storfer vor dem Ersten Weltkrieg in Budapest tätig gewesen sei, und zwar in leitender Stellung bei der Holzfirma B. Steinherz, später als Direktor der Immobilien- und Verkehrsbank AG. Während des Krieges und in der Nachkriegszeit habe er größere Transaktionen durchgeführt und sich dabei Vermögen erworben. In den Erhebungen wird Storfer »als ein ungewöhnlich rühriger, tüchtiger und vielseitiger Geschäftsmann« bezeichnet, »der durch Ausnützung der Hochkonjunkturen in den letzten Jahren gut vorankam«.[58]

Erwähnt wird auch, dass Storfer einige Tausend Joch Grund in Dobrowitz (Dobrovice) besitze, einer mittelböhmischen Stadt im Bezirk Jungbunzlau (Mladá Boleslav). Aufgezählt wurden des Weiteren Storfers zahlreiche Beteiligungen an diversen in- und ausländischen Aktiengesellschaften – unter anderem an der bereits erwähnten Universale Allgemeine Versicherungs AG, der Ungarischen Verkehrsbank AG und der Österreichischen AG der Hotel- und Kuranstalten (Wien), der Ungarisch-Rumänischen Holzindustrie AG (Budapest), der Vaterländischen Holzindustrie AG sowie der Szarcer Waldverwertungswerke AG (beide Budapest), der Österreichisch-Ungarischen Waldindustrie AG (Budapest), der Arader Sägewerke AG, der AG für Waldverwertung (Budapest), der Holzimport AG sowie der Realitäten-Verkehrs-AG (Budapest), der Mineralöltransport AG Wien und schließlich der Verwaltungsrat der Volksoper-Betriebs AG, dem Storfer gemeinsam mit Robert Metzger und Arnold Lehmann, beide Wien, angehörte.[59]

Teilweise deckungsgleich mit den angeführten behördlichen Angaben über Storfer sind jene in dessen selbstverfassten Lebensläufen: Demnach hatte er sich bereits 1921 im Rahmen seiner Kommanditgesellschaft an der La Continentale AG für Mineralöltransport und Handel beteiligt. Gründerin dieses Unternehmens war die Banca Commerciale Italiana in Mailand. Storfer war Mitglied des Verwaltungsrates, des Exekutivkomitees und Repräsentant für Österreich. Im Alleingang gründete er das Wiener Tochterunternehmen Mineralöltransport- und allgemeine Handels AG und übernahm dessen Gesamtleitung. Ebenfalls 1921 beteiligte er sich am Bankhaus Biedermann & Co. Gemäß eigenen Angaben war er über Einladung des Generalrates Dr. Rosenberg, dem seinerzeitigen Vizepräsidenten der Anglobank, auch an der Gründung dieses Unternehmens beteiligt gewesen. Später hatte er bei der Bank eine Stelle im Verwaltungsrat inne, er stieß jedoch sein relativ geringes Aktienpaket noch in den Jahren 1923 bis 1925 sukzessive ab.

Bereits 1922 hatte Storfer das Majoritätspaket der Universale Allgemeine Versicherungs AG Wien (mit Filialen in Prag, Budapest, Triest und Agram/Zagreb) erworben und war Vizepräsident sowie leitender Verwaltungsrat dieser Aktiengesellschaft geworden. Nachdem 1923 auf »altruistischer Grundlage« die Volksoper-Betriebs AG gegründet worden war, wurde Storfer Vizepräsident und Mitglied des Verwaltungsrates unter der Direktion Weingartner. 1925 gründete und finanzierte er die Monos Transport-Dreiradunternehmungen (auch Monos Fahrzeug Vertriebsgeschäft) in Wien. »Die ersten Transportdreiräder dieser Art wurden derart durch Storfer in Verkehr gebracht«, schrieb er in einem der von ihm verfassten Lebensläufe. Mitte 1927 machte er gegenüber dem österreichischen Bundesministerium für Finanzen folgende Angaben: »Meine Firma erteilt dieser Geschäftsunternehmung den Rediskontkredit, von ungefähr 300.000 S, der nötig ist, um den Absatz ihrer sehr begehrten und in den Straßen von Wien sichtbaren Industrieprodukte zu fördern. Wir verdanken lediglich unserer Eigenschaft als österreichische Kommandite und Bankgeschäftsstelle der Prager Creditbank, dass die Prager Creditbank die Monos-Gründung in Prag patronisiert.«[60]

Im Jahr 1927 wurde gemeinsam mit deutschen und schweizerischen Kredit-Versicherungsgesellschaften die Wirtschafts-Kredit GmbH Wien gegründet, wobei Storfer die oberste Leitung und die Finanzierung übernahm. Storfer war nach eigenen Angaben auch Verwaltungsrat der Vaterländischen Holzproduktion AG, Budapest, der Ostungarischen Waldindustrie AG, Budapest, der Realitäten und Verkehrs AG, Budapest, sowie der METAG Metallwaren AG Wien. Storfers Firma besorgte überdies den bankgeschäftlichen Teil der sehr bedeutenden Zuckertransaktionen für die Prager Creditbank – den zweitgrößten Zuckerkonzern der Tschechoslowakei. Zum Stichwort »Zuckerabteilung« schrieb Storfer 1927 in einem Bericht an das Finanzministerium: »Gemäß meines mit der Prager Creditbank geschlossenen und in Kraft bleibenden Kommanditvertrages ist diese verpflichtet, die Interessen meiner Firma tatkräftigst und auf das Sorgfältigste zu fördern und insbesondere ihre Filialen, Affiliationen und Kommittenten zu veranlassen, die bankgeschäftlichen Abschlüsse in Österreich durch uns zu tätigen. Die Prager Creditbank ist ferner verpflichtet, uns Kredite in solcher Höhe zu erteilen, die angemessen erscheinen, unsere Entwicklung zu fördern und uns mit der Vertretung ihrer eigenen und ihrer Affiliationen österreichischen Interessen zu betrauen.

Eben in Konsequenz dieses Obligos wurde die frühere selbständige Repräsentanz der Zuckerabteilung der Prager Creditbank uns übertragen, wobei es sich nicht um Handelsgeschäfte für eigene Rechnung handelt, die vertragsmäßig verboten sind, sondern um kommissionsweise Vertretung, Inkasso und Überweisung der Prager Fakturen an die hiesigen Zuckerkommittenten, eventuell Eskompt der Forderungen an dieselben, Umwandlung der einkassierten Schillinge in Czechokronen, Überweisung derselben nach Prag etc.«[61]

Zur Banque Roumaine de Commerce et de Credit de Prague in Bukarest merkte er an, dass es sich um ein Tochterunternehmen handle, dessen Aktienkapital sich zu fast hundert Prozent im Portefeuille der Prager Creditbank befinde und das mit Rücksicht auf seine (Storfers) spezielle Kenntnis der rumänischen Verhältnisse und seine besonderen Beziehungen zu diesem Land seiner Aufsicht unterstellt worden sei. Storfer entsandte den Prokuristen seiner Firma, Dr. Fritz Gruder, nach Bukarest und betraute ihn mit der unmittelbaren Leitung. Storfers Firma (Berthold Storfer & Co.) blieb auch eine Option auf ein Drittel der Aktien der Banque Roumaine de Commerce et de Credit de Prague, Bukarest, vorbehalten. Um diesen Betrag sollte sich das Kommanditkapital in Wien erhöhen. »Infolge dieses umgekehrten Verhältnisses musste die Banque Roumaine als meine Kommandititistin ausscheiden, und die Prager Creditbank hat deren Beteiligungsquote bei meiner Firma gemeinsam mit mir übernommen, sodass die Prager Creditbank heute und für die ganze Vertragsdauer bei unserer Firma mit 42 ½ Prozent beteiligt ist. Im Handelsregister ist formell [Unterstreichung im Original] ein kleines Kommanditkapital registriert.«[62]

Storfer merkte ferner an, »dass ich in Gemeinschaft mit der Prager Creditbank und einer Berliner Spezialbank eine sehr bedeutende finanzielle Aktion unter Führung meiner Firma vereinbarte, der gemäß wir die Finanzierung von Warenlombard-Abzahlungskrediten und sonstiger landwirtschaftlicher Ameliorationsarbeiten in die Wege leiten sollen. Die sehr erheblichen Kapitalien sind in der Schweiz gesichert.«[63]

In einem Schreiben an Sektionsrat Andräe vom Finanzministerium betonte Storfer im Zusammenhang mit seinem Konzessionsansuchen: »Meine bankgeschäftliche Tätigkeit hat

volles Wesen und gesunde Kraft; dieselbe ist den Zeitverhält-
nissen angepasst und darf von den Fluktuierungen an der Börse nicht abhängig sein.«[64] Im April 1927 wurde wie erwähnt
im Handelsregister bei der Firma Bankkommanditgesellschaft
Berthold Storfer & Co. der Austritt der Kommanditistin Banca Romana de Comerţ si de Credit din Praga eingetragen.[65]

1930 verlieh der damalige Bundespräsident Wilhelm Miklas
Berthold Storfer den Titel eines »Kommerzialrates mit Nach-
sicht der Taxe für das Wirken im öffentlichen und kulturellen
Leben«.[66] »Unter den vorschlagenden Körperschaften haben
die Mitglieder der Großdeutschen Volkspartei sich in erster
Reihe exponiert«, betonte Storfer in einem während der NS-
Zeit verfassten Lebenslauf.[67] Die Verleihung des Berufstitels
»Kommerzialrat« an Storfer war allerdings nicht unumstritten.
Das Bundesministerium für Handel und Verkehr, dem ein entsprechender Antrag vorgelegt worden war, hatte im Juli 1928
das Präsidium der Kammer für Handel, Gewerbe und Industrie ersucht, sich in einem Gutachten »über das berufliche und
öffentliche Wirken des Genannten zu äußern und hinsichtlich
seiner Auszeichnungswürdigkeit einen Antrag zu stellen«.[68]
Kammerrat und Kommerzialrat Heinrich Rosenberg wurde
vom Präsidium der Handelskammer um eine vertrauliche Auskunft über Berthold Storfer, die Bedeutung und den Umfang
seines Geschäftes, seinen geschäftlichen Ruf und sein allfälli-
ges öffentliches Wirken gebeten.

Anfang August 1928 machte das Kammerpräsidium dem
Ministerium Mitteilung, »dass es die Anregung zur Erwirkung
des Berufstitels eines Kommerzialrates an Herrn Berthold
Storfer (…) im gegenwärtigen Zeitpunkte nicht zu unterstützen vermag«. Die Kommanditgesellschaft Berthold Storfer & Co. – Bankgewerbe, Import und Export von Waren
aller Art und Gemischtwarenhandlung im Großen – sei seit
dem 11. April 1921 zum Mieten und Vermieten von Zisternen-
wagen im eigenen Namen und auf eigene Rechnung, seit dem

1. Juli 1922 zum Betrieb eines Bank- und Kommissionsgeschäftes und seit dem 23. November 1926 zum Gemischtwarenhandel im Großen am Standort Schottenring 8 gewerbebehördlich angemeldet und seit dem 7. Juli 1922 im Firmenregister des Wiener Handelsgerichtes eingetragen. Bedeutung und Umfang der Firma seien mittleren Grades, hieß, der geschäftliche Ruf gut. Berthold Storfer beschäftige sich »in einwandfreier und erfolgreicher Weise mit Finanzierungsgeschäften«. Von einem öffentlichen Wirken des Genannten seit Bestehen der österreichischen Republik sei dem Präsidium hingegen nichts bekannt geworden.[69] Heinrich Rosenberg, Gesellschafter der Firma Bernfeld & Rosenberg, führte ferner ins Treffen, dass Storfers Firma erst seit sechs Jahren bestehe, weshalb nicht geraten werden könne, den Bewerber schon jetzt für eine Auszeichnung vorzuschlagen.

Ein Ministerialrat Zborowski von der Präsidialsektion des Handelsministeriums wollte die Angelegenheit jedoch noch nicht als abgeschlossen betrachten. Er verwies auf Storfers Rolle im Ersten Weltkrieg: Storfer sei zu Kriegsbeginn »der wirtschaftliche Organisator der Bukowina« gewesen und habe General Eduard Fischer als Berater erfolgreich zur Seite gestanden. In Anerkennung seiner Verdienste sei er zum österreichischen Kriegswirtschaftsrat ernannt und mit kaiserlichen Orden ausgezeichnet worden. Zborowski betonte, dass es sich nicht um eine politische Angelegenheit handle. Minister Hans Schürff ersuchte in der Folge die Kammer, ihr Votum noch einmal zu überprüfen.

Das Kammeramt des Präsidiums übermittelte Heinrich Rosenberg das Aktenmaterial mit der Bitte, zur Anfrage des Bundesministeriums neuerlich Stellung zu nehmen. Rosenberg bat seinerseits den Kammer- und Börsenrat Max Simon als Berufskollegen Storfers um eine Stellungnahme. Simon schloss sich dem Gutachten Rosenbergs an: Er habe sich »bei verschiedenen gutunterrichteten, maßgebenden Kreisen« erkundigt und aus den ihm zugetragenen Informationen nicht den Eindruck gewonnen, »dass der Bewerber sich durch öffentliches Wirken in besonders verdienstvoller Weise bemerkbar gemacht hätte«.[70]

Trotz des negativen Gutachtens vom 5. August 1928 ließ man die Angelegenheit nicht ruhen. Am 11. Juni 1929 bat die Kammer Bundesrat Rudolf Pechall um Mitteilung, ob ihm »irgendwelche Verdienste des Herrn Berthold Storfer auf beruflichem, allgemein-öffentlichem oder sonstigem Gebiete bekannt« seien, »welche eine genügende Grundlage für eine Befürwortung der Kammer bilden könnten«.[71] Der Bauunternehmer Rudolf Pechall, der sich besonders für Storfer starkmachte, war ein österreichischer Politiker und Mitglied der Großdeutschen Volkspartei. Von 1921 bis 1927 war er Landtagsabgeordneter in Niederösterreich und von 1927 bis 1932 Mitglied des Bundesrates.[72] Auf die Anfrage der Wiener Handelskammer übermittelte er »eine von durchaus zuverlässiger Seite erhobene Lebensbeschreibung des Herrn Berthold Storfer«.

Storfer, damals 48 Jahre alt, sei österreichischer Bundesbürger und nach Fölling bei Graz zuständig. Nach Vollendung seiner kaufmännischen Studien sei er schon 1907 protokollierter Kaufmann gewesen und habe Dank seiner außergewöhnlichen Fähigkeiten bereits in der Vorkriegszeit ganz bedeutende kommerzielle Positionen errungen und durch beispielgebende Korrektheit seinem Stande Ehre gemacht. 1911 habe er sich um einen Großgrundbesitz in der Nähe von Czernowitz beworben. Dadurch sei er während des Ersten Weltkriegs in Verbindung mit dem berühmten Gendarmeriegeneral Dr. h. c. Fischer gekommen. An dessen Seite habe er den wirtschaftlichen und finanziellen Apparat der Gruppe Fischer geleitet, die sich um die Verteidigung der von Truppen entblößten Bukowina unvergängliche Verdienste erworben habe.

Als öffentlicher Gesellschafter der Kommanditgesellschaft Berthold Storfer & Co. (Kommandite der Prager Creditbank) sei Storfer immer ein fürsorglicher Freund des Personals und dessen Wohltäter gewesen. In seiner Eigenschaft als Vizepräsident der Universale Allgemeine Versicherungs AG und Mitglied von deren Exekutivkomitee habe er Dank seiner reichen Erfahrungen das Unternehmen durch alle Fährnisse und Erschütterungen der Nachkriegszeit geführt und die Position des Unternehmens im In- und Ausland gekräftigt. Durch seine hervorragende Beteiligung bei der Monos Fahrzeug-Gesellschaft habe Storfer einen Industriezweig in Österreich eingeführt, »der ein ganz neuartiges und für die Bevölkerung u. die Wirtschaft unentbehrliches Verkehrsmittel« darstelle: »Es muss hervorgehoben werden, dass die ›Monos‹-Transportdreiräder mit den Mitteln und durch Initiative Storfers als österreichische Industriegründung in Berlin hergestellt werden. Auf diese Weise wird das Ansehen der österreichischen Industrie im Auslande gefördert.«[73] Auch in Mailand sei Storfer als österreichischer Repräsentant einer großen Exportunternehmung tätig. Ähnliche Verbindungen bestünden mit Ungarn und anderen der Nachfolgestaaten der ehemaligen Monarchie.[74]

In einem Begleitschreiben zu dem von ihm übermittelten Curriculum Storfers ging Rudolf Pechall nochmals und besonders ausführlich auf Storfers Verdienste im Zusammenhang mit der Wiener Volksoper ein. Die 1895 gegründete und seit 1906 »Volksoper« genannte Kultureinrichtung war bis 1938 ein Privatunternehmen, das von einem Theaterverein betrieben wurde. Unter der Direktion Felix von Weingartners von 1919 bis 1924 kam es zu einer Internationalisierung in den Besetzungen und zu Gastspielen namhafter Künstler. Gegen Ende der Ära Weingartner geriet das unsubventionierte Haus jedoch in finanzielle Schwierigkeiten. Im April 1924 gastierte noch Emanuel List im *Parsifal,* ehe der Spielbetrieb am 23. April des Jahres eingestellt werden musste.

Der Volksoper-Betriebs Aktiengesellschaft wurde eine Pachtdauer bis 31. Juli 1927 zugebilligt. Wegen des finanziellen Nie-

dergangs, nicht zuletzt aufgrund der allgemeinen wirtschaftlichen Misere in Österreich, versuchten jedoch sowohl der
Theaterverein als auch die Volksoper-Betriebs AG Weingartner
zur Zurücklegung der Konzession und des Direktorpostens zu
bewegen, was Ende April auch geschah.[75]

Rudolf Pechall hob in dem oben erwähnten Empfehlungsschreiben nachdrücklich hervor, dass Berthold Storfer 1922 auf
vollkommen altruistischer Basis die Volksoper-Betriebs Aktiengesellschaft gegründet und das Institut in der Ära Weingartner vor dem finanziellen Zusammenbruch bewahrt habe. Nur
die radikalen Strömungen im Personal hätten schließlich dazu
geführt, »dass dieses von Storfer mit großen Opfern geförder-
te Institut in die unhaltbare Form der Arbeitsgemeinschaft
umgewandelt« worden sei. »Die große Zeit der Volksoper,
während welcher dieselbe in künstlerischer Hinsicht neben der
Staatsoper für das bürgerliche Publikum in Wien führend war,
ist zum Teile ihm zu verdanken.

Lediglich der verirrten radicalen Strömung des Personales
der Volksoper ist es zuzuschreiben, dass das Personal sich
›selbständig‹ machte, wodurch die nützliche und erfolgreiche
Aktion Storfers verdrängt wurde, welche er über die Finanz-
krisen des Jahres 1924 hinweg bis zum Jahre 1926 mit großen
selbstlosen Opfern führte. Seine großen Verdienste auf diesem Gebiete werden vom Stadtrat Karl Rummelhardt, der im
›Kaiser-Jubiläumsverein Volksoper‹ maßgebend ist, ferner vom
zuständigen Ministerialrat des Unterrichtsministeriums, Professor Dr. Kobald, und schließlich vom ehemaligen Mitdirek-
tor der Volksoper, Professor der staatlichen Musikakademie
August Markowski, anerkannt.

Storfer war und blieb auch später ein warmer Förderer jeglicher Kunstinteressen. Er hat zum Beispiel in Gemeinschaft
mit der Gräfin Johanna Hartenau (Witwe des ehemaligen
Fürsten Battenberg von Bulgarien) das Exekutivkomitee zur
Ehrung Dr. Wilhelm Kienzls anlässlich seines siebzigsten Ge-

burtstages gebildet. Er verschaffte Wilhelm Kienzl neben einer von den prominentesten Künstlern der Welt unterschriebenen Adresse auch ein Ehrengeschenk von S 25.000.– und sonstige Aufmerksamkeiten, die dem österreichischen Komponisten einen angenehmen Lebensabend bereiten.«

Storfer sei bei vielen Veranstaltungen zur Förderung österreichischer öffentlicher Institute und zur Übung von Wohltätigkeit opferbereit dabei, die österreichischen Museen, die Rettungsgesellschaft oder das Tonkünstlerorchester seien nur drei Beispiele von vielen.

Im Comité für Europäische Kooperation, einem Verband, in dem in England MacDonald, in Frankreich Poincaré und in Deutschland Gustav Stresemann mitwirken würden, sei Storfer ein tatkräftiger Förderer und Mitarbeiter in der österreichischen Gruppe im Ausschuss und im Exekutivkomitee.[76]

Im Juli 1929 gab die Kammer für Handel, Gewerbe und Industrie in Wien »nach Abschluss der eingeleiteten eingehenden Erhebungen« endlich bekannt, dass »gegen die Verleihung des Berufstitels eines Kommerzialrates an Herrn Berthold Storfer« keine Bedenken bestünden.[77]

1931 nahm Storfer als österreichischer Delegierter an der Internationalen Tagung des Komitees für Europäische Kooperation teil. 1933 trat er als Experte des Österreichischen Ministerkomitees dann »hinsichtlich der großen Finanztransaktionen infolge Zusammenbruches der Österreichischen Kreditanstalt« sowie als »über die Finanzierung der geplanten Innenkolonisation und von der Großdeutschen Volkspartei bestellter Gutachter über das damals vorbereitete Kreditversicherungsproblem« in Erscheinung. 1936 beteiligte er sich als Aktionär an der Samt- und Seidenweberei AG Rudolf Reichert & Söhne in Mährisch-Trübau (dem heutigen Moravská Třebová). Er wurde in dieser AG in den Verwaltungsrat und in das Exekutivkomitee berufen und zum Vizepräsidenten dieses großen, vier Fabriken umfassenden Unternehmens gewählt.

»Bis zur Einverleibung Österreichs in das Deutsche Reich hat Storfer sämtliche Positionen aufrechterhalten«, schrieb Berthold Storfer selbst in seinem letzten erhaltenen, vermutlich 1940 verfassten Lebenslauf.[78]

Storfers gerichtliche Auseinandersetzung
mit Viktor Gross

Bereits seit Mitte der 1920er Jahre war Storfer in langwierige gerichtliche Auseinandersetzungen mit einem Ingenieur und Kaufmann namens Viktor Gross verstrickt. Im Zuge der verschiedenen Etappen des Rechtsstreits, der sich bis 1940 hinzog, wurden Hunderte Seiten Aktenmaterials angehäuft.

Gross wurde 1882 im rumänischen Borgóprund geboren. Gemäß seinen Angaben trat er 1924 mit Storfer in Verbindung. Er genoss, wie aus einem Strafregisterauszug von Februar 1939 hervorgeht, einen guten Leumund, war allerdings gegen Ende 1938 – infolge einer von Storfer gegen ihn erstatteten Strafanzeige – wegen Erpressung verurteilt worden.

Gross behauptete, durch Storfers Bankhaus, dem er wiederholt größere Geldsummen zur Anlage übergeben hatte, in den wirtschaftlichen Ruin getrieben worden zu sein. In der Zwischenkriegszeit hatte sich Gross vor dem Wiener Handelsgericht nicht gegen Storfer behaupten können. Nach dem »Anschluss« Österreichs hoffte er jedoch, dass es nun ein Leichtes sein würde, den als Juden verfolgten Berthold Storfer in die Knie zu zwingen. Die zahllosen von Gross verfassten Schreiben an Storfer und verschiedene Behörden strotzen von wüsten antisemitischen Ressentiments.

Am 14. Mai 1938 erstattete Gross bei der Wirtschaftspolizei und der Gestapo Strafanzeige gegen Storfer – und zwar wegen der Verbrechen des Betruges, der Veruntreuung und Erpressung, der Korruption, des Vertrauensmissbrauchs und der fortgesetzten Verschleierung sowie wegen Zeugenbeeinflussung und falscher Zeugenaussage. Er gab an, durch Storfers Schuld sein Vermögen in der Höhe von 530.000 RM verloren zu haben.

1924 sei er von der Tschechoslowakei, wo er Eigentümer eines sehr angesehenen Industrieunternehmens gewesen sei, »wegen der ansteigenden Unduldsamkeit der Tschechen gegen deutsche Fabrikanten« nach Wien übergesiedelt und habe auch seine Vermögenschaften nach Österreich übertragen. Storfer habe ihn in der Folge dazu überredet, ihm die Verwaltung seines Vermögens anzuvertrauen und ihm gute Zinserträge versprochen. In Wirklichkeit habe Storfer jedoch mit seinen Kreditnehmern »derartige Verflechtungen und gegenseitige Geschäfte« gehabt, »dass die Kapitalien darin festlagen«. Gross beklagte, sein Geld nicht termingerecht zurückerhalten zu haben, als er in ein anderes Geschäft habe einsteigen wollen. Storfer habe ihn »nicht aus seinen Krallen« loslassen wollen.

Eine ganze Reihe mehr oder weniger prominenter Personen seien, so Gross, in Storfers Geldgeschäfte verstrickt gewesen, unter anderem der Burgpfarrer Josef Schnitt und der Bankier Dr. Richard Klüger. Auch Storfers Anwälten Dr. Arnold Lehmann und Dr. Hugo Zörnlaib stellte Gross ein schlechtes Zeugnis aus. Kredite habe Storfer – ohne Sicherheiten – etwa an den Opernsänger Geza Brand (Koppensteiner & Brand) und die Konzertsängerin Ruzena Herlinger vergeben: »Die Hintergründe (…) waren die, dass er [Storfer] sich auch als ›Künstler und Kunstmäzen‹ betätigte, in einem bestimmten Verhältnis zur Volksoper stand und es ihm anscheinend viel daran lag, der ihm bekannten Sängerin Ruzena Herlinger aus einer Verlegenheit herauszuhelfen bzw. sie vor Not zu bewahren, und so versorgte sie Storfer aus meinem Gelde. Storfer gab ihr auch alsbald die deponierten Faustpfänder frei, ohne sich im geringsten um mich zu bekümmern (2 Autos), den bei ihm deponierten wertvollen Schmuck veruntreute er solcherart, dass er den Schmuck als Kreditunterlage zur Beschaffung eigenen Kapitals verwendete«, so Gross in der Strafanzeige.[79] Dort heißt es weiter: »Inoffizielle Nutznießer, aber der Klique der Vorgenannten als stille Kompagnons angehördend, waren die Herren: (...) Mendel (Emil) Hönig, bekannter Schieber, Dr. Norbert Hofmann, Siegmund Bosel, Bankier, anscheinend auch Dr. Hugo Zörnlaib. Die in der Folgezeit als Schwerverbrecher entlarvten Dr. Dietrich A. [anonymisiert] und Holzgroßhändler N. Sch. und noch andere, die sich im Dunkeln hielten. Die Genannten waren sämtlich Geschäftsfreunde des Storfer (...). Die damaligen Hauptgeschäfte der Herren waren lauter ›großzügige Sachen‹, woran man viel verdiente bzw. viel verdienen konnte, wenn sie glückten. – Unter anderem litt Storfer an Größenwahn und wollte es Bosel nachmachen. Er bereitete von langer Hand die Erwerbung der Grazer Genossenschaftsbank, das Dianabad in Reichenhall, Immobilien in Berlin, Waldkomplexe und anderes für sich vor. (...) Storfers Plan ging darauf hinaus, letzten Endes alle aus dem Sattel zu heben und, wie er sich unter Freunden oft ausdrückte, die Objekte nach Mattsetzung der ursprünglichen Besitzer um ›ein paar Zwetschken‹ in seinen Besitz zu bringen.«[80]

Ende Juni 1938 wiederholte Gross seine Vorwürfe gegen Storfer in einem weiteren Schreiben an die Rechtsabteilungen der Parteibehörden – die Wiedergutmachungsstelle für alte Parteigenossen sowie die zuständige Kreisleitung der NSDAP in Wien. In dem Schriftstück, das er auch an die Geheime Staatspolizei weiterleitete, heißt es unter anderem: »Als anständiger, völlig unbescholtener Deutscher und gesinnungstreuer nationalsozialistischer Bürger, der seine Pflicht gegenüber dem Vaterlande, der Volksgemeinschaft und überhaupt in aufopferungsvollster und korrektester Weise erfüllt hat, bitte ich, die Angelegenheit einer unparteilichen Untersuchung zu unterziehen, da ich durch das Denunziantentum dieses – meiner Meinung nach – internationalen Korruptionisten, der unentwegt, trotz Umbruch[s], immer wieder Helfer für seine Maulwurfsarbeit findet, nicht nur in meinem peinlich behüteten moralischen, sondern auch in meiner Existenz und finanziellen Besitz bedroht bin.

Das System des Bankiers Storfer unter dem alten Regim[e] – andere zu belasten, um die Aufmerksamkeit von seinen und seiner Helfer Verfehlungen abzulenken – dürfte kaum mit den heutigen Grundsätzen vereinbar sein (...). Heil Hitler!«[81]

Beigelegt war ein achtseitiges, dichtbeschriebenes Elaborat unter dem Titel »Getarnte jüdische Korruption. Jüdischer Großbetrüger bedient sich missbräuchlich nationalsozialistischen Anwalts zur wirtschaftlichen und moralischen Vernichtung eines völlig unbescholtenen deutsch-arischen, nationalsozialistischen Wiener Bürgers«. Der Kommerzialrat und Bankier Berthold Storfer sei ein »aus dem Osten eingewanderter Schieber, der sich rasch nach außen hin zu assimilieren, d. h. mit einem westlichen Mäntelchen zu tarnen verstanden«, seine zersetzenden Methoden aber beibehalten habe.

Gross behauptete, von Storfer um sein ansehnliches Vermögen in der Höhe von etwa einer halben Million Schilling gebracht worden zu sein. Er führe mit diesem Mann seit 14 Jahren unausgesetzten Krieg. In der alten Ära habe Storfer ehrliche Patrioten für seine Zwecke missbraucht, sie hätten »den unersättlichen Reißwolf für ein harmloses Lämmchen« angesehen. Mit ihrer Hilfe habe er urdeutsche, arische Bürger und deren Familien »mit Stumpf und Stiel« ausgerottet. Gross betrachtete es als besonders perfiden Schachzug von Storfer, dass sich dieser nun einen nationalsozialistischen Anwalt genommen hatte – Dr. Guido Jakoncig (1895–1972), dessen Kanzlei sich im selben Haus wie Storfers Privatbank befand. Jakoncig war als Angehöriger der Heimwehr in der Regierung Dollfuß Minister für Handel und Verkehr gewesen und hatte sich während des Austrofaschismus für eine Appeasement-Politik gegenüber den Nationalsozialisten eingesetzt.[82]

Viktor Gross war im Zusammenhang mit dem Rechtsstreit mit Storfer im Mai 1938 zwei Tage im Polizeigefängnis Rossauerlände inhaftiert gewesen – »Freiheitsentzug f. 48 Stunden«, so Gross, der nun eine Chronologie der Ereignisse seit Ende März 1938 präsentierte.

»Am 30. März 1938 teilt mir Dr. Hugo Zörnlaib mit, dass Herr Dr. Guido Jakoncig, der Anwalt des Berthold Storfer, ihn verständigt habe, dass er mit mir wegen friedlicher Beilegung der Angelegenheit sprechen wolle, ich möchte ihn (Dr. Jakoncig) wegen Festsetzung eines Termines direkt telephonisch anrufen.« Am 1. April 1938 habe er, Gross, Dr. Jakoncig, den er persönlich von früher kenne, aufgesucht. Dieser habe ihm erklärt, dass er als Nationalsozialist niemals Storfer gegen den Nationalsozialisten Gross vertreten würde.

»Allerdings, fügte er rein akademisch hinzu, würde er mich gegen Storfer – in dessen Hause, Wien I., Schottenring 8, er Tür an Tür mit ihm wohne – ebenfalls nicht vertreten. Er würde jedoch sehr gerne als Treuhänder in der Sache fungieren und würde sich freuen, falls die Angelegenheit gütlich ausgetragen werden würde. Er sei nicht Anwalt Storfers! (...) Dr. Jakoncig sagte bei dieser Gelegenheit noch wörtlich zu mir: ›Es wäre schade, wenn Sie jetzt eine Anzeige loslassen, denn dadurch kriegen Sie kein Geld. So einen kleinen Bankier wie den Storfer sperrt man gleich ein, konfisziert alles weg und Sie haben dann gar nichts von der Sache. Ich empfehle den friedlichen Weg, er ist nicht der schlechteste Jude.‹«[83] Tatsächlich sei Storfer »einer der scheinheiligsten und raffiniertesten Juden«.

Im Zuge des Verfahrens sollte unter anderem Dr. Erich Gruder, Direktor der Bukarester Filiale der Anglo-Tschechoslowakischen Bank und Prager Creditbank einvernommen werden, doch verzögerte sich dessen Vernehmung wegen des Krieges. Das Strafverfahren wurde 1940 eingestellt, da Gross offenbar nicht einmal die Nationalsozialisten mit seinen Beschuldigungen gegen Storfer überzeugt hatte.[84]

Nach dem »Anschluss«:
Die Liquidierung von Storfers Privatbank[85]

Am 15. Juli 1938 füllte Berthold Storfer die für Juden obligate Vermögensanmeldung für die Vermögensverkehrsstelle – die zentrale »Arisierungsbehörde« im nationalsozialistischen Österreich – aus. Verschiedene Debitoren, unter anderem Anton Czinner und sein Bruder Samuel Storfer – schuldeten ihm per 27. April 1938 insgesamt mehr als 36.500 RM. Der weitaus größte Betrag – rund 28.800 RM – betraf die Repräsentanz der Reichert AG. Unter den Kreditoren, denen Storfer insgesamt knapp 62.000 RM schuldete, war die Zivnostenska Banka der mit Abstand wichtigste.

Storfers Wertpapiervermögen belief sich auf 20.170 RM, sein mobiles Vermögen, bestehend aus einer Münzsammlung, zwei Geigen, einigen Teppichen und einem Silberbesteck, auf einen Gesamtwert von 2.400 RM. An Zahlungsmitteln meldete Storfer einen Betrag von 7.258 RM an. Insgesamt bezifferte er seine Aktiva mit 79.661 RM, die Passiva (Kreditoren) mit 61.920 RM, sein Betriebsvermögen per 27. April 1938 mit 17.741 RM.[86]

In den letzten Jahren vor dem »Anschluss« hatte Storfers Bankhaus sein Effekten-Kommissionsgeschäft nur noch in geringfügigem Ausmaß betrieben. Nach Erlass der 2. Devisenordnung 1938 in Österreich musste die Firma das Devisengeschäft vollständig aufgeben. Im Juli 1938 war nur noch ein Angestellter im Betrieb tätig. Im Handelsregister wurde bei der Firma Kommanditgesellschaft Berthold Storfer & Co. folgende Änderung eingetragen: »Bestellt aufgrund des Gesetzes G. Bl. [Gesetzblatt] Nr. 80/1938 zum kommissarischen Verwalter: Der ›Wiener Giro- und Cassen-Verein‹ in Wien. Vertretungsbefugt nunmehr: nur der kommissarische Verwalter selbständig. Während der Dauer der kommissarischen Verwaltung ruht die Vertretungs- und Zeichnungsbefugnis des Inhabers und der bisher registrierten Prokuristen.«[87]

Der Wert der Firma verminderte sich gemäß Storfers Angaben bis zum 12. November 1938 von 17.741 RM auf 10.706 RM. Am 15. Dezember zahlte Storfer 503 RM als erste Rate von insgesamt 2.013 RM als »JUVA«-Leistung (»Judenvermögensabgabe«) – eine nach dem Novemberpogrom eingeführte diskriminierende Steuer. Der kommissarische Verwalter, der Wiener Giro- und Cassen-Verein (WGCV), unterzog Storfers Firma zunächst einer Prüfung. Der Kommittentenbesitz an Wertpapieren wurde als »unbelehnt und in Ordnung«, das Verrechnungswesen als »gut geführt« bezeichnet. Laut dem Bericht des WGCV vom 28. September 1939 betrugen die Aktiva der Firma 52.185 RM, die Verbindlichkeiten 30.072 RM; der Verlust 1938 belief sich auf 9.035 RM. Als Honorar für seine Tätigkeit verrechnete der WGCV 2.100 RM.

Der erste gewaltsame Eingriff in die Autonomie von Firmen in jüdischem Besitz war zumeist ihre Besetzung durch kommissarische Verwalter. Mit deren Einsetzung waren die Eigentümer der Firmen – unter ihnen auch Berthold Storfer – de facto entmachtet. Ein Teil der Bankhäuser konnte noch einige Tage und Wochen arbeiten, andere wurden sofort von lokalen Parteistellen, der Gestapo oder diversen Kommandos geschlossen. Die Formen der Gewalt, zu der es im Zuge dieser Übergriffe kam, waren vielfältig. So wurden nicht selten Eigentümer oder Teilhaber, manchmal auch leitende Angestellte der Firmen inhaftiert und für längere Zeit in »Schutzhaft« genommen. Immerhin hatte Berthold Storfer das Glück, derartigen Maßnahmen zu entgehen.

Per Schreiben des Bundesministeriums für Finanzen vom 5. Mai 1938 wurde 88 Privatbanken die Konzession entzogen, fünf waren schon gelöscht. Viele der Konzessionen wurden – oft in Abwesenheit der Inhaber – durch den kommissarischen Verwalter zurückgelegt.

Eine eigene Fachabteilung der Vermögensverkehrsstelle, die die in jüdischem Eigentum befindlichen Betriebe entweder zu »arisieren« oder zu liquidieren hatte, war für »Geldinstitute« zuständig. Im Juni 1938 wurde der WGCV als kommissarischer Verwalter von 78 der noch bestehenden 87 jüdischen Privatbanken eingesetzt. Bis zum 10. November hatte er 31 dieser Firmen liquidiert. In einem internen Schreiben der Vermögensverkehrsstelle vom September 1938 heißt es dazu: »Das Ziel der Politik sieht das Reichswirtschaftsministerium in der Erhaltung eines kräftigen Privatbankiersstandes. In der Ostmark ist das besonders schwierig wegen der starken jüdischen Überbesetzung.«[88]

Der 1872 gegründete WGCV war eine gemeinsame Tochtergesellschaft der Creditanstalt – Wiener Bankverein (Österreichische Creditanstalt für Handel und Gewerbe, CA), der Länderbank, der Österreichischen Industriekredit AG (OIKAG) und des Österreichischen Credit-Instituts für öffentliche Unternehmungen und Arbeiten (ÖCI). Er übernahm nach 1938 Sonderaufgaben im Rahmen der »Neuordnung im Bankwesen der Ostmark«. Im (Finanz-)Compass von 1940 heißt es dazu: »Die Neuordnung im Bankenwesen der Ostmark, die durch die Wiedervereinigung mit dem Reiche 1938 angebahnt wurde, hatte tief eingreifende Veränderungen in den geschäftlichen Verhältnissen des Wiener Giro- und Cassen-Vereines zur Folge, da Geschäftszweige wie das Privat-Clearinggeschäft, der Frachten- und Gebührenstundungsdienst und die Geldverwaltung der Österreichischen Bundesbahnen, die für den Ertrag und für den Personalbedarf von ausschlaggebender Bedeutung waren, aufgegeben werden mussten. Für den Ausfall dieser Einnahmezweige konnte jedoch vorübergehend, durch Erfüllung von Sonderaufgaben, teilweise Ersatz gefunden werden.«[89]

Gleichsam als Kompensation waren dem WGCV die kommissarische Verwaltung und Liquidation einer großen Zahl von Privatbanken übertragen worden. Seine Arbeit bestand in der Prüfung der Bücher und in der Korrektur der Bilanzen. Schließlich versuchte er, alle Außenstände einzutreiben und gleichzeitig die Gläubiger zu befriedigen. Die Gebührensätze für die kommissarische Verwaltung, die auch für den WGCV galten, orientierten sich an den Bilanzsummen bei der Übernahme. Der WGCV, der 1938/39 über 340 Mitarbeiter beschäftigt hatte, habe eine »wichtige und verantwortungsvolle« Aufgabe in »zufriedenstellender Weise« gelöst, heißt es in einem Brief von Gauleiter Josef Bürckel an Reichswirtschaftsminister Walther Funk.[90] Der WGCV selbst wurde später, 1942, mit der Deutschen Reichsbank fusioniert, die seine Angestellten aufnahm und seine Rechtsnachfolge antrat.

Im Zuge der erwähnten Maßnahmen wurde auch Storfers Bank- und Kommanditgesellschaft vom WGCV abgewickelt: Dieser legte die Bankkonzession zurück und ließ die Firma im Juli 1939 aus dem Handelsregister löschen.[91] Peter Melichar hat eine Aufstellung der nach dem »Anschluss« in Wien liquidierten Banken nach der Höhe der Aktiva vorgenommen. In der Tabelle sind in aufsteigender Reihenfolge, von kleinen zu großen Aktiven, 58 Banken angeführt. Storfers Bank findet sich dort auf Platz 17.

Terror im Gebäude
Schottenring 8 / Hessgasse 6

In dem Ringstraßenbau, in dem Storfers Firma seit vielen Jahren ihren Sitz hatte, kam es nach dem »Anschluss« – wie in vielen anderen Häusern in Wien – durch die »Arisierung« von Wohnungen und Geschäftssitzen zu tiefgreifenden Veränderungen in der Zusammensetzung der Bewohner. Vergleicht man die Ausgaben von *Lehmann's Allgemeinem Wohnungsanzeiger* für die Jahre 1938 und 1940, so werden diese Einschnitte deutlich. Auch Berthold Storfers Verwandter, der Rechtsanwalt Benedikt Storfer, der hier seine Anwaltskanzlei gehabt hatte, ist 1940 nicht mehr verzeichnet.

Bereits wenige Monate nach dem »Anschluss« übernahm der Rechtsanwalt Dr. Hugo Weber, ein überzeugter Nationalsozialist, in dem Gebäude gewaltsam die Kanzlei eines weiteren jüdischen Anwalts. Weber spielte später, gemeinsam mit dem Rechtsanwalt Dr. Erich Rajakowitsch, eine wichtige Rolle im Zusammenhang mit der Entziehung jüdischen Vermögens durch die von Adolf Eichmann gegründete »Zentralstelle für jüdische Auswanderung« in Wien. Das Duo war für sämtliche Rechtsgeschäfte im Zusammenhang mit dem »Auswanderungsfonds« Wien zuständig, der im Namen der »Zentralstelle« agierte und als deren Vermögensträger angesehen werden kann.[92]

Storfers Bank- und Kommanditgesellschaft befand sich also in jenem Gebäude, in dem wenig später zwei von Eichmanns engsten Mitarbeitern ihre Geschäfte abwickelten. Da Storfers

Tätigkeit später eng mit Adolf Eichmann und dessen »Zentralstelle« verbunden gewesen ist, stellt sich zumindest die Frage, ob diese örtliche Verbindung ausschließlich als Zufall zu betrachten ist. Schriftliche Dokumente, aus denen man einen Zusammenhang ableiten könnte, sind jedoch nicht vorhanden.

Die von Hugo Weber übernommene Kanzlei war bis 1937 gemeinsam von den beiden jüdischen Anwälten Dr. Herbert David Schutzmann und einem zweiten Anwalt, Dr. Israel Waldmann, geführt worden. Schutzmann war 1937 gestorben, worauf sein Kompagnon die Kanzlei allein weitergeführt hatte. Noch während der »Anschluss«-Tage war Waldmann in die benachbarte Tschechoslowakei geflüchtet. Sowohl Schutzmann als auch Waldmann waren vor 1938 in prominenten Positionen in der zionistischen Politik Österreichs aktiv gewesen. So war Schutzmann 1936 zum Vizepräsidenten des österreichischen »Keren Hajessod«, der lokalen Zweigstelle des jüdischen Nationalfonds, ernannt worden.

Die Witwe Herbert David Schutzmanns, Lola Schutzmann (geborene Zipser, später Blonder-Schutzmann), lebte mit ihren beiden Kindern in einer unmittelbar an die Kanzlei angrenzenden Wohnung. In ihren Erinnerungen hielt sie fest, was im März 1938 im Haus Schottenring 8 / Hessgasse 6 vor sich gegangen war: Zunächst wurde ihr von einem »Doktor Führer« – vermutlich dem späteren NS-Anwalt und Vermögensverwalter im Auftrag der Gestapo Erich Führer – mitgeteilt, dass die Kanzlei beschlagnahmt sei. Nachdem Führer aus der Kanzleikasse 1.000 Schilling entnommen hatte, verließ er das Haus. Sechs Tage nach dem »Anschluss« wurden die Wohnung und die Kanzlei von bewaffneten NS-Formationen gestürmt. Dazu Lola Blonder-Schutzmann: »Sie toben, sie schlagen mit ihren Knüppeln auf die Tischplatte, sie stürmen durch die Räume, sie reißen alle Schränke auf, alle Laden, sie rennen an die offenen Fenster, aus denen ihre gellenden Pfiffe auf die

Straße tönen. Die Passanten auf der Straße wissen, dass es in dieser Wohnung auf Leben und Tod geht. (…) Hilde, mein ›arisches‹ Hausmädchen, meldet: ›Zwei Herren von der Gestapo sind hier.‹ ›Wir kommen vom Steueramt‹, sagen die gleich hinter Hilde eintretenden Nazibeamten. ›Wir haben einen Plünderungsbefehl. Sie haben eine Steuerschuld. Sie müssen sie sofort bezahlen, oder Sie werden sofort gepfändet.‹ ›Ich kann nicht bezahlen‹, sage ich. ›Ich habe keine Steuerschuld, unsere Steuerfassionen waren immer in Ordnung.‹ Sie aber hören nicht auf meinen Einwand, gehen von Zimmer zu Zimmer, von Schrank zu Schrank, sehen die Wände hoch nach Ölbildern. Auf alles werden Siegel aufgeklebt. ›Wenn Sie die Siegel ablösen, werden Sie verhaftet. Darauf steht die Todesstrafe. Jetzt kommen Sie mit uns!‹ Schon nehmen sie mich in ihre Mitte. Mit geschultertem Gewehr werde ich über die Ringstraße geführt, zum Bankhaus, in welchem die Ersparnisse vieler Arbeitsjahre angelegt sind. Ich werde gezwungen, dieses Geld vom Beamten abzuverlangen und [es] den mit Gewehren bewaffneten Schergen ›freiwillig‹ auszufolgen. Der Bankbeamte hat mich erkannt, doch hütet er sich, es sich anmerken zu lassen, es würde uns beide in Gefahr bringen.«[93]

Sieben Tage nach dem »Anschluss« eignete sich Hugo Weber die Kanzlei an: »Bis zum heutigen Tag wurde die beschlagnahmte Kanzlei noch nicht übernommen, beide Büromädchen sitzen morgens noch an ihren Schreibtischen. Zwei Stunden später wird mir gemeldet: ›Wohnung und Kanzlei wurden soeben besetzt, die beiden Büromädchen sofort und fristlos entlassen. Doktor Weber mit seinem Arbeitsstab bezieht alle Räume!‹

Doktor Hugo Weber ist eine gefährliche Persönlichkeit, er ist Sturmbannführer in der Nazipartei [sic!], der er seit der Gründung angehört. Er bekommt jetzt als Dank von der Partei diesen fetten Bissen als Raub zugeschoben: eine angesehene Kanzlei, eine große Wohnung, die große Erbschaft der

Witwe, die noch griffbereit beim jüdischen Notar liegt, und das Pflichtteil der Kinder, das bei Gericht deponiert ist. Doktor Weber hat in allen Ämtern seine Parteifreunde. Ein Telefonanruf genügt, um alles in seinem Sinne durchzusetzen.

Wohnungsschlüssel, Torschlüssel, Postkastenschlüssel sind in der Kanzlei von mir abzugeben. Ehe ich das Haus verlasse, muss ich es der Kanzlei melden. Einen Raum der Wohnung darf ich bewohnen, jeder Telefonanruf muss vorerst in der Kanzlei angemeldet werden. (…)

Es ist der achte Tag seit Hitlers Machtergreifung in Wien. Jetzt bin ich rechtlose Hausgefangene in meiner eigenen Wohnung (…). ›Heute gehen Sie auf die Polizeidirektion‹, wird mir aus der Kanzlei anbefohlen. ›Sie müssen Ihre Ausreise anmelden!‹ Dem Polizeibeamten am Schottenring übergebe ich – nach Weisung der Gestapo – wortlos den Gestapo-Ausweisungsbefehl. (…)

Mein jüdischer Notar wird von der Gestapo angerufen, er muss meinen Verlassenschaftsakt einem Nazinotar ›freiwillig‹ ausfolgen. Der Richter, von der Gestapo angerufen, muss gegen seinen Willen den Pflichtteil der Kinder freigeben. Nach zwei weiteren Stunden desselben Tages werde ich zu Dr. Weber befohlen, der bereits in meinem Salon, bequem auf einem der Biedermeier-Fauteuils sitzend, mich ins Verhör nimmt. Beide SA-Männer, die mich zum Verhör hereingeführt hatten, stehen Posten hinter der geschlossenen Türe. (…) Zwei Stunden dauert dieses Verhör, währenddessen mich Dr. Weber vor sich stehen lässt. (…) ›Nennen Sie alle Wertobjekte‹, beginnt Dr. Weber. ›Wie groß ist Ihre Verlassenschaft? Wertpapiere nennen! Schmuck? Silber? Bilder? Bücher? Alles! Wenn Sie irgendetwas verschweigen, werden Sie der Gestapo übergeben, dort werden Sie schon sprechen lernen! Ich warne Sie!‹ Wie macht man aus dem Gedächtnis eine Erbschaftsaufstellung? Ich holpere über Namen von Wertpapieren, die mir nicht geläufig sind … Dr. Weber presst und presst, er hofft verschwiegenen Besitz, vielleicht im Ausland, aus mir herauspressen zu können. Nach vollen zwei Stunden verlasse ich wankend den Raum.«[94]

Am folgenden Tag wurde Lola Schutzmann bei der Gestapo in einer kleinen Verhörzelle zu den Namen von politischen Freunden ihres Mannes befragt. Dieser sei Zionist gewesen und habe staatsfeindlich gearbeitet, so die Begründung. Am Ende musste Lola Schutzmann einen Ausweisungsbefehl unterzeichnen.[95] Es dauerte noch rund drei Monate, bis es ihr gelang, für sich und ihre beiden Kinder ein Touristenvisum für das damalige Palästina und alle für die Ausreise notwendigen Papiere zu beschaffen. Sie übersiedelte später aus Israel in die USA.[96]

Inwieweit Storfer etwas von diesen Vorgängen miterlebt hat, ist nicht überliefert. Deutlich wird, dass die Situation innerhalb des Hauses ebenso bedrohlich geworden war wie auf den Straßen, in denen der Mob seinen antisemitischen Ressentiments freien Lauf ließ.

Storfer als Experte für Fragen
der jüdischen Auswanderung und als Delegierter
bei der Flüchtlingskonferenz in Evian

Bereits im April 1938 entwickelte Storfer den Plan, gemeinsam
mit einigen prominenten Juden eine Hilfsorganisation zur
Förderung der jüdischen Auswanderung ins Leben zu rufen.
Unter anderem hatten Prof. Dr. Heinrich Neumann, der ehemalige Vorstand der Universitätsklinik für Ohren-, Nasen-
und Kehlkopfkrankheiten, sowie der Bankfachmann Wilhelm
Kux, vormals Präsident der Niederösterreichischen Escompte-
gesellschaft und der Alpine Montan AG, ihre Mitarbeit angeboten.

Heinrich Neumann, eigentlich Heinrich Neumann Ritter
von Héthárs, wurde 1873 im damals ungarischen, heute slowakischen Héthárs (Lipany) geboren. Er studierte an der Universität Wien Medizin, spezialisierte sich auf Ohrenheilkunde
und wurde 1914 außerordentlicher und 1921 ordentlicher Professor, 1919 zudem Vorstand der Universitätsklinik für Hals-
Nasen-Ohren-Krankheiten in Wien. Durch seine besonderen
Fachkenntnisse machte er sich auch im Ausland einen Namen
und behandelte etwa Mitglieder des englischen Königshauses.
Für seine Verdienste im Ersten Weltkrieg wurde Neumann mit
hohen militärischen Orden ausgezeichnet.

Anliegen des auf Initiative der genannten Persönlichkeiten
entstandenen »Hilfskomitees zur Förderung der jüdischen Auswanderung« oder »Komitees zur Regelung der jüdischen Auswanderung aus Österreich« war es, »in uneigennütziger Weise
die Auswanderung der Juden zu fördern«. Am 28. April 1938

sandten die Protagonisten ein Bittgesuch an das Amt des »Reichskommissars für die Wiedervereinigung Österreichs mit dem Deutschen Reich« und das »Amt des Führers«, bald darauf auch an die Geheime Staatspolizei in Wien. Sie boten an, sich mit allen finanziellen Aspekten der Auswanderung zu befassen, Geldmittel von Juden aus dem In- und Ausland zu beschaffen und mit maßgeblichen Stellen wegen der Schaffung von Einwanderungsmöglichkeiten in Verbindung zu treten. Auf »entsprechende Beziehungen« der Mitglieder des Komitees wurde ausdrücklich hingewiesen.

Dieses erklärte sich auch bereit, den Behörden in allen Auswanderungsfragen zur Verfügung zu stehen und die jüdische Bevölkerung diesbezüglich gegenüber allen Behörden zu vertreten. Angeboten wurde zudem Hilfe bei der Beschaffung finanzieller Mittel, um die Auswanderung armer Juden zu ermöglichen, und Unterstützung bei der Liquidation jüdischen Vermögens. Da aber bis Ende Juni 1938 eine positive Antwort auf die eingereichten Vorschläge ausblieb, konnten zunächst keinerlei konkrete Schritte gesetzt werden.

Storfer und Neumann standen mit ihren Konzepten für eine organisierte jüdische Auswanderung nach dem »Anschluss« Österreichs allerdings keineswegs allein da, wurden doch die Behörden binnen kurzem von unterschiedlichster Seite mit derlei Ideen geradezu überschwemmt. Solche »Lösungsvorschläge« stammten sowohl von Personen aus den Reihen der Verfolgten als auch von nationalsozialistischen Institutionen und nichtjüdischen Privatpersonen.

So schlug der Bundesfachverband der Österreichischen Reisebüro-Unternehmungen in Wien im Mai 1938 die Schaffung einer »Überwachungsstelle für die jüdische Übersee-Auswanderung« vor, die von einem durch den Verband nominierten Vertrauensmann geleitet werden sollte. Der Verband beklagte die unübersichtliche Situation, in der »jüdische Winkelagenten an Interessenten Fragebogen verteilen und vorgeben« wür-

den, »Hilfsaktionen für jüdische Auswanderer zu organisie-
ren«. Durch die Einrichtung der »Überwachungsstelle« sollte
Devisenschmuggel verhindert werden, eine Überwachung der
Auswanderung gewährleistet und garantiert sein, dass die
Flüchtlinge allein mit deutschen Schifffahrtslinien und über
Vermittlung »arischer« Reisebüros das Land verlassen könnten:
»Es dürfte nicht im Interesse des neuen nationalsozialistischen
Staates liegen, die Vorteile aus diesen zu erwartenden jüdi-
schen Auswanderergeschäften Juden zugutekommen zu las-
sen«, hieß es in dem Papier.[97]

Zu den Privatleuten, die sich über eine mögliche Zentralisierung der jüdischen Auswanderung den Kopf zerbrachen,
zählte etwa der Wiener Heinrich Tillner, der sich in einem
Brief vom 16. Juli 1938 »wegen Ordnung in der Judenfrage« an
die Reichskanzlei wandte, um »Beiträge zur Lösung brennen-
der Fragen« zu leisten. Tillner befürchtete, dass es im Zusammenhang mit der »Arisierung« jüdischen Eigentums und der
»Abwanderung der Juden« zu »unnötige[n] Härten« und Problemen kommen würde, was der antideutschen Propaganda
in die Hände spielen könnte. Deshalb müsse die jüdische Auswanderung »in geregelte Bahnen« gelenkt werden.[98]

Besonders eifrig tat sich mit Vorschlägen unter anderen
Heinrich Schlie hervor, der direkt mit dem Sicherheitsdienst
der SS zusammenarbeitete und später den Status eines V-Man-
nes, also eines Zuträgers, hatte. Schlie fand später auch wiederholt kritische Erwähnung in Storfers Korrespondenzen. Der
1879 in Stade geborene Heinrich Schlie war Leiter des Hansea-
tischen Reisebüros in Berlin-Schöneberg. In der Zwischenkriegszeit war er unter anderem in Triest als Schiffsmakler und
in Jugoslawien als Leiter einer Exportfirma tätig gewesen.
Schon in den Jahren vor 1938 hatte der höchst umtriebige Geschäftsmann erkannt, dass sich mit Juden, die sich unter dem
Druck der Verhältnisse um Auswanderung bemühten, gute
Geschäfte machen ließen, und er warb mit entsprechenden

Angeboten um »nichtarische« Kunden. 1936 organisierte er die Ausreise von 700 deutschen Juden nach Südafrika mit dem Dampfer *Stuttgart* und begann mit der Planung eines größeren Auswanderungsprojektes nach Ecuador, das sein Hanseatisches Reisebüro leiten sollte. 1938 kam noch ein Kolumbien-Projekt ins Spiel.

Im Zusammenhang mit seinen Planungen unterbreitete Schlie dem SD auch zahlreiche Überlegungen zu finanztechnischen Fragen. Darin ging es vor allem darum, alle mit der jüdischen Auswanderung zusammenhängenden Fragen des Vermögenstransfers in »arische« Hände zu bringen. Mit seinen Ideen rannte Schlie beim SD offene Türen ein: Auch dort wurde seit längerem intensiv darüber nachgedacht, wie der jüdische Einfluss bei der Organisation der Auswanderung ausgeschaltet und die Verbringung von jüdischem Vermögen ins Ausland verhindert werden könnte.

Schlie besaß als Inhaber eines Reisebüros nur die Erlaubnis, Reisen zu vermitteln, nicht aber Auswanderungen zu organisieren und durchzuführen. Dazu war zu diesem Zeitpunkt eine Zulassung zur Ausübung der Agententätigkeit erforderlich. Auch das Wanderungsamt, die traditionelle Auswanderungsbehörde in Wien, versagte Schlie, der als unverlässlich galt, zunächst die Ausstellung entsprechender Genehmigungen. Er sei, so hieß es, vor allem zur Beratung von Auswanderern nicht geeignet, da er sein Unternehmen gewerbsmäßig und nicht als gemeinnützige Stelle betreibe.

Dass Eichmann zugunsten von Schlie intervenierte, ist ein Beweis für die Kompetenzstreitigkeiten, zu denen es bald zwischen den angestammten mit der Auswanderung befassten Institutionen und dem um Ausweitung seiner Befugnisse bemühten SD gekommen ist. Auch die Staatspolizeileitstelle Wien hielt Schlie für einen tüchtigen Fachmann und unterstützte ihn, unter anderem bei seinen Projekten für eine Auswanderung nach Australien. Im Einvernehmen mit der »Zentralstelle für jüdische Auswanderung« wurde Schlie am 22. September 1938 die Berechtigung zur Ausgabe von Zwischendeckfahrten und Fahrkarten 5. Klasse aller in- und ausländischen Schifffahrtsunternehmen an nichtarische Auswanderer erteilt. Sein Geschäftsstandort befand sich in der Prinz-Eugenstraße 16 im vierten Wiener Gemeindebezirk, nur wenige Meter von Eichmanns »Zentralstelle« entfernt.

In Wien war Schlie für Eichmann und andere Mitarbeiter des Sicherheitsdienstes, vor allem Dr. Wilhelm Höttl, tätig. Der SD musste Schlie mehrfach aus dem Gefängnis auslösen und selbst mit der »Zentralstelle für jüdische Auswanderung«, der Zollfahndungsstelle, der Gestapo und den Steuerbehörden in Wien scheint es trotz der Kooperation ständig Reibereien gegeben zu haben. Auch Schlies enge Mitarbeiterin Elly Lubanski soll mehrere Wochen lang bei der Gestapo in Wien eingesessen haben. In einem Bericht aus dem Jahr 1942 wurde festgehalten, dass Schlie »für den SD ohne Zweifel etwas geleistet« habe, »jedoch immer wieder unter dieser Deckung verschiedene unkontrollierbare Geschäfte machte«.[99]

Vor allem in den von nichtjüdischer Seite entworfenen Konzepten wurden fast immer auch die Einführung von Sonderabgaben sowie eine durch Umschichtung von Geldern finanzierte Auswanderung vorgeschlagen. Zumeist war dabei an eine gelenkte Wanderungsbewegung in bestimmte Länder oder neu zu besiedelnde Gebiete gedacht. Von dem Holländer Frank von Gheel-Gildemeester stammte der Vorschlag, die jüdische Auswanderung mit jüdischem Geld zu finanzieren und gleichzeitig durch Schaffung eines Fonds die Auswanderung armer Juden zu fördern. Auf der Basis dieses Konzepts entstand schließlich die für die Flucht österreichischer Juden sehr bedeutsame Aktion »Gildemeester«.

Vorschläge wurden auch von ganz unerwarteter Seite an die Behörden herangetragen. In einem »Beitrag zur richtigen und raschen Lösung der Judenfrage in der Ostmark« vom 8. Februar 1939, den der Wiener Trabrennverein unterbreitete, wurde der Grundsatz vertreten, dass »die beste und gründlichste Lösung der Judenfrage (…) in der raschen Wegschaffung aller nach den Nürnberger Gesetzen als Juden geltenden Personen aus dem Staatsgebiete« bestehen würde und gleichzeitig »das Judenvermögen«, das »unserem Volke« entstamme, »wieder der Volksgemeinschaft zurückgegeben werden« müsse.[100]

Auch den jüdischen Organisationen war nach dem 12. März 1938 die Zielrichtung der von den Nationalsozialisten eingeschlagenen antijüdischen Politik umgehend klargemacht worden. Aus diesem Grund wurden bald auch von jüdischer Seite Vorschläge zu einer Vereinfachung der administrativen Maßnahmen bei der Emigration ausgearbeitet. Allerdings gingen solche Konzepte nicht immer auf die Eigeninitiative der involvierten Personen zurück: Vielmehr wurden jüdische Organisationen mitunter gezwungen, Vorschläge zur Durchführung der Vertreibungsmaßnahmen auszuarbeiten.[101] So entwarfen Josef Löwenherz, der Amtsdirektor der Wiener jüdischen Gemeinde, und Alois Rothenberg, der Leiter des Wiener Palästina-Amtes[102] – einer Art diplomatischer Vertretung der Juden Palästinas –, zweifellos im Auftrag Eichmanns ein nicht datiertes »Aktionsprogramm« für eine zu gründende »Zentralstelle für die Auswanderung der Juden in Österreich«.

Trotz ihrer anfänglichen Misserfolge fuhren Berthold Storfer und Heinrich Neumann wenig später in Begleitung von Dr. Josef Löwenherz, der von Adolf Eichmann zum neuen Leiter der Israelitischen Kultusgemeinde Wien bestellt worden war, in den Nobelkurort Evian-les-Bains am französischen Ufer des Genfer Sees. Dort fand zwischen dem 6. und 15. Juli 1938 eine vom damaligen US-amerikanischen Präsidenten Franklin D. Roosevelt initiierte Flüchtlingskonferenz statt. Ziel der Zusammenkunft war es, Lösungsmöglichkeiten für das von den Nationalsozialisten verursachte Flüchtlingsproblem zu finden. Eingeladen waren Vertreter von 32 Staaten sowie zahlreiche jüdische Organisationen. Allerdings hatte sich keiner der führenden Vertreter der Zionistischen Weltorganisation zur Teilnahme bereit erklärt. Die NS-Behörden billigten die Reise der jüdischen Delegation aus Wien, weil diese versprach, Auswanderungsmöglichkeiten für die Juden aus dem »Reichsgebiet« zu erschließen.

Das ursprüngliche Ziel, die Situation der aus dem Deutschen Reich auswandernden Juden zu verbessern, wurde im Laufe der Konferenz rasch aus den Augen verloren. Bald nahmen nationalistische und antisemitische Abgesandte verschiedener osteuropäischer Staaten die Gelegenheit wahr, auf ihr jeweiliges »Judenproblem« hinzuweisen. Der anfänglich humanitäre Impuls rückte in den Hintergrund, und es entstand der Eindruck, als würden »die Juden« als das eigentliche »Problem« betrachtet.

Die systematische, industrielle Judenvernichtung durch die Nationalsozialisten setzte erst knapp drei Jahre nach der Konferenz von Evian ein und konnte zu diesem Zeitpunkt nicht in ihrem Ausmaß und ihren konkreten Abläufen vorausgesehen werden. Doch bereits 1938 war der übrigen Welt die beispiellose Entrechtung der Juden im Deutschen Reich bekannt, und es war kein Geheimnis, dass Tausende Juden und Regimegegner in nationalsozialistischen Konzentrationslagern ums Leben kamen. Der *Völkische Beobachter* höhnte nach Abschluss der Konferenz, dass Deutschland der Welt seine Juden anbiete, aber niemand sie haben wolle. Tatsächlich war das Resultat der Konferenz für die »freie Welt« beschämend, förmlich eine moralische Katastrophe, offenbarte es doch die weitverbreitete Gleichgültigkeit gegenüber dem Schicksal der Verfolgten: Außer der Etablierung eines »Intergovernmental Committee on Political Refugees« mit Sitz in London und der vagen Zusicherung einiger Staaten, die bereits bestehenden Einwanderungsquoten in Zukunft voll ausschöpfen zu wollen, wurde keinerlei konkrete Hilfe angeboten.

Die Betroffenen und die jüdischen Organisationen innerhalb und außerhalb Deutschlands hatten dem Ereignis mit großen Hoffnungen entgegengesehen. Doch sie wurden enttäuscht. Statt konkrete Hilfsmaßnahmen anzubieten, überboten die verschiedenen Länder einander von nun an in ihren Abwehrmaßnahmen gegen die Flüchtlinge. Das »Intergovernmental Committee on Political Refugees« war nichts als ein Beruhigungsmittel gegenüber der Weltöffentlichkeit und für das Gewissen der verantwortlichen Politiker. Gemäß einem Bericht des Komitees war die Ausgangslage gewesen, »dass die unfreiwillige Auswanderung einer großen Anzahl von Personen, die verschiedenen Konfessionen, Ständen und Berufen angehören, die allgemeine Wirtschaftslage ungünstig beeinflusst, weil diese Personen gezwungen sind, vorübergehend oder dauernd in anderen Ländern in einer Zeit eine Zuflucht zu finden, in denen Arbeitslosigkeit herrscht (…)«.

Gleichzeitig war auf die wirtschaftlichen und sozialen Folgen, die Auswirkungen auf die öffentliche Ordnung der Zufluchts- und Ansiedlungsländer sowie auf die Gefahr von sich ausbreitenden rassischen und religiösen Spannungen hingewiesen worden. Betont wurde ferner, dass die Regierungen »keine Verpflichtung für die Finanzierung der unfreiwilligen Emigration zu übernehmen hätten«. Sie müssten vielmehr »die Mitarbeit des Herkunftslandes sich erhalten«, seien aber davon überzeugt, »dass Letzteres hiezu insoferne beitragen wird, als es den unfreiwilligen Auswanderern erlaubt, ihr Hab und Gut mitzunehmen und nach einem systematischen Plan auszuwandern«.[103]

Die Entwicklungen nach Ende der Konferenz liefen den ursprünglichen Zielen diametral entgegen. Statt einer geregelten Auswanderung standen nun illegale Grenzübertritte, der Handel mit gefälschten Visa und Papieren und vor allem die verstärkte illegale Einwanderung nach Palästina auf der Tagesordnung, mit jüdischen Flüchtlingen überfüllte Schiffe irrten auf den Weltmeeren umher und durften ihre Passagiere nirgends an Land setzen.[104] Die spätere israelische Ministerpräsidentin Golda Meir schrieb im Rückblick über die Konferenz von Evian: »Dazusitzen, in diesem wunderbaren Saal, zuzuhören, wie die Vertreter von 32 Staaten nacheinander aufstanden und erklärten, wie furchtbar gern sie eine größere Zahl Flüchtlinge aufnehmen würden und wie schrecklich leid es ihnen tue, dass sie das leider nicht tun könnten, war eine erschütternde Erfahrung. (…) Ich hatte Lust, aufzustehen und sie alle anzuschreien: Wisst ihr denn nicht, dass diese verdammten ›Zahlen‹ menschliche Wesen sind, Menschen, die den Rest ihres Lebens in Konzentrationslagern oder auf der Flucht rund um den Erdball verbringen müssen wie Aussätzige, wenn ihr sie nicht aufnehmt?«[105]

Der Historiker Ralph Weingarten formulierte es noch drastischer: »Beide Seiten, ›Aufnahme‹-Länder und Vertreibungsland, wünschten sich im Grunde das Gleiche: diese störende, lästige Minderheit irgendwohin, weit weg, abzuschieben, sie in irgendeinen abgelegenen Winkel der Erde zu versenken, sie irgendwo verschwinden zu lassen.«[106]

Der israelische Historiker Yehuda Bauer hat sich in seinem Buch *Freikauf von Juden?* mit verschiedenen Verhandlungen beschäftigt, die jüdische Funktionäre mit Nationalsozialisten führten, um gegen Güter und Geld die Rettung von Juden zu ermöglichen. In diesem Kontext ist er auch auf die Konferenz von Evian eingegangen, wobei er allerdings nur Heinrich Neumann, nicht aber Berthold Storfer erwähnt. Bauer schreibt dazu: »In Evian kam es zu einer interessanten und ziemlich mysteriösen Begebenheit. Heinrich Neumann von Héthárs, ein berühmter jüdischer Facharzt für Kehlkopf- und Ohrenleiden aus Wien, war angereist und bat um ein Gespräch mit den Delegationsleitern der westlichen Länder. Offenbar hat er Taylor [den Gesandten der USA] tatsächlich getroffen und diesem erklärt, dass er nach Evian geschickt worden sei beziehungsweise sich bereit erklärt habe, diese Reise zu unternehmen, um den Delegationen ein Angebot der NS-Behörden zu unterbreiten: Für 250 US-Dollar pro Person könnten Juden freigekauft werden. Geschickt habe ihn Arthur Seyß-Inquart, der damalige NS-[Reichs-]Statthalter in Österreich. Als Taylor sich weigerte, über die Zahlung von Lösegeldern zu sprechen, soll Neumann diesem auf Anweisung der Gestapo eröffnet haben, dass nun 40 000 österreichische Juden in Konzentrationslager geschickt würden. Einem Historiker zufolge hat Taylor daraufhin unter der Leitung der kolumbianischen Delegierten einen besonderen Ausschuss eingesetzt, der diese Drohung diskutieren sollte, allerdings hatte dies keine praktischen Folgen. Einzelheiten lassen sich nicht verifizieren, und nirgends in den Erinnerungen der Beteiligten wird die Intervention Neumanns erwähnt, obwohl doch die ›New York Times‹ vom 7. Juli und der ›London Daily Express‹ vom 12. Juli über dessen Mission berichtet haben. Entweder haben die Diplomaten in Evian Neumann nicht ernst genommen, oder, wenn sie Neumanns Mission dennoch ernst nahmen, wollten sie auf den Lösegeldvorschlag nicht eingehen. Allem Anschein nach ist Neumann in Evian gewesen, und es gibt einige wenige Hinweise darauf, dass er tatsächlich ein Lösegeldverfahren vorschlug. Es wird sich wohl nicht mehr feststellen lassen, von wem und aus welchem Motiv Neumann seinen Auftrag erhielt. Doch passt eine solche Mission durchaus ins Gesamtbild: Die Nationalsozialisten wollten die Juden loswerden, und sie dachten, die westlichen Demokratien wären unter Umständen bereit, sie freizukaufen.

Was immer die wahren Hintergründe von Neumanns Mission gewesen sein mögen, eines ist eindeutig: Dort, wo es um die Juden ging, saßen sich die westlichen Verhandlungspartner und die Nationalsozialisten verständnislos gegenüber. Die Nationalsozialisten betrachteten die ›Judenfrage‹ als zentrales Thema der Weltpolitik; nur wenn diese Angelegenheit geklärt würde, könnte es, so glaubten sie, auch zu dauerhaften Lösungen der anderen großen weltpolitischen Streitfragen kommen.«[107]

Bauers Hauptquelle für diese Ausführungen ist ein als Roman verfasster Erinnerungsbericht, der den Titel *Die Mission* trägt und aus der Feder des Journalisten und Schriftstellers Hans Habe stammt. Seine Darstellung basiere, so behauptete Habe, auf Tatsachen, obwohl Neumanns Biographie dort fiktiv dargestellt und sein wirklicher Name nicht genannt wird. Weiter berücksichtigte Bauer Informationen einer Verwandten Neumanns, die sich nach dem Krieg mit dessen Biographie befasste. Neumann war 1939 die Flucht in die USA gelungen, wo er noch im selben Jahr starb. Bauer bezieht sich auch auf eine Aussage des ehemaligen SS-Hauptsturmführers Dieter Wisliceny aus der Nachkriegszeit. Wisliceny war vor 1938 für einige Zeit Eichmanns Vorgesetzter im SD-Hauptamt in Berlin, wurde später aber einer seiner Mitarbeiter. Er war bis 1940 beim SD in Danzig tätig und später mitverantwortlich für die Massendeportationen von Juden aus der Slowakei, Griechenland und Ungarn. Wislicenys Aussage zufolge wurde Heinrich Neumann ins Ausland geschickt, um Möglichkeiten der jüdischen Auswanderung zu erörtern und dafür zusätzliche Devisen zu beschaffen. Auch Wisliceny gab nicht preis, wer den Auftrag zu dieser Mission erteilt hatte.[108]

Obwohl die Konferenz von Evian, gemessen an den ursprünglichen Erwartungen und Zielsetzungen, ein eindeutiger Misserfolg gewesen war, bemühten sich Heinrich Neumann und Berthold Storfer nach ihrer Rückkehr aus Evian, den NS-Behörden ihre Reise als Erfolgsgeschichte zu präsentieren. Sie verfassten am 21. Juli einen Bericht für die Gestapo, das Wanderungsamt und das »Reichskommissariat für die Privatwirtschaft« – mit Letzterem dürfte die im Mai 1938 geschaffene Vermögensverkehrsstelle, die zentrale »Arisierungsstelle« in Wien, gemeint gewesen sein.

Bei der Konferenz sei im Zuge der Beratungen ein verein-
fachtes Subkomitee gewählt worden, das die anwesenden Delegierten von etwa 37 Hilfs- und Auswanderungsorganisatio-
nen angehört habe, erläuterten Storfer und Neumann. Sie
suggerierten in ihrem Bericht, dass die jüdische Delegation
aus Wien eine bevorzugte Behandlung gegenüber anderen
Organisationen genossen habe: »Wir sind bei diesen kurzfris-
tig abgehaltenen Empfängen nicht erschienen und haben es
vorgezogen, bei den Staatenvertretern vollkommen gesondert
vorzusprechen und unser sachliches Bestreben nach Einwanderungsmöglichkeiten vorzubringen. (...) Hiezu sahen wir
uns auch deshalb veranlasst, weil die Konferenz sich mit allen
Flüchtlings- und Auswanderungsfragen der Welt, wie zum
Beispiel mit den spanischen, befasst hat und von den andrän-
genden Hunderttausenden Menschen impressioniert zu sein
schien, während wir zunächst auf ein kleines Sofortprogramm
bedacht waren.«[109]

In diesem »Sofortprogramm« hätten sie »in streng objekti-
ver und sachlicher Weise« Auskünfte über Geldmittel, Berufe
und Alter der potenziellen Auswanderer erteilt. Unter anderem hatten sie bei Myron Taylor (dem Gesandten der USA),
Minister Earl Winterton (England), Henri Bérenger (Frankreich), Dr. Heinrich Rothmund (dem Schweizer Polizeipräsidenten) sowie den Gesandten Argentiniens und Brasiliens
interveniert. Storfer und Neumann führten in ihrem Bericht
des Weiteren aus, dass sie auch mit verschiedenen »Finanzleu-
ten« wegen der Errichtung einer Kolonisationsbank und mit
jüdischen Hilfsorganisationen – unter anderem dem amerikanischen »Joint Distribution Committee« (kurz »Joint«) – verhandelt hätten. Positive Zusagen seien von allen Seiten in
Bezug auf Landwirte, Handwerker und Spezialisten gekommen. Die Durchreiseländer wie die Schweiz, Frankreich und
England hätten sich bereit erklärt, jenen Ausländern, die nachweislich in ein endgültiges Zielland weiterwandern würden,

den Transitaufenthalt bis zur Beschaffung der notwendigen Papiere zu gestatten. Abschließend hob Storfer hervor, »dass wir unsere Mission nicht nur im Interesse aller auswandernden Juden, sondern auch in den Intentionen der staatlichen Behörden ausgeführt haben, deren Unterstützung wir als außerordentlich schätzenswert erachten und hiemit erbitten«.[110]

Nachdrücklich darauf bedacht, die NS-Behörden in Österreich in keiner Wiese zu provozieren, hatten die österreichischen Delegierten in Evian »nicht nur die Staatendelegierten, sondern auch die zahlreichen Vertreter der internationalen Presse« darauf hingewiesen, »dass das geschichtliche Ereignis, welches die Auswanderung der Juden bedingt, durch irritierende Handlungen nicht erschwert werden darf. Eine unfreundliche Kritik gegenüber Deutschland ist im Rahmen der Konferenz unseres Wissens nicht zu verzeichnen. Soweit wir die maßgebende Weltpresse übersehen konnten, sind die Erörterungen ebenfalls maßvoll erschienen. Es ist überflüssig hervorzuheben, dass wir bei jeder Gelegenheit in diesem Sinne bedacht waren.«

Storfer und Neumann führten es auch auf ihr Einwirken zurück, dass das Büro des geplanten überstaatlichen Flüchtlingskomitees in London und nicht wie ursprünglich vorgesehen in Paris etabliert werden sollte – da dies, wie sie annahmen, dem »Deutschen Reiche nicht angenehm sein könnte«.[111]

Auch der Leiter und Amtsdirektor der Wiener jüdischen Gemeinde, Josef Löwenherz, berichtete in einem Schreiben vom 19. Juli 1938 an die Wiener Gestapo über seine Verhandlungen mit Vertretern der jüdischen Hilfsorganisationen »Joint« und »Council for German Jewry« anlässlich seiner Anwesenheit in Evian. Dabei sei es um die Bereitstellung von Devisen für Auswanderungszwecke gegangen.[112] Neumann und Storfer nutzten ihre Berichterstattung über Evian zugleich zu einem neuerlichen Vorstoß, um die von ihnen geplante Auswanderungsorganisation in Erinnerung zu bringen: »Nach alldem erscheint es uns notwendig, dass in Österreich eine geregelte zentrale Auswanderungsorganisation vereinheitlicht wird, zu welchem Zwecke wir unser Komitee, bestehend aus prominenten Juden, zur Verfügung stellen. Mit den bereits vorhandenen Auswanderungsstellen haben wir Fühlung genommen.«[113]

Im weiteren Verlauf des Juli 1938 bemühten sie sich, weitere Personen in ihre Aktivitäten einzubinden, vor allem auch solche, die gemäß den NS-Gesetzen nicht als jüdisch galten. Eine von ihnen war Graf Karl Chorinsky in Wien. Das Komitee, das sich nunmehr »Komitee zur Regelung der Nichtarischen Auswanderung« nannte, sandte am 26. Juli ein von Neumann und Storfer gezeichnetes Schreiben an den »hochgeborenen Grafen«. Die beiden Verfasser erklärten, dass sich das Komitee nach seinen Erfolgen bei der Evian-Konferenz nun mit praktischen Fragen befassen wolle. Es gehe darum, die Auswanderung der »Nichtarier (im Sinne der Nürnberger Gesetze)« – also auch der getauften und der konfessionslosen Juden – in möglichst kurzer Zeit in geregelter und reibungsloser Weise durchzuführen. Durch seine vielseitigen Auslandsbeziehungen werde das Komitee dahingehend wirken können, »dass die Einwanderung einer möglichst großen Zahl von Nichtariern frei gemacht wird und dass die komplizierten finanziellen Fragen in zweckdienlicher Weise gelöst werden«. Man benötige zur »ersprießlichen Arbeit« eine Stütze und Kontrolle und wolle an die entscheidenden Persönlichkeiten des Reiches die Bitte richten, »ein regelrechtes Protektorat über die Tätigkeit des Komitees zu übernehmen«. Der Adressat, Graf Chorinsky, habe sich von Anfang an für die Ziele des Komitees und die Auswanderungsfrage im Allgemeinen interessiert und verfügte selbst über wertvolle Auslandsbeziehungen. Die Unterzeichner baten nun auch ihn, »das Protektorat ehebaldigst zu übernehmen, nachdem schon jetzt die Zusammenfassung und Zentralisierung aller Auswanderungsstellen sehr aktuell geworden ist. Durch eine Vereinheitlichung aller

Auswanderungsfragen würde den Behörden die Abwicklung erleichtert werden.«[114]

Chorinsky entsprach dem Ersuchen Neumanns und Storfers prompt und wandte sich umgehend an den »Reichskommissar« Josef Bürckel: Von dem Komitee prominentester Juden der »Ostmark«, das im Sinne des Führers und der Partei die Auswanderung der »Nichtarier« durch ihre internationalen Beziehungen zu den ausländischen Regierungen intensiv fördern wollte, sei er ersucht worden, das Protektorat über diese Aktion zu übernehmen. Chorinsky betonte, dass »die führenden Herren des Komitees (…) von der Gestapo zur Auswanderungskonferenz nach Evian delegiert worden« seien. Sie hätten dabei »sowohl bei der internationalen Presse als auch bei den Staatsdelegierten viel zur Aufklärung der Unrichtigkeit der Gräuelmeldungen beitragen« können. Eine Abschrift des entsprechenden Berichtes legte Chorinsky seinem Schreiben bei. Die Herren des Komitees würden, so Chorinsky weiter, bei ihrem Wirken sowohl durch die einschlägigen Stellen des »Altreiches« als auch der »Ostmark« unterstützt.

Er selbst verfüge durch seine jahrelange Tätigkeit im Ausland über sehr gute Beziehungen zu den leitenden Regierungsstellen und glaube deshalb, die Aktion wirksam unterstützen zu können: »Die Frage der Auswanderung ist so schwierig, dass eine Zusammenfassung aller Kräfte, die sich ernstlich und ohne Nebenabsichten zur Verfügung stellen wollen, unbedingt notwendig ist. Man muss ohne Brutalität, aber mit desto größerer Energie und Konsequenz die Angelegenheit durchführen, will man dem Wunsch des Führers nachkommen und die Ostmark innerhalb von vier Jahren judenrein machen. Insbesonders darf man nicht wieder die großen Fehler, die man seinerzeit in Berlin gemacht hat, wiederholen, zumal die Situation in Wien ja noch viel schwieriger ist als in Berlin. (…) Um Missverständnisse zu vermeiden, möchte ich noch bemerken, dass ich keinen einzigen dieser prominenten Juden vor dem jetzigen Umbruch gekannt habe, da ich infolge meiner nationalistischen Einstellung nie mit Juden verkehrt habe. Ich bin zwar erst seit dem Jahre 1931 Parteimitglied, da ich erst in diesem Jahre aus dem Auslande nach Berlin zurückgekehrt war, aber ich lebe und wirke nachweisbar trotz aller großen Widerstände schon seit meiner frühsten Jugend im nationalistischen Sinne. Aber grade diese vollkommene Zurückhaltung vor den Juden scheint diesen am meisten imponiert zu haben. Außerdem sind sie überzeugt, dass ich mit dieser Förderung der Aktion keinerlei Sonderinteressen verfolge.«

Chorinsky distanzierte sich also pflichtschuldig von den jüdischen Aktivisten, erklärte sich aber gleichzeitig bereit, die an ihn herangetragene Aufgabe zu übernehmen. Er beendete sein Schreiben mit »Heil Hitler!« und unterzeichnete als »Pg.« – »Parteigenosse«.[115] Die wenigen bekannten biographischen Fakten lassen darauf schließen, dass Karl Chorinksy dem böhmischen Adelsgeschlecht der Grafen von Chorinsky Freiherrn von Ledetz – benannt nach der Burg Ledetz (Ledske) im Bezirk Königgrätz (Hradec Králové) – entstammte und eine schillernde Persönlichkeit gewesen sein dürfte.

Er wurde 1882 als Sohn des Otto Chorinsky und der Klothilde Orsini und Rosenberg in Klagenfurt geboren[116] und war Berufsoffizier. Nach dem Ende der österreichisch-ungarischen Monarchie beschäftigte er sich zunächst mit volkswirtschaftlichen Studien sowie Viehwirtschaft und Weinbau auf dem Familiengut in Oberradkersburg. Der Ort, heute Gornja Radgona, liegt in unmittelbarer Nähe der südsteirischen Stadt Radkersburg, am gegenüberliegenden Ufer der Mur, und wurde nach dem Ersten Weltkrieg Teil Jugoslawiens. Chorinsky dürfte von 1914 an auch Eigentümer des gleichnamigen Schlosses gewesen sein. Infolge der neuen Grenzziehungen nach dem Krieg musste er aber Pachtgründe abstoßen, und die Bewirtschaftung des Gutes erwies sich als nicht mehr rentabel.

Aufgrund dieser Situation orientierte sich Chorinsky beruflich um und übernahm gemäß eigenen Angaben in Paris den mit 15.000 Francs monatlich dotierten Präsidentenposten der Reparations AG. Diese Aktiengesellschaft soll sich mit der Verwertung der Reparationsleistungen befasst haben. In derselben Zeit stellte er sein Gut in Slowenien als Sicherung einer Bankgarantie von 38.000 Dollar für Pferdelieferungen seines Freundes und Regimentskameraden Baron Alber an die Türkei zur Verfügung, und es erlitt auf diese Weise größere Verluste. Um noch etwas von diesem Vermögen zu retten, fuhr Chorinksy in die Türkei, wurde dort schließlich Regierungsberater in Wirtschaftsfragen und beteiligte sich an einem Bewässerungsprojekt. 1931 kam er über Berlin und Frankreich nach London. Nachdem er in Berlin der NSDAP beigetreten war, stellte er sich in London der NSDAP-Auslandsorganisation sowie dem deutschen Propagandaministerium für Aufklärungstätigkeit zur Verfügung. 1934 kehrte Karl Chorinsky nach Wien zurück.[117]

Seine Bereitschaft, sich für das Komitee Storfers und Neumanns und die Förderung der jüdischen Auswanderung einzusetzen, sollte Graf Karl Chorinsky einige Jahre später beinahe zum Verhängnis werden. Er wurde 1941 vor ein Parteigericht der NSDAP gestellt, weil ihm eine »mehr als enge Verbindung« zu Juden zur Last gelegt wurde. In dem mit der Causa verbundenen parteiinternen Schriftverkehr tauchten wiederholt die Namen Storfer und Neumann auf. Es begann damit, dass Chorinsky im März 1941 beim Obersten Richter der Partei, Reichsleiter Walter Buch, um Durchführung eines Ehrenschutzverfahrens ansuchte – die Hintergründe gehen aus den Akten nicht hervor. Sein Antrag wurde zuständigkeitshalber an das Gaugericht Wien der NSDAP weitergeleitet.[118] Doch statt auf Chorinskys Wunsch einzugehen, erhob dieses neue schwere Vorwürfe gegen ihn. Mehr als ein Jahr nach der Eingabe, im Juni 1942, fragte das Gaugericht Wien beim Obersten

Parteigericht in München an, ob das parteigerichtliche Verfahren gegen Chorinsky, »derzeit Offizier« im Dienst der Wehrmacht, sofort oder erst nach Beendigung des Kriegszustandes durchgeführt werden solle. Es habe sich herausgestellt, dass Chorinsky »nach dem Umbruch, wie sich aus einem von der Geheimen Staatspolizeileitstelle Wien sichergestellten Briefwechsel ergibt, eine rege Tätigkeit für die Juden entfaltet hat. Er hat sich mit Juden zur Übernahme eines Protektorates über ein Auswanderungskomitee verabredet; hiezu will er sich der Genehmigung von Partei- und staatlichen Dienststellen versichert haben. Aus dem Briefwechsel ergibt sich aber auch, dass er für Juden interveniert hat. So legt ihm der Jude Storfer Abschriften von Schreiben der israelitischen Kultusgemeinde an die Geheime Staatspolizei, enthaltend die Bitte um Schutz gegen Überfälle auf Bethäuser, mit dem Ersuchen um Intervention vor; am 10.8.1938 schreibt er an den Rechtsanwalt Dr. Ludwig Rochlitzer, er würde ihm raten, sein Honorar bei dem jüdischen Universitätsprofessor Neumann sicherzustellen, sonst wäre dieser eines Tages verschwunden und Dr. Rochlitzer könne seinem Honorar nachweinen, ›nachdem wir ihm unter schwierigsten Verhältnissen Werte für eine Million Schilling gerettet haben‹.

Schließlich hat er in seinen Briefen an Dr. Rochlitzer und den Juden Storfer geheime Personalangaben [von] Berliner Regierungsstellen mit der Bitte ›um allerstrengste Diskretion‹ weitergegeben. Ferner erwähnt er in einem Schreiben an den Juden Storfer, es wäre erfreulich, dass sich Prof. Neumann entschlossen hätte, in Wien zu bleiben, da er (Chorinsky) schon immer der Ansicht gewesen sei, ›dass uns die anständigen wertvollen Nichtarier erhalten bleiben sollen‹.«[119]

Auf Wunsch übermittelte das Gaugericht Wien anschließend die Akten zum Fall Karl Chorinsky nach München. Am 10. August 1942 kam von dort die Weisung, das Verfahren sofort durchzuführen. Zwei Tage später wurde das Rechtsamt beim Oberkommando der Wehrmacht auf dem Weg der Parteikanzlei über die Causa des Rittermeisters »Pg. Karl Graf Chorinsky-Ledske« informiert. Am 24. September 1942 wurde die zuständige Truppe des »Majors z. V.« davon in Kenntnis gesetzt, dass Graf Chorinsky-Ledske zur Durchführung des Verfahrens aus dem aktiven Wehrdienst zu entlassen sei.

Im Zuge seiner Vernehmung im Oktober 1942 wurde Chorinsky vor dem Gaugericht Wien auch genau über die Tätigkeit der Reparations AG einvernommen, für die er gemäß eigenen Angaben nach dem Ersten Weltkrieg in Paris tätig gewesen war, und das Auswärtige Amt um Stellungnahme ersucht. In den Akten des Auswärtigen Amtes fanden sich allerdings weder Hinweise auf den Namen Chorinsky-Ledske noch auf eine Reparations AG, weitere Recherchen im Reichsarchiv Wien wurden angeregt.

Im November 1942 erhielt Chorinsky unerwartet Rückendeckung vom obersten Parteirichter, Reichsleiter Walter Buch, den er gebeten hatte, zu seiner Dienststelle zurückkehren zu dürfen, da das Verfahren infolge der Kriegslage und der Nichterreichbarkeit von Zeugen noch nicht habe zu Ende geführt werden können. Erst am 23. Juli 1943 erging seitens des Gaugerichts Wien der NSDAP das Urteil gegen den nunmehrigen Major und Bataillonskommandanten der Wehrmacht Karl Chorinsky. Dieser hatte sich schließlich auch für die Tatsache verantworten müssen, dass er in der »Systemzeit«, also während des Ständestaates, trotz seiner illegalen NSDAP-Mitgliedschaft zugleich dem Heimatschutz und dem Schutzkorps angehört hatte und im Bundeskanzleramt tätig gewesen war und dies alles in seinem Erfassungsantrag für die NSDAP 1938 verschwiegen hatte. Zu den Vorgängen nach dem »Anschluss« Österreichs heißt es in der Urteilsschrift weiter: »Er war auch 1938 kurze Zeit als Treuhänder in einem jüdischen Betrieb eingesetzt. Später kam er durch seinen Freund, den Rechtsanwalt Dr. Ludwig Rochlitzer, mit Juden in Verbindung, mit denen er einen Plan zur Auswanderung der Juden verwirklichen wollte. Er sollte dabei das Protektorat über ein zu bildendes Komitee übernehmen und hat tatsächlich mit verschiedenen Dienststellen der Partei und des Staates darüber Besprechungen abgehalten und schriftlich Vorschläge gemacht. Er stand sodann mit dem jüdischen Universitätsprofessor Dr. Neumann und dem Juden Storfer in Verbindung. Insbesondere mit Storfer hat er eine Reihe von Briefen gewechselt, in denen er vor allem größte Höflichkeit gegenüber dem Juden zeigt. (…) In verschiedenen Briefen Storfers wird er auch um die Verwendung bei Beschädigung jüdischer Bethäuser, für in Haft genommene Juden, insbesondere für die Juden Neumann, Pollack-Parnau und Stricker gebeten. Für Neumann hat er tatsächlich einen beschlagnahmten Schmuck festgestellt.«

Zu seiner Rechtfertigung gab Chorinsky unter anderem an, dass er von Rüdiger Graf Starhemberg aus der Heimwehr und dem Schutzkorps entfernt worden sei und vorher in Paris immer zugunsten der deutschen Interessen gewirkt habe. »Entschieden hat er es auch in Abrede gestellt, sich nach dem Umbruch für Juden eingesetzt oder gar von den Juden Geld erhalten zu haben. Er hat sich dabei darauf berufen, dass er ebenso wie seine Ehefrau seit langen Jahren streng antisemitisch eingestellt gewesen sei und dass er sogar wegen seiner Einstellung wiederholt in seinen Gesellschaftskreisen Schwierigkeiten hatte. (…)

Wenn auch Briefstellen Storfers und Rochlitzers wie auch des Angeschuldigten auf eine mehr als enge Verbindung mit den Juden hindeuten, so ist nicht erwiesen, dass er sich auch tatsächlich für sie eingesetzt hat. Erwiesen sind lediglich seine Hilfsversprechungen für Neumann und Storfer. Im Falle Neumann ist er so weit entschuldigt, als er tatsächlich im Auftrage der Partei für das Zustandebringen des Schmuckes tätig geworden ist und aus einer Mitteilung der SA-Gruppe Donau zu entnehmen ist, dass dort tatsächlich ein Schmuck abgegeben worden ist. Dass er sich aber so mit den Juden eingelassen hat, dass diese ihn um Intervention angehen, dass er sich sogar herbeigelassen hat, den Juden gegenüber mit angeblich geheimen Dienststellen aufzutrumpfen, und dass er sich an Höflichkeiten gegenüber den Juden nicht genug tun konnte, bedeutet eine schwere Schädigung des Ansehens der Partei. Mildernd war aber zu berücksichtigen, dass das zu bildende Komitee lediglich die Auswanderung aller Juden erreichen sollte, während zur damaligen Zeit nur die reichen Juden Deutschland verließen. Es sollte durch Geldsammlungen bei vermögenden in- und ausländischen Juden erreicht werden, dass auch die ärmeren Juden auswandern könnten.

Das Ziel der Handlungen des Angeschuldigten war also nicht verwerflich, wenngleich der Weg, insbesondere aber die Tonart, die er gegenüber den Juden anschlug, völlig verfehlt und eines Nationalsozialisten unwürdig war. Der Angeschuldigte, der sich seit 1931 zur NSDAP bekannt, durch seine finanziellen Verluste bittere Not erlitten hat und durch seine gesellschaftliche Stellung manchmal auf Abwege getrieben wurde, ist in seinen Zielsetzungen aber einwandfrei deutsch geblieben, weshalb das Gaugericht nicht auf Ausschluss aus der Partei erkennen konnte. Zudem erfüllt er seit Jahren trotz seines vorgerückten Alters seine Pflicht als deutscher Offizier in den Reihen der Wehrmacht.« Karl Chorinsky wurde folglich nicht aus der NSDAP ausgeschlossen und das Verfahren gegen ihn eingestellt.[120]

Ein weiterer in die Aktivitäten von Storfers Komitees eingebundener Nichtjude war der Musiker und Advokat Dr. Ludwig Rochlitzer.[121] Rochlitzer, 1880 im steirischen Voitsberg geboren, war der Sohn des Generaldirektors der Graz-Köflacher Eisenbahn, Josef Rochlitzer. Er lebte seit seiner frühen Kindheit in Graz und wurde dort 1903 zum Doktor der Rechte promoviert. Ab 1913 war Rochlitzer in Wien als selbständiger Advokat tätig.

Bereits seit seiner Gymnasialzeit betätigte er sich auch als Dirigent, Komponist, Pianist und Organist und lernte den elterlichen Freund Johannes Brahms sowie Anton Bruckner kennen. 1914 bis 1918 rückte Rochlitzer als Kriegsfreiwilliger im Husarenregiment Nr. 13 ein, stand als Frontoffizier im Rang eines Leutnants im Feld und wurde mit Kriegsorden ausgezeichnet. Von 1926 bis 1937 war er Vorstand der Gesellschaft der Autoren, Komponisten und Musikverleger, aber etwa auch Kammerrat der österreichisch-orientalischen Handelskammer. »Seine vielseitige Tätigkeit als Jurist und vor allem Rechtsvertreter der Gesellschaft der Autoren und Komponisten brachte ihn während der NS-Zeit wiederholte Male in schwere Bedrängnis, da er vielen seiner jüdischen Kollegen aus Musik und Literatur zur Flucht aus Österreich verhalf«, ist in der Internet-Enzyklopädie Wikipedia über Rochlitzer zu lesen.[122] Später, im April 1941, wurde er über Ersuchen der Zollfahndungsstelle Wien in »Schutzhaft« genommen. Begründet wurde diese Maßnahme in den Tagesberichten der Geheimen Staatspolizei / Staatspolizeileitstelle Wien mit dem »dringenden Verdacht«, dass Rochlitzer versucht habe, »bei der Verschiebung von wertvollem Schmuck in das Ausland mitzuwirken und die eingeleitete Amtshandlung zu vereiteln«. Er sei »bei der Zollfahndungsstelle Wien in ähnlichen Fällen wiederholt in Erscheinung getreten und im Übrigen als Rechtsanwalt übelster Sorte bekannt geworden«. Rochlitzer blieb einige Tage in Haft und wurde am 5. Mai von der Gestapo erkennungsdienstlich erfasst.[123]

1942 wurde er wegen diverser Devisenvergehen von einem Ehrengericht der Rechtsanwaltskammer schuldig gesprochen, die »Pflichten seines Berufes verletzt und die Ehre und das Ansehen des Standes (…) beeinträchtigt zu haben«. Bei den Devisenvergehen ging es unter anderem auch um Honorarforderungen an als Juden bezeichnete Ausländer.[124] Ludwig Rochlitzer kam am 13. März 1945 beim letzten Bombenangriff der US-amerikanischen Alliierten auf Wien in seiner Wohnung in der Führichgasse 10/3 in unmittelbarer Nähe der Albertina ums Leben. Mit ihm wurde der Großteil seiner musikalischen Werke vernichtet.[125]

Während Storfer Kontakte zu potenziellen »arischen« Unterstützern seines Projekts knüpfte, verhandelte er gleichzeitig mit dem Wanderungsamt in Wien, einer beim Bundeskanzleramt angesiedelten Behörde, die sich traditionell mit Fragen von Wanderungsbewegungen befasst hatte und auch noch 1938 existierte, jedoch gegenüber den neu eingerichteten NS-Stellen rasch an Bedeutung verlor. Auch mit der ebenfalls im Abstieg begriffenen »Reichsstelle für das Auswanderungswesen« in Berlin scheint Storfer in Kontakt getreten zu sein.

Aufschlussreich ist überdies ein undatiertes Schreiben des SD-Führers des SS-Oberabschnitts Donau, II 112, an Dr. Rudolf Lange von der Wiener Gestapo, in dem es um die »Erfassung einflussreicher Juden in- und ausländischer Staatsangehörigkeit im Reichsgebiet« geht. Das Schreiben wurde am 14. Dezember 1938 vom SD-Führer des SS-Oberabschnitts Donau an den Chef des SD-Hauptamtes, Abteilung II 112, in Berlin weitergeleitet. Es wurde darin ausdrücklich darauf hingewiesen, dass »die Aufstellung über die in der Durchschrift aufgeführten vermögenden Juden durch die hiesige Dienststelle beschafft worden« sei. Unter anderem wurden vier jüdische Persönlichkeiten aus Wien näher beschrieben – unter ihnen Berthold Storfer, Heinrich Neumann und Josef Löwenherz, der ebenfalls in Evian gewesen war.

Über Josef Löwenherz, den Amtsdirektor der Israelitischen Kultusgemeinde Wien, wurde festgehalten, dass dieser selbst über kein Vermögen, jedoch über außerordentlich gute Beziehungen zu allen jüdisch-politischen Organisationen des Auslands verfüge, besonders zum amerikanischen »Joint« sowie zum »Council for German Jewry«. Er bringe von diesen Organisationen gemeinsam mit Alois Rothenberg im Auftrag der »Zentralstelle für jüdische Auswanderung« monatlich für die Auswanderung der Juden aus der »Ostmark« 100.000 Dollar in Devisen von Paris und London nach Wien.

Auch Alois Rothenberg, der Leiter des Wiener Palästina-Amtes, sei ohne Vermögen, doch auch er habe gute Beziehungen zu den genannten ausländischen Organisationen. Zu Prof. Dr. Heinrich Neumann hieß es, dass dieser als internationale Kapazität auf dem Gebiet der Nasen- und Ohrenbehandlung gelte. Anlässlich seiner Verhaftung im März 1938 habe sogar der Herzog von Windsor für ihn interveniert. Durch seine ärztliche Praxis besitze er Verbindungen zu fast allen regierenden Persönlichkeiten Europas und einflussreichen Männern der außereuropäischen Staaten. Vor dem »Umbruch« sei Neumann Vertreter der jüdisch-assimilatorischen Richtung gewesen und gelte auch jetzt noch als Verfechter dieser Tendenzen.

Als vierte Persönlichkeit wurde auf Kommerzialrat Berthold Storfer eingegangen, der in den Monaten zuvor teilweise erfolgreich versucht habe, gemeinsam mit Neumann Verbindungen zu den ausländischen jüdischen Kreisen herzustellen. Auch Storfer sei ein Verfechter der jüdisch-assimilatorischen Gedankengänge. Abschließend wurde darauf hingewiesen, dass genaue Angaben über die angeführten Personen bei der Vermögensverkehrsstelle in Wien zu erfahren seien.[126]

Seine Kontakte zu mehr oder weniger namhaften Persönlichkeiten und Eingaben bei verschiedenen Amtsstellen verhalfen Storfer mit seinen Auswanderungskonzepten nicht zu dem erhofften Durchbruch. In einem Schreiben vom 23. Juni 1938 hatte er den Leiter des nunmehr im Amt des Reichsstatthalters in Österreich angesiedelten Wanderungsamtes, Baron Emil Komers, darauf hingewiesen, dass sein Komitee in der Lage sei, »eine vielseitige Organisation im In-und Ausland zu schaffen und diese als Hilfsorgan den zuständigen Behörden dienstbar zu machen«.[127] Nachdem Storfers Eingabe an das

Reichsinnenministerium weitergeleitet worden war, hatte die »Reichsstelle für das Auswanderungswesen« in Berlin zwar beim Wanderungsamt und beim Wiener Polizeipräsidenten Erkundigungen über die Mitglieder des Komitees eingeholt, doch war Storfer schon damals davon in Kenntnis gesetzt worden, »dass nach Ansicht der Reichsstelle die in Wien bereits bestehenden jüdischen Organisationen für die Durchführung der Auswanderung der Juden aus der Ostmark genügen«.[128]

Anfang August 1938 sprach Storfer persönlich bei Komers vor und drängte, dass die Behörden, insbesondere das Wanderungsamt, der Vermehrung der mit der Organisation der jüdischen Auswanderung aus Österreich befassten Komitees und Einzelpersonen einen Riegel vorschieben sollten. Er unterbreitete den Vorschlag, eine einzige, behördlich autorisierte Organisation zur Vertretung aller mit der Auswanderung zusammenhängender jüdischer Interessen ins Leben zu rufen. Gleichzeitig regte er die Einrichtung einer »Zentralstelle« an, die – zur Koordination der mit der jüdischen Auswanderung aus Österreich befassten Behörden – »mit der Vertretung der staatlichen und deutsch-völkischen Belange gegenüber den Juden im Lande Österreich« betraut werden solle.[129]

»Diese Anregung hat zweifellos vom Standpunkt einer möglichst reibungslosen und daher beschleunigten Auswanderung der Juden aus Österreich viel für sich«, kommentierte Komers Storfers neuerliche Eingabe. Er machte jedoch eine Entscheidung von einer Zustimmung der zentralen Reichsstellen abhängig. Es war unübersehbar, dass Storfer, der betonte, dass er das Vertrauen aller maßgeblichen jüdischen Gruppen genieße – das der streng orthodoxen »Agudas Jisroel« ebenso wie das der Zionisten und der Liberalen – mit seinen Vorschlägen abermals sein eigenes Komitee ins Spiel bringen wollte. Die genannten jüdischen Gruppierungen hätten jeweils einen Vertreter in den zwölfköpfigen Rat entsandt, der dem Komitee zur Seite stehe. Darüber hinaus wolle sich das Komitee nicht auf einen konfessionellen Standpunkt stellen, sondern auch die Vertretung der ebenfalls von den Nürnberger Gesetzen betroffenen »Juden-Christen« übernehmen. Wenige Tage später sprach Storfer abermals vor, drängte wieder darauf, Ordnung in die jüdische Auswanderung aus Österreich zu bringen und versprach, über das ganze Problem ein Memorandum für das Wanderungsamt zu verfassen.[130]

Ende August 1938 erschien Storfer neuerlich bei Komers und informierte diesen darüber, dass er und andere Mitglieder des Wiener Komitees bei der »Reichsstelle für das Auswanderungswesen« in Berlin vorstellig geworden seien. Dort habe man sich angeblich für eine Zusammenfassung in einer Dachorganisation ausgesprochen. Storfer bat das Wanderungsamt, sich in dieser Angelegenheit mit Dr. Rudolf Lange und Dr. Kuchmann von der Wiener Gestapo ins Einvernehmen zu setzen. Komers legte über Storfers Vorsprache einen Aktenvermerk an, der mit dem folgenden – entscheidenden – Kommentar endete: »Im Hinblick auf die Schaffung einer Zentralstelle für die jüdische Auswanderung in Wien IV., Prinz Eugenstraße 22, wurde (…) von weiteren Schritten in dieser Angelegenheit abgesehen.«[131] Tatsächlich war inzwischen durch einen Bürckel-Erlass vom 20. August 1938 die Gründung der »Zentralstelle für jüdische Auswanderung« bekanntgegeben worden.

Storfer war, wie aus den zitierten Quellen hervorgeht, sehr wohl bewusst, dass er in einem Konkurrenzverhältnis zu anderen Protagonisten stand, die wie er bestrebt waren, die Regie über die Durchführung der jüdischen Auswanderung zu übernehmen. Er dürfte jedoch keine Kenntnis von den Diskussionen gehabt haben, die bereits in den Jahren zuvor und verstärkt in den letzten Monaten vor dem »Anschluss« innerhalb des SD-Hauptamts in Berlin, wo auch Eichmann gearbeitet hatte, zum Thema der jüdischen Auswanderung geführt worden waren. Im Wesentlichen war es dabei um die Verknüpfung

der jüdischen Auswanderung mit der »Arisierung« des jüdischen Eigentums gegangen. Spätestens ab 1937 war es das pri-
märe Ziel des SD gewesen, die Auswanderung in ein systema-
tisches Vertreibungsprogramm zu verwandeln. Gleichzeitig
sollte der Abfluss jüdischen Kapitals aus dem Deutschen Reich
unterbunden und besonders die Auswanderung mittelloser
Juden beschleunigt werden.

Es liegt nahe, dass ein Teil der Ideen, die in den angeführten
oder anderen Konzepten zur jüdischen Auswanderung entwickelt worden waren, in das Programm der »Zentralstelle«
eingeflossen sind. Das gilt möglicherweise auch für die von
Storfer unterbreiteten Vorschläge. Doch wie dem auch sei: Die
Gründung von Eichmanns »Zentralstelle für jüdische Auswanderung« bedeutete zunächst ein Aus für Storfers diesbezügliche Ambitionen.[132]

Der »Ausschuss für
jüdische Überseetransporte«

Trotz der anfänglichen Misserfolge war Berthold Storfer im
Frühjahr 1939 weitgehend am Ziel seiner Wünsche angelangt:
Adolf Eichmann betraute ihn mit der Leitung des neu einzu-
richtenden »Ausschusses für jüdische Überseetransporte«. Aus
einem Aktenvermerk der Wiener Israelitischen Kultusgemeinde geht hervor, dass deren damaliger Leiter, Josef Löwenherz,
anlässlich einer Vorladung zu Eichmann Ende Februar 1939
Storfer für diese Funktion vorgeschlagen hatte. Löwenherz
hatte Eichmann gegenüber geäußert, »dass, da weder das Palästina-Amt noch die Israelitische Kultusgemeinde sich um
Übersee-Transporte kümmern sollen, die Aufsicht über diver-
se Stellen Herrn Berthold Storfer zu übertragen, zu empfehlen
wäre. Storfer wurde mit der Gründung eines solchen Aufsichts-
büros, beziehungsweise mit dem Auftrag, Übersee-Transporte
zu entrieren, betraut.«[133]
Es ging also, so viel wird aus dem Schreiben deutlich, um
eine heikle Aufgabe, mit der sich die offiziellen jüdischen Stellen zumindest nicht offen befassen wollten. Das von Storfer
geleitete Büro bezog seinen Sitz in der Wiener Innenstadt, in
der Rotenturmstraße 21/1, in einem Durchhaus zu der parallel
verlaufenden schmalen Rotgasse – in Storfers Korrespondenzen stets »Rothgasse« geschrieben. Das Gebäude hatte zur Zeit
des »Anschlusses« einer Ella Bauer und Mitbesitzern gehört
und trug die Bezeichnung *Zu den drei Raben*.[134] In *Lehmann's
Allgemeinem Wohnungsanzeiger* aus dem Jahr 1940 ist unter der

125

besagten Adresse der »Ausschuss« tatsächlich eingetragen – allerdings als »Auswanderungsstelle für Übersee«, somit unter Auslassung des Wortes »jüdisch«. Storfers »Ausschuss für jüdische Überseetransporte« befasste sich in den folgenden eineinhalb Jahren in der Praxis fast ausschließlich mit sogenannten illegalen Transporten nach Palästina.[135] Im Schriftverkehr war verkürzt oft von der »Rothgasse« oder aber von »Übersee« die Rede, wenn auf den von Storfer geleiteten »Ausschuss« Bezug genommen wurde.

Mit der Bestellung Storfers versuchte Eichmann offenbar, einen Weg aus dem Dilemma zu finden, in das sich der Sicherheitsdienst mit der Förderung der zionistischen Auswanderung nach Palästina, vor allem der illegalen Transporte, begeben hatte. Denn es war unübersehbar, dass die Zionisten dabei ihre eigenen Zielsetzungen verfolgten. Obwohl angesichts der Verfolgungssituation ideologische Überlegungen stärker in den Hintergrund getreten waren, hatten sich die zionistischen Organisatoren immer noch darum bemüht, möglichst viele junge, gesunde und für den Aufbau und die Verteidigung eines künftigen jüdischen Staates geeignete Kandidaten in die Transporte einzureihen. Genau diese Tendenz erregte Eichmanns Missfallen.

Der 1917 geborene, somit noch sehr junge Georg Überall war nach dem »Anschluss« zu einer führenden Figur innerhalb der »Jugend-Alija« aufgestiegen, die die Emigration von Jugendlichen im Alter von 15 bis 17 Jahren nach Palästina organisierte und die Kandidaten auf das dortige Leben in Kollektivsiedlungen (Kibbuzim) vorbereitete. Im März 1939 hatte Georg Überall in Wien die Leitung der zionistischen Dachorganisation und Pionierbewegung »Hechaluz« übernommen. Diese schulte ihre Mitglieder beruflich und ideologisch, vorzugsweise in landwirtschaftlichen »Hachschara«-Lagern, bevor sie nach Palästina auswanderten. Ab der Jahreswende 1938/39 befasste sich Überall im Rahmen der zionistischen Arbeiterbewegung und der von dieser geschaffenen Zweigorganisation »Mossad« auch mit illegalen Transporten nach Palästina. Als zionistischer Funktionär wurde Überall auch zu Eichmann vorgeladen. »Es war eine Art Audienz, die sich in eigenartiger, bizarrer Art abgespielt hat. Ein schreiendes Verhör, denn er brüllte mich ununterbrochen an. Ich habe dann auch recht scharf geantwortet – mit dem Mut der Verzweiflung. (…) Seltsamerweise hat ihm mein nahezu aggressiver Ton irgendwie imponiert oder [ihn], sagen wir, verwirrt. (…) Eigentlich hatte er mich nur deshalb kommen lassen, weil wir seiner Ansicht nach bei der Auswahl der Emigranten zu selektiv waren. Eichmanns Plan verfolgte andere Absichten. Er wollte, dass wir nicht nur Jugendliche und arbeitsfähige Menschen, die die entsetzliche strapaziöse Reise auf sich nehmen konnten, herausbringen sollten, sondern auch Alte und Kranke. Soweit das ein solcher Transport überhaupt tragen konnte, wurde es ohnehin getan. Aber ihm war die Zahl zu gering. Irgendwie hatte Eichmann damit gerechnet, durch uns die Alten und Kranken loszuwerden«, berichtete Georg Überall, inzwischen unter dem Namen Ehud Avriel ein israelischer Spitzendiplomat, 1975 in einem Interview.[136] Bei der zweiten und letzten Vorladung habe sich Eichmann noch aggressiver verhalten: »Da wurde ich von ihm mit der Peitsche in der Hand empfangen. Allerdings hatte er nur in die Luft geknallt, mich aber wieder in der gröbsten und brutalsten Weise angebrüllt und angepöbelt.«[137]

Später soll Eichmann dem Leiter der Israelitischen Kultusgemeinde, Josef Löwenherz, erklärt haben, es habe nur zwei Juden gegeben, die den Mut gehabt hätten, ihm unerschrocken zu antworten: Mosche Averbuch (Agami), der Emissär aus Palästina, und Georg Überall.[138]

Der österreichische »Hechaluz« hatte sich nach dem »Anschluss« nachdrücklich um die Entsendung von *Schlichim* – »Emissären« aus Palästina – bemüht, die ihm beim Aufbau der landwirtschaftlichen »Hachschara«-Lager und der Vorbereitung der Auswanderung unterstützen sollten. Die »Emissäre« spielten schließlich auch bei den illegalen Transporten eine zentrale Rolle.

Der in Lettland geborene und 1926 nach Palästina eingewanderte Mosche Agami (früher Averbuch) aus dem Kibbuz Kfar Giladi traf Mitte Oktober 1938 als »Schaliach« in Österreich ein. Er übernahm gegen Ende des Jahres auch die Rolle eines Agenten des »Mossad-le-Alija Bet«, der mit der illegalen Einwanderung befassten Zweigorganisation der zionistischen Arbeiterbewegung.

Anfang März 1939 wurde der erste »Mossad«-Transport mit etwa 400 Personen aus Österreich und Deutschland von Wien aus über Jugoslawien mit dem Schiff *Attrato* abgefertigt. Die Flüchtlinge konnten, von den Briten unbemerkt, in Palästina landen. Nachdem die Angelegenheit publik geworden war, erhöhte Großbritannien den Druck auf Jugoslawien, sodass von dortigen Häfen aus keine weiteren Operationen mehr durchgeführt werden konnten. Agami und Überall organisierten etwa zwei Monate später einen weiteren Transport mit dem Schiff *Attrato*, diesmal vom rumänischen Schwarzmeerhafen Constanza aus. In der Endphase der Vorbereitungen, im Mai 1939, wurde Agami von Adolf Eichmann aus Österreich ausgewiesen und musste seine Tätigkeit von Genf aus fortsetzen. Dieser Umstand und der gleichzeitige Machtgewinn Berthold Storfers erschwerten die weitere Tätigkeit des »Mossad« in Österreich. Die *Attrato*, mit Flüchtlingen aus Österreich, Polen und Rumänien an Bord, wurde vor der Küste Palästinas von einem britischen Kreuzer aufgebracht, nach Haifa eskortiert und beschlagnahmt. Die Tätigkeit des »Mossad« in Österreich endete schließlich mit dem im Spätherbst 1939 zusammengestellten »Kladovo-Transport«.[139]

Im März 1939 hatte Josef Löwenherz gemeinsam mit Alois Rothenberg, dem Leiter des Wiener Palästina-Amtes, Eichmann über den Fortgang der Auswanderungsbemühungen sowie eine Beschwerde der amerikanisch-jüdischen Hilfsorganisation »Joint« über nur ungenügend vorbereitete und »nicht zielsichere Transporte« berichtet, die von einem Reisebüro Zentrum organisiert worden seien. »Eichmann rügte sofort telefonisch diese Durchführung des Transportes beim Reisebüro ›Zentrum‹ und meinte, dass nach Storfers Betrauung mit der Kontrolle aller Transporte keine ähnlichen Schwierigkeiten zu erwarten sind«, heißt es in einem Bericht über diese Vorsprache.[140] Tatsächlich hatte ein Reisebüro dieses Namens die Not der Menschen ausgenützt, ihnen für 7.000 RM Pässe, Schiffspassagen und die Einreise in die USA versprochen, aber tatsächlich nur Touristenvisa verschafft. Am 20. Juli 1938 waren vier Verantwortliche des Unternehmens verhaftet worden.[141] Dasselbe Büro war auch für die Irrfahrt von Flüchtlingen auf dem Dampfer *Königstein* verantwortlich, der von Hamburg aus Richtung Trinidad auslief, ohne dass die Landung gesichert war.[142]

Ein Jahr nach der Einrichtung des »Ausschusses für jüdische Überseetransporte« erweiterte Adolf Eichmann Storfers Zuständigkeit auch auf das »Altreich« sowie das damalige »Protektorat Böhmen und Mähren«, das nach der Zerschlagung der Tschechoslowakei im Frühjahr 1939 geschaffen worden war: »Am 27. und 30. März 1940 wurden neue Weisungen für Überseetransporte von H'Stuf. [Hauptsturmführer] Eichmann und Vertretern der Israelitischen Kultusgemeinde[n] Wien, Berlin und Prag erteilt, wonach jeder Überseetransport bezüglich seiner Durchführbarkeit vor Abschluss mit den Reisebüros von Herrn Storfer, Leiter des Büros für jüdische Überseetransporte, geprüft werden muss und von ihm ein erschöpfender Bericht in jedem einzelnen Fall H'Stuf. Eichmann vorzulegen ist. Erst nach dessen Genehmigung darf mit den Reisebüros abgeschlossen werden. Es ist darauf zu achten, dass nur seriöse Firmen, die DDSG oder die [deutsche Reederei] Hapag Berücksichtigung finden.«[143]

Erich Frank, der damalige Leiter des Berliner »Hechaluz«, berichtete aus der Retrospektive über eine Vorladung der Vertreter der jüdischen Dachorganisationen und Palästina-Ämter aus Berlin, Wien und Prag im März 1940 zu Eichmann nach Berlin. Thema der Besprechung sei die »Förderung der Auswanderung aus den drei deutschsprachigen Gebieten« gewesen, was in der Praxis die »Ausübung eines verstärkten Druckes zur Auswanderung« bedeutet habe: »Eichmann hatte schon die Leitung selbst übernommen, wohl vom 1. Januar 1940 an, und er war schon mehr zur Methode übergegangen, uns als Befehlsempfänger zu behandeln. In Wien hatte er von Anfang an scharf durchgegriffen, und die Wiener waren schon an diese Methode gewöhnt. Wir in Berlin kannten das noch nicht, und überlegten uns sehr, ob wir diese Methode mitmachen könnten. Wir mussten (…) stehen, und die Wiener haben beide Eichmann in der dritten Person angeredet, so ›Wenn Herr Sturmbannführer gestatten‹. Wir empfanden das als schrecklich.«[144]

Der wachsende Einfluss Storfers auf die Gestaltung der illegalen Transporte nach Palästina führte in der Folge zu heftigsten Konflikten zwischen ihm und den zionistischen Organisationen, die bis dahin die Hauptverantwortung für diese Unternehmungen getragen hatten. Sie hatten zwar innerhalb der von den Nationalsozialisten abgesteckten Rahmenbedingungen, aber dennoch in relativer Selbständigkeit arbeiten können.

Zu besonders gehässigen Auseinandersetzungen kam es zwischen Storfer auf der einen und dem »Mossad« sowie der Pionierorganisation »Hechaluz« auf der anderen Seite. Die Vertreter des »Mossad« erblickten in Storfer einen Agenten Eichmanns und verbreiteten bei den Verantwortlichen der jüdischen Gemeinden und den zionistischen Organisationen in Berlin und Prag das Gerücht, in den von Storfer kontrollierten Transporten würden Spione nach Palästina geschleust. Sie übernahmen damit ein Hauptargument der Briten im Kampf gegen die illegale Einwanderung. Die Folge der Feindseligkeiten zwischen dem »Mossad« und Storfer war, dass sich trotz der Dringlichkeit der Rettungsbemühungen keinerlei fruchtbare Kooperation entwickeln konnte, sondern vielmehr die beiden Seiten einander in ihren Aktivitäten blockierten.

Aus Storfers umfangreichen Korrespondenzen ist zu entnehmen, dass der »Ausschuss für jüdische Überseetransporte« bis zu Storfers Deportation im Jahr 1943 zumindest formal bestanden hat, obwohl zu diesem Zeitpunkt von einer jüdischen Auswanderung schon längst keine Rede mehr sein konnte. Nach seiner Gründung im Frühjahr 1939 war das Büro lange in der Rotenturmstraße ansässig. In einem Schreiben vom 12. Dezember 1940 informierte Storfer Dr. Moses (auch Mosche, Mauricy, Maurice, Maurici) Grün vom Wiener Palästina-Amt über eine Mitteilung von SS-Obersturmführer Alois Brunner, wonach »unsere derzeitigen Büroräume möglicherweise für andere Zwecke gebraucht werden würden. Es wurde uns anheim gestellt, eine für uns passende Anzahl Räume in der Marc Aurelstraße zu wählen und der Zentralstelle bekanntzugeben, damit die Zuweisung unverzüglich erfolgen soll. Heute (…) hat uns Herr SS-Obersturmführer Brunner bekanntgegeben, dass es der Wunsch der Zentralstelle ist, die Zuweisung der Räume für uns in bevorzugter Weise durchzuführen.

Wir haben die an Herrn Dr. Grün anschließenden Räume als für unsere Zwecke geeignet erwählt und bitten um deren Freimachung, ferner um Mitteilung, wie viel die aliquote Miete für diese Räume, einschließlich Keller und Zubehör, ausmacht.

Nachdem wir der Zentralstelle Bericht erstatten müssen, bitten wir um umgehende Antwort.«[145]

Tatsächlich übersiedelte der »Ausschuss« Ende 1940 in den ersten Stock des Hauses Marc Aurelstraße 5, Tür 6, in Räumlichkeiten des Palästina-Amtes und der »Jugend-Alija«. Mitte Juni 1943 – die beiden genannten Institutionen waren längst aufgelöst – übersiedelte Storfers Büro abermals, und zwar in die Czerningasse 7, 2. Stiege, III / Tür 20, in der Leopoldstadt, dem zweiten Wiener Gemeindebezirk. Im Juli 1943 war es plötzlich wieder unter einer Adresse in der Wiener Innenstadt zu finden, auf Tür 13 des Hauses Sterngasse 2, in unmittelbarer Nähe der Synagoge und des Amtsgebäudes der Israelitischen Kultusgemeinde.

Storfer erklärte allerdings in einem Schreiben an David Jonas von der Danziger Synagogengemeinde (so der Name der dortigen jüdischen Gemeinde), dass der »Ausschuss« in dieser späten Phase längst nicht mehr aktiv sei und die Anschrift nur noch als Postadresse genutzt werde.[146]

Ein Intermezzo:
Storfer und die ersten Deportationen
nach Nisko am San

Ein halbes Jahr nach seiner Bestellung zum Leiter des »Ausschusses für jüdische Überseetransporte«, im Oktober 1939, erhielt Berthold Storfer von der SS einen Sonderauftrag: Adolf Eichmann organisierte – parallel zu den Vertreibungsmaßnahmen – erste Deportationen in die Region Lublin in den eben erst eroberten polnischen Gebieten. Hier sollte ein jüdisches »Reservat« entstehen. Wo genau dieses eingerichtet werden sollte, legte Eichmann erst im Zuge einer Sondierungsfahrt fest. In seinem Verhör in Jerusalem machte er dazu 1961 folgende Angaben: »Eines Tages fuhren mein Chef, eben besagter Dr. Stahlecker, und ich nach Polen und fuhren bis zum San, im Südosten Polens, einem Nebenfluss der Weichsel. (...) So kamen wir endlich nach Nisko am San. Nisko gehörte zum Gouvernement Radom; ich weiß das nur von jüdischer Seite, weil ich Juden losschickte, zu sehen, wie hier die Lebensmöglichkeiten wären. Wir kamen dorthin, sahen ein riesiges Gebiet, Fluss, Dörfer, Märkte, kleine Städtchen, und wir sagten uns, das sei das Gegebene, und warum soll man nicht einmal Polen umsiedeln, wo ja sowieso so viel umgesiedelt wird, und dann Juden hier ein großes Territorium geben. Gerade der Ostjude ist ein außerordentlich geschickter Handwerker. Wenn er nun mit Industrie versehen wird, von Juden aus Österreich, Deutschland, Tschechoslo ... Böhmen und Mähre .... Protektorat, dazu Landwirtschaft – das könnte sehr wohl eine Lösungsmöglichkeit auf einige Zeit sein, jedenfalls auf lange Zeit, so, dass uns die Sache nicht mehr unter den Fingernägeln brennt. Und für alle Teile lohnend. (…) Es ist mal ein ruhiger Punkt geschaffen.«

Von Reinhard Heydrich, dem Chef der Sicherheitspolizei und des SD, sei dann die Zustimmung gekommen, und jüdische Handwerker seien mit einigen Güterzügen voll Material nach Nisko geschickt worden, um »dort mal ein Barackendorf hinzustellen und von dort aus Juden anzusiedeln, in dem Maße, als ausgesiedelt wird«.[147] Die Leitung der Wiener jüdischen Gemeinde erhielt am 10. Oktober 1939 die entsprechenden Weisungen, wie im sogenannten Löwenherz-Bericht nachzulesen ist: »Am 10. Oktober 1939 wurde Herrn Dr. Löwenherz die Zusammenstellung des ersten Transportes nach Polen von der Zentralstelle für jüd. Auswanderung anbefohlen. Es sind durch die Kultusgemeinde 1000 bis 1200 arbeitsfähige Männer auszuwählen, hauptsächlich Handwerker, besonders Tischler, Zimmerleute und Techniker. Mitzunehmen sind holzverarbeitende Maschinen, Sägen, Beile, Hammer und Nägel, sowie Verpflegung für 3–4 Wochen.

Vor Abgang des Transportes haben zwei namentlich angeführte Herren der Kultusgemeinde, ein Herr des Palästina-Amtes und der Leiter des Büros für Übersee-Transporte nach Polen zu fahren, um die Ansiedlung dort vorzubereiten. Alle anderen vorbereiteten normalen Transporte sind eingestellt. (…) In den Transport sollen nur arme Juden eingeteilt werden. Alle Wertgegenstände sind, falls sie noch nicht abgeliefert wurden, vor der Ausreise abzuliefern. (…) Dr. LÖWENHERZ hat entgegen dem Befehl, sie kurzerhand einzuteilen, diese Leute zur freiwilligen Teilnahme aufgefordert und die Ausreisenden mit warmer Kleidung, Arbeitskleidung, Wäsche und Werkzeug ausgerüstet. (…)

Am 20. Oktober wurde der erste Transport mit 912 statt 1000 Mann abgefertigt. O'Stuf. [Obersturmführer] GUENTHER erklärte Dr. LÖWENHERZ am Bahnhof: Die Leute, die wegfahren, würden ihm dankbar sein; sie kommen in geordnete Arbeitsverhältnisse, werden ausreichend und gut verpflegt sein und Dr. LÖWENHERZ könne über das Schicksal der Leute vollkommen beruhigt sein.«

Am 17. Oktober kündigte die »Zentralstelle« an, es würden binnen zwei Wochen mindestens fünf Transporte abgefertigt werden. Hauptsturmführer Alois Brunner von der »Zentralstelle« teilte mit, dass auch aus Dachau und Buchenwald zurückkehrende Häftlinge eingereiht würden. Löwenherz erreichte eine Vorsprache bei Eichmann, dem er seine Bedenken über die Polentransporte vortrug: »Am 27. Oktober erklärte Dr. LÖWENHERZ H'Stuf. [Hauptsturmführer] Eichmann, dass die Kultusgemeinde selbstverständlich weiß, dass sie die an sie ergehenden Aufträge ausführen muss; sie stößt jedoch innerhalb der jüdischen Bevölkerung auf Schwierigkeiten. [Es] wird ihr vorgeworfen, dass sie diese Aktion angeregt hat und die Menschen ins ungewisse Schicksal schickt, dass die Männer wieder ins Konzentrationslager kommen und dass auch jede Ausreisemöglichkeit von Polen unterbunden ist. (…) In längerer Rede setzte H'Stuf. EICHMANN Dr. L. auseinander, dass im Sinne der von der Reichsregierung geplanten Lösung der Judenfrage ein großer Teil der im Altreich, der Ostmark und im Protektorat lebenden Juden in das Gebiet zwischen San, Bug und Weichsel in Polen umgesiedelt werden. Die Aktion wird auf humanste Weise durchgeführt, die Juden werden sich dort frei bewegen können, ansiedeln und ihre Existenz aufbauen. Das Gebiet ist zum Großteil entvölkert und soll neu aufgebaut werden. In dem neu errichteten Barackenlager in Nisko werden die Juden erstmalig untergebracht (…). Die vier vorausgeschickten Herren aus Wien sowie eine gleiche Zahl aus dem Protektorat haben die ankommenden Juden in ihre Obhut zu nehmen, ihnen die Ansiedlung in den einzelnen Objekten zu ermöglichen. (…) Dr. LÖWENHERZ bittet, die normale Auswanderung nach USA und Palästina weiter durch-

führen zu können und jene Personen, die bald ausreisen können, von der Umsiedlungsaktion bald ausschließen zu dürfen.
Dies wurde ihm zugesagt.«[148]

Die zuvor erwähnten jüdischen Funktionäre sollten sich am
13. Oktober 1939 nach Mährisch-Ostrau begeben und dort bei
Eichmann melden. Aus Wien waren außer Berthold Storfer
noch Benjamin Murmelstein und Julius Boschan als Vertreter
der jüdischen Gemeinde sowie Moses Grün vom Palästina-
Amt nominiert worden, von der Prager Gemeinde Jakob Edelstein und Richard Friedmann, ein ehemaliger Angestellter der
Wiener Israelitischen Kultusgemeinde. Von Mährisch-Ostrau
aus wurde am 18. Oktober 1939 der erste Transport abgefertigt
und diesem ein zweiter, in Kattowitz zusammengestellter, angeschlossen.

Erst am 15. Oktober 1939 war das exakte Ziel der bevorstehenden Transporte festgelegt worden: die Eisenbahnstation Nisko
am San. Die Ortschaft befand sich im sogenannten Generalgouvernement, dessen Einrichtung erst drei Tage zuvor, am
12. Oktober, per Führererlass bekanntgegeben worden war. Der
östlichste Teil Polens war an die Sowjetunion gefallen, im Wes-
ten waren der sogenannte Warthegau und der Gau Danzig-
Westpreußen an das Deutsche Reich angegliedert worden.

Murmelstein und Storfer erhielten von Eichmann in Mährisch-Ostrau zunächst den Auftrag, neue Vorschläge über vor-
handene Auswanderungsmöglichkeiten zu erstellen, woraus
Murmelstein schlussfolgerte, dass die Umsiedlung nach Polen
noch nichts Endgültiges sei. Er und Storfer bemühten sich
daher, auf verschiedene Reisemöglichkeiten, unter anderem
die laufende Vorbereitung von »Gruppentransporten« – gemeint waren illegale Transporte nach Palästina – hinzuweisen.

Eichmann wusste, dass die von ihm Auserwählten schon
seit längerem bei der Organisierung der jüdischen Auswanderung tätig gewesen waren, und war überzeugt, dass sie auch
dieser neuen Aufgabe gewachsen sein würden. Die jüdischen

Funktionäre, die an Ort und Stelle die Existenzbedingungen überprüfen sollten, begriffen bereits unmittelbar nach ihrer Ankunft, dass sie, was die Perspektiven der Deportierten im neuen »Siedlungsgebiet« betraf, von Eichmann belogen worden waren. Das sumpfige, durch die Kampfhandlungen verwüstete Gebiet erschien für die Einrichtung eines jüdischen »Reservates« denkbar ungeeignet.

Am 23. und 29. Oktober trafen die beiden Züge aus Wien in Nisko ein. Der Großteil der Deportierten wurde von SS-Leuten, Wiener Polizisten und Angehörigen der Wehrmacht zu der deutsch-sowjetischen Demarkationslinie getrieben, ein kleiner Teil blieb im Gebiet von Nisko zurück und versuchte, in einem notdürftig errichteten Barackenlager in Zarzecze bei Nisko interniert, den Winter zu überstehen. Die jüdischen Deportierten wurden mehrfach beschossen und von Banden Einheimischer überfallen, die die Gegend durchstreiften. Viele Betroffene überschritten innerhalb der folgenden Wochen die deutsch-sowjetische Demarkationslinie, im Glauben, dadurch der Gefahr zu entrinnen. Doch sie gerieten vom Regen in die Traufe: In der Sowjetunion waren sie ebenso unerwünscht wie in Deutschland, und viele von ihnen wurden in der Folge in sibirische Straflager verschickt.

Die jüdischen Funktionäre entschieden vorerst, dass ihre Anwesenheit in Zarzecze, dem eigentlich für die Ansiedlung bestimmten Ort, der von Nisko durch den Fluss San getrennt ist, nicht weiter von Nutzen sei, und überredeten Eichmann, ihnen die Kontaktaufnahme zu jüdischen Gemeinden und Organisationen im Gebiet zwischen San, Weichsel und Bug zu gestatten.

Während Julius Boschan in Nisko die Wiener Transporte erwarten sollte, reisten Murmelstein, Storfer, Grün, Friedmann und Edelstein am 23. Oktober, zum Teil in einem Leiterwagen, von Nisko Richtung Lublin und sprachen, wie ihnen aufgetragen worden war, mit einheimischen Juden und polnischen Bürgermeistern über die Lebensbedingungen in der Region. In Wirklichkeit hofften sie, durch diese Kontakte, vor allem aber über die jüdische Gemeinde von Lublin, Hilfe und Unterkunft für die Vertriebenen organisieren zu können.

Sie mussten erkennen, dass die deutschen Autoritäten vor Ort – die Vertreter des Landrates ebenso wie jene der Gestapo – keine Ahnung von einem geplanten jüdischen »Reservat« hatten.

Es stellte sich auch heraus, dass die Lubliner jüdische Gemeinde nicht informiert war. Der »Judenrat« reagierte mit Unglauben, Unbehagen und tiefem Misstrauen und verdächtigte die Delegierten aus Wien und Prag, Gestapospitzel zu sein.

Auch durch den Polizeichef von Lublin, SS-Obersturmbannführer Dr. Eduard Strauch, wurden sie verhört, eingeschüchtert und bedroht. Nur dem von Eichmann verfassten Begleitbrief sei es zu verdanken gewesen, dass die auf dem Schreibtisch von Strauch bereitliegende Reitpeitsche nicht zum Einsatz gekommen sei, hielt Murmelstein später fest.

Am 31. Oktober wurden die jüdischen Funktionäre abermals zu Strauch beordert und erfuhren, dass der Polizeikommandeur SS-Brigadeführer Bruno Streckenbach jeden weiteren Zuzug von Juden in den Distrikt Lublin verboten habe. Am 3. November erhielten sie von Streckenbach die Anweisung, nach Zarzecze zurückzukehren. Zwei Tage später berichteten sie von dort aus Eichmann über ihre Erlebnisse und verwiesen auf die schwierige wirtschaftliche Lage in der Region Lublin und die Probleme angesichts der erst im Aufbau befindlichen neuen Verwaltung des Generalgouvernements. Über das Schicksal der Deportierten berichteten sie, dass sich rund 4000 von diesen bereits jenseits der russischen Grenze aufhielten, einige Hundert in Dörfern verstreut und Einzelne in Lublin oder anderen Städten.

Eichmann musste nun einräumen, dass die Umsiedlungsaktion mit Rücksicht auf die angelaufene Rückkehr der Volksdeutschen aus dem Osten sowie die Aussiedlung der im Warthegau lebenden Juden und Polen in das Generalgouvernement bis zum Februar 1940 eingestellt werde. Der jüdischen Lagerleitung in Zarzecze bei Nisko, wo das provisorische Barackenlager errichtet worden war, sollten die Delegierten den Befehl übermitteln, ihre ganze Aufmerksamkeit auf den Aufbau von Außenstellen des Lagers zu richten, um die im Frühjahr zu erwartenden weiteren Transporte sofort weiterleiten zu können.

Nach Erfüllung dieses Auftrages traten die jüdischen Funktionäre, unter ihnen auch Storfer, die Heimreise an. Nur Richard Friedmann und Julius Boschan kehrten wegen wichtiger administrativer Arbeiten erst Anfang Dezember 1939 nach Wien beziehungsweise Prag zurück.[149] Im Löwenherz-Bericht heißt es dazu: »Am 8. November 1939 wurde Dr. LÖWENHERZ mitgeteilt, dass die Polentransporte bis 1. Februar 1940 eingestellt werden, jedoch ist der in Vorbereitung stehende Transport, dessen Teilnehmer im Obdachlosenheim bis zur Abfahrt untergebracht sind, noch abzufertigen (…). H'Stuf. GUENTHER legt Dr. L. nahe, die normale Auswanderung zu forcieren. Wer bis 1. Feber 1940 nicht ausgewandert sein wird, soll dann nach dem Osten befördert werden.«

Eichmann bestätigte, dass die »Räumung Wiens« – also die Entfernung der jüdischen Bevölkerung – im Laufe des Jahres 1940 zur Gänze erfolgen müsse.[150] Eine Gruppe von 150 Personen aus den Reihen der aus Wien Deportierten beschwerte sich nach Abreise der Funktionäre aus Polen bei der Wiener jüdischen Gemeinde über Murmelstein und Storfer, die »schön im Trockenen sitzen« und »alles auf die leichte Schulter nehmen« würden. Die Gruppe hoffte auf Möglichkeiten einer Rückkehr nach Wien oder – mit noch weniger Aussicht auf Realisierung – zur Auswanderung in andere Länder.

Salo Krämer, der Leiter der Israelitischen Kultusgemeinde Mährisch-Ostrau, beschuldigte die Wiener Gemeindeführung, ihre nach Polen deportierten Leute bereits »vom Konto abge-schrieben« zu haben und nichts mehr von ihnen wissen zu wollen. Tatsächlich war die jüdische Gemeinde in Wien nun vor allem damit beschäftigt, weitere Transporte abzuwenden, in erster Linie auch durch die Sondierung von Möglichkeiten zur »normalen« Auswanderung.

In einer nach dem Krieg von den tschechoslowakischen jüdischen Gemeinden herausgegebenen Broschüre wurde ge-mutmaßt, die Delegierten hätten die Aufgabe gehabt, »dank ihrer Autorität oder ihrer Erfahrungen bei weiteren Um-siedlungen aus Prag und Wien den deutschen Dienststellen bei deren reibungslosen [sic!] Durchführung behilflich [zu] sein«.[151] Aufschlussreich ist ein Brief Berthold Storfers, den er am 16. Oktober 1939, während seines Zwischenaufenthaltes in Mährisch-Ostrau, verfasst hatte. In dem an die »Zentralstel-len für jüdische Auswanderung« in Wien und Prag gerichte-ten Schreiben bot er der SS seine weitere Mitarbeit an und verwies dabei auf seine beruflichen Erfahrungen in der Zeit vor und nach dem Ersten Weltkrieg: »Sollte in Polen eine sys-tematische Siedlung für Juden geplant sein, mache ich mich erbötig, das Siedlungs- und Finanzprojekt auszuarbeiten. Ich war schon in meinen jungen Jahren Mitarbeiter der Ungari-schen Ansiedlungs- und Parzellierungsbank.«[152]

Eichmanns schlecht vorbereitetes Deportationsexperiment, im Zuge dessen etwa 4 700 Männer aus Wien, Mährisch-Ost-rau und Kattowitz nach Polen verbracht worden waren, wurde auch wegen der massiven Widerstände der lokalen deutschen Instanzen im Generalgouvernement gestoppt. Gestapochef Heinrich Müller hatte Eichmann bereits am 18. Oktober 1939 mitgeteilt, dass die grundsätzlich von oben erwünschte »Um-siedlung und Abschiebung von Polen und Juden in das Gebiet des künftigen polnischen Reststaates einer zentralen Leitung« bedürfe. Am 20. Oktober wurde vom Reichssicherheitshaupt-amt in Berlin ein Verbot der Transporte ausgesprochen.[153] Somit bot sich für Storfer keine Gelegenheit mehr, in diesem Bereich aktiv zu werden.[154]

Laut Peter Longerich dürfte für den Stopp der Nisko-Transporte vor allem die Entscheidung der deutschen Führung maßgeblich gewesen sein, innerhalb weniger Wochen Zehntausende Volks- und Auslandsdeutsche in den dem Reich eingegliederten Gebieten Polens anzusiedeln und dafür Teile der dortigen eingesessenen Bevölkerung – Polen und Juden – in das Generalgouvernement zu deportieren. Als dieses gigantische Umsiedlungsprogramm begann, habe die mit dem Nisko-Projekt begonnene Deportation von Juden aus dem Reichsgebiet schon aus Mangel an Transportkapazitäten unterbrochen werden müssen.[155] Die Nisko-Aktion sei als Experiment mit dem Ziel angelegt gewesen, Erfahrungen für die Deportation aller Juden aus dem Reichsgebiet zu sammeln. Die improvisierte Art der Durchführung sei keineswegs auf das organisatorische Unvermögen Eichmanns zurückzuführen, vielmehr hätten die Unzulänglichkeiten Methode gehabt, so Longerich: »Diese Vertreibung in ein Gebiet, das keinerlei ausreichende Existenzbedingungen bot, hätte innerhalb kurzer Zeit den Tod einer großen Zahl von Menschen zur Folge gehabt. (...) Es handelte sich demnach um die erste Variante eines umfassenden Projekts zur ›Endlösung‹, durch das das physische Ende der innerhalb des unmittelbaren deutschen Herrschaftsgebietes lebenden Juden herbeigeführt worden wäre.«[156]

Storfers Reise in das Generalgouvernement fand auch in den Akten zu dem Gerichtsverfahren Erwähnung, das Ing. Viktor Gross gegen Storfer angestrengt hatte. Storfers Verteidiger, Konsulent Dr. Arthur Israel Koenig, teilte dem Untersuchungsrichter Anfang November 1939 mit, dass sein Klient »derzeit in Angelegenheit der Polenaktion im Auftrage der Behörde für längere Zeit verreist« sei.[157]

Die illegalen Transporte nach Palästina:
Die Hintergründe

Ungeachtet der ersten Deportationsexperimente stand die antijüdische Politik der Nationalsozialisten bis Ende 1940 im Zeichen der erzwungenen Auswanderung. Was mit den Betroffenen geschah, nachdem diese die Grenzen des »Reiches« überschritten hatten, erschien den Nationalsozialisten – zumindest für den Augenblick – nebensächlich. Im Rahmen dieser Grundlinie wurden auch die illegalen Transporte nach Palästina ermutigt und teilweise sogar aktiv gefördert.[158]

Im Vergleich zu zahlreichen anderen Ländern zeigte sich Großbritannien bis zum Ausbruch des Zweiten Weltkriegs vergleichsweise großzügig bei der Aufnahme von Flüchtlingen aus dem nationalsozialistischen Machtbereich. Dies galt aber nur für das britische Kernland. In Palästina, über das es nach dem Ersten Weltkrieg das politische Mandat übernommen hatte, setzte Großbritannien hingegen auf eine äußerst restriktive Einwanderungspolitik. Dies, obwohl die Briten 1917 in der sogenannten Balfour-Erklärung versprochen hatten, die Errichtung einer jüdischen Heimstätte auf diesem Gebiet zu fördern. Angesichts der arabischen Widerstände hatten sie jedoch schon bald mit der Einschränkung der jüdischen Immigration durch ein striktes Quotensystem begonnen.

Infolge des manifesten Antisemitismus in Osteuropa, vor allem in Polen, sowie der Machtergreifung der Nationalsozialisten in Deutschland hatte die jüdische Einwanderung nach Palästina in den 1930er Jahren drastisch zugenommen, was zu anhaltenden arabischen Unruhen führte. Nachdem der Flüchtlingsstrom durch die Annexion Österreichs und die Zerschlagung der Tschechoslowakei weiter angeschwollen war, veröffentlichten die Briten im Mai 1939 das sogenannte *Weißbuch*, das die jüdische Einwanderung nach Palästina auf ein Minimum begrenzte. Mit Kriegsbeginn wurde schließlich jede direkte Einwanderung aus den von Deutschland kontrollierten Gebieten verboten. Ohne Unterschied galten von nun an auch die verfolgten Juden aus den damaligen »Reichsgebieten« – sogar Frauen und Kinder – als »feindliche Ausländer« (»enemy aliens«).

Als Antwort auf die restriktive Einwanderungspolitik der britischen Mandatsmacht organisierten zionistische Organisationen sogenannte illegale Transporte, durch die Juden auf dem Seeweg und unter Missachtung der britischen Immigrationsbeschränkungen nach Palästina geschleust wurden. Zur Abgrenzung von der legalen »Alija«, die auf einem komplizierten Quotensystem beruhte, wurde die illegale Einwanderung im Hebräischen als »Alija Bet«, wörtlich übersetzt »B-Einwanderung«, bezeichnet.

Erste, quantitativ wenig bedeutsame Experimente dieser Art hatten bereits Mitte der 1930er Jahre stattgefunden, doch erst nach dem »Anschluss« Österreichs entwickelten sich die illegalen Transporte zu einer Massenfluchtbewegung. Sie wurden zunächst von Vertretern der zionistischen Rechten – den »Revisionisten« beziehungsweise ihnen ideologisch nahestehenden Privatpersonen wie Willy Perl[159] oder Paul Haller – organisiert, seit der Jahreswende 1938/39 auch von der zionistischen Arbeiterbewegung. Letztere hatte zu diesem Zweck innerhalb der jüdischen Untergrundarmee »Hagana« in Palästina eine eigene Zweigorganisation, den »Mossad-le-Alija Bet« gegründet. Der »Mossad« arbeitete eng mit den Vertretern des zionistischen Dachverbandes »Hechaluz« zusammen, der junge Pioniere in Europa in landwirtschaftlichen Umschulungslagern auch ideologisch auf ihr künftiges Leben in Palästina vorbereitete. Wien wurde zu einer wichtigen Drehscheibe bei der Organisierung der illegalen »Alija«. Perl, Haller und auch der »Mossad«-Agent Georg Überall (später Ehud Avriel) stammten aus Wien.

Zwischen März 1938 und Kriegsausbruch gelangten mehr als 17 000 illegale Einwanderer nach Palästina, das war mehr als die Hälfte der gesamten jüdischen Einwanderung in diesem Zeitraum.[160] Die Briten versuchten, die Transitländer, vor allem auf dem Balkan, durch diplomatischen Druck dazu zu bewegen, den Flüchtlingen die Durchreisevisa zu verweigern, das Auslaufen der Flüchtlingsschiffe zu verhindern und gegen die Besitzer mit behördlichen Schikanen vorzugehen. Unter Verstoß gegen das internationale Seerecht wurden Schiffe vor der Küste Palästinas aufgebracht und beschlagnahmt, Kapitäne und Mannschaften verhaftet und zu hohen Geldstrafen verurteilt, Tausende illegale Einwanderer in Palästina in Internierungslager eingewiesen.

Ab Mitte 1939 wurde die ohnedies bescheidene offizielle Einwanderungsquote um die Zahl der illegalen Immigranten gekürzt. Obwohl der britische Premierminister Winston Churchill als ausgesprochen prozionistisch galt, konnte er sich in der Frage der Einwanderungspolitik in Palästina nicht gegen die harte Linie des britischen Außen- und vor allem des Kolonialministeriums durchsetzen, für die die strategischen Interessen Großbritanniens in der Region vorrangig waren. Den Höhepunkt dieser Politik gegen den unkontrollierten Zustrom von jüdischen Einwanderern stellte die Deportation von rund 1 500 Flüchtlingen des von Storfer organisierten Großtransportes auf die Insel Mauritius im Indischen Ozean dar.

Die Organisatoren der illegalen Einwanderung arbeiteten mit Reedern und Mittelsmännern in den Balkanländern, vor allem in Griechenland, zusammen. Dies waren meist wenig seriöse Figuren, die sich häufig schon vorher mit illegalen Geschäften – etwa dem Schmuggel von Waffen für den Spanischen Bürgerkrieg oder von Alkohol in die USA während der Zeit der Prohibition – befasst hatten. Als Besatzung mussten vielfach Matrosen mit krimineller Vergangenheit rekrutiert werden. Nur altersschwache oder ausgediente, manchmal sogar schrottreife Dampfer ließen sich zu stark überhöhten Preisen für derartige Unternehmungen beschaffen. Allen Beteiligten war klar, dass es sich bei den Schiffstransporten um illegale Operationen handelte. Aus diesem Grund waren die Organisatoren der Transporte der Willkür ihrer Geschäftspartner oft schutzlos ausgeliefert.

Die jüdischen Gemeinden in Wien, Berlin und Prag unterstützten ab einem bestimmten Zeitpunkt die illegale »Alija« in teils offener, teils verdeckter Form. Beträchtliche Geldbeträge kamen – wenn auch über inoffizielle Kanäle – unter anderem von der amerikanisch-jüdischen Hilfsorganisation »Joint Distribution Committee« (»Joint«). »Wir möchten mit dieser Art Arbeit nicht in direkten Zusammenhang gebracht werden«, zitierte Storfer Mitte 1940 den Kommentar eines »Joint«-Vertreters.[161] Gerade am Beispiel von Storfers großem Transport wurde jedoch deutlich, welch schwerwiegende Konsequenzen diese ambivalente Haltung und die daraus resultierende Halbherzigkeit in der Unterstützung haben konnten.

Andrang in Storfers Büro

Seit Bestehen von Berthold Storfers Büro in der Rotenturmstraße in Wien wurde dieses von unzähligen Menschen, die verzweifelt nach einer beliebigen Ausreisemöglichkeit suchten, gestürmt, Storfer selbst in Briefen um Hilfe angefleht. Der Wunsch nach einer persönlichen Vorsprache bei dem Vielbeschäftigten blieb wohl in den meisten Fällen unerfüllt. Auch das Büro von Josef Löwenherz, dem Leiter der Wiener jüdischen Gemeinde, wurde in ähnlicher Weise mit Bittgesuchen überschwemmt. Einen Teil der dort eingegangenen Schreiben leitete Löwenherz an Storfer weiter.

Besonders nachdem es im Oktober 1939 zu ersten Deportationen aus Wien gekommen war, spitzte sich die Situation zu. Obwohl die schlecht vorbereitete Nisko-Aktion vorzeitig abgebrochen worden war, benutzte die SS gegenüber den jüdischen Institutionen die Drohung weiterer Verschickungen als erfolgreiches Druckmittel, um die »normale« Auswanderung zu forcieren. Sie bediente sich auch der Methode, »Schutzhäftlinge« aus Konzentrationslagern, vor allem Dachau und Buchenwald, unter der Bedingung der sofortigen Ausreise freizulassen. Verzögerte sich die Auswanderung, drohte die Rückstellung in das Lager. »Am 13. Juli [1940] wird die Genehmigung zu einem Palästinatransport (Einreise illegal) gegeben und von U'Stuf. [Untersturmführer] BRUNNER angeordnet, dass in diesem Transport alle ehemaligen Schutzhäftlinge (die nicht nach USA auswandern konnten) eingereiht werden sollen; es könnten nach Abgang dieses Transportes die verbliebenen Schutzhäftlinge neuerdings verhaftet werden«, heißt es dazu im Löwenherz-Bericht.[162] In einem Schreiben vom 14. März 1940 berichtete ein Ascher Schneebalg der Kultusgemeinde, dass er vom 3. November 1939 bis zum 10. Februar des Folgejahres im Sammellager des »Polentransportes« in der Gänsbachergasse 3 »beherbergt« und in der dortigen Lagerkanzlei als Maschinenschreiber beschäftigt worden sei.

»Ich bin per 8. V. 1940 ausgewiesen, habe mich pflichtgemäß in der Rotgasse 8 registriert. Da ich jedoch über keine wie immer gearteten Barmittel verfüge, also auch wenig Aussicht habe, für die nächsten in Frage kommenden Transporte eingeteilt zu werden, bitte ich Sie, sehr geehrter Herr Amtsdirektor, Ihr gesch. Wohlwollen auch auf mich gefl. übertragen zu wollen, um mir die Einreise, resp. die Ausreise irgendwie zu ermöglichen.

Betonen möchte ich noch, dass ich rit. [rituell] verheiratet bin, meine Frau ebenfalls im Sammellager war. Der Bub, der sich zurzeit im Waisenhaus in Wien XIX, Bauernfeldgasse 40, befindet, war auch im Sammellager beherbergt. Da jedoch Kinder bis zu einem gewissen Alter mit einem Transport nicht mitreisen können, noch dazu, wenn ich überhaupt kein Geld habe, bitte ich Sie, sehr geehrter Herr Amtsdirektor, für meine Frau und meinen Buben nach Tunlichkeit etwas zu tun, dass sie mitkommen. Ich spreche perfekt Hebräisch, bin Zuschneider von Beruf, war jahrelang in der zionistischen Bewegung tätig.«[163]

In dem von Schneebalg angesprochenen Sammellager in der Gänsbachergasse, einem Obdachlosenheim, war eine Gruppe von Familien einquartiert worden, die sich freiwillig für den dritten Nisko-Transport gemeldet hatte und schon abreisefertig gewesen war, als die Deportationsaktion eingestellt wurde. Die Betroffenen waren daraufhin unter SS-Bewachung und nach Geschlechtern getrennt in dem Heim, dessen normaler Betrieb weiterlief, interniert und Anfang Februar 1940 schließlich entlassen worden.[164]

Ein Schulim Hebenstreit, der sich als ein Verwandter von Amtsdirektor Löwenherz vorstellte und auf seinen Geburtsort Kamionka verwies, wandte sich ebenfalls an die Kultusgemeinde. Er habe drei Kinder, die bereits mit der »Jugend-Alija« nach Palästina gelangt seien und dort nun in Kibbuzim lebten. Er und seine Frau seien unter der Nummer 3395 in der Rotgasse 8 für einen illegalen Transport vorgemerkt. Auch Hebenstreit, der täglich die Ausspeisung der Kultusgemeinde in Anspruch nehmen musste, war nicht in der Lage, die Reisekosten für den illegalen Transport aufzubringen. Sein Schreiben wurde ebenfalls an Storfers Büro weitergeleitet. Ein entsprechender Vermerk – »Rothg.« – mit der von Hebenstreit angeführten Registrierungsnummer war in dicken Buchstaben auf dem Papier angebracht.[165]

Julius »Israel« Stern, ein Invalide des Ersten Weltkriegs, war nach zweimonatiger Inhaftierung im Konzentrationslager Dachau angehalten, das deutsche Reichsgebiet bis zum 27. Januar 1940 zu verlassen. Er lebte mit seiner Ehefrau und seiner Tochter »in den dürftigsten Verhältnissen« und bat Löwenherz um Einreihung in einen Palästina-Transport. »Als Frommgläubiger habe ich selbstverständlich kein Lebensziel, als in das Land meiner Väter zu kommen. Es erübrigt sich wohl zu versichern, dass es immer mein Streben sein wird, mit meiner Hände Arbeit zum Aufbau unseres heiligen Bodens beizutragen, und will ich sowie meine Gattin und Tochter mich gerne verpflichten, die Kosten unserer Reise von unserem Arbeitsverdienst zurückzuerstatten. Sollte es jedoch nicht möglich sein, auch meine Familie gleichzeitig mit mir in den Transport einzuteilen, so bitte ich Sie, wenigstens mir die erbetene Wohltat nicht zu versagen.«[166]

Der »Hechaluz« setzte sich Mitte Juli 1939 bei Storfer für den 1906 in Wien geborenen Karl Schechter ein, der 500 RM für die Aufnahme in den Transport aufzubringen imstande war. Schechter befand sich zu diesem Zeitpunkt im »K. Z. Weimar-Buchenwalde, Nr. 1888, Block 17 A«.[167]

Bittbriefe an Storfer gingen auch aus dem Ausland ein. Von Zürich aus setzte sich, über Vermittlung von Professor Heinrich Neumann, Hermann Bornstein, der sich dort selbst mit Fluchthilfe befasste, für die Aufnahme eines Samuel Weissmann in den nächsten Transport ein. Samuel Weissmann war 50 Jahre alt, Landwirt und per 30. August staatlich ausgewiesen. Auch er konnte 500 RM für die Fahrt bezahlen.[168] Die Intervention war offenbar vergeblich. Weissmann, geboren 1889 in Zolynia, der zuerst in das Konzentrationslager Buchenwald verschleppt worden war, wurde von dort am 24. Oktober 1940 in das Konzentrationslager Dachau überstellt, wo er am Neujahrstag des Jahres 1942 ums Leben kam. Auch Schulim Schachne Hebenstreit und seine Frau Nechlie konnten nicht mehr gerettet werden. Sie wurden am 19. Oktober 1941 in das Ghetto Litzmannstadt überstellt, Ascher (Uscher) Schneebalg und seine Frau Elfrieda am 5. März 1941 nach Modliborzyce.[169]

Aus Cernăuți erreichte Storfer das Schreiben eines Verwandten, der ihn bat, sich der Schwägerin eines Kollegen anzunehmen.[170] Auch in diesem Fall nützte das Bittgesuch nichts. Die 1891 geborene Johanna (Hansi) Meiselmann wurde am 2. Juni 1942 von Wien nach Maly Trostinec deportiert, wo sie ums Leben kam.[171]

Andere, die Storfer aus früheren Zeiten kannten, hofften auf eine bevorzugte Behandlung. Ein Oswald Pomeranz, der sich »als guter Bekannter noch vom Jahre 1924, wo wir fast täglich im Kaffee Kornmüller angenehme Stunden verbrachten«, vorstellte, hoffte nach mehreren gescheiterten Versuchen auf die Möglichkeit zu einem kurzen persönlichen Gespräch. Ob es zu einer Aussprache gekommen ist, ist nicht überliefert. Feststeht, dass Oswald Pomeranz das Land nicht mit Storfers Transport verlassen hat. Er wurde am 31. August 1942 ebenfalls nach Maly Trostinec deportiert und am 4. September ermordet.[172]

Auch andere jüdische Funktionäre und Aktivisten, die mit Auswanderungsfragen befasst waren, intervenierten für Personen aus ihrem näheren oder weiteren Umfeld. So ging etwa auch ein Bittgesuch von Arthur Kuffler von der Auswanderungs-Hilfsaktion »Gildemeester« ein.[173] Emil Engel von der Auswanderungsabteilung der Israelitischen Kultusgemeinde informierte Storfer darüber, dass die Gemeinde zu den Transportkosten eines Fräulein Rachel Ungar 300 RM beitragen könne. Gleichzeitig bat er um die Berücksichtigung eines Arthur N., der nach Verbüßung einer achtmonatigen Haft wegen eines Bagatelldeliktes, das auf das Jahr 1930 zurückging, aus dem Landesgericht entlassen und [in das Polizeigefangenenhaus] Rossauerlände überstellt worden war: »Seine Entlassung aus der Haft wäre nur dann möglich, wenn bis m o r g e n eine Erklärung der Kultusgemeinde vorliegt, dass N. mit dem nächsten Transport abgehen werde. Wird diese Erklärung nicht bis morgen abgegeben, so würde der Genannte nach Buchenwald überstellt werden.«[174]

Der mächtige Dr. Benjamin Murmelstein, Leiter der Auswanderungsabteilung der Israelitischen Kultusgemeinde, setzte sich im März 1940 für den damals 17-jährigen Hans Herzka ein, der sich seit dem 20. November 1939 im »Umschulungslager Pappenfabrik Doppl, Altenfelden bei Linz« befand: »Da die Auswanderung der in den Arbeitslagern befindlichen Personen von besonderer Stelle empfohlen wurde, bitten wir Sie, sich dieses Falles anzunehmen«, schrieb Murmelstein an Storfer.[175] Im oberösterreichischen Doppl hatte die SS ein Arbeitslager für männliche Juden eingerichtet, das euphemistisch als »Umschulungslager« bezeichnet wurde. Der Name sollte einen Bezug zu den sogenannten Hachschara-Lagern suggerieren, in denen zionistische Organisationen junge Menschen auf ein zukünftiges Leben in Palästina vorbereiteten. Auch Hans Herzka konnte nicht mehr geholfen werden. Er wurde am 1. Oktober 1942 von Wien nach Theresienstadt und von dort am 16. April 1944 nach Auschwitz überstellt.[176]

Andere, die über keinerlei Kontakte zu einflussreichen Personen oder Institutionen verfügten, schrieben in Eigenregie an Storfer. Die ledige Hausfrau Lotti Pressburger, geboren 1886 in Bázin (Slowakei), stand »mittellos u. unversorgt« da. Aus ihren Zeilen geht auch hervor, dass sie, abgesehen von ihrer wirtschaftlichen Misere, völlig vereinsamt war: Ihr »liebes gutes Mutterl« war zwei Jahre zuvor gestorben und auch ihr Bruder Julius Pressburger bereits tot. Ihr offenbar einziger lebender Verwandter, ein Cousin, befand sich schon im Ausland und konnte im Augenblick nichts für sie tun. Er hatte ihr aber versprochen, sie zu unterstützen, sollte sie nach Palästina kommen. Die Situation von Lotti Pressburger war umso prekärer, als sie als Staatenlose galt. Ihre frühere Wohnung hatte sie längst verlassen müssen. Sie bewohnte im Januar 1940 ein Kabinett in einer Sammelunterkunft in der Meyerhofgasse 1 im vierten Bezirk.[177] Auch ihr gelang die Ausreise nicht mehr. Sie wurde am 27. Mai 1942 von Wien nach Maly Trostinec deportiert und kam dort am 1. Juni ums Leben.[178]

Unter den vielen, die in Storfer den letzten Rettungsanker erblickten, war auch der aus München stammende Alfred Heller, der seine Erinnerungen an die Flucht aus dem nationalsozialistischen Deutschland später, in der dritten Person und unter dem Pseudonym »Dr. Seligmann«, veröffentlicht hat.[179] Storfers Name wird in dem Buch konsequent falsch mit doppeltem »f« geschrieben und die Gestapo mit der »Zentralstelle für jüdische Auswanderung« gleichgesetzt. Auch wenn nicht auszuschließen ist, dass sich persönlich Erlebtes und späteres Wissen in dem Bericht vermengt haben, vermittelt Heller in dem Kapitel »Die lieben Wiener« ein einprägsames Bild von den Vorgängen in Storfers Büro: »Es erwies sich, dass die ›Aktion für Auswanderung‹ ein Unternehmen war, das mit der jüdischen Kultusgemeinde in engem Zusammenhang stand. Der Form nach zwar unabhängig, hatte ein gewisser Kommerzialrat Storffer [sic!] die unter dem Namen ›Organisation Storffer‹ bekannte Unternehmung geschaffen, ganz offiziell, nicht nur geduldet, nein ausdrücklich bestätigt durch die Geheime Staatspolizei. Sie begünstigte ein Unternehmen, das es sich zur Aufgabe gemacht hatte, Juden fortzuschaffen, Juden die Auswanderung zu ermöglichen, die man doch so gern vollständig lossein wollte.

Und hierin drängten sich die vielen, die, des Landes verwiesen, nicht wussten, wo sie hingehen könnten, und diejenigen, die den langsamen Verfall nicht mehr ertragen konnten und selbst strebten, in die Freiheit zu gelangen. Und dazu gesellten sich jene, die als Zionisten oder als Angehörige von früher Eingewanderten nach Palästina wollten, aber kein Zertifikat bekommen konnten und nun mit Hilfe der ›Aktion‹ ins Ausland und auf illegalem Weg nach Erez Israel zu gelangen hofften.

›Die Auswanderung ist völlig legal‹, war versprochen worden. Und das war richtig: Die Geheime Staatspolizei gab Brief und Siegel dazu. Dass die Einwanderung in Palästina nicht ebenso legal sei, lag in etwa in der Luft. Aber man rechnete, der große Storffer habe seine mächtigen Beziehungen zu den einschlägigen Behörden, und der wird die Sache schon in Ordnung bringen. (…) Besser nicht davon reden, wie er es macht.«[180]

»Dr. Seligmann«/Heller beschrieb das von zwei Straßen zugängliche, heute durchaus stattlich wirkende Gebäude, als »dunkles Wohnhaus aus der schlechtesten Bauzeit, mit unnützen Hohlräumen, Winkeln und ineinandergehenden Zimmerchen. Flüchtig adaptiert, primitiv, lässig«. In dem finsteren Vorraum im Parterre hätten sich die Menschen gestaut – »schreiend, keifend, gestikulierend. Ein rücksichtsloses Gedränge: Ich will der Erste sein. Ein gewalttätiger Absperrdienst: Nichts da! Nur der Berechtigte hat Zutritt.«

Er habe sein Telegramm vorgewiesen, sei unwirsch eingelassen worden und habe sich nach dem dritten Stock und dem ihm in einem Schreiben genannten Mitarbeiter Alfred Kleppner erkundigt. Dieser habe in einem Durchgangsraum gesessen, in dem, vor Tischen in jeder Ecke, Personen verhandelt hätten: »Nochmals: nächstes Zimmer. Ineinandergeschachtelt. ›Herr Kleppner ist nicht da. Was wollen Sie?‹« Nachdem Heller auf seine telegraphische Vorladung verwiesen hatte, wurde er aufgefordert zu warten.

»Ein Aus und Ein. Ein Verhandeln und Telefonieren. Ein nervöses Zigarettenrauchen, Aufspringen, Wiederkommen, Schreien, Schimpfen, Jammern, Schluchzen. ›Aber wir müssen doch fort bis zum 28.‹ ›Er hat mir geschrieben, dass er entlassen wird, wenn er auswandern kann.‹ ›Ja, in Buchenwald.‹ ›Ich hab so Angst, dass ihm etwas passiert. Er ist so krank.‹ ›Aus der Wohnung muss ich am 1. heraus.‹ ›Woher soll ich das Geld nehmen?‹ (…) ›Gut, ich merke Sie vor. Kommen Sie in vierzehn Tagen wieder.‹«

Dann sei ein kleiner, beweglicher Mann eingetreten und ihm als »Herr Kleppner« vorgestellt worden, berichtet Heller. Von diesem sei er darüber informiert worden, dass in den Pässen noch die Visa fehlen würden. Er erhielt einen neuen Termin für den folgenden Tag.[181] Am nächsten Morgen besuchte Heller abermals Storfers Büro, »wand sich (…) durch die wartende, quengelnde, gestikulierende Masse der Anstehenden in der ›Rotgasse‹, die drei Treppen hinauf, durch die Vorzimmermenge, in das Büro im zweiten Hinterzimmer«. Die Pässe waren noch nicht da, es hieß, Kleppner sei eben weggegangen, sie zu holen.

»Aufgeregtes Gehen und Kommen: Menschen, die einem Amt, einer Verpflichtung nachgingen, Angestellte, Beamte, scheinbar; unnahbar die einen, abweisend von oben herab, wenn sie angesprochen wurden. Und jeden Augenblick griff einer der Wartenden, Herumstehenden nach dem Rockzipfel, nach dem Westenknopf, nach dem Ärmel des schnell sich Losmachenden. Andere, die sich sprechen ließen, die belehrend, abweisend, ungeduldig den heftig gestikulierenden Gesuchstellern zuhörten, sie hierhin, dorthin wiesen, zum Warten mahnten, mit anderen persönliche Erörterungen anfingen, Zigarettenstummel auf den Boden warfen und wichtig taten.«[182]

Tatsächlich kam es in den Büroräumen Storfers immer wieder zu heftigen Szenen, so etwa am 24. Dezember 1939, als die Nachricht vom Untergang des für Storfers geplanten Transport bestimmten Dampfers *Astrea* im Schwarzen Meer eintraf. In einer Mitteilung hielt Storfer dazu Folgendes fest: »Ing. Buchwald ist mit einer Empfehlung zu Storfer jun. erschienen und es wurde ihm bei der Türe gleich die Auskunft gegeben, dass Storfer jun. heute bettlägerig ist und ins Büro nicht kommen kann (dies entspricht auch den Tatsachen). Herr Ing. Buchwald hat die Auskunft als unglaubwürdig bezeichnet und versuchte, mit Gewalt die Türe zu durchbrechen und den Ordner davonzustoßen. Ich persönlich bin wegen der vom Donau- und Schwarzen-Meer-Gebiet heute früh eingetroffenen kummervollen Nachrichten auswärts beschäftigt gewesen. (…) Wir haben heute für den Parteienverkehr geschlossen, um die internen Arbeiten bewältigen zu können.«[183]

Storfer wurde auch in Probleme anderer mit Auswanderungsagenden befasster Personen hineingezogen. Einer von diesen war der bereits erwähnte Heinrich Schlie, der, wie Storfer vermerkte, »das ganze Altreich mit Werbe-Zirkularen überschwemmt« hatte.[184] Storfer wurde am 18. und nochmals am 23. Dezember 1939 zur Wiener Gestapo vorgeladen und im Zusammenhang mit zwei von Schlie verfassten Mitteilungen einvernommen. Er vermutete, dass Schlie seinerseits vom burgenländischen Gestaporeferat wegen einer nicht eingehaltenen Ausreisezusage zur Verantwortung gezogen worden war. Um sich selbst zu rechtfertigen, hatte Schlie Storfer belastet und diesem vorgeworfen, alle Plätze im Durchgangslager in Bratislava (Pressburg) belegt zu haben. Storfer hatte dem entgegengehalten, dass in den Räumen der Patronenfabrik in Bratislava durchaus noch einige Hundert Personen untergebracht werden könnten und Schlie sich außerdem auf die Auswanderung über Jugoslawien und die Adria spezialisiert habe.

Storfer war aber offenbar daran gelegen, keinen größeren Konflikt mit Schlie, der ja Rückendeckung durch die »Zentralstelle für jüdische Auswanderung« und die Gestapo genoss, heraufzubeschwören, denn er hob ausdrücklich hervor, dass er diesem gegenüber stets loyal gewesen sei und es weiterhin sein werde.

»Wir haben insbesondere unserem Büro den Auftrag erteilt,
a) auf vorkommende Auskunftsanfragen gute Auskünfte über Herrn Schlie zu erteilen,

b) Personen, die im Reisebüro Schlie registriert werden, dort zu belassen und nachträgliche Bestrebungen solcher Personen, bei uns aufgenommen zu werden, mit dem Bemerken zurückzuweisen, dass sie bereits gut untergebracht seien.«[185]

Bereits gegen Ende 1939 war ein Auswahlkomitee zusammengestellt worden, das über die Zusammensetzung des geplanten großen Transportes entscheiden sollte. Oberlandesgerichtsrat Dr. Viktor Ornstein sollte im Verhinderungsfall Storfer als Vorsitzenden vertreten. Weiter gehörten dem Komitee Julius Steinfeld als Delegierter der Kultusgemeinde, Braver für das Palästina-Amt und den Zionistischen Landesverband sowie Dr. Norbert Anschel als Delegierter der Rotgasse an.

In Storfers nun geplanten nächsten Palästina-Transport sollten in erster Linie Menschen aufgenommen werden, die sich in dem Lager Gänsbachergasse in Wien sowie in Buchenwald oder anderen Konzentrationslagern befanden, außerdem polizeilich bereits endgültig Ausgewiesene sowie Personen, die bereits Monate zuvor vom »Ausschuss« aufgenommen worden waren und von diesem ausgestellte »Bescheinigungen« besaßen, ferner Eltern oder Ehegatten von bereits in Palästina ansässigen und dort erwerbstätigen Personen. Voraussetzungen für die Aufnahme waren, dass die Betroffenen Glaubensjuden und unbescholten waren und eine »zionistische Gesinnung« hatten. Die zuletzt genannte Forderung diente wohl der Beruhigung der zionistischen Organisationen. Ob und in welcher Weise diese Gesinnung überprüft worden ist, bleibt offen. Zudem wurde, zumindest in der Theorie, verlangt, dass die Auserwählten womöglich Handwerker sein oder einen sonstigen Berufsnachweis besitzen, auf alle Fälle aber arbeitsfähig sein sollten. Der »Ausschuss« erteilte den Mitgliedern des Auswahlkomitees folgende Direktiven: »Wir behalten uns vor, die Zahl der Unentgeltlichen und überhaupt der finanziellen Möglichkeiten im Einvernehmen mit der Kultusgemeinde festzusetzen. Die bezüglichen Entscheidungen sind an die finanziellen Kräfte gebunden und können daher vom Auswahl-Komitee nicht übersehen werden. (…) Die Herren Mitglieder werden höfl. gebeten, den einzelnen Ausreisewerbern über die Beschlüsse keinerlei Auskunft zu erteilen.«[186]

Wenige Tage später berichtigte Storfer in einem weiteren Schreiben an die Mitglieder des Auswahlausschusses, dass Personen aus der Gänsbachergasse von der Priorität auszuscheiden seien, weil diese, gemäß neuen und verlässlichen Nachrichten, »baldigst in Freiheit gesetzt« werden sollten. »Hingegen wird uns«, so betonte Storfer, »die Ausreise der momentan freien Buchenwälder und Dachauer dringendst zur Pflicht gemacht.«[187]

Ergänzend wurde auch festgehalten, dass die Beschlüsse des Auswahlkomitees einstimmig gefasst werden sollten, bei Unstimmigkeiten seien die Akten zur endgültigen Entscheidung Storfer persönlich vorzulegen. Dr. Anschel oder ein anderer Delegierter der Rotgasse werde beim Auswahlausschuss mit beratender Stimme mitwirken.

Storfer war offenbar bemüht, so weit wie möglich auf die Forderungen der zionistischen Organisationen einzugehen. So gab er Anweisung, dass die ärztliche Untersuchung »mit Aufmerksamkeit geprüft und zur Bedingung gemacht« werden solle. Die »bekannten palästinensischen Forderungen, wonach die allergrößte Zahl der Personen nur aus Altersklassen bis 45 Jahren erwirkt werden sollen«, sei »weitgehendst zu berücksichtigen«. Storfer mahnte, dass sich die Mitglieder des Auswahlausschusses jeglicher Einmischung in die administrativen Angelegenheiten der Rotgasse zu enthalten und auf ihre Berufung als Beiräte bei der Auswahl der Personen zu beschränken hätten. Auch solle jede Form von Einflussnahme künftig unterbleiben: »Mit Rücksicht auf die unerlässliche Unbefangenheit der einzelnen Mitglieder des Auswahl-Komitees sollen diese jegliche Empfehlung von Personen, die vorwegs ad personam oder in finanzieller Hinsicht berücksichtigt werden sollen, unterlassen. Derlei Empfehlungen werden ab heute nicht berücksichtigt (…) nach der Ansicht des Herrn Dr. Rottenberg [Rothenberg] soll ein solcher Vorgang sogar einen Ablehnungsgrund bilden.«[188]

Aus Zeitgründen konnte sich Berthold Storfer allerdings erst Anfang April 1940 erstmals selbst intensiver mit der Zusammenstellung des Transportes und den Ergebnissen der mehrwöchigen Kommissionsarbeiten befassen.[189] Im Juni schlug Julius Steinfeld von der Israelitischen Kultusgemeinde vor, dass alle unmittelbar und mittelbar interessierten Funktionäre zu einer Besprechung eingeladen werden sollten, um über die Beschlüsse zu den in Vorbereitung befindlichen Transporten zu beraten. Storfer begrüßte eine solche Besprechung, die unter dem Vorsitz von Dr. Josef Löwenherz stattfinden sollte, weil er »über das Schicksal der Auswanderer allein nicht entscheiden« wollte.[190]

Eigenmächtige Aktivitäten von Mitarbeitern schätzte Storfer nicht. So hatte er erfahren, dass Steinfeld mit dem für das Burgenland zuständigen Gestaporeferenten, Koch, Absprachen über billigere Preise für die Burgenländer und deren Teilnehmerzahl auf dem Transport getroffen hatte. Storfer befürchtete durch solche Schritte Verwirrung und mögliche »peinliche Konsequenzen«.[191] Am 18. April 1940 wurde er von der Wiener »Zentralstelle« »(…) stürmisch beauftragt, den Transport zu forcieren. Es wurden mir alle möglichen Folgen vorgehalten. Darüber hinaus wurde die Befürchtung ausgesprochen, dass externe Hindernisse eintreten können. Ich habe alles Mögliche zugesagt, um Beruhigung zu schaffen. Gerade während meiner Anwesenheit in der Zentralstelle wurde eine Frau mit Kellerarrest bestraft, weil sie noch nicht abgereist ist.«[192]

»Bedauerlicherweise bin ich nichts anderes als der hingestellte Vertreter von armen Auswanderern«, heißt es in einem Schreiben Storfers an Löwenherz.[193]

»Soll ich Ihnen hier über das verzweifelte Gedränge der Armen bei uns einen Vortrag niederschreiben? Oder hätte es einen Sinn, Ihnen nur das zu erzählen, was mir heute an Jammer und Elend durch das Telefon zu meinem Krankenlager zugeschleudert wurde? Ich glaube, dass dies überflüssig ist. Was ich aber befürchte ist, dass die Kultusgemeinde die in den eigenen Räumen herumkampierenden Amerika-Reisenden mehr sieht als die uns belagernden und beschimpfenden Übersee-Reisenden. (…) Nebenbei bemerkt, habe ich anlässlich meiner Reise indirekte Studien über die öffentliche Meinung gemacht und ich hatte den betrüblichen Eindruck, dass man mich, (…) wegen der Preise der Anschluss-Transporte, als einen ›Geschäftsmann‹ beurteilt. Das ist für mich beim vorliegenden Anlasse nicht wenig kränkend.«[194]

»Ich höre täglich immer wieder von ›unentgeltlichen‹ Listen. Alles will unentgeltlich fahren und jeder verleugnet die usprünglich eingegangenen Verpflichtungen. (…) Wie sollen wir allem Drängen genügen?«, heißt es in einem anderen Schreiben.[195]

Alarmiert durch die ersten Deportationen aus Wien im Oktober 1939 hatte der »Mossad« gegen Ende dieses Jahres in einer überstürzten Aktion einen Transport von mehr als tausend Menschen auf den Weg gebracht, obwohl an der Donaumündung noch kein Hochseeschiff für die Weiterreise bereitstand.

Die rumänischen Behörden verweigerten die Einreise, sodass die Gruppe, bestehend großteils aus österreichischen, aber auch deutschen und Danziger Flüchtlingen, im Winterhafen der kleinen serbischen Ortschaft Kladovo strandete, von wo sie später in die Stadt Šabac an der Save verlegt wurde. Die »Mossad«-Agenten bemühten sich fieberhaft um die Weiterbeförderung der Gruppe, doch durch eine Verkettung von misslichen Umständen und Fehlkalkulationen scheiterten alle Rettungsversuche. Mit dem deutschen Überfall auf Jugoslawien im April 1941 war das Schicksal der Gruppe endgültig besiegelt.[196]

Obwohl Storfer stets betonte, mit der »Aktion Kladovo« nichts zu schaffen zu haben, verfolgte er die Entwicklungen im Zusammenhang mit diesem gescheiterten Transport aufmerksam. Auch erreichten ihn immer wieder Briefe von verzweifelten Flüchtlingen dieses Transportes, die sich von sämtlichen jüdischen Funktionären, auch von Storfer, im Stich gelassen fühlten. »Aus dem nachstehenden Schreiben eines Danziger Emigranten ist zu entnehmen, wie die nervösen Emigranten grundlos zu beschuldigen pflegen«, bemerkte Storfer zu einem dieser Hilferufe.[197] Immer wieder wurde die Weiterreise der Gruppe angekündigt und im letzten Augenblick wieder abgesagt. »Die Kladovoer Leute waren bereits per Donau ausgefahren und mussten zurückkehren. Man kann sich vorstellen, welche Depression dadurch entstanden ist«, notierte Storfer im April 1940.[198]

Storfer konnte sich weiterhin des Andrangs verzweifelter Menschen in seinem Büro kaum erwehren und sah sich darüber hinaus mit Forderungen der Kultusgemeinde konfrontiert, die von ihm als Gegenleistung für den gewährten »Vorzugspreis« für die bereitgestellten Devisen die Mitnahme einer größeren Zahl von Mittellosen verlangte. Ende April schrieb Storfer, offenkundig frustriert, an die Kultusgemeinde: »Unser ad hoc gegründetes Büro bemüht sich, dem großen Ansturm nach Möglichkeit standzuhalten und verbessert seine Einrichtung von Tag zu Tag. Bedauerlicherweise kann nicht ruhig gearbeitet werden, weil die Schwärme von in Not befindlichen Menschen unsere Organe von früh bis in die Nacht hinein ganz einfach erdrücken.

Die vielen unerfüllbaren Forderungen sind bekannt, und es erübrigt sich, darüber zu schreiben. Der Umstand aber, dass wir den mannigfaltigen Wünschen der vielen Tausenden nicht Genüge leisten können, führt zu Unzufriedenheiten und zu

Klagen. Die häufigsten Beschwerden sind (…) dadurch verursacht, dass Tausende Personen dort Platz haben wollen, wo kaum Hunderte zu placieren sind.

Immerhin können auch berechtigte Beschwerden vorkommen, (…) weshalb ich bitte, die einzelnen Abteilungen der K. G. [Kultusgemeinde] anzuweisen, konkrete Fälle mir zur Kenntnis zu bringen. (…)

In den letzten Tagen kommen zu uns Frauen von Männern, die sich im Konzentrationslager befinden, häufiger als zuvor und erpressen mit turbulenten Szenen die bekannten ›Bescheinigungen‹, die wir oft aus verschiedenen Gründen nicht zu erteilen vermögen. Die Frauen stören unsere Arbeit und lassen sich unter keinen Umständen abweisen. Wir erleben böse Stunden und wollen nichts anderes, als dass man uns wenigstens in unserem Ansehen nicht schädigt; diesem Bestreben entspringen diese Zeilen.«[199]

Und Storfer Ende Mai: »Wir erhalten täglich Anweisungen und Interventionen von verschiedenen Seiten. Als besonders autoritäre Stellen nennen wir auch die Zentralstelle und die Kripo. Darüber hinaus kommen täglich von verschiedenen Seiten ›sehr dringende‹ und unentgeltliche Fälle vor, denen wir nicht gerecht werden können. Der Transport war schon vor einem Monat geschlossen und seither werden wir täglich ununterbrochen in Anspruch genommen.«[200]

Am 16. Juli 1940 legte Storfer eine Aktennotiz über eine Vorladung zur Geheimen Staatspolizei an. Der Leiter der Abteilung II / b hatte den Wunsch geäußert, dass Storfer in den in Vorbereitung befindlichen Auswanderertransport weitere 80 von der Gestapo nominierte Personen aufnehmen möge. »Ich habe hierauf mitgeteilt, dass unsere Abmachung mit dem Reeder ziffernmäßig bereits voll ausgenützt wurde und dass es uns sehr schwer möglich ist, Neuaufnahmen zu machen.

Immerhin halten wir uns verpflichtet, dem Wunsche oder gar Aufträge der Gestapo bestens Rechnung zu tragen. Wir erlauben uns aber zu ersuchen, die Zahl der noch einzureihenden Personen auf 20 zu beschränken, wie die Zentralstelle für jüdische Auswanderung vor wenigen Tagen uns als wahrscheinlich avisiert hat.«[201]

Storfer appellierte verzweifelt an die »geehrte Zentralstelle«: »Nachdem wir <u>überkomplett</u> sind, bitten wir ergebenst, uns weitere Zuteilungen nicht auftragen zu wollen. Wir sind beim besten Willen wirklich außerstande, weitere Personen zu placieren.«[202]

Storfer war über »Klatschereien« informiert worden und entschlossen, diesen nachzugehen, weil sie in der Gesamtheit seinem Ansehen Schaden zufügen könnten. »Ein gewisser Jakob Kreisler (genannt auch Serwischer) hat sich für eine Burgenländische Familie Schwarz eingesetzt und war empört, dass nicht die ganze aus 5 Köpfen bestehende Familie mitgenommen werden kann. Nach seinen eigenen Mitteilungen soll er deshalb an 250 Adressen einen Brief geschrieben und uns getadelt haben. (Die Frau Schwarz war hochschwanger und wurde deshalb abgelehnt.) Usw. usw.«[203]

Besonders empfindlich reagierte Storfer auf das, was er als »üble Nachrede« bezeichnete: »Dagegen müssen wir uns alle zur Wehr setzen, und obgleich ich am wenigsten an der Abwehr interessiert bin, weil ich mit meiner hoffentlich kurz befristeten Fürsorgetätigkeit nur zeitlich bedingt exponiert zu sein hoffe, bin ich mit aller Energie dazu bereit.«[204]

Es würden »von allen Seiten gegen uns Vorwürfe erhoben und Kritik geübt«, über die man sich nicht in allen Fällen hinwegsetzen könne. So hatte ihn ein Reiseteilnehmer davon in Kenntnis gesetzt, dass ein Beamter der Passkontrollabteilung der Kultusgemeinde, Reiss, »unter Zustimmung einiger anwesender Parteien« Folgendes gesagt habe: »›Die ganze Arbeit für die Rotgasse ist für die Katz‹, die ganze Angelegenheit ist lauter Luft, und es wundere ihn, dass die in der Rotgasse von den Parteien noch nicht erschlagen worden sind.«

Der Informant hatte Storfer weiter berichtet, dass daraufhin ein Streit zwischen Beamten der Passkontrollabteilung und den von der Rotgasse dorthin geschickten Parteien entbrannt und es zu »ziemlich heftige[n] Szenen« gekommen sei.[205]

Auch von den Gruppen, die seit Ende 1939 in Bratislava auf die Weiterreise warteten, wurde Storfer angeschwärzt. Gegenüber seinem Vertreter Rottenstreich, der sich im dortigen Hotel *Palace* aufhielt, sprach Storfer von »persönliche[n], ungerechte[n], unbillige[n] Vorwürfe[n]« und wies ihn an, »Personen, die, anstatt unsere Opfer dankbar anzuerkennen, uns verleumden oder Dritten gegenüber herabsetzen, <u>von der Teilnahme am Transporte unbedingt auszuschließen und mir namentlich bekanntzugeben</u>. Ich bin nicht gewillt, die dortigen Verhältnisse weiterhin undiszipliniert mitzumachen.«[206]

Immer wieder wurden Mitarbeiter Storfers auch der Korruption beschuldigt. Einem von ihnen, einem gewissen Sauerquell, wurde vorgeworfen, 10 RM angenommen zu haben, was sich laut Storfer als unrichtig erwiesen habe. Ein gewisser David habe für seine Mühewaltung bei der Verlängerung von Steuerunbedenklichkeitserklärungen angeblich 40 RM pro Person eingenommen, doch bei näherer Prüfung habe sich ergeben, dass David das Geld für Gebühren verwendet hatte. Storfer hatte »solche Zwischeninterventionen« verboten und gleichzeitig untersagt, »dass derlei bezahlte Dienstleistungen mit meinem Büro in Berührung kommen«.[207]

Ende Oktober 1940, als der große Transport längst abgefertigt war, hatte eine Frau H. im Büro des »Ausschusses für jüdische Überseetransporte« vorgesprochen und dem Mitarbeiter Dr. Anschel verzweifelt gestanden, dass sie »etwas Furchtbares angestellt« habe. Sie flehte ihn an, ihr eine Bestätigung auszustellen, der gemäß sie binnen 14 Tagen über 50 Dollar mit Bewilligung der Devisenstelle verfügen könne. »Auf meine Frage, worin ihre fürchterliche Tat bestanden habe, erzählte sie mir, sie habe gestern einen Brief im Namen des Ausschusses für jüdische Überseetransporte fälschlich ausgestellt und auf demselben die Unterschrift des Dr. Anschel gesetzt. In diesem Briefe bestätigt angeblich der Ausschuss (…), dass er binnen 14 Tagen einen Markbetrag der Kanzlei des Dr. Warmuth überweisen werde. Diesen Brief übergab sie der Kanzlei des Dr. Warmuth.«[208]

Es stellte sich heraus, dass sich dieselbe Frau H. in den Wochen zuvor vielfach über den »Ausschuss« beklagt und von einem Dollarguthaben beim »Ausschuss« »herumgeredet« hatte. Nun habe sich diese Frau als Betrügerin entpuppt, so Storfer in »Mitteilung Nr. 107 über Beschuldigungen und Kritiken«. Laut dem von ihr gefälschten Brief habe sich der »Ausschuss« verpflichtet, ihr binnen 14 Tagen ein »Guthaben« in der Höhe von 500 RM zu bezahlen.

»Zu dieser Fälschung über ein nicht vorhandenes Guthaben war sie verleitet, weil sie einer Frau Hawenczuk (Arierin) einen größeren Betrag gegen die Zusage, sie werde durch uns nach Palästina auswandern, herausgelockt hat; so wollte sich die Frau H. durch die Fälschung decken.«[209]

Storfer stellte in einer »Bekanntmachung« zur »Vermeidung von Missverständnissen« klar, dass seine Hilfsaktion auf uneigennütziger Grundlage bestehe und vollkommen selbstlos arbeite. Jedes geschäftliche Interesse sei ganz ausgeschlossen.

»Bei Bildung einer Reisegruppe (Transport) haben wir eine so große Anzahl von Personen, welche unentgeltlich oder gegen Zahlung von geringfügigen Beträgen mitreisen, dass wir kaum die Hälfte der tatsächlichen Barauslagen bis zum Reiseziel decken können. – Die vorkommenden Überzahlungen werden zur teilweisen Verminderung dieser Defizite verwendet.

Die Auswahl der Personen erfolgt durch eine gemischte unparteiische Kommission.

(…) Zur vorstehenden Erklärung sehen wir uns deshalb veranlasst, weil wir von verschiedenen Seiten mit anderen Unternehmungen wie z. B. jener der vielerörterten geschäftlichen Unternehmung ›Sakarya‹ usw. verwechselt wurden. (…)

Es ist uns nicht möglich, den vielen Wünschen von Tausenden gerecht zu werden. – So entstehen Klagen und Unzufriedenheiten, häufig auch Beschwerden, die oft mit subjektiven Informationen von dritten Seiten vorgebracht werden.

(…) Unserem Personal ist es verboten, irgendwelche Zuwendungen anzunehmen und die Parteien werden ersucht, davon Kenntnis zu nehmen.«[210]

Storfers großer Transport[211]

Der von Berthold Storfer organisierte große Flüchtlingstransport, der im Herbst 1940 Europa verließ, war der letzte illegale Transport aus dem damaligen »Reichsgebiet« nach Palästina. Seine Geschichte begann Ende September 1939, als Storfer mit dem griechischen Reeder Sokrates Avgherinos wegen des Dampfers *Astrea* verhandelte. Mitte November kam es in den Räumen des Wiener Palästina-Amtes zum Abschluss eines Vertrages. Die Wiener Israelitische Kultusgemeinde erklärte sich bereit, aus ihrem Devisenbestand 1.500 Pfund zur Verfügung zu stellen. Da sich die deutschen Behörden weigerten, zur Finanzierung der Auswanderung Fremdwährung zur Verfügung zu stellen, musste diese seit 1938 durch die jüdische Gemeinde von ausländischen jüdischen Hilfsorganisationen, insbesondere dem amerikanischen »Joint Distribution Committee« (»Joint«), beschafft werden. Die Devisen wurden an zahlungsfähige Auswanderer zu einem Mehrfachen des offiziellen Kurswertes gegen Reichsmarkbeträge verkauft. Aus diesen Einnahmen finanzierte die Kultusgemeinde einerseits ihre Fürsorgetätigkeit, andererseits unterstützte sie damit die Auswanderung mittelloser Personen.

Gegen Ende des Jahres 1939 ereignete sich eine erste folgenschwere Verkettung von Zwischenfällen: Der zwischen Storfer und der Kultusgemeinde vereinbarte Vorschuss in der Höhe von 1.500 Pfund traf nicht wie vereinbart bis Ende November in Piräus ein. Aus diesem Grund verzögerte sich die Abfahrt der *Astrea* von Griechenland zur Donaumündung bis zum 15. Dezember.

Von der Donau-Dampfschifffahrtsgesellschaft (DDSG) war der Flussdampfer *Minerva* mit festem Anschluss an die *Astrea* für den Transport von 500 Personen gechartert worden. Die *Minerva* wurde am 27. November in Bratislava in Stellung gebracht und die Auswanderergruppe für die Einschiffung dorthin verlegt. Wegen der plötzlich eingetretenen Kälte musste die Weiterreise aus Bratislava jedoch verschoben werden. Mit einer Wiedereröffnung des Donauverkehrs konnte, so die Prognose, erst für etwa Ende Februar des folgenden Jahres gerechnet werden.[212]

Der Dampfer *Astrea* fuhr am 15. Dezember 1939 von Piräus ab und traf am Abend des 20. in Istanbul ein, um dort seinen Kohlenvorrat zu erneuern. Am 21. Dezember erfolgte die Weiterfahrt über das Schwarze Meer.[213] Nach den Weihnachtstagen traf die Schreckensnachricht ein, dass die über 30 Jahre alte *Astrea* mit 16 Mann Besatzung während eines schweren Sturmes im Schwarzen Meer gesunken sei. Wie aus einer zeitgenössischen Zeitungsmeldung hervorgeht, waren am 27. Dezember 1939 während des Unwetters gleich zwei Schiffe im Schwarzen Meer untergegangen: die *Kizilirmak* mit 20 und die *Astrea* mit, wie es dort hieß, 14 Mann Besatzung. Alle Crewmitglieder waren ums Leben gekommen.[214]

Nachdem die Katastrophe bekannt geworden war, musste Storfer für die bereits in Bratislava befindliche, inzwischen auf rund 600 Personen angewachsene Flüchtlingsgruppe ein Ersatzschiff beschaffen. Die Menschen wurden in einer stillgelegten Munitionsfabrik, der sogenannten Patronka, und einem heruntergekommenen ehemaligen Junggesellenheim, der Slobodarna, interniert und dort von Mitgliedern der »Hlinka-Garde«, der faschistischen Kampftruppe des slowakischen Marionettenstaates, bewacht.

Storfer sah sich durch die unvorhergesehenen Entwicklungen zu neuen Dispositionen gezwungen. Er bemühte sich fieberhaft um Transportmöglichkeiten, sowohl für die in Bratislava festsitzenden Flüchtlinge als auch für neue Auswanderergruppen.

Ende Januar 1940 kam der Reeder Sokrates Avgherinos nach Wien und berichtete der jüdischen Gemeinde von den erschwerten Verhältnissen: Außer einem kleinen Schiff, das einer »Gruppe Janulatos« (auch Janolatos) gehöre, kämen nur noch zwei sehr gut geeignete Personenschiffe für Storfers Bedarf in Frage: ein kleineres Schiff, das für bis zu 950, und ein größeres, das für 1500 Personen adaptiert werden könne. Avgherinos bot an, an der Spitze eines Konsortiums die beiden zuletzt genannten Schiffe zu seiner unbeschränkten Verfügung zu übernehmen »und uns derart vor jeglichen nachträglichen Unannehmlichkeiten, die oft mit levantinischen Reedern vorgefallen sind, [zu] beschützen«.

2 400 Personen würden von ihm befördert, und zwar 550 in Bratislava befindliche Personen aus der »Ostmark«, 750 aus dem von Storfer zu bildenden neuen Transport. 500 von diesen 1300 Personen sollten zum *Astrea*-Preis, also für 12 Dollar pro Person, pauschal 80.000 RM, befördert werden. Für die Verpflegung dieser Gruppen ab Sulina sollte Storfer aufkommen. 40.000 RM des genannten Betrages hatte Avgherinos bereits erhalten und für die *Astrea* investiert. 800 Personen wollte Avgherinos für 14 Pfund pro Person einschließlich Verpflegung bis zum Endziel transportieren und die überschüssigen etwa 1100 Plätze für Prager und Berliner zu einem höheren Preis reservieren.

Die Zahlung für das kleinere Schiff würde erst bei dessen Ankunft in einem Abgangshafen an der unteren Donau erfolgen, dagegen war für das größere Schiff eine Vorauszahlung von etwa 85 Prozent bereits bei der Ausfahrt aus Piräus fällig. Als Sicherstellung sollte eine Hypothek bei einer Großbank in

Athen treuhändig hinterlegt werden.[215] Avgherinos war bereit, dem »Ausschuss« gegen diesen Zahlungsmodus das vollständige Verfügungsrecht über das Schiff einzuräumen. Storfer veranschlagte für die notwendigen Adaptierungsarbeiten etwa 14 Tage.[216]

Vor dem Krieg sei es möglich gewesen, mit den Reedern eine Anzahlung von 20 Prozent beim Abschluss und die Schlusszahlung ab Hafen vor dem Einsteigen der Passagiere zu vereinbaren, schrieb Storfer weiterhin an die Israelitische Kultusgemeinde Wien und warnte gleichzeitig, dass »durch die abenteuerliche und beklagenswerte Gebarung der verschiedenen Mittelspersonen, aber auch infolge der allgemeinen Verringerung der Schiffsbestände« die Bedingungen von Woche zu Woche verschärft würden. Es würden nur beide Schiffe zusammen angeboten, da das eine für die Landung, also das Risiko der Beschlagnahme, bestimmt sei. »Beide Schiffe arbeiten gleichzeitig und zusammen. Das größere Schiff ist besser eingerichtet und überhaupt erstklassig«, versicherte Storfer. Beide seien a priori für Personen bestimmt und »nicht wüste Kohlendampfer«.[217]

Storfer hielt eine rasche Entscheidung für angebracht. Er erinnerte abermals an den Fall der *Astrea*, der »enormes Geld« gekostet sowie »schwere moralische Schläge und die Leiden der 550 Menschen, die in Bratislava lagern, verursacht« habe.[218] Von Avgherinos hatte er inzwischen traurige Details über den Untergang des Schiffes erfahren: »Darnach ist in Reederkreisen von Piräus über den Untergang der ›Astrea‹ und 14 Familienvätern große Trauer. Es wurden in einer Kirche mehrere Male Messen und Seelenandachten veranstaltet. (…) Das Schiff war nur bis zur Hälfte des Wertes versichert.«[219]

Der Kapitän, einer der tüchtigsten Fachleute, hatte die kürzeste, aber gleichzeitig gefahrvollste Strecke durch das Schwarze Meer gewählt. Unterwegs war er von einem Orkan mit Schneegestöber und bis zu zehn Meter hohen Wellen überrascht worden. Die Wassermassen waren durch eine Öffnung in das Schiff eingedrungen, und eine Explosion des Dampfkessels hatte zu dessen Untergang geführt. Nur ein einziger Mann war gerettet worden.[220]

»Es werden gegen uns Vorwürfe gemacht, dass wir mit dem Akkreditiv einige Wochen verspätet und indirekt verursacht haben, dass das Schiff in die gefährliche Zeit des 23. Dezember hineingeraten ist. Hätten wir mit einem anderen Reeder und nicht mit einem anständigen Menschen zu tun, so würden wir auch materielle Anwürfe zu erleiden haben.«

Storfer erläuterte der Kultusgemeinde, dass die von anderen Organisatoren häufig praktizierte Beförderung von Flüchtlingen mit adaptierten Frachtschiffen in jeder Hinsicht unzulänglich gewesen sei – etwa wegen der mangelhaften hygienischen Einrichtungen und Schlafstellen. Außerdem würden die Preise für Frachtschiffe von Woche zu Woche anziehen, weil Kohle und Personal ebenfalls teurer würden.

»Überdies ist die Zahl der Reeder, die noch in Frage kommen, verringert, weil ihre Schiffe nunmehr andere weniger gefährliche Verdienstmöglichkeiten hatten. Als vordringliche Gefahr wird in unserem Falle die Beschlagnahme durch die Palästina-Seepolizei angesehen. In den letzten Monaten wurden drei solcher Schiffe sequestriert und in Haifa um geringe Preise versteigert, deren Kapitäne und Matrosen verhaftet waren.«

Häufig würden hohe Kautionen zur Deckung eventueller Verluste bei Sequestration durch die englischen Behörden verlangt. Storfer listete eine Reihe von Personen und Gruppen auf, die sich zum damaligen Zeitpunkt um Transportmöglichkeiten bemühten: (Yan) Pandelis und Stamos Axelos in Athen, die »Stadlauergruppe (Wien) – Jugoslawien«, die »Neue Zionistische Organisation« und die »Mandler-Stelle« in Prag, Dr. (Willy) Perl, die Hapag, der Schweinehändler Haimovici, der mit dem Palästina-Amt in Prag verhandle, Heinrich Schlie und das Reisebüro Reichspost. Bei all diesen Verhandlungen und Angeboten würden die Schiffe nicht auf ihre Zweckmäßigkeit überprüft.

»Unter dem Eindrucke der sorgenvollen und verlustreichen Zwischenfälle, denen die Prager und unsere Transporte der letzten Monate ausgesetzt waren, glaube ich, gut getan zu haben, Herrn Avgherinos anfangs Jänner ds. J. auf einige Wochen nach Athen zu entsenden, um dort den Markt und die soliden Möglichkeiten zu studieren. (...) Ich habe mit wiederholten Telegrammen (...) meine Reise nach Athen angeboten, um mit dem gebotenen Ernst die Sachlage mitzuprüfen, doch war eine Einreisebewilligung nicht zu erlangen. (Offenbar, weil der Reisezweck nicht bekanntgemacht werden konnte.)«[221]

Die Kultusgemeinde versprach, für den Erwerb eines Schiffes weitere Devisen im Wert von 55.000 Dollar zum günstigen Gegenwert von 10 Reichsmark pro Dollar zur Verfügung zu stellen.[222]

Der Betrag für die Anzahlung der Schiffe wurde durch einen komplizierten, von der Devisenstelle genehmigten Verrechnungsmodus beschafft. Die Wiener Kultusgemeinde erwarb vom »Joint« 55.000 Dollar zur freien Verfügung, und zwar zu einem Kurs von 10 polnischen Zloty pro Dollar, die sie nach Warschau bezahlte. Die vom »Joint« erhaltenen 55.000 Dollar überließ die jüdische Gemeinde Storfer, der dafür einen Gegenwert von 10 Reichsmark pro Dollar bezahlte. Dies entsprach 20 Zloty pro Dollar – dem doppelten Kurswert, den die Kultusgemeinde bezahlt hatte. Ungefähr 50 Prozent des Reichsmark-Betrages wurden von der »Zentralstelle für jüdische Auswanderung« »subventioniert«. Sie stammten aus den »Passumlagen«, einer Sondersteuer, die die »Zentralstelle« eigenmächtig von den Auswandernden einhob.

Der »Ausschuss für jüdische Überseetransporte« hatte im Einvernehmen mit allen zuständigen Stellen von den 13.800 Pfund, die etwa 52.000 Dollar entsprachen, sofort Anfang

März die Beförderung der insgesamt 1400 Auswanderer aus Bratislava und Wien durch einen Vertrag fix gebunden.²²³ Vom 4. März 1940 stammt ein Gedächtnisprotokoll über die zwischen dem »Ausschuss« (»K 1«) und dem Reder Sokrates Avgherinos (»K 2«) erzielte Einigung über die beiden Schiffe *Epiros ex Popi* und *Syros*. Voraussetzung für die Gültigkeit des Abkommens sollte die Genehmigung der Devisenstelle sein. Als Zeugen waren Storfers Mitarbeiter Dr. Norbert Anschel und Josef Goldner zugegen.

Der Reeder verpflichtete sich, nach Wiedereröffnung der Donauschifffahrt insgesamt 1450 bis 1500 Personen zu einem Betrag von 13.800 Pfund zu befördern. Er war vertraglich gebunden, innerhalb von 14 Tagen die beiden Schiffe mit der vorschriftsmäßigen Besatzung und den nötigen Mengen an Kohle und Trinkwasser bereitzustellen. Er sollte für die zur Unterbringung von Passagieren notwendige Einrichtung – Schlafstellen und sanitäre Anlagen – sorgen, Nahrungsmittel für die Reise zur Verfügung stellen und beim zuständigen rumänischen Hafenkapitanat die Kommissionierung der Schiffe hinsichtlich ihrer Seetüchtigkeit und Zulässigkeit für die vorgesehene Personenzahl einholen.

Storfer erklärte sich bereit, den vereinbarten Betrag von 13.800 Pfund vorab ab Piräus an die dortige Banque Commerciale de Grèce zu bezahlen. Als Sicherheit sollte eine entsprechende Hypothek auf einen oder beide Dampfer im Schiffsregister eingetragen werden. Weiter wurden folgende Details festgelegt: »K 2 verpflichtet sich, entsprechende Ausbootungsbarkassen mit Motorantrieb oder ein entsprechendes Segelboot für 1500 Personen am Orte der Landung stellig zu machen. (…) K 2 erklärt, dass er im Falle des Verlustes oder der Beschädigung des Dampfers, des Landungsbootes usw., gleichgültig auf welche Art hervorgerufen, keinerlei wie immer geartete Ansprüche an K 1 stellen darf. (…) Die Reisenden müssen in ihren Pässen ein Einreisevisum für ein bestimmtes

Zielland haben. (…) Demnach ist K 1 berechtigt, über die (…) Dampfer zur Durchführung dieses Abkommens frei wie ein Eigentümer zu verfügen. Diese Klausel gilt als eine unwiderrufliche Generalvollmacht. (…) Im Falle, als die Schiffe (…) verloren gehen oder beschlagnahmt werden sollten, geht der Schaden zulasten von K 2.«[224]

Wie Storfer in einem ausführlichen Schreiben an Amtsdirektor Dr. Löwenherz, den Leiter der jüdischen Gemeinde, am 22. März 1940 festhielt, war jedoch bis zu diesem Zeitpunkt kein Geld nach Griechenland geflossen. Er drängte, es sei »hoch an der Zeit«, dass der Betrag angewiesen werde, zumal auch die Bewilligung der Devisenstelle vorlag. Man könne nicht wissen, »was sich alles auf den Wasserwegen, die unsere Auswanderer zu passieren haben, ereignen« werde.

»Mein Los scheint mir das ärgste zu sein. Ich führe nur einige Etappen meines Wirkens an:

1. Etappe: Devisen-Beschaffung,
2. Etappe: Auswahl der Mitreisenden,
3. Etappe: Pressburg, End-Visa usw.,
4. Etappe: Donauweg (DDSG),
5. Etappe: Seeweg,
6. Etappe: Ankunft am Endziel,
7. Etappe: Hexenkessel von Intriguen über alles.

Kommentare sind nicht notwendig.«[225]

Storfers größte Sorge freilich war, dass Avgherinos seine Schiffe und seine Anzahlung verlieren würde: »Man muss die haussierenden Verhältnisse und Intrigen in Piräus kennen, um die richtige Beurteilung zu haben.« Inzwischen hatte die DDSG die vereinbarten Preise für die Beförderung der Flüchtlinge an die untere Donau plötzlich um 55 Prozent erhöht und Storfer mitgeteilt, dass sie ihn von nun an »der Herrschaft der ›Zelka‹«, eines halbstaatlichen Reisebüros in Bratislava, aussetzen werde. Storfer hatte anfangs vor allem mit Čedok zu tun gehabt, einem 1920 gegründeten tschechischen Reiseveranstalter, der seit 1936 die Rechtsform einer Aktiengesellschaft hatte, 1948 verstaatlicht wurde und auch heute noch besteht. Am 1. März 1940 wurde in Bratislava als Nachfolgerin der früheren Čedok-Filiale das Reisebüro Zelka etabliert, nachdem die Slowakei schon ein Jahr zuvor zu einem formal eigenständigen (de facto aber von Deutschland abhängigen) Staat geworden war. Zelka hatte laut Storfer vor allem die Aufgabe, die slowakische Emigration zu leiten und zu organisieren.

Storfer war im November 1939 noch imstande gewesen, für sogenannte Anschluss-Transporte – Gruppen, die ebenfalls auf den von ihm organisierten Schiffen reisen sollten – durchschnittlich etwa 1.100 bis 1.200 RM pro Person aufzutreiben, was nun, gegen Ende März 1940, nicht mehr möglich war und für die »Dachauer und Buchenwälder« – aus Konzentrationslagern entlassene Häftlinge – ohnedies nicht in Frage kam.[226]

Am 23. März 1940 konnte Storfer der Kultusgemeinde mitteilen, dass einige Neuerungen im Übereinkommen mit Avgherinos in Form eines Time-Charter-Vertrages festgelegt worden seien. Unter anderem war ihm zugesichert worden, dass die hypothekarische Sicherheit bis zur Ausschiffung der Reisenden am Endziel auf den Schiffen eingetragen bleibe. Doch er warnte, dass die Überweisung ja nicht verzögert werden dürfe, andernfalls gerate Avgherinos gegenüber seinen Geschäftsfreunden in Verzug, was böse Folgen haben könne. Bis zur Geldanschaffung würden keine Instandsetzungsarbeiten an den Schiffen in Angriff genommen.[227]

Am 31. März war das Geld noch immer nicht da, und Storfer befand sich, wie er betonte, »in allergrößter Verlegenheit« und war »geradezu bloßgestellt«.

»Gestern Nachmittag ist Avgherinos bei uns erschienen und war über die Verzögerung der Anschaffungen von hier (und von Prag) außerordentlich besorgt. Er hat per Mitte März und Ende März ds. J. fixe Zahlungsverpflichtungen übernommen und befürchtet den Verlust der Schiffe, die täglich im Preise haussieren und nur mehr selten und gegen Dollar, zu sehr gestiegenen Preisen, zu haben sind.

Mit großer Erbitterung sprach er von der Blamage, der wir ihn neuerdings aussetzen, nachdem er das Unglück der ›Astrea‹ noch nicht überwunden hat. (...)

Wir stehen schon heute in großen Unannehmlichkeiten und unsere Lage wird von Tag zu Tag unglücklicher. Wir rufen um E i l e und H i l f e!!

Sage und schreibe den ersten April 1940, in vorgeschrittener Zeit.«[228]

In den nächsten Tagen stellte sich auch noch heraus, dass Hypothekaranleihen auf Schiffe nicht gestattet waren. Storfer schlug vor, stattdessen eine griechische Bank als Hypothekargläubigerin heranzuziehen, im Notfall könne auch sein Bruder Josef Storfer in Bukarest, ein rumänischer Staatsbürger, diese Rolle übernehmen. »Es ist bemerkenswert, wie kompliziert die Transaktionen bezüglich der Überseetransporte verlaufen«, stellte Storfer lakonisch fest.[229]

Der Reeder hatte ihm versprochen, mit den Schiffen zwei Monate ab Sulina ohne Standgeldforderungen für den »Ausschuss« zur Verfügung zu stehen – »was sehr viel ist und noch nie erwirkt wurde«. Weniger entgegenkommend hatte sich DDSG-Direktor Schötz gezeigt, der, wie Storfer konstatierte, mehr denn je »zäh und rücksichtslos auf seinen Vorteil bedacht« sei. Storfer hatte »die Hilfe der Zentralstelle mündlich und schriftlich erbeten«, denn die Sache sei »pressant«.[230]

Anfang April begab sich Avgherinos nach Piräus, um sich dort mit den Schwierigkeiten zu befassen, die durch die Zahlungsverspätungen eingetreten waren. In Wien kam es, über Einladung von Josef Löwenherz, am Abend des 8. April 1940 im Büro des Amtsdirektors zu einem Treffen, bei dem auch Emil Engel, Benjamin Murmelstein und Moses (Mauricy) Grün anwesend waren. Berthold Storfer wurde erklärt, die Kultusgemeinde habe alles unternommen, um die Überweisung der 13.800 Pfund durchzuführen, doch hänge die Entscheidung vom »Joint« in New York ab, der die einzelnen Überweisungen überprüfen wolle.[231]

Schließlich konnte der Reeder Avgherinos vermelden, dass der erwartete Betrag nun doch bei der Commerzialbank eingegangen, die Auszahlung jedoch an eine Bedingung geknüpft worden sei: die Unterschrift eines gewissen Schmaria Zameres (in den Akten auch Schmarya oder Schmarija Zameret geschrieben), der als Vertreter des »Joint« auftrat. Zameres verlangte die Bekanntgabe des Schiffsnamens und der Flagge, die Vorlage des Vertrages und die Besichtigung des Schiffes. Storfer fand heraus, dass Zameres kein Vertreter des »Joint«, sondern einer der ihm feindlich gegenüberstehenden »Mossad«-Agenten war. Zur gleichen Zeit wie er bemühten sich diese um die Beschaffung von Schiffen für einige reisefertige Gruppen in Deutschland und im »Protektorat«, vor allem aber für den in Serbien gestrandeten »Kladovo-Transport«. Zameres befand sich etwa seit Frühjahr 1939 im Auftrag des »Mossad« in Athen. Als Besitzer eines US-amerikanischen Passes genoss er in Europa bedeutend mehr Bewegungsfreiheit als die anderen »Mossad«-Vertreter mit ihren Palästina-Pässen.[232]

Storfer erfuhr auch, dass es den »Mossad«-Agenten gelungen war, beim »Joint«, der die illegale Einwanderung nach Palästina ohnedies nur sehr zögerlich und verdeckt unterstützte, Misstrauen gegen ihn zu schüren und seine Planungen zu hintertreiben.

Wie Storfer der Kultusgemeinde in einer Mitteilung vom 20. April 1940 bekanntgab, hatte er vom Reeder Avgherinos ein Telegramm mit folgendem Inhalt bekommen: »13.800 eingetroffen, aber Kommerzialbank (...) verlangt Unterschrift Schmarua [sic!] Zameres, Hotel Grand Bretagne, Athenes.« Storfer fühlte sich durch die »verantwortungslose Amsterdamer Handlung« [der Sitz der europäischen Zentrale des »Joint« befand sich in Amsterdam] und die dadurch entstandene »unsinnige Verzögerung« wie »auf den Kopf geschlagen«. Avgherinos hatte Zameres im Athener Hotel besucht, doch von ihm »nur lakonische Antworten erhalten«. Es stellte sich heraus, dass sich auch Averbuch (Agami), offenbar im Zusammenhang mit der Kladovo-Affäre, in Athen aufhielt. Storfer äußerte den Verdacht, »dass beide, nämlich Zameres und Averbuch, zusammenarbeiten«, und sollte mit seiner Vermutung recht behalten.

»Durch das scharfe Eingreifen der hohen Behörden in Beograd, durch die drückenden Kosten und durch die von der jugoslavischen Schifffahrtsgesellschaft angedrohte Zwangsräumung der von den Kladovo-Leuten bewohnten Schiffe, schließlich aber infolge der gegenwärtigen Aussichtslosigkeit, die unglücklichen Menschen fortzubringen, ist Kladovo wahrscheinlich ein Tagesthema für die Amsterdamer Flüchtlingshilfe geworden. (...) Amsterdam – Saly Mayer stehen mit der Averbuch-Clique in Genf in Verbindung und von dort aus werden offenbar solche schlaue Ratschläge erteilt. Dieselben Hände sind in Berlin zu verspüren, woselbst Verschleppungen in Form von ›Gegenratschlägen‹ bereitet werden.«[233]

Storfer drängte die Kultusgemeinde zu einer energischen Intervention bei der »Joint«-Vertretung in Amsterdam, sonst müsse diese für die erschütternden Konsequenzen und drohenden Mehrkosten geradestehen.

»Avgherinos ist über die Vorgänge maßlos erbittert und hat mir Rücktritt vom Vertrage angedroht. Selbstredend bearbeitet er zeitlich nur Prag und Danzig, die ihm gezahlt haben. Inzwischen erhalten wir aus Bratislava geradezu schreiende Hilferufe. – Der Minister des Innern, Herr Dunczanszky, hat persönlich angeordnet, dass unsere Leute Ende dieses Monats an die deutsche Grenze zurückgestellt werden. – Das gilt als fix und unabänderlich (...). Ich bin daher gezwungen, morgen Sonntagvormittag nach Bratislava zu fahren, um vielleicht eine Vertröstung zu schaffen.«[234]

In einer vierseitigen Mitteilung schilderte Storfer am 27. April 1940 der Wiener jüdischen Gemeinde die Vorgänge um die »unerhörte Pression der Gruppe Averbuch-Kantor«. Storfer war inzwischen in Prag gewesen, wo Jakob Edelstein von der jüdischen Gemeinde in einem halbstündigen Telefonat versucht hatte, Kantor dazu zu bewegen, in Amsterdam die Aufhebung der Sperre zu veranlassen. Kantor hatte jedoch darauf beharrt, dass Storfer ihn mit Kladovo im Stich gelassen und die »palästinensischen Wünsche wegen der Personenwahl« ignoriert habe und weiterhin die Bekanntgabe der Schiffe und Flaggen gefordert.

Inzwischen hatte der Reeder Avgherinos den Wiener Vertrag aufgekündigt und Zameres »als einen frechen Menschen« bezeichnet, »mit dem er nichts zu tun haben wolle«. Der Reeder habe es abgelehnt, »seine Geschäftsgeheimnisse dem Zameres recte Averbuch« bekanntzugeben.[235] Dies umso weniger, als Averbuch in Athen »als Konkurrent und Gegner« auftrete, so Storfer in einem anderen Schreiben.[236] Zameres hatte mitgeteilt, dass er außerstande sei, die vom »Joint« in Auftrag gegebene Projektprüfung durchzuführen, da Storfers Partner Auskünfte verweigere. Storfer sprach von einer »unerhörte[n] Schikane« und betonte abermals, dass er den Betrag von 13.800 Pfund durch Zahlungen nach Warschau erworben habe. Zameres und Averbuch könnten alle nötigen Auskünfte über ihn, Storfer, erhalten.

Storfer war sich inzwischen sogar der Loyalität seines Mitarbeiters Rottenstreich nicht mehr sicher und hielt es für möglich, dass dieser und die jüdischen Stellen in Bratislava unter dem Druck der Not »irgendetwas bei Zameres, Kantor und in Amsterdam unternommen haben«.

Unmittelbar vor der Sperre der 13.800 Pfund war ein aus Danzig stammender Betrag in der Höhe von 30.000 Dollar ohne Probleme über Amsterdam telegraphisch abgebucht worden. »Also man zahlt in Amsterdam $ 30.000.– (…) ohne weiteres, wenn irreführende Personen nicht dazwischentreten«, stellte Storfer verbittert fest. Er hatte am Vortag ein Telegramm nach Athen aufgeben wollen, um eventuell ein Angebot für die Beförderung der »Kladovo-Gruppe« zu erhalten. Daraufhin war er von Alois Brunner von der »Zentralstelle für jüdische Auswanderung« »telefonisch in zorniger Weise gerügt« worden.

»Seine Fragen haben gelautet, wie ich dazu komme, mich um diese Sache zu bekümmern, ich möge auf meine Pflichten bedacht sein, er würde von meinem Wunsch, mich um andere Sachen zu bekümmern, dem Herrn Eichmann Montag mitteilen und schließlich mögen wir nicht glauben, dass wir uns wegen des Wiener bzw. Pressburger Transportes auch nur einen Tag Zeit lassen dürfen. Daraufhin habe ich das durch einen Angestellten unseres Büros an die Zentralstelle zur Zensur gesandte Telegramm zurückgezogen.«[237]

Wegen der gesperrten Überweisung befürchtete Storfer unvorhersehbare, »katastrophale Konsequenzen«: »Wir hatten einen guten Vertrag, ein gutes Schiff und einen verlässlichen Reeder. Nun stehen wir mit erschütterten Vertragsrechten und mit dem drohenden Unglück in Bratislava und überhaupt mit Zeitversäumnissen da, deren Folgen nicht zu berechnen sind.«

Für die Gruppen in Bratislava sollten ab 30. April 12.000 slowakische Kronen pro Tag aufgebracht werden: »Wie sollen wir diese Beträge beschaffen, nachdem ein Transfer ausgeschlossen ist? Also wir werden ganz einfach unsere Pfundbestände ›buchstäblich‹ auffressen müssen, diese Pfundbestände, die wir für die Lebensmittel ab Sulina so dringend brauchen.«[238]

Storfer befürchtete auch, dass es zu unüberbrückbaren Gegensätzen zwischen ihm und der Kultusgemeinde kommen könnte, falls diese »die unglückliche Sach- und Rechtslage nicht mit der gleichen Sorge wie ich beurteilen sollte«. Die Pressburger müssten unter allen Umständen unverzüglich weiterfahren, es sei kein einziger Tag mehr Zeit, selbst wenn mit der Fahrt Risiken verbunden wären, denn das Risiko der zwangsweisen Zurückstellung an die deutsche Grenze sei das Allergefährlichste.

»Der Wiener Transport, bestehend aus D- und B-Leuten[239] und solchen Personen, die hier nicht bleiben und zu ihren Angehörigen nach Palästina fahren können, usw. usw. muss bei sonstigen Zwangsmaßnahmen der Zentralbehörde endlich und unbedingt weg. Darüber dürfen wir uns keinen Täuschungen hingeben.

Unter solchen Umständen kann ich mich mit Fragen, die letzthin vom Herrn Amtsdirektor Dr. Löwenherz erörtert wurden, wie: ob Garantien vorhanden sind, ob die Transporte gut verlaufen werden und ob es doch nicht besser wäre, die eingetretene Zahlungsnot zu einer Nachdenklichkeitspause zu benützen, nicht befreunden.

Unsere Überseewanderung geht über holperige Wege. Damit muss man rechnen. Was ich tun konnte, ist das Maximum an Vorsorge. Mehr kann niemand tun.

Bis zum Endziele nach Palästina können unangenehme Überraschungen eintreten. Wir dürfen nicht allzu pessimistisch sein, sonst können wir den schweren Weg nicht betreten.«[240]

Auch das »Pressburger Unglück« führte Storfer auf die nicht rechtzeitig erfolgte Überweisung des Betrages für die *Astrea* zurück. Nun sei der »Joint« verpflichtet, die Weisung der Kultusgemeinde auszuführen, »ohne sich von Querulanten irreführen zu lassen«. Er werde den »Joint«, den er als »hoch zu schätzendes, aber offenbar irregeführtes Wohltätigkeits-Institut« bezeichnete, gegebenenfalls voll für die drohenden gewaltigen Folgen verantwortlich machen.[241]

Ende April schilderte Storfer die verzweifelte Lage, nachdem sein Delegierter Goldner eben aus Bratislava zurückgekehrt war. Ein weiterer seiner Vertreter vor Ort, Rottenstreich, hatte ein hitziges Telefonat mit Zameres geführt, bei dem auch Averbuch anwesend gewesen war und immer wieder die Muschel übernommen hatte. Beide hatten erklärt, sich an den Auftrag des »Joint« halten zu müssen.

»Sehr bezeichnend ist ein 29 Minuten währendes Telefongespräch zwischen Goldner-Rottenstreich einerseits und Kantor in Genf andererseits. Im Zuge dieses Gespräches hatte es sich tatsächlich herausgestellt, dass Kantor der eigentliche böse Initiator der ganzen Affaire ist. Durch das temperamentvolle Auftreten des Goldner scheint K. mit seiner wahren Gesinnung herausgerückt zu sein (...).«

Storfer zitierte aus den stenographischen Notizen, die seine Mitarbeiter über das Telefongespräch angelegt hatten: »Goldner appellierte zunächst im Namen der in Bratislava unglücklich befindlichen 600 Menschen. Kantor erwiderte, der ›Joint‹ wolle eine Kontrolle haben, wem das Geld zur Verfügung gestellt wird.«

Goldner hatte entgegnet, dass der »Joint« für dieses Geld nicht mehr zuständig sei, da man den Gegenwert bezahlt habe. Kantor habe dann gefragt, ob etwa der »Astrea-Schwindler« – gemeint war wohl Storfer – das Geld erhalten solle. Goldner hatte sich daraufhin auf Löwenherz, den Leiter der Wiener jüdischen Gemeinde, berufen.

»Kantor: Dr. Löwenherz hat sich nur um die Institutionen der Kultusgemeinde zu bekümmern, er hat bewiesen, dass er von Transporten gar nichts versteht, denn es ist sein Verschulden, wenn der Kladovoer Transport bis heute nicht weitergekommen ist, er verwendet das Geld für andere Zwecke, aber nur nicht für Kladovo (...). Das zeugt von seinen Fähigkeiten. Nicht jeder Unberufene hat die entsprechenden Fachkenntnisse und deshalb wurde ich vom ›Joint‹ beauftragt, das Gutachten abzugeben.

Goldner (in lautem Ton, sodass Rottenstreich ihn zurückhalten musste): Ich kenne Sie zwar nicht, aber wie unterstehen Sie sich, über Herrn Dr. Löwenherz so zu sprechen? Die Kladovoer Leute sind auf ausdrücklichen Abruf des Averbuch weitergeschickt worden, wie überhaupt die Hechaluz-Abteilung sich an die ausländischen Hechaluz-Herren zu halten pflegte. Kommen Sie zu uns Auswanderung machen, aber unterstehen Sie sich nicht, von dort aus über eine Persönlichkeit wie Dr. Löwenherz, der dem Judentum große Dienste geleistet hat und sich dafür aufopfert, s o zu reden. Sie haben mit Ihren Irreführungen wegen der nicht vorhanden gewesenen x Schiffe und zuletzt wegen des türkischen Schiffes genug Unheil angerichtet, als dass Sie so reden dürfen.

Nachdem das Gespräch daraufhin zu einem Zank ausgeartet ist, hat Kantor die Muschel niedergelegt.«[242]

Bei einem neuerlichen Anruf Rottenstreichs hatte Kantor abermals die Besichtigung des Schiffes, darüber hinaus aber auch noch die Mitnahme von 350 in Bratislava befindlichen Mitgliedern des Prager »Hechaluz« sowie von 500 in Prag wartenden Mitgliedern dieser zionistischen Organisation gefordert. Die beiden letztgenannten Gruppen seien »jene, welche mit dem legendären türkischen Schiff hätten mitgenommen werden sollen«, bemerkte Storfer, auf die Rettungsbemühungen der zionistischen Organisationen Bezug nehmend, ätzend.[243] Anfang Mai ließ Avgherinos, dem inzwischen für die Schiffe von anderen Interessenten weitaus höhere Beträge geboten worden waren, Storfer über seinen Wiener Rechtsanwalt, Dr. Reinhold Melas, ein Telegramm folgenden Inhalts übermitteln: »Avisiert schriftlich in meinem Namen dass infolge Verspätung der Zahlung 13.800 und unerhörter Schikane ich Verträge als aufgelöst betrachte und Entschädigung verlange. Haltet verantwortlich.«[244]

Der »Joint« erwartete in der Zwischenzeit offenbar eine Rücküberweisung der 13.800 Pfund. Doch Storfer protestierte, dass an eine Stornierung der zwischen ihm und der Kultusgemeinde getroffenen Vereinbarung vernünftigerweise nicht gedacht werden könne. Er hielt auch an der Absicht fest, »unbeeinflusst von unberufenen Widersachern die Transporte auf den Weg zu bringen, wenn nach menschlicher Voraussicht das Endziel erreicht werden kann«. Die Kultusgemeinde, hielt Storfer verstimmt fest, bediene sich in der Angelegenheit gegenüber dem »Joint« einer »besondere[n] Sprache«.

»Ich stehe auf dem selbstverständlichen Standpunkte, dass der Betrag von 13.800.– Pfund von der Rothgasse mit Zuhilfenahme der Subvention der Zentralstelle endgültig erworben und daraufhin eine ernste, für Tausende Menschen schicksalsschwere Aktion basiert wurde. Von uns wird dem Joint genug Rücksicht dadurch entgegengebracht, dass die wahrhaft katastrophale, durch die unrechtmäßige Sperre der 13.800.– Pfund uns verursachte Situation von uns mit so viel stillem Leiden ertragen wird. Hoffentlich wird es auf diese Weise zu einem guten Ende kommen, denn ich brauche es nicht zu sagen, wir sind außerstande, die uns ohne unser Verschulden geschlagenen Wunden aus eigenen Mitteln zu heilen.«[245]

Endlich erhielt Zameres am 27. Mai vom »Joint« die Weisung, das Geld freizugeben. Nun tauchte jedoch eine neue Schwierigkeit auf: Das Geld war aus den USA zunächst nach Amsterdam transferiert worden. Nach der deutschen Besetzung der Niederlande waren in Griechenland auf Weisung der holländischen Gesandtschaft alle von dort eingehenden Überweisungen als holländisches Vermögen gesperrt worden. Diese Verordnung betraf auch die 13.800 Pfund, obwohl das Geld aus den USA stammte. Erst nach weiteren zeitaufwendigen Interventionen konnte der Betrag endgültig freigemacht werden. Die Verzögerung der Geldüberweisung und damit des Transportes hatte schwerwiegende Konsequenzen: »Als Folge des Stockens unseres Transportes müssen mehrere Leute, welche aufgrund unserer Bescheinigungen befristet freigelassen wurden, in ihre Internierungslager zurückkehren.«[246]

Anfang Juni 1940 bedrängte Storfer Amtsdirektor Löwenherz, ihn »wegen der Averbuchiaden in Schutz« zu nehmen. Er verschonte mit seiner Kritik auch Generaldirektor Troper vom »Joint« nicht. Dieser sei, wie er Löwenherz anvertraute, »durch zwei Umstände beschwert: a) Kladovo, b) die ihm suggerierte moralische Last, seinerseits indirekt zu ›palästinawidrigen‹ Einwanderungen beizutragen«. Durch beide Umstände habe sich die Troper unterstellte Verwaltung (»wahrscheinlich er selber«) dazu verleiten lassen, »uns ins Unglück zu stürzen«.

»Durch seine widerrechtliche Vorenthaltung der uns gehörigen 13.800.– Pfund ist die ganze Überseewanderung mit allen Ihnen bekannten Folgen ins Herz getroffen worden.«

Die dadurch entstandenen Mehrkosten bezifferte Storfer auf rund 7.000 Pfund.

»Welche Qualen den unglücklichen Menschen durch die grundlose und rechtswidrige Maßnahme entstanden sind, brauche ich nicht erst zu beschreiben.«[247]

Storfer hatte inzwischen Arrangements wegen des Transports von Flüchtlingen aus anderen Teilen des Reiches, unter anderem auch aus Danzig, getroffen. Nun erreichten ihn von dort drohende Worte: »Judenkommissar« Rudolph Bittner hatte eben aus einem Telegramm von »Joint«-Vertretern aus Budapest erfahren, dass die Zentrale dieser Organisation die Auszahlung von Geldern an die Garantien knüpfte, dass die Auswanderer tatsächlich das vereinbarte Reiseziel erreichen würden. Bittner sah sich durch diese Mitteilung in der Annahme bestätigt, »dass von den ausländischen jüdischen Vereinigungen Schwierigkeiten über Schwierigkeiten gemacht« würden.[248]

Morris Troper vom »Joint« reagierte mit Befremden und übermittelte Bittner über die Synagogengemeinde Danzig folgende Antwort: »Verstehe nicht Ihre Einstellung gegenüber unserer Hilfsbereitschaft. Stop. Wir verlangten ausführlichere Auskunft, nur um uns zu überzeugen, unsere Mittel könnten erfolgreich angewendet werden. Stop. Trotz mehrerer Anfragen habe diese Auskunft nicht bekommen. Stop.«[249]

Mitte Juli 1940 wandte sich auch der »Ausschuss für Jüdische Sondertransporte« in Berlin, der ebenfalls eine große

Gruppe dem geplanten Transport anschließen wollte, sorgenvoll an Storfer, nachdem bereits Dr. Paul Eppstein von der dortigen jüdischen Gemeinde in einem Telefongespräch noch einmal die Frage der mit den Transporten verknüpften Verantwortung aufgeworfen hatte: »Auch wir fühlen diese Verantwortung sehr stark, zumal sich die Fälle mehren, in denen von Seiten der Transportteilnehmer vor allem Zweifel an der gefahrlosen Erreichung des Ziellandes laut werden. In einigen Fällen haben sich die Eltern minderjähriger Transportteilnehmer wegen solcher Bedenken nicht entschließen können, ihre Zustimmung zur Mitreise ihrer Kinder zu geben.

Zwar haben wir von allen Teilnehmern, ähnlich wie es bei Ihnen geschehen ist, eine Freizeichnungserklärung verlangt, wonach eine Verantwortung des Ausschusses für Jüdische Sondertransporte für alle Folgen, die sich aus Zwischenfällen unterwegs oder daraus ergeben sollten, dass das Zielland nicht erreicht wird, ausgeschlossen sind. Diese Freizeichnungsscheine sind auch von der großen Mehrheit der vorgesehenen Auswanderer unterzeichnet worden. Aber zweifellos haben die meisten Transportteilnehmer ein starkes Vertrauen in die gefahrlose Durchführbarkeit bis zum Ziellande aus der Tatsache geschöpft, dass wir als jüdische Organisation diesen Transport unternehmen und haben darum alle auf der Hand liegenden Bedenken ausgeschaltet. Dieser Umstand aber erhöht nur unsere Verantwortlichkeit.«

Die Berliner Stelle begrüßte es, dass Storfer vorgeschlagen hatte, selbst noch einmal nach Athen zu fliegen, um die Lage in Piräus vor Ort zu prüfen. »(...) an Ort und Stelle wird sich auch am besten überschauen lassen, inwieweit die Kriegsverhältnisse im Mittelmeer aller Voraussicht nach die Erreichung des Ziellandes erlauben und welches Gefahrenrisiko mit der Reise verbunden ist.«[250]

Storfer hatte bereits auf Ersuchen der jüdischen Gemeinden in Wien, Berlin, Prag und Danzig den »Joint«-Präsidenten

Morris Troper über den Schiffsverkehr und die Sicherheit der Transporte informiert, nachdem das Mittelmeer durch den Kriegseintritt Italiens am 10. Juni 1940 zum Kampfgebiet geworden war. Er berichtete, dass es zwischen Constanza und Piräus keine Behinderungen gebe. Von Piräus aus würden Seeschiffe nach Beirut, von Constanza und anderen Häfen Frachter mit Holzladungen nach Tel Aviv fahren. Der normale Postschiffsverkehr von Constanza nach allen Levantehäfen sei jedoch eingestellt. Die Versicherungsprämien für hochwertige Schiffe seien so stark angestiegen, »dass die Linienfahrt derzeit nicht konveniert«.[251]

Da inzwischen die Zahl der für den Transport vorgesehenen Gruppen immer weiter angewachsen war, hatte sich Avgherinos um die Beschaffung weiterer Schiffe bemüht. Es standen nun insgesamt vier Hochseedampfer zu seiner Verfügung. Die Kapitäne seien tüchtige Fachleute, und der Reeder sei »ein ernster, verantwortungsbewusster Mann, mit dem wir bisher gute Erfahrungen gemacht haben«, versicherte Storfer gegenüber Morris Troper. Die Schiffe würden unter legalen, von den jeweiligen Behörden beglaubigten Flaggen fahren: zwei der Schiffe seien mit spanischer, eines sei mit panamaischer Flagge bereits pünktlich an der Donaumündung eingetroffen.

Diese Information sei aber vertraulich zu behandeln: »Sowohl aus den angeführten Gründen als auch wegen unserer sonstigen Vorkehrungen hegen wir keine Sorge, die für unsere Befürsorgten unerlässliche Fahrt anzutreten. Dementsprechend haben wir während der Berliner Konferenz vom 4. ds. M. [dieses Monats] zusammen mit den Kultusgemeinden Berlin, Wien, Prag und Danzig einhellig beschlossen, dem Drängen unserer seit Monaten abreisebereiten Auswanderer zu entsprechen und unsere Aktion durchzuführen, um gleichzeitig unserer Verlegenheit, die uns durch die Verzögerung erwachsen sind [sic!], ein Ende zu bereiten. (...) Trotzdem können wir Ihnen ruhigen Gewissens mitteilen, dass wir uns nicht von der

Notwendigkeit der projektierten Fahrt allein, sondern von der unserer Überzeugung nach vorhandenen Gefahrlosigkeit derselben bei unseren Beschlüssen (...) leiten ließen.

Wir beachten auch die Wünsche des Einwanderungslandes weitgehendst. Das geschieht durch die jüdischen Auswahl-Kommissionen, durch die Palästina-Ämter und durch uns selbst. Wir sind auch bereit, mit maßgebenden Stellen (aber nicht mit beliebig dahergesprengten Personen) in Verbindung zu treten und alles zu tun, (...) um auch die Einwanderungsstellen klaglos zu machen.«[252]

Storfer betonte gegenüber dem Präsidenten des »Joint« sein »sorgenvolle[s] (...) Handeln« und den »hohen Ernst unserer Aufgabe«.[253]

Aufgrund der monatelangen Verzögerung der Überweisung und der in dieser Zeit entstandenen Kursdifferenzen waren die Kosten für Kohle, Versicherungsprämien, Material und Lebensmittel sowie Gehalt und Löhne für die Mannschaft explosionsartig angestiegen. Gleichzeitig hatten sich durch die Zuspitzung der Kriegsentwicklungen auch die Gefahren der Reise beträchtlich erhöht, wie der Reeder hervorgehoben hatte: »Das ihn schwer treffende große Risiko im Verhältnisse zu Ende April (wann der Transport hätte fahren müssen) ist nach Ansicht des Reeders nicht zu berechnen und kann anständigerweise auch von uns nicht in Abrede gestellt werden.«[254]

Bereits Anfang Juli waren die beiden größten der in Aussicht genommenen Hochseeschiffe aus Piräus kommend in Sulina eingetroffen. Postwendend erhöhte DDSG-Direktor Franz Xaver Schötz den Druck auf Storfer und legte diesem »dringendst« nahe, sich für die Fahrt über die Donau zum Schwarzen Meer sofort zu entscheiden, widrigenfalls »die DDSG ihre Donauschiffe für andere Zwecke verwenden wird«.[255] Aus Bukarest wurde Storfer telegraphisch darüber verständigt, dass die dortige spanische Gesandtschaft die Zurückhaltung der beiden Hochseeschiffe durch das Außenministerium und die

Marine veranlasst habe, und zwar »wegen angeblicher Beförderung Palästinenser Auswanderer« – also wegen des Transports illegaler Einwanderer nach Palästina. Storfer vermutete, dass »der Schweinehändler Haimovici (oder vielleicht die Averbuch-Gruppe) die üblichen Denunziationen gemacht« hätten.[256] Unerbittlicher Druck kam auch von der »Zentralstelle für jüdische Auswanderung«, wie Storfer am 13. Juli 1940 festhielt: »Anlässlich meiner heutigen Berufung zur Zentralstelle wegen laufender Dispositionen im Zusammenhang mit den Transporten wurde mir mitgeteilt, dass bis 20 Personen, welche von der Staatspolizei bzw. von der Zentralstelle nominiert werden, unentgeltlich zur Ausreise kommen müssen. Auf meine Bemerkung, dass wir bisher eine größere Anzahl der von den beiden Behörden genannten Personen bereits unentgeltlich zur Ausreise in Evidenz haben, wurde mir bedeutet, es sei hier wohl bekannt, dass die K. G. [Kultusgemeinde] auch für diesen Zweck eine Pauschalsumme von RM 300.000.– erhielt. Soeben wurde mir von meinem Büro eine Evidenz gezeigt, wonach bisher 53 Personen von der Zentralstelle zur Ausreise bestimmt wurden, außerdem wurden von der Kriminalpolizei und von der Staatspolizei nahezu 100 Personen an uns überwiesen.«[257]

Am folgenden Tag erklärte sich Storfer abermals völlig außerstande, Neuaufnahmen zu akzeptieren, vor allem nicht ohne entsprechende Bezahlung. »Es ist überflüssig, in Erinnerung zu bringen, welche gewaltigen Mehrkosten für die DDSG für Pressburg usw. usw. uns bedrücken. Die unendliche Verschleppung des Abganges der Transporte bringt uns finanziell um. (...) Wir sind nicht in der Lage, alle die von uns verlangten Leistungen durchzuführen. Es handelt sich nicht um unseren guten Willen, sondern um die Möglichkeit.«[258]

Der Reeder Avgherinos verlangte inzwischen einen höheren Pro-Kopf-Betrag für den Ankauf von Nahrungsmitteln für den Transport. Gemäß den neuen, in den Wochen zuvor erlassenen

Verordnungen durften Lebensmittel für Schiffe nur noch gegen Goldwährung gekauft werden. Mitte Juli 1940 klagte Storfer gegenüber der Kultusgemeinde abermals über »täglich unvorhergesehene Mehrkosten und Komplikationen«. »Denn bei allen unseren Anstrengungen ist es nicht möglich, acht Monate hindurch 600 Menschen zu erhalten, ohne erhebliche eigene Ausgaben tragen zu müssen, und es ist nicht möglich, einen griechischen (oder anderen) Reeder monatelang derart [an der Nase] herumzuführen, wie ich es getan habe, und schließlich ihm die Konsequenzen an den Kopf zu werfen.«[259]

Bratislava

Zusätzlich zu den ursprünglich für die *Astrea* bestimmten Flüchtlingen, die seit vielen Monaten in Bratislava auf eine neue Transportmöglichkeit warteten, waren nach und nach Hunderte weitere Personen in die Slowakei transferiert worden. Unter den Flüchtlingen, die in Bratislava der Weiterreise harrten, war auch der bereits erwähnte Alfred Heller alias »Dr. Seligmann« aus München. Er war gemeinsam mit anderen Auswanderern von Wien nach Bratislava gebracht worden. Im Stationsgebäude des Grenzortes Marchegg hatte die Zollrevision stattgefunden: »Eingehend und doch ziellos wurde der Inhalt der Gepäckstücke durchwühlt; wenig beanstandet. Das Durchwühlen, das Durcheinanderwerfen schien Hauptsache. Einzelne wurden in einen Nebenraum genommen, mussten sich ausziehen, Schuhe wurden untersucht, Einlagesohlen herausgenommen, der Körper selbst abgegriffen. Auch Frau Seligmann traf das Los.«[260]

Die Familie Heller war in das ehemalige Junggesellenheim Slobodarna eingewiesen worden. Der Name war vom slowakischen Wort für »Freiheit«, *sloboda*, abgeleitet, was die Internierten als Hohn empfunden hätten, so Hellers Bericht. Tatsächlich wurden Männer und Frauen getrennt und durften einander nur für wenige Stunden am Tag sehen. Schwarz uniformierte Angehörige der »Hlinka-Garde« wachten darüber, dass niemand ohne Genehmigung das Gebäude verlassen konnte. Als Schlafstellen standen nur zerschlissene, staubige Matratzen zur Verfügung.

Die in der Slobodarna internierte Flüchtlingsgemeinschaft bestand aus mehreren Einzelgruppen. Den Kern bildete ein »Prager Transport«, der aus Menschen aus verschiedenen Teilen Böhmens und Mährens bestand. Es waren viele junge Leuten unter ihnen, auch zahlreiche »echte Chaluzim« (Pioniere), während andere »nur auf Chaluz auffrisiert« seien, wie Heller von einem anderen Transportteilnehmer erfuhr, der sich schon länger in der Slobodarna aufhielt. Von diesem Leidensgenossen wurde Heller noch über weitere Interna des Lagers aufgeklärt: »Ein paar Wiener, ein paar Reichsdeutsche auch darunter, die irgendwie in Prag Anschluss gefunden. Dieser Prager Transport hat seine eigene Organisation, seine Einteilung in Gruppen oder Kwuzoth, Plugoth, Gdudim; und seine sogenannten Führer, die die Geschäfte besorgen. Im Ganzen etwa dreihundert Köpfe. Daneben, etwa hundertzwanzig Köpfe, Euch Neue eingerechnet, ist eine Gruppe, die zur ›Rotgasse‹ gehört. Das ist die Organisation Storffer [sic!], an der Spitze der allgewaltige Wiener Kommerzialrat, der angebliche Vertraute der Geheimen Staatspolizei. Dieser Storffer ist sozusagen der Reiseunternehmer. Sein Vertreter in der Stadt ist ein gewisser Goldenbaum. Der hat wieder eine Art Adjutanten, der auch in der Stadt wohnt, namens Raff. Außerdem kommt von Zeit zu Zeit ein Verwandter und ebenfalls führender Mann in der Gemeinde von Wien herüber, ein Herr Goldner. Er fungiert ebenfalls als Beschwichtigungsrat. Dieser Rotgassentransport umfasst wiederum zwei Gruppen, die eigentlichen Rotgassenleute wie Sie und andere, die ihren Transportpreis mehr oder weniger hoch bezahlt haben. (…) Die Zahlungen pro Kopf schwanken zwischen tausendzweihundert Mark und zweitausend Mark, und es gibt auch welche dabei, die weniger bezahlt haben, und andere, die weit mehr, und in Valuten, bezahlen mussten. (...) die andere Gruppe ist ursprünglich vom ›Hechaluz‹ abgefertigt und nur aus technischen Gründen, heißt es, der Rotgasse angeschlossen. Da sind sogar ein paar wirkliche Chaluzim dabei. Die meisten aber sind ältere Menschen. Ein großer Teil von ihnen hat überhaupt nichts bezahlt oder so viel, als sie gerade noch aufbringen konnten. Andere allerdings auch wieder größere Beträge.«[261]

Der von Heller zitierte Flüchtling unterstellte Storfer, sich aus primär finanziellen Erwägungen mit Transporten zu befassen. In seinen Worten schwangen auch deutliche Vorbehalte gegen das osteuropäische Judentum mit, mit dem er die Führung der Wiener jüdischen Gemeinde – nicht ganz den Tatsachen entsprechend – gleichsetzte: »»Nur ist eben aus der ursprünglichen Wohlfahrtseinrichtung ein lukratives Geschäft geworden, das der Herr Kommerzialrat da unter den Augen und mit Bewilligung der Gestapo betreibt. Vergessen Sie nicht: Wien Balkan. Und überdies: Alle diese Leute, auch alle Maßgebenden in der Wiener Gemeinde, sind Polen, Galizier, Bukowiner. Sie lassen keinen Juden aus Deutschland aufkommen. Sie haben allen Einfluss an sich gerissen und die Deutschen hinausgeekelt. Und ihre Geschäftsgebarung ist dementsprechend. Nichts ist solid. Nichts ist zuverlässig.‹ (...)

›Dieser Rotgassentransport hat im Haus hier ebenfalls eine sogenannte Transportleitung. Man weiß nicht, wie sie zu der Ehre kam. Der eine *Leiter* ist ein kleiner Beamter aus der Gemeinde, der sich dem Transport angeschlossen hat. Der andere ein Prager Ingenieur, dem sich der Erstere in seiner Hilflosigkeit verschrieben hat, und weil er der hiesigen Sprache nicht mächtig ist.‹«[262]

Die Situation der in Bratislava internierten Gruppe war seit ihrer Ankunft prekär. Die slowakischen Behörden drängten auf baldigste Weiterreise und drohten mit schwerwiegenden Sanktionen, vor allem mit einer Rückschiebung über die deutsche Grenze. Das Reisebüro Čedok in Bratislava konfrontierte Storfer mit immer neuen finanziellen Forderungen für Unterkunft und Verpflegung der Gruppe sowie Spesen für die »Hlinka-Garde« und die Torwärter der Patronka. Storfer bemühte sich vergeblich um eine Einschiffung in Wien in den stillen Abendstunden oder von der kleinen, donauabwärts gelegenen Schiffsstation Hainburg, um dem von den Reisebüros in der Slowakei ausgeübten Preisdruck zu entgehen. Sein Ansinnen wurde jedoch von Eichmann »aus höheren Gründen« abgelehnt.[263]

Monate zuvor, im Dezember 1939, hatte Storfer in einer Einvernahme bei der Gestapo folgende Angaben zu Čedok gemacht: »Das Reisebüro ›Čedok‹ hat eigentlich mit unseren Auswanderern gar nichts zu schaffen, aber es hat verstanden sich einzuschalten, um Geld zu verdienen, und das ist in der letzten Zeit so geschehen, dass ›Čedok‹ mit einem eigenen Angestellten dafür sorgt, dass die Auswanderer sich in das Durchgangslager begeben und nicht etwa in der Slowakei verschwinden.«[264]

Erschwerend kam später hinzu, dass die DDSG die Verfügung über die von Bratislava abgehenden Schiffe dem Reisebüro Zelka überließ, das inzwischen auf den Plan getreten war: Die DDSG zwang Storfer, Zelka als ihre Generalvertretung in Bratislava anzuerkennen, obwohl sie dort eine eigene Filiale besaß. Storfer hatte in einer Aktennotiz vom 18. März 1940 den Verlauf seiner Verhandlungen mit Oberschiffsrat Schötz von der DDSG festgehalten: »Aus dem Verhalten des Herrn Direktor Schötz habe ich entnommen, dass die DDSG ihre Position an der Donau ebenso rücksichtslos wie bisher ausnützen will. Die DDSG (...) zwingt uns unter die Verwaltung des Bratislavaer Reisebüros ›Zelka‹, von dem wir nur Nachteile erwarten.«[265]

In einem anderen Schreiben heißt es dazu: »Dieses Reisebüro hat bisher mit Pressionen und Drohungen gearbeitet und wir waren immer in der Zwangslage, Opfer zu bringen. Ich höre auch, dass der oftgenannte Schweinehändler Haimovici, der unnötigerweise von Hechaluz, Prag, in den Vordergrund geschoben wurde, sich in Bratislava beim Reisebüro ›Zelka‹ eingenistet hat.

Es bleibt mir daher nichts anderes übrig, als bei Herrn Hauptsturmführer Eichmann in Berlin ehestens vorzusprechen und um Weisungen wegen meines weiteren Verhaltens gegenüber der DDSG zu bitten, eventuell anzustreben, dass das große Patronats-Unternehmen der DDSG (Göring-Werke) mäßigende Instruktionen an die DDSG erteilen möge. Kartelle und Preiserhöhungen sind jetzt während der Kriegszeit auch aus währungspolitischen Gründen sicherlich nicht gutzuheißen; auch dürfte man in Berlin solchen auswanderungshemmenden Maßnahmen entgegenzuwirken bereit sein. (...) In Vertretung unserer Auswanderungsaktion kann ich mich solchen Verhältnissen nicht unterwerfen und bin daher auf neue Weisungen angewiesen.«[266]

Ein anderes Mal vermerkte Storfer zum Schweinehändler Haimovici: »Es (...) sprechen alle Anzeichen dafür, dass dieser Unternehmer sich noch sehr unangenehm bemerkbar machen wird. Auch ›Čedok‹, Prag, lässt nicht locker und will mit aller Gewalt, wie bisher, auch weiter recht viel verdienen. Dieses Bestreben führt aber zu vielen destruktiven Handlungen.«[267] Haimovici bemühte sich offenbar ebenfalls um eine Transportmöglichkeit für die »Kladovo-Gruppe« sowie für weitere 300 in Jugoslawien befindliche Personen, 500 Mitglieder der religiös-zionistischen »Misrachi« aus Bratislava und 700 aus Rumänien.[268]

Ständig kamen neue Hiobsbotschaften aus Bratislava, und im Juni erhielt Storfer abermals »sehr bedrückende und peinliche Nachrichten« von dort: »Die Pressburger Behörden befassen sich mit unseren skandalösen Verhältnissen und sollen entschlossen sein, vorerst 15 Personen über die Grenze ins Reich zurückzustellen, um sodann weitere ähnliche Gruppen nachzuschieben. (…) Ich bin übrigens in Pressburg durch den bisherigen Verlauf der Ereignisse derart kompromittiert, dass meine Schritte völlig wirkungslos wären.«[269]

Mitte April 1940 hatte Storfer von Goldner aus Bratislava erfahren, dass die Emigranten »sehr nervös« seien und fürchteten, dass der Transport nicht stattfinden werde. Wegen der zunehmenden Geldknappheit waren die Essensrationen immer kleiner geworden, die Stimmung war »im Allgemeinen sehr bedrückt«, auch wegen der scharfen antisemitischen Maßnahmen.[270] Wie bei seinen Problemen mit der DDSG wandte sich Storfer auch wegen der nicht enden wollenden Schwierigkeiten mit dem Reisebüro Zelka Ende Juli abermals an die »Zentralstellen für jüdische Auswanderung«: »Das Reisebüro betont geflissentlich, dass es ›staatlich‹ ist, und droht, die Abreisen und Durchreisen durch die zuständige Behörde aufhalten zu lassen, wenn die erwähnten Zahlungen nicht geleistet würden.«

Zelka habe kein Recht auf solche gewaltigen Forderungen: »Wir wollen der Zentralstelle nicht zumuten, sich im Wege der deutschen Behörden zu exponieren, um derart solche auswanderungsstörenden Ausnützereien abzuschaffen. Wir sind aber überzeugt davon, dass man uns in Bratislava solche Lasten nicht aufdrängen würde, wenn Herr Obersturmführer (Theodor) Dannecker in Bratislava erscheinen könnte, um auf die Unzulässigkeit solcher Forderungen hinzuweisen. Wir bitten, diese unsere Anregung wohlwollend in Erwägung ziehen zu wollen«, so Storfer am 28. Juli 1940 an die Wiener »Zentralstelle«.

Die Lage in Bratislava war inzwischen vollkommen untragbar geworden, wie aus einem Schreiben Storfers an die Israelitische Kultusgemeinde Wien deutlich wird: »Ich halte die

Situation buchstäblich ›mit den Zähnen‹ und hoffe, noch ein wenig Zeit zu haben.«[271] Inzwischen waren die Sichtvermerke von 311 Pässen der 600 in Bratislava befindlichen Auswanderer abgelaufen, und Storfer bat die »Zentralstelle« zu veranlassen, dass sie vom reichsdeutschen Konsulat in Bratislava ohne neue Gebühren bis zur Abreise verlängert würden.[272]

Einer seiner Mitteilungen an die jüdische Gemeinde legte Storfer Kopien von Korrespondenzen mit Čedok und Zelka vor, die seiner Meinung nach »Kommentare (...) überflüssig« machen würden. Seit Monaten habe er immer wieder Goldner und Rottenstreich nach Bratislava geschickt, um die Rechnungen mit Čedok auf anständige Weise in Ordnung zu bringen.

»Es war aber niemals möglich, Aufklärungen und Belege zu erhalten. Dieses System hat die Zentrale Čedok in Prag im Herbste vorigen Jahres auch gegenüber der Emigrationsstelle Mandler geübt und schließlich exorbitante Summen gefordert und erhalten, weil Čedok die Gewohnheit hat, vorerst ›Kautionen‹ einzuheben, die sodann von den Endabrechnungen überflügelt werden.«

Von Seiten der Reisebüros hatte es geheißen, nur ihr Vertreter Lemarie sei in der Lage, die Erstreckung der Aufenthaltsbewilligung zu erwirken.

»In meiner Bedrängnis habe ich alle Schritte unternommen, die von mir verlangt wurden. Das Ergebnis der Rettungsaktion des Herrn Lemarie besteht darin, dass er uns Phantasierechnungen legt und auch sonst ›Luftprojekte‹ lanciert, die uns Unannehmlichkeiten bereiten.«[273]

Letzte Vorbereitungen für den großen Transport

Anfang Mai gab Storfer der Kultusgemeinde einen Überblick über die Zusammensetzung des Wiener Transportes, der zu diesem Zeitpunkt 810 Personen umfasste: 305 aus Konzentrationslagern, 238 Ausgewiesene und 267 Personen mit Angehörigen in Palästina, darunter auch 30 von der Kultusgemeinde eingereihte Personen. Von den 810 waren 257 »Nullzahler« und 209 »Kleinzahler«.

Das erwähnte Auswahlkomitee, dem auch Vertreter der Kultusgemeinde und des Palästina-Amts angehörten, hatte die undankbare Aufgabe, die Entscheidungen zu treffen. Storfer betrachtete dies als Entgegenkommen gegenüber den Wünschen des »Ziellandes«. Da er wegen der großen Zahl der ihm von NS-Stellen aufgedrängten Personen und den vielen mittellosen Passagieren zum Ausgleich jedoch überdurchschnittlich zahlungskräftige Personen in den Transport einreihen musste, entsprach die Zusammensetzung des Transportes letztlich in keiner Weise den Vorstellungen der zionistischen Dachorganisation »Hechaluz«.

Teilweise waren die Personen, die die Behörden in den Transport hineinreklamiert hatten, in schlechtem gesundheitlichem Zustand. Unter Einrechnung der »aufgezwungenen Zugänge« wuchs die Teilnehmerzahl des neuen Wiener Transportes bald auf 860 an. Die »Zentralstelle« setzte Storfer unter Druck, den Transport so rasch wie möglich abzufertigen.

Seit Jahresbeginn befand sich Storfer in einem zähen Ringen mit der DDSG wegen der Konditionen des Donautransportes. Die DDSG hatte mit der Flussschifffahrtsgesellschaft des Königreichs Jugoslawien Riječna plovidba und einem kleinen slowakischen Unternehmen ein Kartell abgeschlossen, worauf die Transportpreise für die Fahrt ab Bratislava von 80 auf 125 RM pro Person erhöht worden waren. Am 18. April 1940 bat Storfer verzweifelt die »Zentralstellen« in Wien und Berlin um Hilfe. »Wir sind zu unserem Bedauern gezwungen, die Hilfe der geehrten Zentralstelle zu erbitten, weil es sich [bei der DDSG] um ein inländisches Monopolunternehmen handelt, das mit der einzigen ausländischen Konkurrenz, der Jugoslawischen Donauschifffahrtsgesellschaft, eine kartellmä-

ßige Verabredung zu unserem Schaden getroffen hat. Gegenüber einem solchen Drucke ist unsere alleinige Position zu
schwach.«[274]

Während im Allgemeinen die Umschiffung in Sulina erfolgte, mussten auf Vorgabe der DDSG die Seeschiffe zu dem weiter stromaufwärts gelegenen Donauhafen Tulcea vorrücken.
Die DDSG verpflichtete sich zur Verpflegung der Passagiere
während der Donaureise: Zum Frühstück sollte jede Person
einen Viertelliter Tee mit Zucker, Rum oder Zitrone sowie ein
Stück Käse oder Wurst erhalten, zum Mittag- und Abendessen
je ein Eintopfgericht, darüber hinaus ein Kilogramm Brot pro
Tag. Die Speisen würden nicht serviert. Vielmehr sollten sämtliche Mahlzeiten von den Fahrtteilnehmern in mitgebrachtem
Essgeschirr, das auch selbst gereinigt werden musste, bei den
Ausgabestellen der Dampfer in Empfang genommen werden.
Zusätzliche Lebensmittel waren nur gegen Bordgeldscheine
erhältlich, die vor Beginn der Reise gekauft werden konnten.
Anspruch auf rituelle Verpflegung musste vor der Abreise angemeldet werden. Zwar war Storfer der Ansicht, »dass eine
solche sorgenvolle Reise durch rituelle Genauigkeit nicht beschwert werden« sollte, er wollte sich jedoch »von Vorwürfen
befreien«.[275]

Für die Abendstunden des 17. Juni 1940 hatte Storfer in
Wien zu einer Sitzung geladen, an der führende Vertreter der
dortigen jüdischen Organisationen teilnahmen: Amtsdirektor
Josef Löwenherz, Amtsvorstand Emil Engel, Moses Grün und
Prager als Vertreter des Palästina-Amtes, Oberlandesgerichts-
rat Viktor Ornstein, Braver, Julius Steinfeld und schließlich
Storfer für den »Ausschuss für jüdische Überseetransporte«.

Bei dem Treffen sollte die Entscheidung über die Abfertigung des Transportes getroffen werden. Löwenherz berichtete
über die gemeinsam mit Storfer geführten Besprechungen in
Berlin und Budapest, über die schwierigen Verhandlungen mit
den jüdischen Organisationen und mit dem Präsidenten des

»Joint«, Troper, sowie über die zahlreichen Interventionen wegen der Freigabe der 13.800 Pfund. Storfer verhehlte nicht, dass der Transport mit Risiken verbunden war. Amtsvorstand Engel forderte, dass alle Teilnehmer nachdrücklich »auf die event. Folgen der Nichtlandung oder des Steckenbleibens des Transportes in einem Durchzugsland aufmerksam zu machen« seien und eine Verpflichtung unterschreiben sollten, wonach sie die Reise auf eigene Gefahr antreten würden. Abschließend würdigte Löwenherz Storfers Leistungen: »Amtsdirektor Dr. Löwenherz bringt den Herren zur Kenntnis, dass die Zentralstelle für jüdische Auswanderung erklärte, dass sie durch einen arischen Vertrauensmann feststellte, dass Herr Komm. Rat Storfer die Transporte tadellos vorbereitet habe und die Schiffe die besten sind, die jemals für einen Auswanderer-Transport bereitgestellt waren.«

Es wurde einstimmig befürwortet, dass Storfer nach Athen reisen und alle erforderlichen Erkundigungen einziehen solle.[276] Storfer versuchte auch die Bedenken des europäischen »Joint«-Repräsentanten Morris Troper und verschiedener anderer jüdischer Stellen wegen der Gefahren der Schiffsreise durch das Mittelmeer zu zerstreuen: Die Reise sei nicht nur notwendig, sondern mit Schiffen neutraler Staaten auch gefahrlos. Storfer beteuerte, alles für die größtmögliche Sicherheit getan zu haben. Er reiste sogar Ende Juli persönlich nach Piräus, um vor Ort Informationen über die Risiken der Fahrt nach Palästina einzuholen, nachdem die Zeitungen über das Bombardement von Haifa berichtet und Gerüchte über Minengefahr im Mittelmeer verbreitet hatten. An »Joint«-Direktor Morris Troper schrieb Storfer im Juli 1940: »Mehr können wir unter den obwaltenden Umständen nicht tun und wer Mängel sucht, der wird sie finden. Wer Pessimist ist, der hat es leichter als wir.«[277]

Der schon erwähnte Erich Frank vom Berliner »Hechaluz«, der später Reiseleiter auf dem Schiff *Pazifik* wurde, lobte in einem Schreiben an Storfer dessen Initiative, selbst vor Ort die Verhältnisse zu prüfen.

Die »Zentralstelle für jüdische Auswanderung« zeigte sich über die von verschiedensten Seiten geäußerten Bedenken hinsichtlich der Reise jedoch wenig erbaut, wie Storfer der Kultusgemeinde am 19. Juli 1940 mitteilte: »Gerade als ich heute bei der Zentralstelle wegen Verlängerung der Pässe war, hat Herr Obersturmführer Dannecker von Berlin diesbezüglich angerufen. Die Zentralstelle sieht es aber nicht gerne, wenn die prinzipielle Frage der Fahrt nochmals geprüft wird (…).«[278]

Dennoch reiste Storfer nach Athen und Piräus. Während eines Aufenthaltes in Berlin, wo er im Hotel *Bristol* abgestiegen war, berichtete Storfer im Juli in einem Schreiben an die »geehrte Zentralstelle« über seine in Griechenland durchgeführten Erhebungen über den Verkehr in Richtung Palästina zum damaligen Zeitpunkt und »ob es möglich ist, die Überseetransporte fortzusetzen«. Vom rumänischen Constanza aus, versicherte Storfer zum wiederholten Male, hätten die Seedampfer ihren normalen Verkehr nach Piräus wiederaufgenommen. Von Piräus aus würden Seeschiffe nach Beirut fahren. Es würden gerade Vorbereitungen getroffen, um etwa 300 Reisende mit dem griechischen Personenschiff *Ileni* direkt von Piräus nach Tel Aviv zu befördern. Die Reederei habe keinerlei Bedenken. Der von ihm engagierte Reeder und dessen Kapitäne seien fest zum Antritt der Fahrt entschlossen.

»Alle meine Ermittlungen bei informierten Reedern und Seeleuten ergaben, dass neutrale Schiffe nach unserem Ziellande ruhig fahren können. Wir sind in der Lage, auf vollkommen legaler, von den zuständigen spanischen Behörden legalisierter Grundlage mit neutralen spanischen Flaggen oder – kürzer gesagt – mit spanischen Schiffen zu fahren.«[279]

Storfer hatte mit der DDSG die Bereitstellung von zwei Flussdampfern für Ende Juli / Anfang August 1940 ausgehandelt. Die DDSG verlangte jedoch als Bedingung den Nachweis der Kommissionierung der beiden Hochseedampfer in Rumänien. Storfer war gezwungen, den Abfahrtstermin zu verschieben, weil die Einrichtungsarbeiten in Tulcea noch nicht abgeschlossen waren. Ursachen für die Verspätung waren kriegsbedingte Verzögerungen bei bank- und devisenbehördlichen Formalitäten und vor allem Materialmängel in Rumänien, wo beispielsweise sämtliche Nägel für militärische Zwecke requiriert worden waren und 2000 Kilogramm Nägel ersatzweise aus Griechenland beschafft werden mussten.[280]

Die DDSG drängte immer vehementer auf die Abreise. Der Druck wurde im August unerträglich, weil die DDSG den Auftrag erhalten hatte, am 10. September 1940 alle ihre Schiffe für eine groß angelegte Rücksiedlungsaktion von über 100000 Volksdeutschen aus Bessarabien und der Dobdrudscha an der unteren Donau bereitzustellen. Diese Aktion war Teil der Gesamtplanungen, mit denen deutsche Großraumstrategen in den Jahren 1939 und 1940 die politische Landkarte und die demographischen Verhältnisse in Europa gewaltsam veränderten. In Ost- und Südosteuropa wurden Grenzen verschoben und gleichzeitig riesige Umsiedlungsprojekte geplant und zum Teil auch schon realisiert. Zwischen Oktober 1939 und 1. November 1940 wurden insgesamt 435000 »Volksdeutsche« »heim ins Reich« geholt.[281]

Angesichts des gnadenlosen Drucks der DDSG appellierte Storfer – abermals – an die »Zentralstelle«: »(…) nötigenfalls würden einige inoffizielle Worte bei der ›Deutschen Mittelstelle‹« [der SS-Organisation, die die Rücksiedlungsaktion organisierte] genügen, um die Nervosität der DDSG zu mäßigen. Die Auswanderung der Juden bedeutet ebenfalls ein öffentliches Interesse. Wir sind bedroht, den Anschluss und Geld zu verlieren.«[282]

Berthold Storfer hatte an den unterschiedlichsten Fronten mit immer neuen Schwierigkeiten zu kämpfen. So hatte er Mitte Juli aus Bukarest ein oben bereits erwähntes Telegramm folgenden Inhalts erhalten: »Bucarester spanische Gesandt-schaft hat Zurückhaltung [der Schiffe] durch Ministerium Äußeres und Marine veranlasst wegen angeblicher Beförderung Palästina Auswanderer – ich verständigte gleichzeitig Avgheri-nos zwecks dortiger Intervention und betreibe Kommissionie-rung.«[283]

Erst Ende August kam Storfer mit den Schikanen des spa-nischen Generalkonsuls zu Rande. Dieser musste im Auftrag seiner vorgesetzten Dienststelle in Madrid seine Intervention bei der rumänischen Marinebehörde zurückziehen. Storfer sah sich jedoch gezwungen, unter großem finanziellem Mehr-aufwand für die Schiffe statt der spanischen die panamaische Flagge zu erwerben.

Der Reeder Sokrates Avgherinos hatte drei Hochseeschiffe an die rumänische Küste dirigiert, die nach mehrfacher Um-benennung *Atlantik*, *Milos* und *Pazifik* hießen und für insge-samt 3 400 Personen von der rumänischen Marinedirektion zertifiziert wurden. Ein viertes, für einen späteren Transport vorgesehenes Schiff, die *Rositta*, wurde, mit der Besatzung für die anderen Schiffe an Bord, an der Donaumündung erwartet. Avgherinos hatte die Schiffsmannschaft, bestehend aus »grie-chischen Fachleuten«, wie Storfer es nannte, rekrutieren müs-sen. Er hatte die Besatzung, wie üblich, stets für einen Monat gesichert. Der spanische »Flaggenkonflikt« hatte allerdings zwei Monate in Anspruch genommen, weshalb das Personal zweimal erneuert werden musste. »Durch die lange Wartezeit ist schließlich das Personal, das zum Teile Einberufungen er-hielt, auseinandergegangen, und so mussten für den wirkli-chen Reisedienst ungefähr 60 Personen (Kapitäne, Offiziere, Mechaniker, Heizer, Matrosen usw.) neu engagiert werden. Im entscheidenden Moment haben aber die griechischen Behör-den wegen der Ereignisse im Mittelmeer die Ausreisepässe versagt und die rumänischen Behörden des neuen Regimes waren abgeneigt, Einreisevisa zu erteilen. Diese Schwierigkeiten wurden mit viel Zeitverlust behoben und der Dampfer ›Rositta‹ konnte erst am 22. September ds. J. mit der Mannschaft für die bezeichneten drei Schiffe aus Piräus abfahren. In Istanbul waren die üblichen Durchreisetaxen und 120 To. [Tonnen] Kohle für die ›Rositta‹ vorausbezahlt. Die Istanbuler Hafenbehörde verweigerte aber die Kohlenlieferung und der Kohlenersatz musste in Galatz beschafft werden. Hiedurch ist eine weitere Verspätung dazugekommen, der zufolge die ›Rositta‹ und die Mannschaft erst am 1. Oktober ds. J. in Tulcea eingetroffen sind.

Während des Passierens der ›Rositta‹ am Sitze der Donaukommission in Sulina und des kurzen Aufenthaltes zur üblichen Durchreisekontrolle hat der englische Konsul von Sulina an die Kapitäne und die Mannschaft Warnungsbriefe verteilen lassen. Durch diese Briefe sollte das Personal abgehalten werden, nach Palästina zu fahren. Den Kapitänen gegenüber wurden ganz besondere Strafen angedroht.

Dieser Vorfall hat der Mannschaft die Gelegenheit geboten, bei Eintreffen in Tulcea an den Reeder Avgherinos neue unerschwingliche Forderungen zu stellen, welche das Sechs- bis Zehnfache jener Beträge betrug, welche er vertragsmäßig bei der Banque de Grèce in Athen in Devisen vorausbezahlt hatte. Nach langwierigen Verhandlungen, welche wieder Zeit in Anspruch nahmen, hat Avgherinos dreifach erhöhte Löhne bewilligt, konnte aber nur ungefähr zwei Drittel des Personals gewinnen, während er ein Drittel in aller Hast und Eile aus Griechen, welche in Braila und Galatz aufgetrieben wurden, akquirieren musste (rumänischen Staatsbürgern wäre die Ausreise nicht bewilligt worden). Das sind die Gründe des bedauerlichen, mehr als dreiwöchigen Aufenthaltes unserer Auswanderer im Orte Tulcea.«[284]

Am 3. und 4. September 1940 hatten von Wien und Bratislava aus insgesamt über 3500 Flüchtlinge nach monatelangem bangen Warten endlich ihre Reise angetreten. Die Verschiffung auf vier Dampfer der DDSG – *Helios, Melk, Uranus* und *Schönbrunn* – erfolgte im letzten Augenblick, bevor die große Aktion zur »Heimholung der Volksdeutschen« in das »Deutsche Reich« unter Einsatz der gesamten Personenflotte der DDSG begann. Drei Tage verspätet, indirekt bedingt durch den Regimewechsel in Rumänien, fand am 14. September 1940 die Umschiffung auf die drei Hochseeschiffe statt.

Der aus Danzig stammende Erwin Czarlinski, der auf die *Atlantik* transferiert wurde, erinnerte sich später an den ersten, beunruhigenden Eindruck von diesem Dampfer: »Sofort bei Betreten unseres Schiffes war uns klar, dass es sich um ein Spiel mit dem Tode handelte, denn das Schiff hatte weder Funktelegraphie, um notfalls Hilfe herbeizurufen, noch genügend Platz, um die Passagiere einigermaßen menschenwürdig unterzubringen.

Wir betraten die Schiffsplanken am 14. September, konnten jedoch erst etwa 4 Wochen später, am 7. Oktober, abreisen, nachdem erst im Innern und auf dem Oberdeck Holzverschläge errichtet worden waren, in denen wir wie die Heringe aneinandergepresst schliefen, und neuer Proviant beschafft worden war.

Die sanitären Anlagen waren nicht der Menge der Passagiere angepasst; ebenso mangelte es an genügendem Trinkwasser (...).«[285]

Zur Regelung der letzten Probleme begab sich Storfer für mehrere Wochen selbst nach Rumänien. Am 17. September 1940, einen Tag vor seinem Abflug nach Bukarest, hatte er ein mit zahlreichen Beilagen versehenes Schreiben, in dem es um die Pressalien der DDSG ging, an SS-Sturmbannführer Eichmann gerichtet. Storfer hoffte, »dass ein leitender Faktor der DDSG (vielleicht der zuständige Ressort-Direktor der Göring-Werke in Berlin)« dazu bewegt werden könnte, an die DDSG in Wien den Wunsch weiterzugeben, »mit uns anständig abzurechnen. Ich habe keine Hoffnung, irgendwelche Konzessionen in direkter Verhandlung mit Herrn Direktor Schötz zu erzielen. Die DDSG hat von uns reichlich große Kautionen bekommen und wir waren gezwungen, einige Stunden vor der Einschiffung in Wien den letzten Pfennig herzugeben (...).«

Die DDSG hatte Kautionen und »Standgelder« in der Höhe von fast einer Million Reichsmark verlangt – unter anderem als Sicherheit für den Fall, dass die Schiffe nicht fristgerecht zu ihrem Heimathafen zurückkehren oder sonst zuschaden kommen würden. Storfer gab dem Wunsch Ausdruck, dass Amtsdirektor Löwenherz jede Gelegenheit wahrnehmen möge, »sowohl in Berlin als auch in Wien gegen die Rücksichtslosigkeit der DDSG zu protestieren«. Es handle sich nicht um eine juristische, sondern um eine Machtfrage: »Es muss der DDSG gesagt werden, dass sie als Monopol-Unternehmen sich nicht allein Recht schaffen darf.«[286]

Tulcea, das »Tor zum Donaudelta«, liegt malerisch auf einem Hügel am Ufer des Stromes und ist heute mit über 100 000 Einwohnern die weitaus größte Stadt des Deltas. 1940 war es noch eine kleine Ortschaft, geprägt durch ein Völkergemisch aus Rumänen, Russen, Ukrainern, Türken, Griechen, Bulgaren, Deutschen und russischsprachigen Lipowanern.[287] Der einmonatige Aufenthalt Tausender Fremder brachte ernstliche Versorgungsprobleme mit sich: »Tulcea ist ein kleiner Ort mit schlechtem Wasser. Die Bevölkerung ist gewöhnt, das filtrierte Donauwasser zu trinken. Die Verpflegung von 3 500 Menschen aus einem so kleinen Markt wie Tulcea war ganz außerordentlich schwierig. Die Einkäufe haben eine ganz fühlbare Preissteigerung erzeugt und die Bevölkerung erachtete sich geschädigt, führte bei den Behörden Beschwerde und war im Allgemeinen nicht gut gesinnt«, charakterisierte Storfer in einem am 15. Oktober 1940 verfassten Bericht die Lage.[288] Die drei Schiffe wurden von den rumänischen Behörden strikt wie ausländisches Staatsgebiet behandelt, weshalb Lebensmittel nur, mit Bewilligung der Rumänischen Nationalbank und des Wirtschaftsministeriums, gegen Auslandsdevisen an Bord gebracht werden durften. Auch der persönliche Verkehr mit den Menschen auf den Schiffen unterlag ähnlichen Beschränkungen wie bei einem Grenzübertritt.

Auf der *Atlantik* befanden sich die 329 »Makkabi-Hechaluz«-Mitglieder aus Prag, die in Bratislava gewartet hatten, 189 aus Wien stammende Personen der »Pressburger Gruppe«, weitere 761 Flüchtlinge aus der damaligen »Ostmark«, 25 Berliner und 525 Danziger – insgesamt also 1 829 Menschen.

Die DDSG hatte also auf das für maximal 1 700 Personen zertifizierte Schiff weit über hundert zusätzliche Passagiere gepfercht. Storfer musste einräumen, dass die Küchen sowie die provisorisch errichteten sanitären Anlagen und Schlafstätten für eine so große Zahl von Passagieren nicht ausreichten und Klagen über die herrschenden Zustände berechtigt waren. Der Reeder Avgherinos machte für den Platzmangel das zu umfangreiche Gepäck der Flüchtlinge – viermal so viel wie vertraglich festgelegt – verantwortlich, erklärte sich aber bereit, ein eigenes Sonderfahrzeug für den Transport des Gepäcks bereitzustellen. Die Reisenden aber weigerten sich, sich von ihrer Habe zu trennen. So mussten sie wochenlang zusammengedrängt und eingesperrt auf die Weiterreise warten. Der untere Teil der *Atlantik* konnte wegen des Kohlemangels nicht elektrisch beleuchtet werden.

Storfer kritisierte die mangelnde Disziplin der Passagiere und das Versagen der von den Flüchtlingen selbst gewählten Reiseleitung dieses Schiffes, die der schwierigen Lage in keiner Weise gewachsen gewesen sei. Es war auch zu Meinungsverschiedenheiten zwischen den einzelnen Reisegruppen gekommen. Unter den »Pressburgern« und Wienern befanden sich besonders viele ältere Menschen, Kranke und Kinder, die das schlechte Wasser und den verzögerten Aufenthalt am schlechtesten vertrugen.

Schließlich gab Storfer dem Druck insoweit nach, als etwa 25 Berliner und 25 weitere Fahrgäste unter der Kontrolle von Polizei- und Zollbeamten vor der Abfahrt auf die *Pazifik* transferiert wurden. Er hatte in einer gemeinsamen Besprechung mit allen Transportleitern im letzten Moment noch versucht, »die missliebige, aus heterogenen Elementen zusammengesetzte ostmärkische Gruppe« gegen andere Passagiere von der *Milos* und *Pazifik* zu tauschen, war jedoch bei der Leitung dieser beiden gutorganisierten Schiffe auf entschiedene Ablehnung gestoßen.

Statt der eigenen Misswirtschaft mit organisatorischen Maßnahmen abzuhelfen, habe sich die Reiseleitung der *Atlantik* auf eine »unmögliche Forderung« versteift, tadelte Storfer: auf eine teilweise Umschiffung auf ein eben eingetroffenes viertes Schiff, die *Rositta*. »Bei der schönen Einfahrt der ›Rositta‹ mit lautem Sirenenschall brachen die Reisenden in begeisterte Hurrahrufe aus und verlangten ganz einfach, dass die ›Rositta‹ zur Entlastung herangezogen werde.«

Dieser Dampfer war jedoch für andere Zwecke bestimmt, weil es nicht möglich war, ihn in absehbarer Zeit einzurichten und für ihn die behördliche Kommissionierung zu erlangen, wie Storfer ausführte. Die Schiffsleitungen der *Pazifik* und *Milos* hatten mit Zustimmung des Reeders Avgherinos alle Planen, Strohsäcke, Rettungsgürtel, elektrischen Lampen und sonstigen Gegenstände von der *Rositta* für sich angefordert und damit die Einrichtung ihrer Dampfer vervollständigt. Im Gegensatz dazu hätten die für die *Atlantik* Verantwortlichen lediglich versucht, »die ›Rositta‹ ganz einfach zu erzwingen«, rügte Storfer. Es habe jedoch keinerlei Aussicht bestanden, bei den rumänischen Behörden die geforderte Teilunterbringung auf diesem vierten Schiff zu erwirken: »Die Behörden drängten vielmehr von Tag zu Tag immer mehr auf Abreise. Schließlich hat mich der Präfekt eingeladen und erteilte mit sehr anständigen Formen eine letzte Frist zu Abfahrt. Er fügte unter meiner Zustimmung hinzu, wir werden wohl keinen Grund haben, wegen mangelhaften Entgegenkommens zu klagen, aber der Druck von über 3500 vorbeireisenden fremden Menschen auf den kleinen Ort sei in jeder Hinsicht so nachteilig, dass diesem Zustande ein Ende bereitet werden müsse.«[289]

Tulcea gehörte zum Kriegsgebiet und wurde standrechtlich verwaltet, weshalb Storfer nur selten und in Anwesenheit behördlicher Organe persönlich mit den auf den Schiffen befindlichen Menschen verkehren konnte. Der kleinen jüdischen Gemeinde des Ortes stellte er kein gutes Zeugnis aus. Die etwa 50 Mitglieder hätten sich »geschäftig zu tun machen« wollen, doch Avgherinos habe ihr Hilfsangebot abgelehnt. Daraufhin hatten sie sich mit Telegrammen beim Präsidenten der Bukarester jüdischen Gemeinde und beim dortigen Palästina-Amt beschwert. Storfer fand das angeblich »profitgierige Auftreten dieser Leute (…) sehr bedauerlich«. Der jüdischen Gemeinde von Tulcea war es gelungen, kurz vor Abfahrt der Schiffe die unentgeltliche Mitfahrt von zehn zusätzlichen Passagieren durchzusetzen, acht auf der *Milos* und zwei auf der *Pazifik*. Um den Anschein zu vermeiden, ihre Hilfe zu benötigen, hatte Storfer die Bukarester jüdischen Organisationen bewusst nicht aufgesucht.

Auf der *Pazifik* befanden sich nach Aufnahme von mehr als 25 Berlinern von der *Atlantik* 470 Personen von der Berliner Gruppe, 432 kamen aus Bratislava und 84 aus Wien, insgesamt waren es also 986 Reisende. Die *Milos* hatte 652 »Protektorats«-Angehörige und 50 Personen aus Wien aufgenommen. Wegen einseitiger Lagerung des großen Gepäcks bekam die *Milos* anfangs Schieflage, und etwa 400 Personen mussten am Ufer untergebracht werden. Eine Fachkommission aus Galatz befand nach einer genauen technischen Überprüfung die *Milos* jedoch in einem Gutachten als einwandfrei und seetüchtig.

Storfer hob später lobend hervor, dass auf der *Milos*, die »verhältnismäßig ebenso belastet war wie die Atlantik«, Ordnung geherrscht habe und »alles von A–Z sehr gut« gewesen sei. Die Reiseleitung habe es verstanden, die Disziplin aufrechtzuerhalten, und sich mit den Bedürfnissen des Schiffes statt mit unrealisierbaren Forderungen befasst.[290] Er lobte auch die Organisation und Ordnung auf der *Pazifik* mit 986 Personen an Bord, mit der er, dank der guten Führung, wenig Sorgen hatte.[291]

Der Berliner Erich Frank, Mitglied der zionistischen Pionierorganisation »Hechaluz«, der gemeinsam mit dem Wiener Hans Rabl auf der *Pazifik* als Reiseleiter fungierte, schrieb aus Tulcea an die jüdischen Stellen nach Berlin: »Wir hatten uns ja von vornherein die Sondertransporte als mit den größten Schwierigkeiten verknüpft vorgestellt, und unsere Menschen sind darauf vorbereitet. So kommt es, dass im Großen und Ganzen unsere Stimmung gut ist. Sehr viele Leute sind bei dem Ordnungsdienst, bei der Magazinverwaltung, als Baugruppe, beim Waschdienst und in der Küche beschäftigt und wir versuchen, für die andern, die freilich den größten Teil ausmachen, durch Lehrkurse und Sprachunterricht eine Beschäftigung zu schaffen (…).«[292]

Die Reiseleitungen konnten nur unter heftigen Protesten eine einigermaßen ausreichende Verpflegung für die Fahrt durchsetzen. Nach einem Besuch des Reeders Avgherinos auf dem Schiff telegraphierte Frank an die jüdischen Stellen in Berlin: »Reeder beabsichtigt Proviant, Wasser nur 7 Tage, notwendig für 21, Wasser 4 Liter je Kopf Tag. Verlangen auch Ausrüstung Seekarte, Sextant, Lot, Log, Instandsetzung Rettungsboote, Magazinbau für offenen Lebensmittelvorrat, unter Berufung abgeschlossenen Vertrag. Erbitten Unterstützung Eure, Storfer, Joint, Löwenherz. Grüße Frank.«[293]

Die Abreise der drei Schiffe
von der Donaumündung

Endlich konnte die *Atlantik* am Vormittag des 7. Oktober 1940 mit 1829 Passagieren an Bord ihre Fahrt antreten. Doch schon bei der Ausfahrt aus Tulcea fuhr das Schiff, wahrscheinlich wegen eines betrunkenen Lotsen, bei der sogenannten Teufelskrümmung auf eine Sandbank auf und musste mit einem aus Sulina angeforderten Remorqueur wieder flottgemacht werden. Wegen der dadurch entstandenen 24-stündigen Verspätung konnte die *Altantik* erst am 9. Oktober von Sulina aus in See stechen. Am 11. Oktober fasste das Schiff in Istanbul Brot und Wasser.

Nach Ergänzung der Ausrüstung und Aufnahme von Lebensmitteln lief am Nachmittag des 8. Oktober, »unter dem Jubel der Reiseteilnehmer«, auch die *Milos* mit 702 Personen an Bord aus dem Hafen von Tulcea aus. »Das Schiff manövrierte das Rondeau zur Abreise prachtvoll schön und die Reiseteilnehmer rafften ihre Instrumente impulsiv zusammen, es wurden Märsche gespielt und gesungen, auf der Kommandobrücke sah man die Schiffsordner in strammer Habachthaltung und jedermann, auch die erschienenen behördlichen Spitzen, waren von der feschen Abfahrt stark beeindruckt«, schwärmte Storfer in seinem Bericht.

Die *Milos* konnte die Minensperre von Sulina erst am Morgen des 9. Oktober passieren und fuhr an Istanbul ohne Aufenthalt vorbei. Auch die *Pazifik* verließ Tulcea am 8. Oktober. Vereinbart war eine Begegnung mit der *Atlantik* im bulgarischen Hafen Kaliakra, doch dieses Schiff hatte, wohl wegen des schönen Wetters, seine Fahrt ohne Unterbrechung fortgesetzt. Die *Pazifik* wartete vergeblich und geriet wegen dieses Aufenthalts nach der Weiterfahrt am 11. Oktober im Schwarzen Meer in einen plötzlich aufziehenden Orkan. Es entstand

Berthold Storfer 1937 im traditionsreichen tschechoslowakischen
Kurort Karlsbad.

OBEN: Die Straßenfront des Palais des Freiherrn Louis von Rothschild in der Prinz-Eugen-Straße 20–22 im 4. Wiener Gemeindebezirk. Nach dem »Anschluss« Österreichs an das Deutsche Reich im März 1938 wurde im August desselben Jahres in dem Gebäude die »Zentralstelle für jüdische Auswanderung« unter Adolf Eichmann eingerichtet. Ab 1955 wurde das Palais, das den Zweiten Weltkrieg beschädigt überstanden hatte, vollständig abgerissen; Aufnahme um 1940.

RECHTE SEITE: Zwei Photographien aus Kirjat Bialik, nordöstlich von Haifa. Die Siedlung von jüdischen Einwanderern aus Deutschland, gegründet am 18. Juli 1934, wuchs durch den Zustrom weiterer Flüchtlinge schnell zu einer Kleinstadt heran. OBEN: Gesamtansicht der Siedlung nach zwei Jahren Bauzeit; UNTEN: Pädagoge Sinai (früher Siegfried) Ucko mit einigen Zöglingen des Kinderheimes »Ahawah« (»Liebe«); beide Aufnahmen von 1936.

II

III

Internationale Flüchtlingskonferenz in Evian zur Regelung der Einwanderungsquoten von Juden aus dem nationalsozialistischen Deutschland in andere Länder, bei der auch Berthold Storfer zugegen war; HIER: Henri Bérenger, Leiter der französischen Delegation, bei der Eröffnungsansprache am 6. Juli 1938 (über dem Manuskript James G. McDonald aus den USA).

Ein Schriftstück aus dem Verfahren Viktor Gross gegen Berthold Storfer, handschriftlich verfasst von Storfer; Dokument vom 15. Februar 1939.

V

Die drängende Enge auf der *Atlantik*, hier der Bug des Schiffes,
dargestellt in einem eindrucksvollen Holzschnitt des Künstlers und
Passagiers Peretz Mayer; o. D.

An Bord der *Atlantik*; o. D.

DRILL KARL

is allowed to visit
nis ~~wife~~ FATHER in the hos ltel.
from 2. to 4.P.M. —daily
until further notice.

                    Area Commandant.
                    27.II.1941

VIII

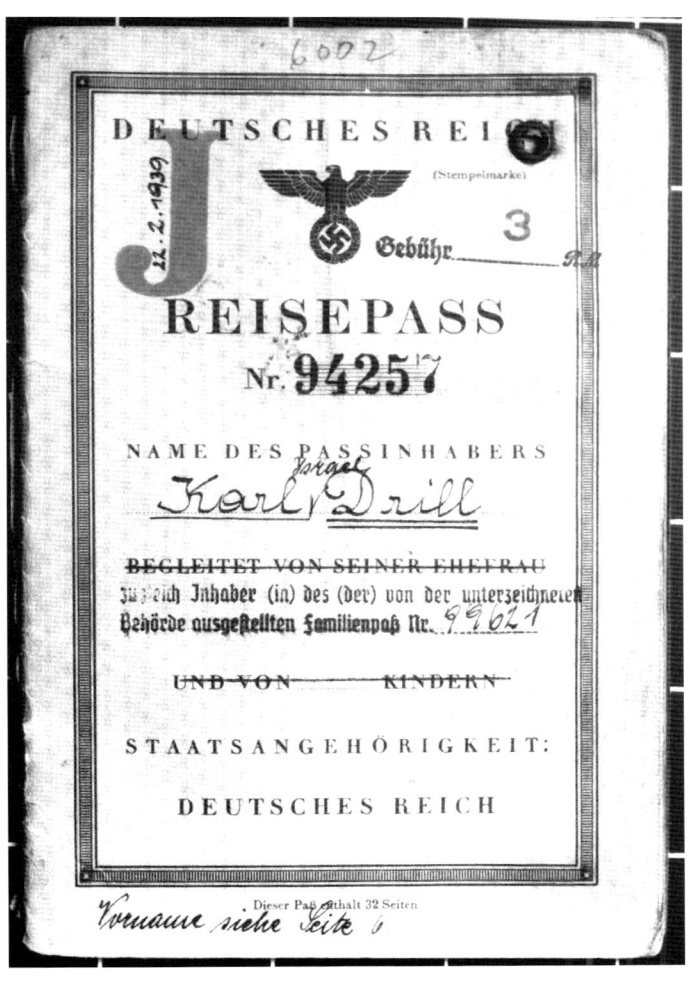

HIER UND LINKS UNTEN: Der Reisepass von Karl Drill mit Datum vom 22. Februar 1939. Der Passinhaber Drill gelangte mit Berthold Storfers großem Transport nach Palästina und wurde von dort durch die britische Mandatsmacht nach Mauritius verbannt; LINKS OBEN: Ein Passierschein aus Mauritius, der Karl Drill den täglichen Besuch des Krankenhauses gestattete, wo sein Vater behandelt wurde, ausgestellt am 27. Februar 1941.

Ein Flüchtlingsschiff, laut Bezeichnung am Bug die *Parita*, hat die rettende Küste in der Nähe von Tel Aviv erreicht, und Mitglieder zionistischer Organisationen bringen die Flüchtlinge mit Rettungsbooten an Land; o. D., wohl August 1939.

Zwei Fotografien von Ehud
Avriel (früher Georg Überall),
jeweils undatiert. Der österreichische Zionist Überall, Generalsekretär des österreichischen
»Hechaluz«, war maßgeblich an
der »Jugend-Alija« nach Palästina
beteiligt und ein scharfer Kritiker
von Storfers Vorgehensweise.

Umschlag eines Briefes an Berthold Storfer, der auf der Rückseite (unten)
deutlich den Stempel der Zensurstelle des Oberkommandos der Wehrmacht (OKW) zeigt; Dokument vom 30. August 1943.

HIER: Eine Postkarte des Dampfers *Rositta* (hier *Rizitta* genannt),
verschickt aus Griechenland am 12. Juli 1940;
RECHTS: Die verschiedenen Decks der *Rositta* (hier noch die ursprünglichen Schiffsnamen *SS. Skyros* und *SS. Kronos*) im Grundriss; o. D.

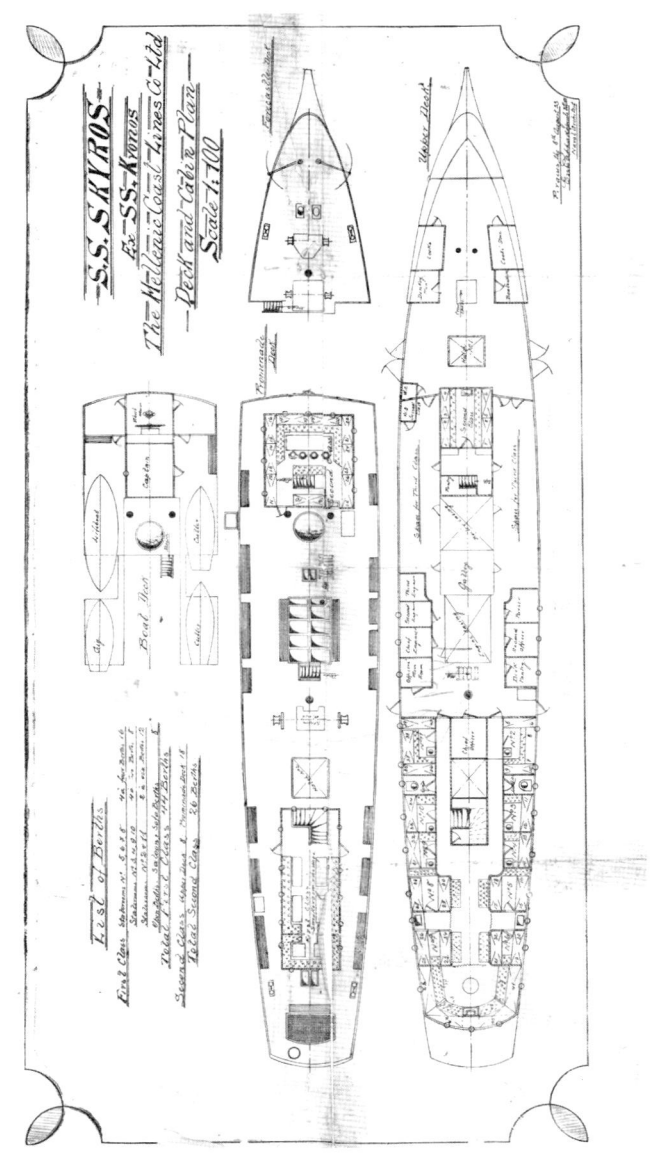

Adolf Eichmann vor Gericht in Jerusalem. Befragt zu einer Begegnung
mit Berthold Storfer in Auschwitz 1944 gibt er zu Protokoll: »Storfer, ja,
dann war es ein normales menschliches Treffen gewesen. Er hat mir sein
Leid geklagt. Ich habe gesagt: ›Ja, mein lieber guter Storfer, was haben wir
denn da für ein Pech gehabt?‹, und habe ihm auch gesagt: ›Schauen Sie,
ich kann Ihnen wirklich gar nicht helfen, denn auf Befehl des Reichsführers [SS] kann keiner Sie herausnehmen. (…) Gut, sage ich, ich werde
eine Aktennotiz anlegen, sagte ich, dass Storfer hier mit dem Besen (…)
die Kieswege in Ordnung hält. So kleine Kieswege waren dort, und dass
er das Recht hat, sich jederzeit mit dem Besen auf eine der Bänke zu
setzen. Sage ich: ›Ist das recht, Herr Storfer? Passt Ihnen das?‹ Da war
er sehr erfreut, und wir gaben uns die Hand, und dann hat er den Besen
bekommen und hat sich auf die Bank gesetzt, das war für mich eine große
innere Freude gewesen (…).« Aufnahme vom 29. Mai 1962, an dem das
Berufungsgericht das Urteil aus erster Instanz, die Todesstrafe, bestätigte.

ein Defekt an der Dynamomaschine und an der Bussole (Weg-weiser), sodass die *Pazifik* zu Reparaturarbeiten den bulgarischen Hafen Varna anlaufen musste.

Storfer dirigierte sofort den bereits erwähnten Baruch Konfino (Confino), einen privaten jüdischen Organisator illegaler Flüchtlingsschiffe in Bulgarien, nach Varna und informierte mit Genehmigung der Bukarester Militärüberwachungsstelle auch die kleine lokale jüdische Gemeinde. Er versprach, für die Deckung aller entstehenden Auslagen aufzukommen.

»Sowohl Confino als auch die kleine Kultusgemeinde in Varna verlegten sich aber darauf, aus der Situation einen Vorteil für bulgarische Ausreisende zu ziehen. Die Varnaer Kultusgemeinde hat 8, Confino 20 bulgarische Auswanderer gegen sehr mäßiges Entgelt angeboten, um auf diese Weise die Kosten für Reparatur, Aufenthalt, Kohleergänzung usw. zu decken. In meinem halbstündigen Telefongespräch mit dem Reiseleiter Frank im Büro des Hafenkapitanates von Varna habe ich ihm geraten, sich mit diesen jüdischen Stellen zu einigen und die Fahrt bei ruhigem Wetter heute abends fortzusetzen, weil jeder weitere Tag Zeitverlust mehr kostet als die Auseinandersetzung mit Confino bringen konnte.«[294]

Als Storfer am 15. Oktober 1940 seinen Bericht über die Abfahrt der drei Schiffe vorlegte, war es unter den Österreichern, die bereits krank aus der Heimat abgereist waren, zu ersten Todesfällen gekommen. Heinz Werther, ein an Drüsentuberkulose leidender, aus der Steiermark kommender 14-Jähriger, war gestorben, ebenso drei Wiener: ein 71-Jähriger an den Folgen eines schon früher erlittenen Schlaganfalles, eine 58-Jährige an ihrem Magenleiden, ein 42-Jähriger hatte einen Herzschlag erlitten. Zudem war ein morphinsüchtiger amerikanischer Staatsbürger aus der Danziger Gruppe durch eine als Drogenersatz eingenommene Überdosis Veronal zu Tode gekommen.

Storfer betrachtete diese Verluste als Lehre für weitere Transporte: »Für die Zukunft ist es entschieden abzuraten, ungesunde oder alte Leute auf diesen beschwerlichen Weg zu bringen.«²⁹⁵ Er hatte in einem zehnseitigen Rundschreiben die »interessierten Stellen« – die Israelitische Kultusgemeinde Wien, die Reichsvereinigung der Juden in Deutschland (Berlin), die Prager Kultusgemeinde, die Synagogengemeinde Danzig, den »Ausschuss für Sondertransporte« in Berlin sowie die »Abteilung für jüdische Überseetransporte« in Prag – über die Zustände auf den einzelnen Schiffen und deren Abfahrt informiert. Die beiden letztgenannten Einrichtungen befassten sich in Berlin bzw. Prag am Rande der jeweiligen jüdischen Gemeinden ebenfalls mit illegalen Transporten nach Palästina. Auch ihre Aktivitäten unterstanden ab Frühjahr 1940 Storfers Kontrolle.

Storfer beruhigte in seinem Rundschreiben die angesprochenen Stellen, dass den Passagieren genügend Lebensmittel für 14 Tage mitgegeben worden seien, Diabetiker und rituell Reisende gesonderte Verpflegung und Kinder zusätzlich Rationen von Honig und Kondensmilch erhalten hätten. Die Wassertanks hätten zwar nur mit dem schlechten Trinkwasser aus Tulcea gefüllt werden, doch alle drei Schiffe unterwegs ihre Wasservorräte erneuern können.

Storfer verfolgte auch Presseberichte und Agenturmeldungen, die in direktem oder indirektem Zusammenhang mit seiner Arbeit standen. Den Korrespondenten der *Jewish Telegraph Agency* stellte er wegen seiner Berichterstattung zur Rede und fragte ihn, »wie er dazu komme, von der ungünstigen Situation der Reisenden zu berichten«. Der Journalist entschuldigte sich daraufhin bei Storfer.²⁹⁶

Storfer ging Mitte Oktober 1940 davon aus, dass die Schiffe binnen weniger Tage ihr Ziel erreichen würden. Die Reise der beiden Schiffe *Pazifik* und *Milos* verlief – verglichen mit den abenteuerlichen Irrfahrten der *Atlantik*, des größten der drei Schiffe – rasch und problemlos. Dies, obwohl auch die *Pazifik* zunächst etwas hinter den anderen Schiffen zurückgeblieben und durch den Sturm im Schwarzen Meer beschädigt worden war. Das Schiff musste danach zur nochmaligen Ergänzung der Vorräte den kleinen Hafen St. Nikolaos auf der Insel Kreta anlaufen, wo durch die Bemühungen eines jüdischen Hilfskomitees in Athen der Bedarf großzügig gedeckt wurde.

Im Fall der *Atlantik* kam es jedoch im Hafen Iraklion auf Kreta zu einem unfreiwilligen mehrwöchigen Aufenthalt. Der Reeder Avgherinos hatte zwar Geld für die Beschaffung von Lebensmitteln und Kohle überwiesen, doch die Finanztransaktion verzögerte sich. Die Ursache war die neuerliche Zuspitzung der politischen Situation im Mittelmeerraum, hatte doch am 28. Oktober 1940 der italienische Angriff auf Griechenland begonnen. Die Schiffsmannschaft, verunsichert durch das neue, zusätzliche Sicherheitsrisiko, nutzte wieder einmal die unglückliche Lage der Passagiere aus und forderte zusätzlichen Lohn. Sie scheute nicht einmal vor einem Sabotageakt zurück und kippte einen Teil der kostbaren, frischgeladenen Kohle ins Meer, um auf diese Weise die Weiterfahrt durch das verminte Mittelmeer zu verhindern.

Nach diesen Ausschreitungen griff die Transportleitung entschlossen durch: Der Kapitän wurde in seine Kabine gesperrt, und die *Atlantik* fuhr mit Hilfe der wenigen loyal gebliebenen Mannschaftsleute sowie einiger Passagiere, die die Aufgaben der Maschinisten und Heizer übernahmen, am 8. November 1940 von Kreta ab. Die Rolle des Kapitäns und Chefmaschinisten übernahm ein ehemaliger Navigationsoffizier der tschechoslowakischen Luftwaffe, Erwin Kovac.

Als nach wenigen Tagen die Kohle knapp wurde, nahm die *Atlantik* Kurs auf Zypern. Doch um diese Strecke zu bewältigen, mussten alle brennbaren Gegenstände – Kabinenwände, Masten und Pritschen – demoliert und zu Brennholz zerkleinert werden, bis von der *Atlantik* nur noch ein gespenstisches Skelett übrig war. An Bord herrschte bereits Hunger, eine

Typhusepidemie war ausgebrochen, die erste Opfer forderte. Unweit der zypriotischen Küste musste das Schiff auf offener See ankern und gab Notsignale. Zwei vorbeifahrende britische Zerstörer kamen nicht zur Hilfe.

Endlich wurde die *Atlantik* von einem britischen Schlepper in den Hafen von Limassol gezogen, wo sich die Passagiere zur Bezahlung der Kohle von ihren letzten Wertgegenständen – Eheringen, Uhren und Füllhaltern – trennen mussten. Erst am 23. November konnte das Schiff, bereits mit britischem Militär an Bord, aus Zypern abfahren. Doch in der Bucht von Haifa erwartete die Ankommenden eine böse Überraschung. Dort lag bereits die *Patria*, ein ehemaliger französischer Luxusdampfer, den die Briten nach dem deutschen Überfall auf Frankreich requiriert hatten, vor Anker und erwartete das Flüchtlingsschiff. An Bord befanden sich bereits die Passagiere der beiden Schiffe *Milos* und *Pazifik*, denen die britische Regierung die Landung in Palästina verwehrt hatte.

Gemäß einer Verlautbarung vom 20. November 1940 sollten die Flüchtlinge von den drei Schiffen für die Dauer des Krieges in eine britische Kolonie abgeschoben werden und auch nach Kriegsende nicht in Palästina Einlass finden. Dieser Schritt stellte den Höhepunkt der bis dahin getroffenen Maßnahmen der britischen Regierung bei der Bekämpfung der illegalen Einwanderung dar, nachdem alle anderen aufwendigen Bemühungen weitgehend erfolglos geblieben waren: Als nun die Briten mit der Realisierung ihrer drastischen Strafmaßnahme begannen und versuchten, auch die *Atlantik*-Passagiere auf die *Patria* umzuschiffen, kam es zu einem unerwarteten Zwischenfall. Kaum waren etwa 80 Passagiere transferiert, wurde die *Patria* von einer heftigen Explosion erschüttert. Binnen weniger Minuten neigte sich das Schiff zur Seite und sank im Hafen auf Grund. Unter den Passagieren brach Panik aus, jeder versuchte sich irgendwie zu retten. Insgesamt 267 Menschen, darunter auch zahlreiche Kinder, kamen bei dem

Unglück ums Leben, viele weitere erlitten zum Teil schwere Verletzungen.

Es stellte sich heraus, dass der Anschlag von einigen Mitgliedern der »Hagana« verübt worden war. Diese im Untergrund operierende jüdische Kampfgruppe, die den Kern einer jüdischen Armee in Palästina darstellte, hatte sich zu diesem Schritt entschlossen, nachdem sich alle diplomatischen Bemühungen zionistischer Führer als fruchtlos erwiesen hatten. Die Aktion war innerhalb der »Hagana«-Führung vollkommen geheim vorbereitet und nicht einmal die zionistische Führung, zu der die »Hagana« in enger Verbindung stand, informiert worden.

Es war nur eine leichte Beschädigung des Schiffes geplant gewesen, durch die Reparaturarbeiten und damit die Verbringung der Passagiere an Land erzwungen werden sollten. Munja Mardor, der »Hagana«-Mann, der die Bombe als Hafenarbeiter verkleidet an Bord geschmuggelt hatte, gab später in seiner Autobiographie eine Erklärung für den unvorhergesehenen tragischen Verlauf der Aktion: Der Zustand des Schiffes sei völlig falsch eingeschätzt worden. Die Explosion hatte in die bereits stark verrostete Schiffswand ein so großes Loch gerissen, dass der Dampfer sofort Schlagseite bekommen hatte und gesunken war.

Innerhalb der zionistischen Führung löste der ohne höhere Autorisierung durchgeführte Sabotageakt heftige Kontroversen aus, in deren Rahmen auch wieder die grundsätzliche Frage der illegalen Einwanderung aufgeworfen wurde – ein Thema, bei dem es in dieser Phase keineswegs eine klare, eindeutige Linie gab.

Der britische Hochkommissar für Palästina, Harold MacMichael, musste nach massiven öffentlichen Protesten und der Intervention des Präsidenten der Zionistischen Weltorganisation (WZO), Chaim Weizmann, den Überlebenden der *Patria* schließlich in einem »außerordentlichen Gnadenakt« gestatten, in Palästina zu bleiben. Sie wurden in das Internierungs-lager Atlith in der Nähe von Haifa eingewiesen. Gegenüber den auf der *Atlantik* verbliebenen Passagieren blieb MacMichael jedoch unerbittlich. Auch sie wurden zunächst nach Atlith transferiert, jedoch streng von den *Patria*-Passagieren abgeson-dert.

Am Abend des 8. Dezember 1940 wurden die Betroffenen über ihren bevorstehenden Abtransport informiert. In einem Akt passiven Widerstandes gegen die Verschickung legten sich Männer und Frauen nackt auf ihre Betten und weigerten sich, die Baracken zu verlassen. Das britische Militär griff rück-sichtslos durch. Unter Brachialgewalt – die ganze Aktion war als Militäraktion geplant – wurden die Flüchtlinge zum Ha-fen geschafft, auf zwei große Dampfer verfrachtet und auf die Pazifikinsel Mauritius transportiert.

Dort blieben die 1 580 Juden zum größten Teil für die ge-samte Kriegsdauer in einer alten Festung interniert. Über 200 von ihnen meldeten sich freiwillig zum Dienst in den Armeen der Alliierten. 124 starben, meist infolge von Tropenkrankhei-ten. Nur durch hartnäckige Bemühungen der zionistischen Organisationen gelang es, den Deportierten nach Kriegsende die Rückkehr nach Palästina zu ermöglichen. Die Überleben-den der *Patria*-Katastrophe wurden großteils nach etwa einem Jahr aus der Internierung in Atlith entlassen.

Der Schlussrechnungsbericht, den Berthold Storfer Anfang 1941 den »Zentralstellen« vorlegte, gibt Einblick in die finan-ziellen Dimensionen seines Transportes und damit auch in das hohe Maß an Komplexität der entsprechenden Transaktionen in Zeiten des Krieges. Die Abrechnung betraf jedoch nicht den gesamten Transport, sondern nur die direkt durch Storfers eigenes Büro finanzierten 2 042 Personen, denen er zur Aus-wanderung aus dem nationalsozialistischen Österreich verhol-fen hatte.[297]

Unter seiner Gesamtleitung hatten jedoch insgesamt 7 054 weitere Personen auswandern können. 1 740 von ihnen stammten aus Österreich, die übrigen aus dem damaligen »Protektorat Böhmen und Mähren«, aus dem sogenannten »Altreich« sowie aus Danzig.[298] Mitte Februar 1941 übersandte Storfer der Prager »Zentralstelle für jüdische Auswanderung« eine weitere detaillierte Kostenaufstellung, in der es vor allem um Zahlungen ging, die sein Bruder und ständiger Vertreter in Bukarest, Josef Storfer, getätigt hatte. Unter anderem wird dabei ein »Vertrauensspesenbetrag« erwähnt, kompliziert umschrieben auch als »die pauschalmäßig vereinbarte Vergütung als Durchreisefond für sämtliche Interventionsausgaben Lei 600.– pro Kopf (ohne dass wir uns das Recht vorbehalten haben, Belege zu fordern)«. Höchstwahrscheinlich ging es dabei um geleistete Schmiergeldzahlungen in der Höhe von umgerechnet 10.330 RM.

Eine weitere ungeplante Ausgabe war dadurch zustande gekommen, dass sich die DDSG geweigert hatte, die Umschiffung in Sulina vorzunehmen, wo die *Milos* stationiert gewesen war. Stattdessen hatte sie die Verlegung des Schiffes in das 70 Kilometer donauaufwärts gelegene Tulcea gefordert. Da die *Milos* zum damaligen Zeitpunkt nicht komplett bemannt gewesen war, hatte für 120.000 Lei ein Remorqueur gemietet werden müssen.

Zusätzliche Kosten waren durch die von Storfers Vertrauensmann Fritz Schwarz in Bukarest übernommene Treuhänderschaft entstanden. Die *Milos* war auf dessen Namen gekauft worden, doch hatte sich Schwarz in einer am 12. Oktober 1940 geschlossenen Vereinbarung verpflichten müssen, nach Storfers Weisungen zu handeln und lediglich als Strohmann zu fungieren. Für diesen Dienst waren ihm gegen Bestätigung 200.000 Lei bezahlt worden. Während des dreiwöchigen Aufenthalts Storfers in Bukarest von September bis Oktober 1940 waren Auslagen für Hotels, Telefonate und Telegramme sowie

Reisespesen entstanden. Auf Prag entfielen davon knapp 17.000 Lei, da die Teilnehmer aus dem Protektorat 30 Prozent der Transportgruppe repräsentiert hatten.[299]

Am 23. Oktober 1941 gab Gestapochef Heinrich Müller eine Anordnung des Reichsführers SS und Chefs der Deutschen Polizei, Heinrich Himmler, bekannt, wonach die Auswanderung von Juden generell und mit sofortiger Wirkung zu verhindern sei. Entsprechend wurde von Alois Brunner, dem damaligen Leiter der Wiener »Zentralstelle für jüdische Auswanderung«, am 10. November 1941 die normale Auswanderung mit ganz wenigen Ausnahmen eingestellt.[300]

Diese folgenschweren Entscheidungen fielen ein Jahr, nachdem Storfers großer Transport den Donauhafen verlassen hatte. Bereits durch den deutschen Überfall auf Jugoslawien und Griechenland im Frühjahr 1941 waren die letzten gangbaren Verkehrswege abgeschnitten. Schon im Zuge der Planungen für den Angriffskrieg gegen die Sowjetunion, der im Juni 1941 begann, waren die Weichen auf eine Politik der systematischen Vernichtung des europäischen Judentums umgestellt worden.

Storfer und die zionistischen Organisatoren der »Alija Bet«

Storfer verfasste regelmäßige, durchnummerierte Mitteilungen, die zur Vorlage bei der Kultusgemeinde und in weiterer Linie bei der »Zentralstelle für jüdische Auswanderung« bestimmt waren. In »Mitteilung Nr. 61« überreichte er »wunschgemäß« eine »zusammenfassende Niederschrift über das Wirken der »Gruppe Averbuch – Kantor«, also der mit ihm verfeindeten »Mossad«-Agenten. Er habe zahlreiche Einzelheiten ausgelassen, um den Leser nicht zu ermüden, und wolle sich mit diesen Leuten nicht auf persönliche Polemiken einlassen, betonte Storfer. Er bat die Kultusgemeinde um Durchsicht und eventuelle Ergänzungen durch eine zweite informierte Seite aus dem Bereich der jüdischen Gemeinde, damit die Information als eine Zusammenstellung unterschiedlicher Sichtweisen gelten könne. Er wolle es aber unbedingt vermeiden, »eine Figurenstellung: ›hier Storfer‹ – ›hier Averbuch‹ zur Diskussion zu bringen«.

»Wie es der K. G. [Kultusgemeinde] bekannt ist, habe ich anfänglich die Hechaluzrichtung und die in Betracht kommenden Personen wärmstens in Schutz genommen. In meinen Berichten an die Zentralstelle habe ich für diese eine besondere Rubrik: ›Agrar- und forstwirtschaftliche Richtung‹ geschaffen. Die palästinensischen Wünsche habe ich als ehrlicher Sachwalter weitgehendst vertreten. Gegenüber verschiedenen Einflüsterungen, die mir anfänglich z. B. auch die Makkabileiter gemacht haben, um die Hechaluzleute als ›Bolschewiken‹ gelten zu lassen, habe ich mich stets gewehrt. Ich hatte nur sachliche Bedenken (…)«.[301]

Storfer, der in seinem geschäftlichen Schriftverkehr selten Emotionen erkennen ließ, reagierte heftig und gekränkt, wenn er sich angegriffen fühlte. Dieses Verhaltensmuster lässt sich an einem Vorfall im Zusammenhang mit dem Schiff *Milos* illustrieren. Die Reiseleiter hatten sich verzweifelt an ein jüdisches Hilfskomitee in Athen gewandt, als während der Fahrt unvorhergesehene Schwierigkeiten aufgetaucht waren. Die Reiseleiter dankten dem Komitee überschwänglich für die finanzielle Unterstützung, während sie Storfer als verantwortungslosen, unfähigen Organisator in Misskredit brachten. Storfer sprach von »Querulantentum« und »Intrigen« und gab in einem Schreiben an Löwenherz der Überzeugung Ausdruck, »ein Individuum wie Braun« (einer der Reiseleiter der *Milos*) sei »wahrscheinlich von irgendeiner Gruppe des Protektorates« zu seinen hetzerischen Handlungen aufgestachelt worden und werde »wahrscheinlich auch im Ziellande seine Rolle weitertreiben«:[302] »Ich vermute, dass in Athen Personen aus Hechaluz-(…)Kreisen auf solche Leute wie Braun nur gewartet und seine Denunziationen sicherlich an den Joint weitergeleitet haben, um sich notwendigerweise als Retter vorzustellen. (…) Ich sagte Ihnen schon, dass es in Athen geradezu allgemeine Gewohnheit ist, vor allem zu besudeln und zu verleumden. Wie komme ich dazu, in diese Gesellschaft hineinzugeraten?«[303]

Storfer fürchtete die nachteiligen Folgen der ständigen Agitationen des »Mossad« bei Morris Troper, dem Vertreter des »Joint«: »Herr Troper ist durch (…) seine prinzipielle gegnerische Einstellung gegen unsere Übersee-Wanderung mit seinen tief verborgenen Sentimenten mehr für die Zameres-Leute [gemeint ist der schon erwähnte »Mossad«-Agent Schmarija Zameret] und weniger für uns empfänglich. Das ist meiner Aufmerksamkeit (…) nicht entgangen.«[304]

In einem Schreiben an die »Reichsvereinigung der Juden in Deutschland« gab Storfer Mitte Juli 1940 seiner Befürchtung Ausdruck, dass der »Hechaluz« auch weiterhin beim »Joint« die Überweisung von Geldern hintertreiben werde. Storfer betrachtete Tropers »auffallende Passivität gegenüber unserem Vorhaben« als Beweis für diese Annahme. Die »agitatorische und erbitterte Gegnerschaft der Hechaluzleute mit ihren zündelnden Handlungen, die uns bisher schwer geschädigt haben«, sei eine große Gefahr.[305] Andererseits ließ Storfer selbst keine Gelegenheit aus, um seine Konkurrenten sowohl bei verschiedenen jüdischen Organisationen als auch bei der SS in Misskredit zu bringen: »Wenn von sogenannten ›gestrandeten Transporten‹ warnend die Rede ist, die auch Ihnen Kummer bereitet haben, so nur aus dem Grunde, weil die organisatorische Vorbereitung, gelinde gesagt, oberflächlich war«, schrieb er im Juli 1940 an Troper und klagte über die »Leichtsinnigkeit Unberufener« und die »bedauerlichen Agitationen der Hechaluzrichtung«.

»Eben um diesen Missständen ein Ende zu bereiten, haben wir, als verantwortungsvolle und autorisierte Vertreter, das Schicksal unserer Menschen allein in die Hand genommen und wir erwarten, dass unser Zielland seine Grenzen für unsere Pilger nicht verschließen wird.«[306]

Über ein Schiff, welches der »Mossad« offenbar für die in Serbien gestrandete »Kladovo-Gruppe« angezahlt hatte, schrieb er abfällig: »Mir wurde in Piräus vor ungefähr acht Tagen ein seitwärts geneigt stehendes, offenbar reparaturbedürftiges Lastschiff (unsere Schiffe sind Personen-Mixt-Schiffe) für etwa 700 Personen als jenes bezeichnet, welches Averbuch akquiriert haben soll.«[307]

Averbuch und Kantor hatten einige Monate zuvor von der Storfer unterstehenden »Hechaluz«-Stelle Prag einen Betrag von 22.000 Dollar als Anzahlung für die Beförderung der in Bratislava befindlichen 350 »Hechaluz«-Mitglieder erhalten –

dieses Vorhaben sei jedoch ebenso wenig ausgeführt worden wie jenes von Kladovo.[308]

Aufmerksam verfolgte Storfer alle Fehlschläge, welche die »Mossad«-Vertreter bei ihren organisatorischen Bemühungen erlitten. Immer wieder habe der »Mossad« versprochen, Schiffe zu besitzen und Gruppen zu organisieren, immer seien diese Behauptungen unrichtig gewesen. Zusätzlich zu seinen eigenen Misserfolgen sei der »Mossad« nun bestrebt, die Abfertigung anderer, in jederlei Beziehung sorgfältig vorbereiteter Transporte zu stören.[309]

Storfer nahm von seinen Attacken nicht einmal die »Revisionisten« aus, zu denen sein Verhältnis weit weniger gespannt war. Am 4. Juli 1940 verfasste er in Berlin für die »geehrte Zentralstelle« einen Bericht »über schlecht vorbereitete Transporte«. Als Beispiel nannte er ein kleines, altes Schiff *Libertad*, das einen Monat zuvor mit 380 Reiseteilnehmern an Bord von Varna aus Richtung Palästina gefahren war. Während Storfers Anwesenheit in Athen hatte die jüdische Gemeinde in Saloniki einen telegraphischen Hilferuf aus Mytilene (unweit der Dardanellen) erhalten, weil das Schiff einen Motordefekt hatte und die Lebensmittel knapp geworden waren. Auch ein von den »Revisionisten« organisiertes Schiff führte er als Negativbeispiel an: Vor etwa fünf Wochen sei ein ebenfalls kleines und veraltetes Schiff, die *Pentscho*, mit slowakischen Auswanderern und etwa 75 Berlinern aus Bratislava ausgelaufen.

»Dieses Schiff steht noch heute in der Donau vor dem sogenannten ›Eisernen Tor‹ (in der Gegend von Orsova), weil die Lotsen sich nicht getrauen, die Führung des ungeeigneten Schiffes durch die Enge und Klippen dieser Donaustelle zu übernehmen. Schließlich haben die rumänischen Behörden die Genehmigung zur Weiterfahrt aus Sicherheitsgründen verweigert. Die Belgrader Jüdische Gemeinde hat die Hilfeleistung übernommen und wird nunmehr ebenso wie in Kladovo auch diese ausreichend betreuen müssen. (…) Durch solche

Unternehmungen wird die Überseewanderung kompromittiert und die Behörden der verschiedenen Durchreisestaaten werden verärgert.«[310]

Der Transport war Anfang des Jahres 1939 vom slowakischen »Betar«, der Jugendorganisation der »Revisionisten«, zusammengestellt worden und wartete in Bratislava auf die Abreise. Diese verzögerte sich aufgrund der Zerschlagung der Tschechoslowakei durch Deutschland im Frühjahr 1939. Ähnlich wie die von Storfer organisierten Gruppen standen nun auch diese Flüchtlinge unter dem massiven Druck der slowakischen Behörden, die auf Abfahrt drängten.

Im März 1940 wurde der in Rumänien erworbene Raddampfer *Pentscho* donauaufwärts geschickt, um die Flüchtlinge – es waren inzwischen mehr als 500 großteils junge Menschen aus der Slowakei, aber auch aus den Reichsgebieten – aufzunehmen. Die rumänischen Behörden untersagten jedoch die Weiterfahrt des veralteten, völlig überladenen Fahrzeugs an die untere Donau. Die Passagiere der *Pentscho* versuchten in mehreren Flusshäfen vergeblich, Wasser und Nahrungsmittel zu fassen. Im Juli musste das kleine Schiff wieder zurück Richtung Jugoslawien fahren, durfte jedoch in keinem Hafen anlegen. Fast drei Wochen lang lag es in der Nähe von Dobra mitten im Strom. Auf Anordnung der jugoslawischen Behörden wurde der Raddampfer sodann durch das Eiserne Tor geschleppt und musste in den internationalen Gewässern zwischen Rumänien und Bulgarien ankern. Treibstoff, Lebensmittel und die Wasservorräte waren längst knapp geworden.

Erst am 11. September, fünf Monate nach der Abfahrt aus Bratislava, durfte der nicht seetaugliche Raddampfer, ausgestattet mit neuen Vorräten und Treibstoff, ins Schwarze Meer auslaufen, obwohl er keine gültige Registrierung und Flagge besaß. Das Schiff sank auf offener See, doch gelang es den Passagieren, sich auf eine kleine unbewohnte Insel zu retten. Erst am 18. Oktober 1940 wurden sie von einem italienischen

Kriegsschiff auf die Insel Rhodos gebracht. Die Italiener wollten die Gestrandeten zurück in die Herkunftsländer schicken, doch sowohl Deutschland als auch die Slowakei verweigerten den Flüchtlingen die Wiedereinreise. Im Januar 1942 wurde die Gruppe in das süditalienische Internierungslager Ferramonti verlegt, wo sie bis Kriegsende bleiben musste.[311]

Doch was bedeutete die Bestellung Storfers, der selbst kein Zionist war, für die Arbeit jener, die sich bis dahin mit der Planung und Durchführung der illegalen Transporte befasst hatten? Schicko (eigentlich Joshua) Torczyner, ein Führer des Wiener »Makkabi«, einer zionistischen Sport-Organisation, widmete Storfer ein ganzes Kapitel seiner autobiographischen Aufzeichnungen.[312] Er berichtet unter anderem über eine Vorladung zu Eichmann: »Er [Eichmann] sagte mir, dass wir nicht genug Juden aus Deutschland herausschaffen. Wir hätten nicht genug Erfahrung, setzte er fort, und deswegen würde er von jetzt ab einen anderen Mann an der Spitze aller unserer Operationen stellen. Diese Person, so sagte er, sei der Kommerzialrat Storfer, auch ein Jude.

Natürlich sollten meine Freunde und ich unsere gewohnte Arbeit fortsetzen, aber anstatt ihm Bericht zu erstatten, sollten wir das täglich bei Storfer tun. Wir hätten auch Storfers Erlaubnis für alle unsere Tätigkeiten einzuholen und hätten seinen Befehlen zu gehorchen!«[313]

Wer »diese geheimnisvolle Persönlichkeit, dieser vollkommen unbekannte Storfer, ein Jude mit dem Ehrentitel eines Kommerzialrates«, denn eigentlich sei, habe er – Torczyner – sich damals gefragt. Auf der Suche nach Informationen sei er an den Leiter der Wiener jüdischen Gemeinde, Löwenherz, herangetreten. Dieser habe ihm Folgendes berichtet: Eichmann habe wenige Tage zuvor Storfer in den Vorstand der Gemeinde setzen wollen. Löwenherz habe sich gewunden, worauf Eichmann seine Absicht geändert und vorgeschlagen habe, Storfer solle offiziell den Befehl über den »Makkabi« übernehmen. Er (Löwenherz) habe zugestimmt, obwohl auch er sich der Vertrauenswürdigkeit Storfers nicht ganz sicher gewesen sei.

Storfer sei ein in »gefährlicher Weise ehrgeiziger Mann«, er sei schon während des Ersten Weltkriegs als Spion für Österreich tätig und mit geheimen Finanzaufträgen befasst gewesen. »Sie und ich, wir alle müssen uns vor ihm vorsehen«, soll Löwenherz Torczyner gewarnt haben. Torczyner habe nach diesem Gespräch Löwenherz versprochen, ihm gemeinsam mit dem »Makkabi« der Gemeinde die Last mit Storfer abzunehmen und zu versuchen, mit diesem zu arbeiten.[314] Noch am selben Nachmittag sei Storfer im Büro des »Makkabi« erschienen: »Er war ein großgewachsener, sehr distinguiert aussehender Gentleman, tadellos angezogen, etwa 55 bis 60 Jahre alt, mit einem vollen Gesicht und leicht angegrautem Haar. Er war sehr höflich und viel zu süßlich für unseren Geschmack.«[315]

Storfer habe versprochen, dass die Arbeit wie bis dahin weiterlaufen könne, er werde höchstens gelegentlich einen guten Rat erteilen. Tatsächlich sei die Arbeit fortgesetzt worden, doch die Atmosphäre habe sich geändert, auch wenn Storfer nur für gelegentliche Besuche aufgetaucht sei. Die Gestapo und Eichmann hätten plötzlich einen viel schärferen Ton angeschlagen und seien offensichtlich über viele Pläne des »Makkabi« informiert gewesen: »Wir gewannen mehr und mehr die Überzeugung, dass Storfer ein Verräter an unserer Sache und ein Handlanger Eichmanns war«, berichtete Torczyner weiter. Er habe damals beschlossen, Storfer eine Falle zu stellen: Unter dem Siegel strengster Vertraulichkeit habe er ihm von einem beliebig erfundenen Vorfall erzählt. Prompt sei er nur wenig später wegen eines Details der Geschichte von Eichmann zur Rede gestellt worden: »Das, zusammen mit anderen Zwischenfällen, überzeugte mich, dass der Kommerzialrat nichts anderes war als ein Verräter und dass zwischen ihm und Eichmann ein geheimnisvolles gemeinschaftliches Interesse bestehen müsse.«[316]

In der Folge sei es zu einer Aussprache mit Storfer gekommen. Torczyner habe diesen einen Verräter und Spion Eichmanns genannt und ihm unterstellt, durch seine Dienste für die SS sein persönliches Vermögen retten zu wollen und sogar Geld für Eichmann in die Schweiz zu verschieben – von Juden gestohlenes Geld, als Sicherheit für alle Fälle. Im Nachhinein war Torczyner von der Richtigkeit dieser Vermutung überzeugt: Storfer habe tatsächlich Geld für Eichmann in die Schweiz geschmuggelt, was Eichmann später ermöglicht habe, sich länger als 15 Jahre zu verstecken. Damals – im Zuge der erwähnten Aussprache – habe er, Torczyner, Storfer mit den Worten gewarnt: »(…) bilden Sie sich nicht ein, dass Sie Ihr wertloses Leben mit einem solchen Verrat retten können! Wenn Sie einmal Ihren Zweck erfüllt haben, wird Eichmann Sie liquidieren, (…) weil er niemals erlauben kann, dass ein Zeuge noch lebt!«

Storfer habe ihn daraufhin angeschrien und ihm gedroht, er sei »erledigt«. Torczyner verließ nach diesem Vorfall sofort das Land und erfuhr wenig später, dass man ihn hatte verhaften wollen.[317] Die Vermutung, Storfer habe für SS-Angehörige Konten im Ausland angelegt, äußerte auch Benjamin Murmelstein, der während der Zeit des Nationalsozialismus zunächst zu den einflussreichsten und umstrittensten Funktionären der Wiener jüdischen Gemeinde gezählt und später das Amt des »Judenältesten« im jüdischen Ghetto Theresienstadt innegehabt hatte. Murmelstein behauptete in einem Gespräch mit Dr. Pierre Genée, Storfer habe sich zu weit mit der SS eingelassen, zu viel gewusst und daher sterben müssen.[318]

Willy Perl, ein Vertreter der zionistischen Rechten, der selbst zahlreiche illegale Transporte organisiert hatte, nahm in seinen Memoiren zurückhaltender zu Storfer Stellung. Auch er hielt fest, dass Eichmann Storfer als »einen Mann seiner

Wahl bestellt« habe. Perl hatte allerdings Österreich bereits im Sommer 1938 verlassen und mit Storfer nur vom Ausland aus zusammengearbeitet. Somit war er dessen – angeblichen oder tatsächlichen – Machtallüren weit weniger ausgeliefert als jene Aktivisten, die innerhalb der Grenzen des Deutschen Reiches mit Storfers Hoheitsanspruch konfrontiert waren. Perl wies darauf hin, dass großangelegte Unternehmungen wie die illegalen Transporte nur mit Einverständnis der NS-Behörden durchführbar gewesen seien. Verdächtigungen und Kollaborationsbeschuldigungen wie gegen Storfer erhoben, seien in der damaligen Zeit voller Gefahren, Verrat und Erpressung häufig gewesen. Sie hätten auch einen seiner (Perls) Verwandten, Robert Mandler getroffen, der nach dem »Anschluss« Österreichs in der Tschechoslowakei ein Auswanderungsbüro geleitet habe. Mandler habe durch seine äußerst effiziente Arbeit Hunderte Menschenleben gerettet und an der Rettung Tausender mitgewirkt. Sich selbst habe er dagegen nicht mehr in Sicherheit bringen können, sondern sei mit seiner Frau und seiner 15-jährigen Tochter von den Nationalsozialisten ermordet worden. Storfer war im Laufe seiner Arbeit auch mit Mandler in Kontakt gewesen und hatte mit ihm auch noch nach dessen Deportation nach Theresienstadt korrespondiert.

Was Storfer betrifft, so blieb für Perl die Tatsache entscheidend, dass jener als begabter Organisator Tausende vor dem Tod bewahrt hatte, sich selbst aber nicht mehr hatte retten können.[319] Perl arbeitete mit Storfer vor allem im Zusammenhang mit einem der größten illegalen Transporte, dem *Sakarya*-Transport, zusammen, der aus vier Teilgruppen bestand: dem von Robert Mandler im damaligen »Protektorat Böhmen und Mähren« zusammengestellten Transport, dem Wiener »Betar«-Transport sowie einer weiteren Gruppe, die Storfer von Budapest aus zusammengestellt hatte.[320]

In einem Interview mit der Verfasserin zeigte sich Perl – etliche Jahre nach dem Verfassen seines autobiographischen

Berichts – noch milder in seinem Urteil über Storfer: Er habe keine Ursache, etwas Negatives über Storfer zu sagen. Er selbst habe reibungslos mit ihm zusammengearbeitet. Er hatte Storfer allerdings nie persönlich kennengelernt, sondern nur mit ihm korrespondiert. Storfer habe auf seinen (Perls) Wunsch auch Leute in seine Transporte aufgenommen, die kein Geld gehabt hätten – so auch Perls alte Haushälterin, Ilona Böhm, die dann allerdings ihren Platz nicht in Anspruch genommen habe und ermordet worden sei.

Das eigentliche Problem war laut Perl gewesen, dass man viele Bewerber für die Transporte habe abweisen müssen. Seiner Meinung nach hatte auch Mandler keine besonders genaue Auswahl getroffen. Für die Zionisten sei es jedoch von großem Interesse gewesen, Menschen auszusuchen, die längerfristig in Palästina bleiben würden. Bei vielen Kandidaten habe man nicht gewusst, wie sie politisch, also zur zionistischen Ideologie, gestanden hätten.[321]

Das gnadenloseste Urteil über Storfer fällte Georg Überall / Ehud Avriel, ehemaliger Leiter des österreichischen »Hechaluz« und Vertreter des »Mossad« in Wien. Avriel, der um die Jahreswende 1939/40 selbst nach Palästina geflüchtet war, hatte in den Jahren 1942 bis 1944 von Istanbul aus Rettungsaktionen für europäische Juden organisiert und war nach dem Zweiten Weltkrieg, im Rahmen der Untergrundbewegung »Brichah«, neuerlich in der illegalen Masseneinwanderung nach Palästina aktiv. Er gehörte zu den engsten Vertrauten des ersten israelischen Ministerpräsidenten David Ben Gurion. Für Avriel war Storfer nicht nur ein Verräter an der zionistischen Sache, sondern auch der Inbegriff des verabscheuenswürdigen Kapitalisten. Avriel, der selbst aus bürgerlichem Hause stammte, war in der weit links stehenden zionistischen Pionierbewegung »Hechaluz« aktiv und wurde später als Mitglied der israelischen Arbeiterpartei Abgeordneter der Knesset. In seinen 1975 veröffentlichen Memoiren schrieb Avriel: »Storfer gehörte zur Klasse der international tätigen Geschäftsleute, die überzeugt davon sind, die Welt zu regieren – unabhängig vom jeweils herrschenden Regime. Vor dem Zweiten Weltkrieg, als Österreich ein unabhängiges, aber schwaches Land war, konnte er sich als einer der führenden Tycoone etablieren, ausgestattet mit einem ungeheuren Selbstbewusstsein und grenzenlosen Beziehungen in alle Ecken der Welt. Seit dem Anschluss war er – wie wir sehr wohl wussten – im Bund mit dem Teufel. (…) Seine Schlauheit sagte ihm, (…) dass ein Mann mit seinen Talenten unverzichtbar für ein ehrgeiziges Regime sei.

Da die Massenauswanderung auf der Tagesordnung stand, sei nur er allein dazu in der Lage, die neuen Vorgaben in einem für die neuen Herren befriedigenden Maßstab zu erfüllen, weshalb er Eichmann seine Dienste bei der ›Säuberung‹ Österreichs [gemeint ist die Vertreibung der jüdischen Bevölkerung] anbot. Storfer war skrupellos und entschlossen, jeden anderen zur Seite zu schieben. Er hatte keine Zeit für Amateure und Idealisten. Er konkurrierte, äußerst ungeschickt, um die auf schwierige Weise geknüpften Kontakte des Mossad auf dem Schiffsmarkt und trug damit dazu bei, dass die Preise der wenigen verfügbaren Schiffe in die Höhe schossen.«[322]

Avriels Ausführungen zufolge war die Einrichtung von Storfers Büro als zentrale Stelle für illegale Palästina-Transporte mit der Aufforderung an den »Mossad« und die »Revisionisten« einhergegangen, deren eigenständige Operationen unverzüglich zu beenden. Eichmann habe den »Mossad« vor allem zwingen wollen, die strengen Auswahlkriterien aufzugeben, die der »Hechaluz« im Allgemeinen bei der Auswahl der Kandidaten für die Transporte angewandt habe: Im Hinblick auf die Strapazen der Reise, die Beschwernisse bei der verbotenen Landung und die Bedürfnisse des damals noch im Aufbau befindlichen Landes wurden gesunde, junge, arbeitsfähige und meist auch ideologisch zuverlässige Menschen bevorzugt.

Damit sei es nun vorbei, habe Eichmann verkündet, die Emigration sei kein Wohltätigkeitsunternehmen, sondern müsse beschleunigt und völlig rationalisiert werden. In Zukunft müsse mitgenommen werden, wer immer für die Reise bezahlen könne. Mosche Agami (Averbuch), der bis dahin als Emissär aus Palästina an der zionistischen Arbeit in Wien mitgewirkt hatte, habe das »Reich« sofort verlassen müssen. In Zukunft, so habe Eichmann klargemacht, werde es keine Einmischung von Fremden mit eigenen Interessen mehr geben. Avriel erinnerte in seinen Memoiren auch an die Befürchtungen des »Mossad«, Storfer werde, nur um so viele Juden wie möglich außer Landes zu schaffen, seeuntaugliche Schiffe zum Einsatz und damit die Menschen in große Gefahr bringen.[323]

Als einzige Trumpfkarte gegenüber Storfer waren den zionistischen Organisationen ihre Verbindungen zu den Landesorganisationen in Palästina geblieben, ohne deren Mitwirkung es nahezu unmöglich war, Flüchtlinge unbemerkt an Land zu bringen.[324] Aufschlussreich und zugleich irritierend ist ein streng vertraulicher, verzweifelter Brief, den Georg Überall – Storfer schrieb dessen Namen »Ehut Uiberall« – am 1. Dezember 1939 »nachts« an Storfer geschrieben hatte. Im Zusammenhang mit der Abfertigung der später als »Kladovo-Transport« bekannt gewordenen Gruppe hatte er den »Kommerzialrat« dringend um Hilfe in der Not gebeten:

»Ich wende mich an Sie in einem Augenblicke der hellsten Verzweiflung mit einem Anliegen, das für mich derartige Bedeutung hat, dass ich mir nicht anders zu helfen verstehe, als auf diesem nicht gewöhnlichen Weg.

In der vergangenen Nacht offenbarte es sich mir nämlich, dass wenig ergebene Freunde und treulose Mitarbeiter hinter meinem Rücken eine Katastrophe entfesselt haben, für die ich nun voll und ganz einzustehen habe: Sie schickten einfach und ohne viele Fragen statt der vereinbarten 180 – fast 300 Menschen nach Bratislava. Ich weiß und ich könnte es beeiden, dass keine unreinen Motive dahinterstaken und dass niemals die Absicht bestand, eine ›gegebene Tatsache‹ zu statuieren.

Was soll ich jetzt tun? Niemand außer mir trägt die Verantwortung für die Unterbringung dieser Menschen und ihre Weiterreise.

Ich will Ihnen gestehen, dass meine gegenwärtige Verfassung ausgenützt worden ist: Ich taumle von einem Zusammenbruch in den anderen, meine Kräfte versagen und ich muss zu meiner Mutter und zu meinen Freunden.

Nach einer schlaflosen Nacht, während welcher mich die bangesten Vorstellungen quälten, gelangte ich zu dem Entschluss, mich an Sie zu wenden. Sie werden mir helfen und mich nicht im Stiche lassen. Meine Kraft scheut ein mündliches Turnier, ich bin zu sehr beschämt, weil ich eine wenig anmutige Sache zu vertreten habe.

Beziehen Sie sich bitte nicht offiziell zu diesem Schreiben und zu meinem Antrag, mir diese 120 Plätze zuzusprechen! Ich weiß ja, dass Sie ihn sonst von Anfang ablehnen werden. Verstehen Sie das Maß meiner Verzweiflung? Urteilen Sie wie ein guter Vater über seinen gefährdeten Sohn!

Aber vor allem, gleichgiltig, wie Sie entscheiden: Behalten Sie diesen Brief nur für sich, ich bitte Sie, lassen Sie niemand von ihm wissen!

Sie werden durch eine eventuelle Beteiligung an dem großen Berliner Jugoslavien-Projekt einholen, worauf Sie verzichten, wenn Sie mich retten. Aber Sie wissen vielleicht gar nicht, was Sie für mich, für niemand sonst, tun würden, wenn Sie mir jetzt beistünden.

Ich habe mich Ihnen offenbart! Sie können mich jetzt demütigen oder erheben! Lieber Herr Kommerzialrat! Helfen Sie mir! Ich bitte Sie um paar Zeilen. Ihr Ehut Uieberall.«[325]

Wie Storfer Anfang Mai 1940 festhielt, hatten weder die Kultusgemeinde noch er als »mit der Leitung der Überseewanderung Beauftragter« davon gewusst, dass Ende November

1939 200 »Hechaluz«-Leute mehr als zwischen Überall und Averbuch vereinbart auf den Weg geschickt worden waren. Bekanntlich hätten sich die »Hechaluz«-Stellen in Wien und anderen Orten stets an die Aufträge von Averbuch gehalten, »der in unsere Disziplin störend eingewirkt hat«. Als Beweis betrachtete Storfer den eben zitierten Brief Ehud Überalls. Storfer hatte das Schreiben zunächst tatsächlich als streng vertraulich behandelt und in einem besonderen Dossier aufbewahrt. Nicht einmal seine engsten Mitarbeiter hatten davon gewusst. Anfang Mai 1940 sah sich Storfer angesichts der eskalierenden Konflikte mit dem »Mossad« aber nicht mehr daran gebunden. Die Vertraulichkeit habe nur für den damaligen Zeitpunkt gegolten, »um Aufsehen und Tadel zu vermeiden«. Nun sei der Vorfall »mehr historisch als vertraulich geworden«. Er fühlte sich deshalb berechtigt, zu seiner Rechtfertigung auf diesen Brief zurückzugreifen.[326]

In ihrem Buch *Eichmann in Jerusalem*, in dem Storfer Erwähnung fand, beurteilte Hannah Arendt dessen Rolle letztlich wohlwollend: »Storfer war an die Stelle der palästinensischen Emissäre getreten, die zu unabhängig geworden waren; Eichmann wies ihm die Aufgabe zu, (...) illegale Transporte von Juden nach Palästina zu organisieren, ohne sich dabei der Unterstützung von Zionisten zu bedienen. Storfer war kein Zionist und hatte sich vor dem Einmarsch der Nazis in Österreich nicht für jüdische Angelegenheiten interessiert. Dennoch gelang es ihm mit Eichmanns Hilfe noch 1940, als halb Europa von den Nazis besetzt war, über 3500 Juden aus Europa hinauszubekommen, und er scheint sein Bestes getan zu haben, um diese Dinge mit den für die illegale Einwanderung verantwortlichen Stellen zu klären. Daran hat Eichmann vermutlich gedacht, als er seine Begegnung mit Storfer in Auschwitz mit der kryptischen Bemerkung abschloss: ›Mit keinem Wort hat dieser Mann je − − sagen wir, Verrat am Judentum begangen − − hat Storfer nicht gemacht −.‹«[327]

Vermutlich versuchte Eichmann, in die Organisierung und Zusammensetzung der Palästina-Transporte einzugreifen, um einem systematischen Aufbau von »Erez Israel«, wie er von den Zionisten angestrebt wurde, entgegenzuwirken. Darüber hinaus ging es ihm darum, vor allem auch alte, kranke und gebrechliche Menschen, deren Auswanderung besonders schleppend vonstatten ging, zum Verlassen des Landes zu nötigen.

Der schon erwähnte Erich (später Ephraim) Frank, Leiter des deutschen »Hechaluz« und Reiseleiter auf einem der von Storfer organisierten Schiffe, äußerte sich bei seiner Ankunft in Palästina in einem Brief in sehr negativer Weise über Storfer: »Herr Storfer hat nach meiner Ansicht den Ehrgeiz, ›Chef der jüdischen Auswanderung aus Großdeutschland‹ oder so etwas Ähnliches zu werden, wobei unter ›Auswanderung‹ auch der Fall einer organisierten Vertreibung aus Europa zu verstehen ist, die die Nazis bekanntlich vorbereiten, für den Fall eines Sieges. Um sich oben zu halten, wollte Storfer daher durch große Zahlen imponieren. Daher hat er das irrsinnige Programm eines kombinierten Transportes von ca. 4500 Menschen der Behörde vorgelegt. Es ist verständlich, dass die Behörde darauf einging und unsere Einwendungen, dass die Durchführung unmöglich sei, überhörte. Unser Widerstand war sehr stark. (…) Wir haben immer wieder die Notwendigkeit einer guten Auswahl im Hinblick auf die Kontinuität dieser Arbeit betont.«[328]

So weit Franks Urteil über Storfer im Jahr 1940. In einem 1958 niedergeschriebenen Bericht über eine Vorladung zu Eichmann im März 1940 relativierte er allerdings seine frühere Sichtweise deutlich. Storfer habe an »der äußersten Grenze der Zusammenarbeit mit der Gestapo gestanden, aber noch gerade auf der zulässigen Seite«: »Wir waren damals gegenüber seiner Tätigkeit sehr skeptisch, aber offenbar zu Unrecht. Wir wollten im Grunde mit den Wiener Transporten durch Storfer nichts zu tun haben, sondern [nur] mit eigenen Schiffen (…).

Storfer bekam das Recht, zu reisen und Schiffe zu kaufen. (...) Storfer sagte zu Eichmann: ›Was sind Ihre Befehle?‹ Aber er diente unseren Zwecken, nicht denen der Gestapo.«[329]

Doch bereits in der damaligen Zeit gab es Stimmen, die Storfers Integrität verteidigten und seine Bemühungen würdigten. Eine Reihe von Dankesbriefen, verfasst von Funktionären jüdischer und zionistischer Organisationen aus Berlin, Prag und Danzig, erreichten Storfer, nachdem seine drei Schiffe vor der Küste Palästinas eingetroffen waren. Otto Hirsch von der »Reichsvereinigung der Juden in Deutschland« äußerte sich voller Anerkennung über Storfers Leistung und dessen »unermüdliche, zähe und geschickte Leitung«: »Sie haben es verstanden, aller sich immer wieder aufs Neue auftürmenden Schwierigkeiten Herr zu werden und die verschiedensten Interessen auszugleichen und sich für Ihr uneigennütziges Wirken den dauernden Dank aller Beteiligten gesichert.«[330]

Franz Lyon, der Leiter des Berliner Palästina-Amtes, dankte ihm »(...) für die aufopferungsvolle und erfolgreiche Arbeit, die Sie für unsere Freunde und in unser aller Interesse geleistet haben (...). Weiß doch niemand besser als ich, mit welchen Widerwärtigkeiten Sie zu kämpfen hatten und mit welcher Ausdauer und Liebe zur Sache Sie den Erfolg erzwungen haben.«[331]

Die Prager »Jüdische Emigrationshilfe nach Übersee« etwa sprach von einem »wirklich hervorragend vorbereiteten und musterhaft durchgeführten Transport«: »Nur wer von derartigen Transporten etwas versteht, kann ermessen, welch Ungeheures Sie unter den schwierigen Voraussetzungen geleistet haben (...). Bei dieser Gelegenheit geben wir unserer Empörung Ausdruck über die Verleumdung einzelner Reiseteilnehmer, doch können wir Sie versichern, dass jeder klarsehende Mensch diese Lumpereien verachten und ignorieren muss.«[332]

Der Prozess gegen
Storfers Schwager Josef Goldner

Einer der wichtigen Mitarbeiter im »Ausschuss für jüdische Überseetransporte« war der Ehemann von Storfers Schwester Berta, Josef Goldner. Mitte 1941 wurde vor dem Landesgericht für Strafsachen in Wien ein Gerichtsverfahren gegen Goldner eingeleitet, in dem es um Verstöße gegen die Devisengesetze sowie die Verordnung zur Anmeldung des jüdischen Vermögens ging. In den zahlreichen Verhören wurde auch Goldners Tätigkeit im Rahmen von Storfers Auswanderungsorganisation aufgerollt.[333]

Aus den Prozessakten wird deutlich, dass Storfer mehrere Verwandte in seine geschäftlichen Tätigkeiten eingebunden hatte. Dies war bereits vor dem »Anschluss« Österreichs der Fall gewesen, doch nach der nationalsozialistischen Machtergreifung scheinen die familiären Bande noch stärker geworden zu sein: Man gewinnt sogar den Eindruck, es habe sich beim »Ausschuss für jüdische Überseetransporte« mehr oder weniger um ein Familienunternehmen gehandelt. In den Akten tauchen in diesem Zusammenhang neben Josef Goldner die Namen Josef, Samuel und Friedrich Storfer auf.

Durch die Verfolgungs- und Beraubungsmaßnahmen der Nationalsozialisten waren auch Storfers Angehörige ihrer Lebensgrundlage beraubt worden. Obwohl der »Ausschuss« offiziell ehrenamtlich arbeitete, dürfte doch der Lebensunterhalt der Mitarbeiter gesichert gewesen sein. Im Zuge der wiederholten Vernehmungen durch die Zollfahndungsstelle und später durch das Landesgericht für Strafsachen Wien verstrickte sich Goldner immer wieder in Widersprüche, widerrief Aussagen oder modifizierte sie. In die Enge getrieben, war er bestrebt, nur das jeweils Unumgängliche zuzugeben. Trotzdem entsteht ein – wenn auch lückenhaftes – Bild der Vorgänge, die der Verhaftung vorausgegangen sind. Goldner hatte während der NS-Zeit eine Reihe finanzieller Transaktionen abgewickelt, die gemäß den damals geltenden gesetzlichen Bestimmungen illegal gewesen waren oder sich zumindest am Rande der Legalität bewegt hatten.

Die Forcierung der jüdischen Auswanderung war, zumindest bis 1940, ein vorrangiges Ziel der Nationalsozialisten gewesen. Aktivitäten von jüdischer Seite, die der Schaffung eines »judenreinen« Reichsgebietes dienten, waren willkommen gewesen und im Allgemeinen gefördert worden. Kritisch wurde es jedoch, wenn dabei gegen vermögens- und devisenrechtliche Bestimmungen verstoßen wurde, denn parallel zur Vertreibung hatte der NS-Staat immer auch den Griff auf das jüdische Vermögen im Auge.

Das bekam zum Beispiel auch der steirische Fluchthelfer Josef Schleich zu spüren, der Hunderte Personen über die grüne Grenze nach Jugoslawien schleuste und nachweislich auch Kontakt zu Storfer hatte. Noch während der NS-Zeit kam es zu einem Strafverfahren gegen Schleich. Er wurde in Haft genommen, weil er sich durch den Schmuggel von Wertgegenständen aus jüdischem Besitz verschiedener Devisenvergehen schuldig gemacht und persönlich bereichert hatte.[334]

Bei den Fällen, die im Zuge des Verfahrens gegen Josef Goldner aufgerollt wurden, ging es immer wieder auch um individuelle jüdische Flüchtlinge aus Österreich und die Durchführung finanzieller Transaktionen zugunsten oder im Auftrag von diesen. Trotz der vielen Ungereimtheiten und Widersprüche entsteht ein Bild von Goldners damaligen Aktivitäten und Beziehungsgeflechten. Es wird auch klar, dass verschiedentlich

Zweifel an seiner Redlichkeit aufgetaucht und der Verdacht entstanden ist, er habe Gelder – vor allem seines Schwagers Berthold Storfer – veruntreut. Goldner selbst gab im Rahmen des Verfahrens zu, einen Betrag von mehr als 10.000 RM, den ihm Storfer nach dem »Anschluss« zur Verwahrung anvertraut hatte, ohne Storfers Wissen für eigene Zwecke ausgegeben zu haben. Dieser Umstand war jedoch nicht Gegenstand des Verfahrens.

Mehrere Verwandte Berthold Storfers wurden als Zeugen befragt, nicht hingegen Storfer selbst. Das ist erstaunlich, denn aus Storfers Meldeunterlagen geht hervor, dass er am 27. Juni 1941, etwa eine Woche nach der Verhaftung seines Schwagers Goldner, ebenfalls als Zollfahndungshäftling in das Polizeigefangenenhaus eingeliefert, allerdings bereits wenige Tage später, am 30. desselben Monats, wieder entlassen worden ist.[335]

Goldner hatte sich 1941 intensiv um seine Ausreise aus dem Deutschen Reich bemüht. Nach Überwindung zahlreicher Schwierigkeiten war es ihm gelungen, für sich und seine Familie die für die Einwanderung in die USA notwendigen Papiere und Reisedokumente zu beschaffen. Josef Goldner, seine Frau Berta und sein Sohn K. waren also im Begriff, Wien zu verlassen, als Josef Goldner am 19. Juni 1941 in seiner Wohnung in der Josefstädter Straße im achten Wiener Gemeindebezirk unerwarteten Besuch von einem Beamten der Zollfahndungsstelle bekam und einem eingehenden Verhör unterzogen wurde. Wie sich später herausstellte, waren mehrere, angeblich anonyme, Anzeigen gegen Goldner erstattet worden, in denen vor allem auf seinen für damalige Verhältnisse ungewöhnlich aufwendigen Lebensstil hingewiesen worden war.[336] Goldner stellte zunächst alle ihm unterstellten Verfehlungen energisch in Abrede und wies auf seine rumänische Staatsbürgerschaft hin. »Erst nach langem Hin und Her bequemte er sich, einen verborgenen Geldbetrag in Höhe von RM 29.300 vorzuzeigen«, heißt es in dem Protokoll der Zollfahndungsstelle.[337]

Goldner wurde am frühen Abend des 19. Juni 1941 »wegen Verdunkelungsgefahr« vorläufig festgenommen und in das Polizeigefangenenhaus Rossauerlände 7–9 eingeliefert.

Der 1884 geborene Josef Goldner war, wie aus dem Gerichtsakt hervorgeht, zum damaligen Zeitpunkt »ohne Beruf, Arbeitsverhältnis und Einkommen«, hatte zwei Kinder im Alter von 27 und 21 Jahren und »angeblich« keine Vorstrafen. Sein Vermögen wurde mit 29.500 RM beziffert.[338] Am 20. Juni 1941 machte der aus der Untersuchungshaft vorgeführte Goldner in einer vom Zollfahndungsbeamten Grünhardt geleiteten Verhandlung bei der Zollfahndungsstelle folgende Angaben: »In Wien betrieb ich bis zum Umbruch ein Inkassobüro, 1., Hessgasse 6, lebte dann bis etwa Anfang 1939 ganz privat. Im Juni 1939 arbeitete ich ehrenamtlich beim Ausschuss für jüdische Überseetransporte in Wien 1., Marc Aurelstraße 5. Im Mai 1940 fuhr ich im Auftrage dieser Dienststelle nach Rumänien und Griechenland, um die Vorbereitung einer größeren Expedition von Juden vorzunehmen. Am Anfang März dieses Jahres [1941] kehrte ich wieder nach Wien zurück. Seit dieser Zeit bin ich ganz privat.«

Auf die Frage nach den Vermögenswerten im In- und Ausland, die gemäß der Verordnung vom 26. April 1938 anzumelden gewesen wären, gab Goldner Folgendes zu Protokoll: »Wir lebten nach dem Umbruch von etwas vorhandenem Geld, das wir seinerzeit nicht an[zu]melden brauchten, da es unter 5.000 RM waren. Ich besaß mit meiner Ehefrau seinerzeit circa 9.000 RM an Bargeld, Möbel, Schmuck und so weiter in Deutschland. Im Auslande hatte ich in Amerika bei einer Bank in New York circa 2.000 $. Von Rumänien aus habe ich circa 1.000 $ verkauft. Die restlichen circa 1.000 $ liegen noch in New York. Für die 1.000 $ habe ich an einer schwarzen Börse in Bukarest 26.000 RM in Noten aufgekauft und diese 26.000 RM mit mir nach Wien gebracht. Ich hatte die RM-Noten 26.000 in sechs Koffern versteckt mit nach Deutschland eingeführt. Mir war bekannt, dass die Einfuhr von RM-Noten verboten ist. Ich habe deshalb an der Grenze den Abfertigungsbeamten auf die Frage nach Geld beziehungsweise Devisen die 26.000 RM verheimlicht. Das ist meine ganze strafbare Handlung, die ich begangen habe.«[339]

Der Verhandlungsleiter hielt dem entgegen, dass Goldner bei der Befragung in dessen Wohnung am Vortag behauptet hatte, keinerlei in- oder ausländisches Vermögen zu besitzen und nach dem »Anschluss« vom Abverkauf seiner Möbel und etwas Schmuck, den er nicht ins Ausland habe mitnehmen dürfen, gelebt zu haben. Die auf diese Weise beschafften 4.000 RM habe er inzwischen verbraucht. Er besitze nur noch 200 RM, seine Frau 100 RM.

Goldner hatte auch erklärt, zehn Monate im Ausland – in Rumänien und Griechenland – gelebt zu haben. Erst nachdem eine Quittung über die Bezahlung von 3.000 RM aufgetaucht sei, sei Goldner unruhig geworden und habe schließlich – nach Drohungen durch Grünhardt, die Zweizimmerwohnung durchsuchen zu lassen – den Zollfahndungsbeamten zu einem auf dem Küchenherd stehenden Karton geführt. Versteckt unter Lebensmitteln, waren die 29.300 RM zum Vorschein gekommen. Goldner hatte daraufhin angegeben, auch dieser Betrag würde aus dem Abverkauf der Möbel und Schmuckstücke stammen. Er war festgenommen worden und hatte an der Straßenbahnhaltestelle zu Grünhardt gesagt: »Ich will mir die Sache etwas kosten lassen, gehen wir zurück in die Wohnung.«

Bei der Verhandlung in der Zollfahndungsstelle rechtfertigte Goldner sich damit, dass die falschen Angaben seiner Aufregung am Vortag zuzuschreiben seien. Er habe dadurch Dinge geäußert, die er »sonst niemals über die Lippen bringen würde«. Vor allem liege es ihm gänzlich fern, einen Zollbeamten durch Bestechung beleidigen zu wollen.

In seiner neuen Aussage räumte Goldner ein, er habe den Restbetrag von 29.300 RM unbedingt für seine Ausreise in die

USA behalten wollen – »damit mir meine Zukunft nicht gänzlich abgeschnitten ist«. Die restlichen 3.300 RM würden aus Schmuckverkäufen stammen.

Nach der Entdeckung des beachtlichen Geldbetrages kamen weitere Transaktionen zur Sprache, in die Goldner und verschiedene andere Personen involviert gewesen waren. Goldner gab dazu an, der ehemalige Präsident der Südbahn-Gesellschaft, Gustav Fall, habe ihm einen Betrag von 8000 RM zur Aufbewahrung ausgehändigt. Fall habe dieses Geld ebenfalls durch den Verkauf von Gegenständen, deren Ausfuhr verboten war, erhalten.

»Kurz vor meiner Abreise habe ich diesen Geldbetrag meinem Schwager Samuel Storfer [einem Bruder Berthold Storfers], wohnhaft bei mir in meiner Wohnung, übergeben. (…) Als ich im März 1941 aus Bukarest zurückkam, erklärte mir mein Schwager, dass er dem Fall 2.000 RM und der Frau Berta Stern 3.000 RM übergeben habe. (…) Die Frau Stern kenne ich überhaupt nicht. Erst nach der Rückkehr habe ich von meinem Schwager Samuel Storfer erfahren, dass Fall nach Jugoslawien ausgewandert sei.«[340]

Goldner war nicht bereit anzugeben, wie viel er bei seiner letzten Auslandsreise verdient hatte, und begründete dies damit, dass sich die Angelegenheit im Ausland abgespielt habe und er selbst rumänischer Staatsbürger sei. Die Zollfahndungsstelle hielt dem entgegen, dass er »für die Verbringung von Juden nach Palästina Devisen mit Genehmigung der Devisenstelle[n] Wien, Prag, Danzig und so weiter in Anspruch genommen« habe: »Sie sind deshalb verpflichtet, wahrheitsgemäß anzugeben, was mit den vom Deutschen Reich bewilligten Devisen geschehen ist.«

»Die Abrechnung über die (…) Devisen erfolgte mit dem Reeder. Das Verhältnis zwischen mir und dem Reeder, welches im Auslande zustande kam, ist eine interne Sache zwischen ihm und mir. (…) Außer der verbotenen Einbringung von

26.000 RM, Aufbewahrung der 8.000 RM für den Präsidenten Fall und Zahlung zugunsten des [Devisen-]Ausländers Fall habe ich nichts unternommen, was gegen die deutschen Devisenbestimmungen, Kriegswirtschaftsverordnung, verstößt«, so Goldners Rechtfertigung. Sein noch in der Schweiz vorhanden gewesenes Guthaben sei inzwischen auf ein Konto in den USA transferiert worden.[341]

Am 24. Juni 1941 wurde die Verhandlung mit Goldner fortgesetzt und dieser »letztmalig zur Wahrheit ermahnt«. Erst jetzt gab er Einzelheiten über sein Geschäftsverhältnis zum Reeder Sokrates Avgherinos preis. Sollten Goldners Aussagen der Wahrheit entsprochen haben, so hatte sich der Reeder während der NS-Zeit ein volles Jahr vor allem in Wien aufgehalten, was weder aus Storfers Akten noch aus den Meldeunterlagen ersichtlich ist. Die genauen Hintergründe von Avgherinos' Präsenz in Wien bleiben jedoch unklar: »Da ich dem Schiffsreeder Sokrates Avgherinos, wohnhaft in Athen, der sich vom Frühjahr 1939 bis Frühjahr 1940 in Wien aufgehalten hat, bei seiner hiesigen Tätigkeit behilflich war, habe ich über seinen Auftrag auch verschiedene Wege gemacht. Ich war für ihn Dolmetscher und leistete auch verschiedene Botengänge für ihn. Des Weiteren habe ich auch verschiedene Zahlungen für ihn geleistet, an Einzelheiten kann ich mich aber nicht mehr erinnern. Hier in Deutschland habe ich keinen Pfennig für meine Tätigkeit von oder für Herrn Avgherinos erhalten; er hat mir hier in Aussicht gestellt, mich für meine Tätigkeit später im Ausland zu honorieren. Ein bestimmter Betrag ist nicht vereinbart worden. (...) Ich habe laufend Geldbeträge von Herrn Avgherinos für seine Zwecke erhalten. Woher Herr Avgherinos das Geld hat, ist mir nicht bekannt. Das Geld soll angeblich von Transporten von Juden herrühren.«

Auf diese Aussage Goldners machte die Zollfahndungsstelle folgende Einwendung: »Sie haben eine Aufstellung angefertigt, wonach über einen Betrag von 44.516,50 RM verfügt worden ist. Es erscheint ganz ausgeschlossen, dass diese Beträge von Herrn Avgherinos stammen können. Wie aus der Liste weiter ersichtlich ist, sind das rein persönliche Ausgaben (Auszahlungen) gewesen. Wollen Sie jetzt doch nicht lieber mit der Wahrheit herausrücken?«

Josef Goldner erklärte, er habe seinerzeit von Avgherinos 44.516,50 RM buchmäßig zur Verwaltung übernommen – eine Rechtfertigung, mit der sich der Verhandlungsleiter nicht zufriedengeben wollte: »Diese Angaben können unmöglich stimmen. Erstens sind die Beträge im März dieses Jahres verbucht, zu einem Zeitpunkt also, als Herr Avgherinos nicht mehr lebte. Denn wie Sie angeben, ist Herr Avgherinos im Dezember 1940 in Athen verstorben. Außerdem hat Herr Avgherinos nach Ihren Angaben bereits im April 1940 Deutschland verlassen. Weiter sind in der Aufstellung Beträge angegeben, die nur Ihre persönlichen Angelegenheiten betreffen. Wollen Sie nun angeben, was sich in Wirklichkeit abgespielt hat?«

Auch Berthold Storfers Bruder Samuel wurde am 20. Juni 1941 in der Zollfahndungsstelle einvernommen. Wie Goldner gab er zu Protokoll, kein Vermögen und kein Einkommen zu besitzen. Er werde von Berthold Storfer mit monatlich 100 RM unterstützt und wohne bei seinem Schwager Goldner zur Untermiete. Seit Mai 1939 sei er, wie auch Goldner, Mitarbeiter des »Ausschusses für jüdische Überseetransporte«. Für seine Tätigkeit habe er einige Male Gratifikationen in der Höhe von etwa 500 RM erhalten. Mitte Mai 1940 sei Goldner im Auftrag des »Ausschusses für jüdische Überseetransporte« nach Rumänien und Griechenland gefahren.

»Es sind drei Hochseeschiffe mit insgesamt circa 3500 Juden vom europäischen Kontinent illegal nach Palästina verbracht worden. Mein Schwager hatte den Auftrag, die Verpflegung, die Umbootung von den Donauschiffen auf die Hochseeschiffe und die finanzielle Regelung mit den Reedern zu erledigen, im Sinne des mit den Reedern abgeschlossenen Vertrages. Ein Teil der Geldbeträge ist mit Genehmigung der Devisenstelle Wien nach dem Ausland transferiert worden. Ein Teil ist mit Genehmigung der zuständigen Stellen in Prag, Danzig und Berlin gezahlt worden. Weitere Treuhandbeträge sind von Übersee für diese Transporte bei der zuständigen Stelle in Brüssel eingegangen und ebenfalls mit Genehmigung der Devisenstelle Wien und Antwerpen verwandt worden. Über die im Ausland liegenden Gelder verfügte mein Schwager persönlich, nach den ihm erteilten Aufträgen. Die Abrechnungen liegen bereits vor. Ich kann jedoch jetzt schon angeben, dass ich nicht weiß, ob die Abrechnungen stimmen. Die Überprüfung übernimmt mein Bruder als Leiter der jüdischen Überseetransporte. Ob nun mein Schwager für sich vielleicht von diesen Geldbeträgen etwas erübrigt hat, kann ich nicht sagen. Auch würde er sich hüten, mir dies zu sagen. Mein Schwager ist sehr verschlossen und impulsiv. (...)

Mein Schwager hat immer gutbürgerlich gelebt. Ich glaube kaum, dass er Bargeld besitzt. Vor kurzer Zeit erklärte er mir, dass er als Vermögen Schmuck besitze, diesen Schmuck für die Ausreise habe schätzen lassen, jedoch bekomme er nicht den sämtlichen Schmuck für die Ausreise frei. Etwa für 4.000 RM Schmuck sei nicht bewilligt worden. Den restlichen Schmuck besitzt meine Schwester noch. Meine Schwester Berta sagte mir gestern, dass er den Schmuck in Höhe von etwa 4.000 RM verkauft haben dürfte. Ob mein Schwager das Geld noch in Händen hat, weiß ich nicht. (...)

Ich habe häufig Geldbeträge dienstlicher Art von ihm übernommen und ordnungsgemäß durch die Bücher laufen lassen. Am Mittwoch dieser Woche übergab er mir 3.000 RM mit dem Auftrage, diesen Betrag der Frau Berta Klein (...) auszuhändigen. Die Frau kam glaublich am Donnerstag ins Büro zu mir und holte sich den Betrag ab, den sie mir richtig quittierte. Diese Quittung habe ich ihm zu meiner Entlastung ausgefolgt. Damit war die Sache für mich erledigt.«

Samuel Storfer gab zu, im Auftrag Goldners Geldbeträge ohne Bewilligung der Devisenstelle an Devisenausländer übergeben zu haben und damit gegen die Kriegswirtschaftsverordnung verstoßen zu haben. Er beteuerte aber, selbst von diesen Transaktionen in keiner Weise profitiert zu haben.[342] Schließlich wurde ein weiterer Verwandter, Heinrich Storfer, bei der Zollfahndungsstelle einvernommen. Auch er war bis nach dem »Anschluss« als Angestellter bei der Kommanditgesellschaft Berthold Storfer & Co in Wien 1., Hessgasse 6, beschäftigt gewesen und nun von der Unterstützung durch Angehörige abhängig: »Mein monatliches Einkommen betrug seinerzeit 100 RM. Nach meinem Abgang erhielt ich eine Abfertigung von 410 RM durch Herrn Goldner ausgezahlt. Als Angestellter versah ich speziell nach dem Umbruch meinen Dienst durch Botengänge bei Banken usw.

Im Jahre 1940/41 helfe ich stundenweise bei der Firma ›Überseetransporte für jüdische Auswanderung‹ in Wien 1., Marc Aurelstraße 5 aus. Meine Tätigkeit bestand und besteht darin, dass ich ebenfalls wieder Botengänge ausführe. Von Herrn Goldner habe ich einmal den Betrag in Höhe von etwa 2.100 RM und einen zweiten Betrag in ungefähr derselben Höhe im Sommer 1940 zur Bezahlung an [die Spedition] Caro & Jellinek, Deutschmeisterplatz, für das Umzugsgut des Josef Storfer, wohnhaft Bukarest, erhalten und dort erlegt. Von wem Herr Goldner den Auftrag gehabt hat, ob von Herrn Josef Storfer, Bukarest, direkt oder durch andere Personen, kann ich nicht angeben. Ich war in diesem Falle lediglich der Bote. (…)

Sämtliche Bankerledigungen, Anlegung von Sparkassenbüchern oder Liquidierung derselben, sind stets im Auftrage des Josef Storfer, derzeit Bukarest (ausgewandert circa im Sommer 1939) erfolgt. Es trifft zu, dass ich persönlich verschiedene Abhebungen und Auflösungen von Sparbüchern vorgenommen habe. An Einzelheiten kann ich mich heute nicht mehr erin-

nern. Einmal habe ich im Auftrage des Josef Storfer ein Spar-
buch bei der Länderbank am Hof auf meinen Namen angelegt.
Die Einlage war seinerzeit, ich glaube, 1.500 RM. (…) Wenn
mir soeben gesagt wird, dass ich drei Sparkassenbücher in
Höhe von circa 40.000 RM Einlage habe durch die Finger
gleiten lassen, so stimmt das nicht.«[343]

Am 10. Dezember 1941 um 14.30 Uhr wurde im Landesgericht
für Strafsachen Wien die öffentliche Hauptverhandlung eröffnet. Abermals wurde Goldner, der von dem jüdischen Rechtsanwalt und nunmehrigen »Konsulenten« Adolf Israel Kappel-
macher vertreten wurde, detailliert zur Causa befragt. Unter
anderem erläuterte er nun auch, warum er nicht aus Rumäni-
en ausgewandert, sondern in das Deutsche Reich zurückgekehrt war: »Mein Sohn, der minderjährig war und der aus
Belgien [zurück] nach Wien kam, bekam nach Rumänien
keine Einreise, weil dieser Teil von Rumänien, wo ich war, von
den Russen besetzt wurde. Wenn ich jetzt freikomme, so kann
ich jederzeit auswandern. Ich bin im Besitze eines Visums für
Kuba. Weiters besitze ich auch den Pass, und als Ausländer
besteht für mich die Möglichkeit, trotz der gegenwärtigen
Auswanderungsschwierigkeiten sofort auszureisen.«[344]
In dem nach Ende der Verhandlung verkündeten Urteil wurde Josef Goldner für schuldig befunden, 1941 im Deutschen
Reich vorsätzlich gegen die nach Paragraph 5 der »Verordnung
über die Anmeldung des Vermögens von Juden« bestehende
Anzeigepflicht verstoßen zu haben. Er hatte es unterlassen, die
in der Zwischenzeit erfolgte Vergrößerung seines inländischen
Vermögens um 26.000 RM anzuzeigen. Wegen Vergehens
nach Paragraph 8 der Verordnung wurde er zu einer Gefängnisstrafe von vier Monaten, zu einer Geldstrafe in der Höhe von
10.000 RM und zum Ersatz der Verfahrenskosten verurteilt.
Für den Fall der Nichteinbringlichkeit der Geldstrafe war ein
weiterer Monat Haft vorgesehen. Es wurde somit gleichzeitig

die »Einziehung des den Gegenstand dieser strafbaren Handlung bildenden Betrages von 26.000 RM erkannt«.

Die 29.300 RM und der vorgefundene Schmuck im Wert von etwa 865 RM waren bereits im Zuge des Verfahrens sichergestellt worden. Die Verwahrungs- und Untersuchungshaft, die Goldner zwischen dem 19. Juni und dem 10. Dezember 1941 verbüßt hatte, wurde auf die Gefängnisstrafe angerechnet. In der Urteilsbegründung hieß es: »Der Angeklagte ist am 25. Dezember 1884 in Zalucze geboren und ist rumänischer Staatsangehöriger. Er ist Volljude. Als solcher unterliegt er hinsichtlich seines inländischen Vermögens der für Juden geltenden Anmeldungsverordnung vom 26. April 1938, RGBl. [Reichsgesetzblatt] I S. 414, soweit dieses den Betrag von 5.000 RM übersteigt. Bis zum Jahre 1941 erreichte sein inländisches Vermögen nicht diese Freigrenze. Im Mai 1940 übersiedelte der Angeklagte von Wien nach Rumänien, übersiedelte aber im März 1941 wieder nach Wien zurück, um von hier aus seine Auswanderung nach Amerika zu betreiben. Der Angeklagte besaß ein Guthaben von 2.000 Dollar in New York. Hievon verkaufte er während seines Aufenthaltes in Rumänien einen Betrag von 1.000 Dollar und erzielte hiefür einen Erlös von 26.000 RM. Diesen Betrag schmuggelte er im März 1941 bei seiner Rückübersiedlung nach Wien in den Reisekoffern versteckt herein. In Wien machte sich der Angeklagte durch seine Lebensführung, insbesondere durch Ankauf von Lebensmitteln zu überhöhten Preisen, auffällig, und es schritt die Zollfahndungsstelle über Anzeige gegen ihn ein. Hiebei wurde bei ihm ein Barbetrag von 29.300 RM gefunden, wovon einen Teilbetrag die obenerwähnten 26.000 RM darstellten.

Der Angeklagte hat sich durch die Nichtanmeldung des Betrages von 26.000 RM des Vergehens nach dem § 8 der mehrfach bezogenen Verordnung schuldig gemacht. Er hat hiebei vorsätzlich gehandelt. Er war bis zum Mai 1940 in Wien, kannte also die im April 1938 ergangene Anmeldungsverordnung. Der Umstand, dass er den Betrag in den Koffern versteckte, beweist auch, dass er sich hinsichtlich dieses Betrages schuldig fühlte. (...) Durch die verbotswidrige Einbringung des Betrages von 26.000 RM in das Reichsgebiet hat sich der Angeklagte auch eines Verstoßes nach dem § 17 Abs. 1 Devisengesetz vom 12. Dezember 1938, RGBl. I S. 1734, schuldig gemacht. Er hat außerdem nach seiner Rückkehr aus Rumänien im Inlande eine Reihe von Zahlungen zugunsten von Devisenausländern geleistet und hat hiedurch gegen die Bestimmung des § 15 des Devisengesetzes gehandelt. Wegen dieser das Vergehen nach dem § 69 Devisengesetz bildenden Tatbestände ist bei der Devisenstelle Wien das Unterwerfungsverfahren anhängig. Die Unterwerfung ist bereits durchgeführt und [es] wurde ein Strafbetrag von 60.000 RM festgesetzt. Die Einziehung des Betrages von 26.000 RM kommt im Unterwerfungsverfahren nicht mehr in Frage, weil sie bereits mit dem vorliegenden Urteile ausgesprochen wurde.«

Als mildernd galten bei der Strafbemessung die Tatsache, dass Goldner bis dahin unbescholten gewesen war, das Geständnis und der Umstand, dass kein Schaden entstanden war.[345] Nach der Urteilsverkündigung erklärte sich der Staatsanwalt mit der Entlassung Goldners aus der gerichtlichen Haft einverstanden, ließ jedoch anfragen, ob nicht die Devisenstelle die Überstellung Goldners an die Polizei fordere.

Exkurs:
Die Flucht der Danziger Juden

Mit Storfers großem Transport im Oktober 1940 konnte auch eine große Gruppe von Danziger Flüchtlingen aus dem Deutschen Reich entkommen. Storfers Kontakte zu der dortigen Gemeindeleitung blieben auch noch nach der Abfertigung des Transportes aufrecht. Aber auch die Forderungen des Danziger »Judenkommissars« beschäftigten ihn noch in seinen letzten Lebensjahren.

Die Ostseestadt Danzig, heute polnisch Gdańsk, war nach dem Ersten Weltkrieg zur Freien Stadt unter Aufsicht des Völkerbundes erklärt worden. Polen hatte einen Zugang zur Ostsee über einen Korridor erhalten, der Ostpreußen vom Reich abschnitt. 96 Prozent der Stadtbevölkerung waren Deutsche, die mit dem Reich wiedervereinigt werden wollten. Tausende Juden, die vor Krieg, Revolution und Pogromen geflohen waren, hatten sich in der Stadt niedergelassen, wodurch die jüdische Bevölkerung von 2 500 auf 12 000 angewachsen war. Jüdische Unternehmer hatten ferner beträchtlich zur industriellen Entwicklung der Stadt und ihrem Transithandel beigetragen.

Bereits in den 1920er Jahren hatte der Senat die Bürgerrechte und die ökonomische Tätigkeit der Juden eingeschränkt und ausländische Juden ausgewiesen. In den Danziger Volkstagswahlen vom Mai 1933 hatten die Nationalsozialisten über 50 Prozent der Stimmen erlangt, und im November 1934 war der NS-Veteran Artur Greiser zum Leiter des Senats ernannt worden. Im Oktober 1937 hatte ein in erster Linie gegen die jüdischen Händler gerichteter Pogrom stattgefunden.

In den folgenden Monaten nahm der Terror zu, und die Regierung intensivierte die Vertreibung der Juden aus der Wirtschaft und die Beschlagnahme ihres Eigentums. Am 21. November 1938 wurden die Nürnberger Gesetze in Kraft gesetzt. Inzwischen war die jüdische Gemeinde durch Auswanderung auf etwa 4 000 Angehörige zurückgegangen.

Unter diesen Bedingungen schlug der jüdische Gemeinderat vor, die restlichen Juden emigrieren zu lassen, wenn notwendig auch mit illegalen Transporten nach Palästina. Der Senat versprach, die Ausgabe von Pässen und Visa zu erleichtern – gegen eine öffentliche Erklärung aller Juden, dass sie bereit seien, die Stadt zu verlassen. Diese Erklärung erfolgte auf einer Versammlung der Gemeinde am 17. Dezember 1938. Gegen Ende Juni 1939 erreichten 423 Danziger nach monatelanger hindernisreicher Fahrt mit einem von den »Revisionisten« organisierten illegalen Transport an Bord der *Astir* Palästina.

Trotz aller Bemühungen waren zu Beginn des Krieges noch 1 600 meist ältere Juden in Danzig verblieben. Eine letzte Gruppe von Flüchtlingen konnte schließlich mit Storfers großem Transport außer Landes gebracht werden, ehe die Regierung Ende Februar 1941 begann, die übrige jüdische Bevölkerung – 600 Menschen – nach Polen und Theresienstadt zu deportieren.[346]

In Danzig war eine der Wirtschaftsabteilung des Senats unterstehende Kommission gebildet worden, die den Namen »Der Beauftragte für Judenauswanderung beim Senat der Freien Stadt Danzig« erhielt und der Leitung von Oberregierungsrat Walther Hildebrandt, Polizeipräsident Helmut Froböss und Sparkassendirektor Rudolph Bittner unterstand. Am 3. März 1939 war eine Verordnung zur Förderung und Sicherstellung der Jüdischen Auswanderung erlassen worden, die aus den in Danzig lebenden Juden in vermögensrechtlicher Hinsicht eine Haftungsgemeinschaft bildete. Aus dem beschlagnahmten und »gesicherten« Gesamtvermögen sollten sämtliche mit der Auswanderung der Danziger Juden entstehenden Kosten bestritten werden.[347]

Durch Hildebrandts Hände gingen alle Angelegenheiten, die mit der Liquidierung des jüdischen Vermögens in Danzig und der Freigabe bestimmter Summen für die Auswanderung zusammenhingen. Der Polizeipräsident, der vor der Verordnung vom 3. März 1939 allein für die Auswanderung der Juden zuständig gewesen war, behielt lediglich die Zuständigkeit für Fragen der technischen Durchführung. Hildebrandt selbst beschäftigte sich nicht mit den Details der Verhandlungen mit den jüdischen Auswanderern. Diese Aufgabe lag bis zum Kriegsausbruch in den Händen von Sparkassendirektor Rudolph Bittner, dem sogenannten »Judenkommissar«. Später, nachdem dieser nach Bromberg versetzt worden war, traten zuerst Robert Sander und schließlich der Rechtsanwalt Dr. Max Hellwig an seine Stelle.[348]

Am 1. August 1939 übernahm David Jonas den Vorsitz der an Menschen und Vermögen verarmten jüdischen Gemeinde und damit die Aufgabe, ihre endgültige Liquidation durchzuführen. Fast alle Mitglieder der früheren Verwaltungskörperschaften hatten Danzig bereits verlassen. Jonas war Vorsitzender des neuen und gleichzeitig letzten Vorstands, sein Stellvertreter Dr. Erwin Lichtenstein.[349]

»Die Behörden gingen daran, einen Stadtteil nach dem anderen von Juden zu säubern. Besonders diejenigen, welche noch größere Wohnungen innehatten, wurden gezwungen, sie zu räumen, oder andere Familien bei sich aufzunehmen, sodass bald jedes Zimmer einer Wohnung von einer anderen Familie bewohnt wurde. Die alten Leute, die noch in eigenen Wohnungen lebten, forderte der ›Judenkommissar‹ auf, unverzüglich in das Altersheim in der Milchkannengasse zu übersiedeln. Die Beschlagnahme ihrer Ersparnisse aufgrund der Verordnung vom 3. März 1939 ließ ihnen keine andere Wahl, als dem Druck nachzugeben«, schreibt Erwin Lichtenstein in seinen Erinnerungen.[350] Ein weiteres Altersheim hatte der »Judenkommissar« an abgelegener Stelle, in einem früheren Speicher in der Mausegasse 7 auf der Speicherinsel, einrichten lassen.

Wie Storfer in Wien wurden die Funktionäre der Danziger Gemeinde von Menschen bedrängt, die sich verzweifelt um eine Fluchtmöglichkeit bemühten. So hatte etwa ein Willi Thal im Oktober 1939 an Erwin Lichtenstein appelliert: »Meine Angelegenheit ›Chile‹ hat sich wohl auch zerschlagen, da ich seit 2 Monaten nichts gehört habe. Jetzt ist es so, dass ich auch gleich meine Schwiegereltern mitnehmen *muss*! Können Sie nicht für mich ein Flüchtlingszertifikat für 5 Personen erwirken? Über Italien ist es möglich. Tun Sie etwas für mich!«[351]

Die Leitung der jüdischen Gemeinde wandte sich an die Hilfsorganisation HICEM in Paris sowie an das Palästina-Amt in Genf und übermittelte genaue Angaben über eine Anzahl von Gemeindemitgliedern, die bereits Zertifikate für Palästina erhalten hatten, aber Danzig nicht verlassen konnten, da ihnen die für die Passage erforderlichen 25 Pfund in Devisen fehlten. Ein Teil dieser Personen gelangte schließlich legal nach Palästina, ein anderer Teil schloss sich einem illegalen Transport an, der im November Danzig verließ. Die weitere Entwicklung fasste David Jonas in einem Brief vom 1. Februar 1940 an Erwin Lichtenstein zusammen, der sich inzwischen ebenfalls bereits in Palästina befand: »Seit Ihrem Fortgang von hier ist unser Kreis bedeutend kleiner geworden. (…) Seit 1. September bis heute haben ca. 300 Mitglieder durch Einzelauswanderung unseren Kreis verlassen können. Sie sind in alle Welt hinausgewandert. Mitte November 1939 verließen [uns] durch Sondertransport 50 Personen (…). Die Zeitereignisse sowie die Witterungsverhältnisse ließen eine glatte Fahrt nach dort nicht zu. Diese 50 befinden sich seit Dezember im Hafen Kladovo (Jugoslawien). Wir stehen in ständiger Verbindung mit ihnen, erhalten von Bord des Dampfers sehr oft Nachrichten, erfreulicherweise sind alle gesund, froher Zuversicht und ist die Verpflegung eine sehr gute. Heute bekamen wir Nachricht, dass der Weitertransport in Kürze erfolgen wird.

Wir haben ferner einen Transport von 158 Personen. Leider erlauben obenerwähnte Gründe noch nicht die Abfahrt von hier. Wir bemühen uns bereits seit Wochen um diese Abfahrt und sind heute so weit, dass wir mit allergrößter Zuversicht baldigst auf die Abberufung dieser 158 rechnen können. Wir arbeiten an neuen Projekten, da es unser Wunsch ist, sobald wie möglich die Liquidation unserer Gemeinde durch Auswanderung durchzuführen. Wir sind deshalb öfter in Berlin.«[352]

Eine Reihe von Gemeindemitgliedern hatte sich in der Zwischenzeit aus Verzweiflung das Leben genommen. Andere waren in Konzentrationslager verschleppt und zum Teil auch ermordet worden. Der in dem oben zitierten Brief erwähnte »Sondertransport« von 158 Personen, »die schon seit einigen Wochen auf ihre Abberufung warten«[353], sollte am 16. November 1939 aus Danzig abgehen, wurde aber im letzten Moment abgesagt, als sich die Teilnehmer mit ihrem bescheidenen Gepäck bereits auf dem vereinbarten Sammelplatz auf dem Bahnhof in Danzig eingefunden hatten. Als Grund wurde angegeben, dass der Berliner Transport, dem die Danziger Gruppe angeschlossen werden sollte, seinerseits in letzter Minute aus unbekannten Gründen gestoppt worden sei. Die 158 Personen hatten ihre Wohnungen und ihre Habe liquidiert, standen nun ohne Dach über dem Kopf da und mussten in den bereits überfüllten Wohnungen der Gemeindemitglieder untergebracht werden.

Der bereits abgereiste »Sondertransport« mit 50 Teilnehmern hatte einen besseren Start gehabt, war aber nie an sein eigentliches Ziel gelangt. Die Gemeinde hatte versucht, zunächst jüngere Leute, die eine Verschickung in das Konzentrationslager Stutthof unweit von Danzig fürchteten, und möglichst viele Männer in diesen Transport einzuordnen. Dadurch wurden auch Familien auseinandergerissen. Die Gruppe verließ Danzig am 22. November 1939. Beamte der Gestapo begleiteten sie über Berlin und Breslau nach Wien, wo man ihnen Papiere und Geld abnahm. Dann mussten sie zu Fuß nach Bratislava marschieren und wurden in der Slobodarna interniert. 14 Tage später bestiegen sie als Teilnehmer eines vom »Mossad« organisierten Transportes den Donaudampfer *Uranus*.[354] Die gesamte Gruppe, die in Serbien strandete, wurde später als »Kladovo-Transport« bekannt.

Auf der Suche nach Auswanderungsmöglichkeiten für 500 Flüchtlinge, die die *Astir* nicht hatte mitnehmen können, sowie für die oben erwähnten 158 Personen wandte sich die Danziger jüdische Gemeinde an Storfer in Wien – Lichtenstein spricht von der »Agentur Storfer«. Von dort kam das Angebot, die beiden Gruppen gemeinsam etwa Mitte März 1940 in einem größeren Transport mit der Bahn nach Wien, von dort mit griechischen Dampfern donauabwärts nach Rumänien und mit griechischen Schiffen nach Palästina zu befördern. Da die veranschlagten Kosten erheblich waren, musste die Gemeinde abermals die Hilfe des »Joint« in Anspruch nehmen, der seine europäische Zentrale inzwischen von Paris nach Amsterdam verlegt hatte.

Von dem Danziger Senatsangestellten Robert Sander, damals Sachbearbeiter im »Ausschuss zur Förderung der jüdischen Auswanderung«[355], der beim Reichsstatthalter Danzig-Westpreußen bestand, stammt ein 29 Seiten langer, 1952 verfasster Bericht über »Die letzten Tage der Juden in Danzig«. Dort werden auch die Verhandlungen über die Beförderung der genannten Flüchtlingsgruppe erwähnt, freilich nur aus dem Blickwinkel von Sanders Aufgabenkreis. Sander begab sich noch im Dezember 1939 auf die Reise nach Amsterdam, wo er mit Morris Troper, dem Leiter des »Joint«, zu einer ersten Besprechung zusammentraf. Am dritten Tag erhielt er von Troper die Zusage, dass der »Joint« die erbetenen 100.000 Dollar für den Transport zur Verfügung stellen werde. Das Geld sollte von der Wiener »Agentur« – gemeint ist Storfer – angefordert und nach Rumänien überwiesen werden.

Anscheinend fanden mehrere Reisen des Vorstands der jüdischen Gemeinde zur Orientierung, Finanzierung und Beratung nach Berlin, Wien, Prag und Bratislava statt, ebenso nach Amsterdam zum »Joint«.[356] Anfang Februar 1940 lag die Zusage des »Joint« vor, die Flucht von 500 Danzigern zu finanzieren. Im selben Monat aber trat eine Wendung ein, die den Plan und darüber hinaus die Existenz der jüdischen Gemeinde beinahe in Frage gestellt hätte. Die Gestapo machte einen Anlauf, um das Danziger »Judenproblem« auf ihre Weise zu lösen.

Bereits im November 1938 war dem Polizeipräsidenten die Liquidation der Danziger Jüdischen Gemeinde übertragen worden. Einige jüdische Funktionäre hatten damals erwirken können, dass statt einer Vertreibung die allmähliche Selbstauflösung der Gemeinde durch Massenauswanderung genehmigt worden war. Die Zahl der Juden war durch legale und illegale Auswanderung bis zum Februar 1940 auf etwa 1 200 gesunken. Doch dann wollte die Gestapo diese Regelung nicht weiter aufrechterhalten. Ab November 1939 kursierten Gerüchte über Vorbereitungen zum Abtransport von Juden und Polen aus Danzig. Der »Ausschuss zur Förderung der jüdischen Auswanderung« erfuhr, dass offenbar bereits ein eigener SS-Stab für diesen Zweck eingerichtet worden war und etwa im Februar 1940 zunächst die Juden nach Polen deportiert werden sollten. Die SS habe Weisungen erhalten, »da nicht viel [zu] fackeln, die Gesellschaft einfach in Viehwagen packen und ab dafür«.[357]

Jonas wurde kurze Zeit später von der Gestapo aufgefordert, eine genaue Liste der noch in Danzig lebenden Juden einzureichen. Er hoffte, die Gestapo durch die Vorbereitungen für den dritten illegalen Palästina-Transport mit Hunderten von Menschen, die Danzig verlassen würden, zumindest eine Zeit lang hinhalten zu können. Die Evakuierung war für den 12. Februar vorgesehen.

Im Tagebuch eines Überlebenden, Berthold Wartski, heißt es dazu: »Die Aufregung war enorm, da alle nach dem Gouvernement Polen, lies die Umgegend von Lublin, abgeschoben werden sollten und dazu bei einer enormen Kälte etc. Zu unserer aller Beruhigung konnte diese Evakuierung von uns, dank der Vermittlung des Herrn Jonas, abgewandt werden. Wie die Evakuierung bekannt wurde, setzte sofort eine Massenflucht vieler Juden aus Danzig ein, voran natürlich erst die Herren, die unsre Leitung des Transportes unterstützen sollten, und viele andere, die jedoch, bis auf einen kleinen Teil, nach dem Abblasen der Gefahr wiederkamen.«[358]

Die Verzweiflung der auf die Auswanderung Wartenden stieg ständig. Mehrmals war ein Abreisetermin festgelegt und wieder abgesagt worden, einmal sogar am Vorabend des Abfahrtstermins. Zwischen dem Kriegsausbruch und dem Abgang des Transportes verging fast genau ein Jahr, in dem die Menschen unter sich ständig verschlechternden Bedingungen lebten. Von den seit 1938 gesperrten Bankkonten konnten nur mit Bewilligung Bittners und später seines Amtsnachfolgers Sander kleine Beträge für den Lebensunterhalt abgehoben werden.

Bei der Bank von Danzig war aus der Kaufsumme für die Grundstücke der jüdischen Gemeinde ein »Judenfonds« eingerichtet worden. In diesen flossen alle Einnahmen aus der Verwertung des jüdischen Besitzes. Gewisse Beträge für die Versorgung der Mittellosen wurden auf monatliche Anträge von Jonas flüssig gemacht. Die Bank zog bei der Zuweisung von Devisen an Auswanderer zusätzliche 25 Prozent ab und führte sie dem »Judenfonds« zu.

Anfang 1940 mussten die Juden ihre Schmucksachen und Radioapparate bei einer amtlichen Ablieferungsstelle gegen Quittungen abgeben, die sie bei der Auswanderung abliefern mussten. Sogar die Ringe wurden ihnen vor der Ausreise abgenommen.[359] Zu den drastischen wirtschaftlichen Maßnahmen kamen die Beschränkungen der Bewegungsfreiheit.

»Unter derartigen Umständen warteten die Menschen im Aschenheim-Stift in der Milchkannengasse, im Speicher in der Mausegasse und in den wenigen, nach Zimmern aufgeteilten Wohnungen darauf, mit dem dritten Transport Danzig verlassen zu können. Verständlich, dass sie ungeduldig wurden. Schließlich wählten sie aus ihren Reihen eine zehnköpfige Kommission, die von der ›Transportleitung‹ der Gemeinde Klarheit darüber verlangte, warum der Transport nicht abgefertigt wurde. Sie erhielt Einblick in die Korrespondenz, dann wurden Untergruppen für alle Aufgaben gebildet und im Esssaal des Aschenheim-Stiftes fanden viele Versammlungen statt.«[360]

Nach monatelangem Warten erfolgte dann der Aufbruch ganz plötzlich. In Wartskis Tagebuch heißt es dazu: »Am 26. August '40 (Montag) war um 11 Uhr vorm. im Aschenheimstift eine Besprechung aller für den Transport vorgesehenen Leiter, Gruppenleiter etc. angesetzt, da erschien ¼ Std. später Dr. Bieler mit seinem Stab, der uns sofort mitteilte, dass die Gestapo für heute nachm. 4 Uhr die Abreise bestimmt hatte, also Befehl. Es müssen alle Teilnehmer um 4 Uhr mit allem Gepäck am Werftspeishaus, Fuchswall, erscheinen. Die Aufregung war furchtbar, denn es mussten von den Gruppenleitern die zu der jeweiligen Gruppe gehörigen Personen sofort benachrichtigt werden.«[361]

Die Menschen mussten in aller Eile aus ihren verschiedenen Unterkünften zusammengetrommelt werden. Es gab keine Zeit mehr zum Abschiednehmen und zu letzten Vorbereitungen. »Um 4 Uhr fanden sich alle Teilnehmer am Werftspeisehaus ein und mussten wir im Vorgarten unser Gepäck und Handgepäck ablegen. Gestapo unter Führung des Obersturmführers Abromeit war sehr zahlreich erschienen und mussten dann erst die Männer, dann die Frauen in den durch einen Zaun abgetrennten Innenhof treten. Hier musste jeder einzeln antreten und wurde untersucht (…).«

Geld und alle Wertsachen wurden ihnen abgenommen. »Alle Reclamation war zwecklos, es fanden Untersuchungen statt, besonders bei den Damen. Gegen 7 Uhr mussten wir in Trupps von 40–60 Personen, Männer und Frauen, jeder extra, getrennt, den traurigsten Marsch antreten, (…) nach einer für die Schichauwerft angelegten neuen Verladerampe, wo der Extrazug, bestehend aus 12 Wagen 3. Klasse (…) und 2 Wagen II. Klasse, stand. Auf diesem Trauermarsch konnte man so richtig die Stimmung der Danziger erkennen. Die Menschen standen ziemlich dicht auf den Straßen und die höhnischen und schadenfrohen Gesichter, besonders der jungen Menschen, und vor allem die Zurufe wirkten auf uns furchtbar niederschmetternd. Dagegen hörte ich die Unterredung von 2 Herren, die mitleidig zusahen und Folgendes sagten: Ist das nicht furchtbar, wie diese Menschen getrieben werden! (…) nur, weil sie Juden sind, müssen sie heraus? Es ist ein Skandal.«[362]

Ein anderer Transportteilnehmer, Erwin Czarlinski, berichtete später, 1960, über den Beginn des Transports: »Unsere Ausreise – von etwa 600 Personen – war von langer Hand vorbereitet. Unsere Pässe waren zu diesem Zweck eingezogen worden, um in Wien mit Sichtvermerken nach Paraguay (die jedoch wertlos waren, da sie keine Landeerlaubnis vorsahen) versehen zu werden. Das wirkliche Reiseziel war jedoch Palästina.

Unser Reisegepäck, meist nur ein Rucksack und ein Koffer pro Person, stand in jeder Wohnung bereit, und wir warteten nur auf den Abruf, der sich jedoch ständig verzögerte.

Am 26. August gegen 11 Uhr vormittags hatten wir wieder einmal im Speisesaal des Gemeindehauses in der Milchkannengasse eine Versammlung (...), als sich die Tür öffnete und der Gestapo-Oberscharführer Abromeit [sic!] erschien und uns kurz mitteilte, dass wir uns am Nachmittag um 3 Uhr auf dem Rangierbahnhof in Altschottland einzufinden hätten, um die Reise anzutreten.

Viele Teilnehmer, die an ein Gelingen der Fahrt nicht mehr glaubten, hatten an der Versammlung nicht teilgenommen, und so mussten die Gruppenführer, zu denen auch ich gehörte, von Haus zu Haus laufen, um jeden Einzelnen zu benachrichtigen.

Da uns das Fahren mit der Straßenbahn verboten war, mussten wir, mit unseren Rucksäcken beladen, zu Fuß nach Altschottland pilgern; die Koffer wurden von einem Pferdewagen in den Wohnungen eingesammelt und nachgebracht. Auf dem Bahnhof mussten wir die Koffer in einen Güterwagen verladen (...).«[363]

Über den weiteren Verlauf der Reise ist in Wartskis Tagebuch Folgendes zu lesen: »Auf dem Bahnsteig alle und alles Gepäck durcheinander, und nachdem wir uns mit unserer Gruppe in den dafür bestimmten Wagen eingefunden hatten, erfolgte um 20.12 Uhr die Abfahrt, Richtung Dirschau, ohne in Dzg. [Danzig] nochmals zu halten. Im I. Wagen II. Klasse saßen Oberst. Führer Abromeit, der Juden-Commissar Bittner mit seiner Sekretärin, mehrere Gestapos, im II. Wagen II. Klasse die beiden Ärzte, Dr. Weile und Dr. Soberski, Jonas, Gabrielski etc. und das Sanitätspersonal, da der Wagen gleichzeitig als Hospital diente. Wir fuhren über Bromberg, Thorn, Posen, Breslau, Glatz bis nach Pressburg (Bratislava), nur zeitweise haltend wegen Personalwechsel, Wasser und Maschinenwechsel. Die Stimmung unterwegs war schlecht (...), besonders bei meiner Gruppe, teilweise noch unter dem Eindruck des gewaltsamen Abtransportes. (...)

Die Fahrt ging ohne Störung, weil in Begleitung der Gestapo glatt vonstatten und kamen wir am Dienstag den 27. August abends gegen 11 Uhr in Pressburg an. Der Zug hielt direct am Kai resp. großen Schuppen. Erst wurde bekanntgemacht, dass alle im Zug verbleiben sollten, damit am nächsten Morgen die Einschiffung erfolgen sollte. Gegen 1 Uhr nachts kam plötzlich der Befehl zum Einschiffen und sofort begann ein furchtbares Durcheinander. Corruption, Willkür, Protection und Gewalt hatten überhand genommen und schon zeigte sich die Ohnmacht unserer Leitung. Wir kamen auf das Schiff *Helios* der Donaudampfschifffahrtsgesellschaft und mussten gewahr werden, dass alle verfügbaren Kabinen sofort besonders von jungen Menschen belegt waren, ebenso allen Freundschaften der leitenden Personen, besonders der jungen Mädchen. Wir Alten mussten sehen, wie wir fertig werden konnten, und so kam es, dass meine Frau und ich 3 Nächte hintereinander auf der Erde im zugigen Gang liegen mussten.«

Bei der Umladung des Gepäcks in der Nacht vom 27. zum 28. August gab es ein erstes Todesopfer. Der Danziger Chaskel David Neger stürzte von einem Verdeck, fiel in die Donau und wurde sofort von der starken Strömung mitgerissen.

Eine Prager Gruppe kam am 3. September auf das Schiff. Sie hatte neun Monate, interniert in der Slobodarna in Bratislava, der Weiterfahrt geharrt. Am selben Tag wurden die Österreicher, die neun Monate in der Patronka gewartet hatten, zu den Schiffen gebracht. Die Abfahrt der Donaudampfer erfolgte am Morgen des 4. September.[364]

257

Konsequenzen für die DDSG und
Konflikte mit dem Danziger »Judenkommissar«

Berthold Storfer hatte bei der Organisierung seines Transportes an vielen Fronten mit Hindernissen und Problemen gekämpft. Einer seiner wichtigsten und zugleich unbeugsamsten Verhandlungspartner war der damalige Direktor der Ersten Donau-Dampfschifffahrtsgesellschaft (DDSG), Diplomkaufmann und Oberschifffahrtsrat Franz Xaver Schötz, gewesen. Schötz, geboren 1893 in Urfahr bei Linz (Oberösterreich), hatte eine Handelshochschule mit der staatlichen Diplomprüfung abgeschlossen und im Ersten Weltkrieg den Dienstgrad eines Leutnants i. R. erreicht. Er war mit der Goldenen Tapferkeitsmedaille und dem Karl-Truppenkreuz ausgezeichnet worden.

Bereits 1933 – also im Jahr des staatlichen Verbots der Partei in Österreich – war er der NSDAP beigetreten und hatte sich auch in der Zeit der Illegalität als Nationalsozialist betätigt, unter anderem als für die Schifffahrt zuständiger Fachgruppenleiter. Das hatte ihn freilich nicht davon abgehalten, gleichzeitig Mitglied der »Vaterländischen Front«, der Einheitspartei des austrofaschistischen Regimes, zu werden. Es habe sich um einen »Zwangsbeitritt« gehandelt, rechtfertigte sich Schötz während der NS-Zeit in einem Personalfragebogen.[365]

Seit 1912 stand Schötz als Beamter im Dienst der DDSG, die nach dem »Anschluss« Österreichs Teil des Konzerns der Reichswerke Hermann Göring wurde. 1942 nach Belgrad versetzt, übernahm er unter dem deutschen Besatzungsregime in Serbien die Leitung der ehemaligen Jugoslawischen Schifffahrt. 1944 wurde ihm auf Antrag der Reichswerke AG für Binnenschifffahrt »Hermann Göring« und unter Zustimmung der zuständigen NSDAP-Kreisleitung in Wien das Kriegsverdienstkreuz II. Klasse verliehen.[366]

1939 und 1940, als Berthold Storfer mit der Vorbereitung seiner Flüchtlingstransporte befasst war, lag der Wirkungsschwerpunkt von Schötz aber noch in Wien. Storfers Korrespondenzen belegen, dass die DDSG für den Transport der jüdischen Flüchtlinge auf ihren Donauschiffen »ungebührlich hohe Beträge eingehoben« hat.[367] Er hatte sich also zu Recht wieder und wieder über das Agieren der Schifffahrtsgesellschaft und seines Verhandlungspartners, Franz Xaver Schötz, beklagt.

Zweifel am redlichen Vorgehen der DDSG waren neuerlich laut geworden, nachdem Storfers großer Transport das Reichsgebiet verlassen hatte. Doch es war nicht Storfer, der die Angelegenheit erneut aufgriff – es waren NS-Behörden, die den Stein ins Rollen brachten. Vermutlich war die treibende Kraft im Hintergrund der schon erwähnte »Judenkommissar« Rudolph Bittner aus Danzig, der als Beauftragter für die Förderung und Sicherstellung der jüdischen Auswanderung beim Reichsstatthalter Danzig-Westpreußen fungierte. Er traf, wie Storfer in einem Schreiben festhielt, im Januar 1941 in Wien ein, um gegen die Rechnung der DDSG zu protestieren. Betroffen waren auch zahlreiche Danziger, die unter Storfers Oberaufsicht und mit dem von ihm organisierten Transport aus dem Deutschen Reich ausgereist waren.[368]

Die Preisüberwachungsstelle beim Polizeipräsidenten in Wien leitete ein Verfahren gegen die DDSG ein, das 1942 mit einer Ordnungsstrafe in der Höhe von 510.180 RM endete. Ursprünglich war der Betrag sogar mit 610.180 RM bemessen, dann aber herabgesetzt worden. In ihrem Urteil vom 12. März 1942 stützte sich die Preisüberwachungsstelle auf die Verordnung über Strafen und Strafverfahren bei Zuwiderhandlungen gegen Preisvorschriften vom 3. Juni 1939[369] in der Fassung vom

28. August 1941[370] und die Verordnung über das Verbot von Preiserhöhungen im Lande Österreich vom 29. März 1938.[371] In der Begründung hieß es: »Sie [die DDSG] haben in der Zeit von April 1939 bis November 1940 im Auftrage des Ausschusses für jüdische Überseetransporte die Beförderung von jüdischen Auswanderern von Wien beziehungsweise Pressburg nach Sulina und Tulcea in Rumänien durchgeführt und bei der Preiserstellung hierfür die Preisvorschriften nicht eingehalten.«[372]

Der Urteilsspruch bezog sich zum einen auf einen Transport mit dem Donauschiff *Uranus*, der von Bratislava nur bis Bedzan an der ungarischen Grenze statt bis nach Sulina durchgeführt worden war, sowie auf eine Fahrt des Schiffes *Minerva*, die überhaupt nicht stattgefunden hatte. Dennoch hatte die DDSG insgesamt 64.500 RM für 32 Stehtage und Kosten für Regien, also Verwaltung und Verpflegung, für diese Zeitspanne verrechnet.[373] Storfer, der die »Zentralstellen für jüdische Auswanderung« »mit Rücksicht auf das allgemeine Interesse«[374] über die Entwicklungen auf dem Laufenden hielt, sprach von einer »außerordentlich scharfen Entscheidung« der Preisüberwachungsstelle:[375] »Die Stellungnahme der Preisüberwachungsstelle ist, wie wir zu erfahren Gelegenheit hatten, deshalb so drakonisch ausgefallen, weil die DDSG mehrfache Versuche der Preisüberwachungsstelle, im Verhandlungswege ein Einvernehmen zu erzielen, hartnäckig abgelehnt haben soll.«

Er hielt allerdings fest, »dass die mitgeteilte Strafmaßnahme (…) bedauerlicherweise für uns kein Geld« bringe und lediglich »den Rechtsweg für unseren Anspruch« eröffne. Storfer fasste die Entwicklungen bis zu diesem Zeitpunkt ausführlich zusammen: »Wir waren schon zur Zeit unserer direkten Verhandlungen mit der DDSG 1940, anfangs 1941 außerordentlich bescheiden und wollten uns mit einer Rückvergütung für irrtümliche Aufrechnungen und für Storno einiger völlig unberechtigter Posten, die wir als sorgfältige Geschäftsführer nicht verantworten konnten, begnügen. Damals hat die DDSG unsere wiederholten mündlichen und schriftlichen (allerdings unverbindlichen) Anerbieten abgelehnt und war nur unter dem Drucke des Auftretens des Danziger Kommissars Bittner geneigt, einen Betrag von 40.000 RM rückzuvergüten. Um Reibungen zu vermeiden, wollten wir uns schließlich auch damit begnügen und hatten bereits eine vorteilhafte Zwischenvereinbarung mit Danzig daraufhin abgestimmt. Als Herr Direktor Schötz bald darauf vom Auftreten der Preisüberwachungsstelle erfahren hat, wurde auch die Bezahlung dieser von der DDSG bereits fest angebotenen 40.000 RM vorenthalten, bis die Preisüberwachungsstelle entschieden haben wird, was und wie viel rückzuvergüten wäre.

Im Verfahren mit der Preisüberwachungsstelle wurde der ergebenst Gefertigte in den letzten Monaten und Wochen mehrere Male einvernommen und musste diesem Amte (dem bekanntlich polizeiliche Befugnisse zustehen) alle geforderten Belege überreichen. Bei allen diesen Gelegenheiten habe ich angestrebt, es möge ermöglicht werden, dass wir mit der DDSG ein direktes Einvernehmen pflegen und der Preisüberwachungsstelle zur Genehmigung und zum Abschlusse des Verfahrens vorlegen.

Weiters habe ich vorgebracht, dass die jüdischen Auswanderertransporte und die Zeitpunkte ihrer Abwicklung mit gewissen außerordentlichen Risken verbunden waren und daher nicht schablonenhaft, sondern konjunkturmäßig zu beurteilen sind. Ferner erklärte ich, es sei nicht Absicht, solche Vertragsbedingungen, die wir freiwillig zugestanden haben, nachträglich preispolizeilich anzufechten und derart die Dienste der DDSG mit Undank zu vergelten, und es sollen nur ›die darüber hinausgehenden, offenbaren Widerrechtlichkeiten und Eigenmächtigkeiten der DDSG‹ beseitigt werden. Hiebei betonte ich, dass ich zwar unserer vorgesetzten Zentralstelle nicht vorgreifen dürfe, aber die Vermutung hege, dass diesseits auf Beseitigung der ›Übergriffe‹ der DDSG, nicht aber auf ihre förmliche Verfolgung Gewicht gelegt werden dürfte.

Alle unsere Vorstellungen waren aber ergebnislos. Die Preisüberwachungsstelle basierte sich ganz einfach streng auf die bekannte KWV 27 [Kriegswirtschaftsverordnung], wonach Preiserhöhungen ab 18. März 1938 ohne besondere Genehmigung verboten sind. Das öffentliche Interesse stehe über alles [sic!]. Mit der DDSG sind wir seit fast einem Jahr, d. i. seit Eröffnung des Verfahrens bei der Preisüberwachungsstelle, nicht in Fühlung gewesen, weil ich befürchtet habe, dass der Verkehr mit der DDSG mit meiner Eigenschaft als von der Preisüberwachungsstelle einvernommene Partei unvereinbarlich sein könnte.

Nach dem heutigen Stande der Sache bleibt nichts anderes übrig, als im Beschwerdeverfahren beim Preiskommissariat Berlin eine Milderung und einen Vergleich herbeizuführen.«[376]

Im Mai 1942 teilte Storfer der Prager »Zentralstelle« mit, dass sich unter den Passagieren, die »ungebührlich hohe Beträge« bezahlt hatten, auch Protektoratsangehörige befunden hätten.[377] Die DDSG legte gegen den Strafbescheid unverzüglich eine umfassende Beschwerde beim Preiskommissar Berlin als höchster Instanz ein, wobei der Berufung aber keine aufschiebende Wirkung zukam. Noch im März 1942 hatte das Preiskommissariat Berlin den Strafbescheid der Wiener Stelle grundsätzlich gebilligt. Storfer rechnete damit, dass es bei der bevorstehenden Verhandlung in Berlin zu einem Vergleich hinsichtlich der zivilrechtlichen Ansprüche kommen könnte. Bereits am 27. März 1942 war es anscheinend zu einem Teilvergleich zwischen den Danziger Stellen und Storfer im Hinblick auf die von der DDSG erwarteten Ersatzzahlungen gekommen.[378]

Eine zentrale Rolle spielte in der Angelegenheit weiterhin der Danziger »Judenkommissar« Rudolph Bittner, wobei es bald auch zu Spannungen zwischen diesem und dem »Ausschuss für jüdische Überseetransporte« kam. Von Bittner beziehungsweise von dessen Nachfolgern wurden nämlich finanzielle Ansprüche gegen den »Ausschuss« erhoben, die Storfer als unerfüllbar betrachtete. In der Angelegenheit entspann sich ein reger Schriftwechsel zwischen ihm und David Jonas von der Synagogengemeinde in Danzig. In einem Schreiben von Storfers Mitarbeiter Alfred Kleppner an Jonas heißt es: »Gerade Ihnen brauche ich nicht zu sagen, dass diese Ansprüche von uns keineswegs erfüllt werden können, denn Sie wissen am besten, dass der Ausschuss kein Reisebüro, keine Firma war, die ihre Unternehmungen auf Gewinn berechnet durchgeführt hat. Der Ausschuss ist ebenso wie jede andere jüdische Organisation im Reich eine gemeinnützige Institution. Dazu kommt, dass wir unsere Transporte auch finanziell vollkommen liquidiert haben und unsere Mittel durchwegs erschöpft sind. Also auch aus diesem Grunde kann der Anforderung gar nicht gerecht werden. Das Verhältnis ist ebenso, als wenn heute an Ihre Synagogengemeinde irgendjemand herantritt und nach Jahren eine Zahlung von Zehntausenden einmahnt.

Trotzdem bin ich der Meinung, dass Danzig voll und ganz zu seinen finanziellen Rechten kommen muss. Diese Meinung hat der Ausschuss – wie Sie wissen – auch seit jeher vertreten, sonst hätte der Vergleich mit Herrn Dir. Bittner vom März '41 nie zustande kommen können. Herr Kommerzialrat St. möchte gerade dem Danziger Judenkommissar in erster Linie behilflich sein, von der DDSG eine möglichst hohe Rückzahlung zu erhalten, weil wir alle nicht verkennen wollen, dass Ihre Behörde den Juden bei ihrer Auswanderung besonders rücksichtsvoll entgegengekommen ist.«

Kleppner signalisierte Jonas, dass die Angelegenheit nur schwer auf dem Postweg erledigt werden könne und regte an, dass Max Hellwig – der Nachfolger Bittners als »Judenkommissar« in Danzig – gemeinsam mit Storfer das gesamte Material mündlich durchgehen solle. Er bat Jonas, sich für ein

Treffen der beiden Männer, möglichst in Berlin, wo die oberste Preisbehörde ansässig war, einzusetzen.

»Es kann nur zum Nutzen der DDSG und zum Schaden Danzigs sein, wenn Danzig einen ziemlich unfruchtbaren Versuch unternimmt, sich an uns zu regressieren. Hingegen scheint es mir ein klarer Weg, wenn Danzig und der Ausschuss zusammen vorgehen.«[379]

Jonas stand mit Hellwig, dem er bescheinigte, »als großer Jurist bekannt und sehr geschätzt« zu sein, in ständigem Kontakt und hielt Storfer und Kleppner über die Entwicklungen auf dem Laufenden. Am 25. Mai 1942 schrieb er: »Bei meiner letzten Rücksprache [mit Hellwig] bemerkte ich, dass es sehr zu bedauern wäre, wenn eine Benachteiligung für die DDSG sowie für den dortigen Ausschuss eintreten würde, da man sich für unsere Gemeinde später einmal wieder beider Stellen in Auswanderungsangelegenheiten bedienen könnte. Ich würde es sehr bedauern, wenn der dortige Ausschuss einen größeren Betrag zurückzuzahlen hätte.«[380]

Möglicherweise machte Jonas die Anspielung auf eine künftige jüdische Auswanderung nur, um Storfer den Rücken zu stärken, denn von einer »normalen« Auswanderung konnte zu diesem Zeitpunkt längst keine Rede mehr sein – sie war schon im Herbst 1941 behördlich verboten worden. Auch Jonas' Hoffnungen auf einen Besuch Storfers in Berlin zerschlugen sich, denn in einem Telegramm vom 11. Juli 1942 hatte ihn dieser davon in Kenntnis gesetzt, dass die Wiener »Zentralstelle« die Reise »für unnötig« halte und sie »nicht erwünscht« sei. Jonas hatte erfahren, dass in Wien ein »Herr Br.« für die Angelegenheit zuständig war, und bat dringend um genaue Angaben über dessen Dienstabteilung, Adresse und Telefonnummer.[381] Aus dem Antwortschreiben Storfers wird klar, dass es sich bei »Herrn B.« um den damaligen Leiter der »Zentralstelle für jüdische Auswanderung«, Alois Brunner, gehandelt hat: »Nachdem ich die unerlässliche Reisegenehmigung der

Zentralstelle nicht erhalten habe, kann ich der Aufforderung des Herrn Dr. Hellwig, nach Berlin zu kommen, nicht nachkommen. Ich glaube, dass derzeit grundsätzlich keine Reisegenehmigungen erteilt werden.

Auf Ihre dringende telegr. Rückfrage nach Adresse und Telefonnummer des Herrn Hauptsturmführers Brunner teile ich Ihnen mit, dass dieser Herr auf ungefähr 10 Tage (vielleicht nach Berlin) verreist ist. Die Adresse der Zentralstelle war bisher Wien IV., Prinz Eugenstraße 22, und ist nunmehr Wien II., Castellezgasse 35 (…).«[382]

Storfer hatte inzwischen die Abschrift einer am 7. Juli 1942 verfassten Nachricht von Hellwig erhalten, »wonach derselbe ein[en] zwischen uns und Herrn Direktor Bittner Ende März 1941 geschlossenen Vergleich widerruft, worüber wir außerordentlich verwundert sind. Wir haben nicht das Recht, ohne besondere Genehmigung der Zentralstelle einen solchen Widerruf zur Kenntnis zu nehmen und hegen übrigens die Hoffnung, dass auch Herr Dr. Hellwig unseren gerechten Standpunkt und unsere Ihnen bekannten Leistungen anerkennen wird.

Von entscheidender Bedeutung ist es, ob wir oder Danzig endlich eine Rückvergütung von der DDSG bekommen werden, um auf diese Weise die Danziger Ansprüche (…) mehr oder weniger zu befriedigen.

Wie Sie wissen, sind wir keine Unternehmer, sondern eine Hilfsstelle, und wir verfügen deshalb über gar keine Mittel. Was wir für die Transporte bekommen haben, mussten wir auch ausgeben.«[383]

Die DDSG hatte vorgeschlagen, dass Hellwig zu Besprechungen nach Wien kommen solle, doch dieser hatte abgelehnt. Er war jedoch bereit, die Vertreter der Schifffahrtsgesellschaft in Danzig zu empfangen. Storfers hatte Hellwig gebeten, seine Interessen in den Verhandlungen mit zu vertreten, doch Hellwig hatte dieses Ansinnen zurückgewiesen, da – wie Jonas

Storfer zu verstehen gab – »zum Abschluss der ganzen Angelegenheit Ansprüche gegen Sie sowie gegen die DDSG geltend gemacht werden.

Befragt nach den Aufgaben, die der dortige ›Ausschuss‹ unter Ihrer Leitung zu erfüllen hatte, erzählte ich von der schweren und großen Aufgabe, die der ›Ausschuss‹ sich gestellt hatte, um Auswanderungen zu organisieren und durchzuführen, dass der ›Ausschuss‹ wohl die einzige jüd. Organisation gewesen ist, die ihre Aufgaben praktisch in die Tat umgesetzt hat, ohne diese ganze Arbeit als ›Geschäft‹ zu betrachten und aufzuziehen. Als das Gegenstück schilderte ich das Versagen der Reichsvereinigung und des Palästinaamtes Berlin in der Durchführung bei Auswanderungen von Juden aus Danzig.

1) die Affäre unserer 50 Mitglieder, die im November '39 nach Kladovo gebracht und dann ihrem Schicksal überlassen wurden;

2) die Nichtdurchführung eines Transportes von 158 Mitgliedern aus unserer Gemeinde nach monatelangen Versprechungen der Reichsvereinigung und des Palästinaamtes Bln. [Berlin].

3) Ich schilderte Ihre aufopfernde persönliche Arbeit, die Sie und die Mitglieder des Ausschusses ehrenamtlich geleistet haben, nur um der Auswanderung der Juden zu dienen, und teilte mit, dass weder Sie persönlich noch der Ausschuss gar nicht in der Lage seien, irgendeinen Betrag zurückzuzahlen, da Sie und auch der Ausschuss kein Geld hätten. Herr Dr. H. [Hellwig] gab mir die richtige Antwort, die auch Sie zufriedenstellen dürfte, dass: ›dort, wo nichts ist, der Kaiser sein Recht verloren hätte‹.«

Offenbar hatte Storfer in einem Brief an Jonas auf die von den Briten in Mauritius internierten Flüchtlinge seines Transportes angespielt, denn Jonas schrieb weiter: »Sie haben schon Recht, wenn Sie (…) erwähnen, dass es schön wäre, in Mauritius oder an einem Punkt der Welt sein zu können, wo man

Ruhe hätte. Geht es mir nicht auch so? Ich persönlich bedauere sehr, dass nach all den Monaten aufreibender Arbeit in unserer Auswanderung nun ein Nachklang für Sie und den Ausschuss herauskonstruiert wird.«[384]

Storfer klagte, dass man sich in Wien für »die Sache DDSG sehr wenig« interessiere. Er betrachtete es als die vernünftigste Lösung, einen Vergleich mit der DDSG zu suchen und den juristischen Streit ganz fallenzulassen, falls die Berliner Preisbehörde mit dieser Lösung einverstanden sei. Er bat Jonas, Hellwig diesen praktischen Rat zu unterbreiten, denn durch den Kompetenzstreit bestehe die Gefahr, dass die DDSG letztendlich auch das nicht bezahlen werde, was sie seinerzeit freiwillig angeboten habe. Der zwischen dem »Ausschuss« und Danzig geschlossene Vertrag dürfe ohne Zustimmung der Wiener und eventuell auch der Prager »Zentralstelle« für jüdische Auswanderung nicht geändert werden, auch verfüge der »Ausschuss« über keinerlei Mittel.

»Andererseits hätte es keinen Zweck, wenn die behördliche Stelle in Danzig bei der behördlichen Stelle in Wien eine Differenz reklamieren würde. Es ist sozusagen ein- und dieselbe Tasche. Demnach bleibt nur der Anspruch gegenüber der DDSG, der vor allem zur Deckung der Danziger Forderung anzusehen wäre.

Solange die Entscheidung beim Herrn Preiskommissar in Berlin nicht gefällt wurde, wird die DDSG unter dem Druck des Risikos zu einem Vergleich bereit sein, wenn aber am Ende eine Inkompetenz herauskommt, wird die DDSG mit uns nicht reden wollen.

Trotzdem die Herren Juristen der Ansicht sind, dass die Danziger Kaution einen Sonderanspruch darstellt, wage ich zu behaupten, dass dieser Rechtsstandpunkt auch bei Gericht nicht durchzusetzen wäre. Nur die Endabrechnung der DDSG ist meiner Ansicht anzufechten, und zwar in geschlossener Weise.«[385]

Von Jonas erfuhr Storfer aber, dass die Angelegenheit doch in juristischer Form beim Preiskommissariat behandelt werden sollte und eine Lösung durch Vergleich zum damaligen Zeitpunkt nicht möglich war. »Unter solchen Umständen wird die DDSG sich bis zum Schluss verteidigen und wehren«, warnte Storfer in einem am 27. August 1942 verfassten Schreiben an Jonas.[386]

Anfang September 1942 war die Angelegenheit noch immer in der Schwebe. Jonas hoffte mit Storfer auf einen baldigen Abschluss der Angelegenheit – »damit Sie entlastet werden«. In demselben Brief übermittelte er ihm die »aufrichtigsten Glückwünsche« zum jüdischen Fest *Rosch Haschanah* – »möge unser Neues Jahr Ihnen Erfüllung all Ihrer Wünsche bringen, vor allem eine gute Gesundheit«.[387]

In der zweiten Septemberhälfte kam wieder Bewegung in die Angelegenheit. Jonas hatte von Hellwig erfahren, dass sich die Berliner Preisbildungsbehörde in der Frage, »ob die Übernahme sowie Ausführung des damaligen Transportes als Auslandsgeschäft zu behandeln sei oder nicht«, Hellwigs Sichtweise angeschlossen habe. Dieser war davon ausgegangen, dass es sich um ein Inlandsgeschäft gehandelt hatte und die deutschen Preisstoppbestimmungen anwendbar waren. Folglich werde die DDSG veranlasst werden, alle nicht gerechtfertigten Beträge an die Danziger »Aufsichtsbehörde«, also den »Judenkommissar«, sowie den »Ausschuss für jüdische Überseetransporte« in Wien zurückzuzahlen, so Jonas. Von dem Betrag, den der »Ausschuss« erhalten würde, könne dieser dann die entsprechende Summe an Danzig abführen.[388]

Doch in den folgenden Monaten kam es zu keinen nennenswerten Entscheidungen und wegen der fehlenden Reiseerlaubnis zu keiner persönlichen Aussprache zwischen Storfer und Hellwig.[389] Anfang November 1942 hatte Jonas von Letzterem erfahren, dass die Angelegenheit »zurzeit ruhe«.[390] Die »Zentralstellen für jüdische Auswanderung« dürften in der Angelegenheit nicht dieselben Ziele wie die Danziger Akteure verfolgt haben. Denn Storfer teilte Jonas Ende Dezember 1942 abermals mit, dass er »ohne Zustimmung der Zentralstellen (…) vom geschlossenen Vergleich v. 27. III. d. J. nicht zurücktreten« dürfe, sonst könnten ihm große Unannehmlichkeiten erwachsen: »Wesentlich für uns ist, dass jegliche Rückvergütung aus den Eingängen, die von der DDSG stammen, erfolgen soll. Die weiteren internen Durchführungen werde ich sodann besorgen.«[391]

Hellwig hatte von Storfer die Zusicherung verlangt, dass er der Danziger Behördenstelle die festgesetzte Rückzahlung zukommen lassen würde, sobald die DDSG den zu zahlenden Betrag an den »Ausschuss« abgeführt habe.[392]

Der erwähnte Brief Storfers an Jonas vom 27. August 1942 enthält neben den Anmerkungen zur DDSG-Angelegenheit einige höchst aufschlussreiche Informationen zu dem in Serbien gestrandeten Flüchtlingstransport, den der »Hechaluz« Ende 1939 auf den Weg geschickt hatte. Storfers Wortwahl lässt darauf schließen, dass er über das tragische Schicksal der »Kladovo-Gruppe« bereits informiert war: »Ihre Anmerkung, dass 50 Mitglieder mit dem Transport Averbruch [Averbuch/Agami] in Jugoslavien gelandet sind, gibt mir Veranlassung, Ihnen vertraulich mitzuteilen, dass die Nachrichten über das Schicksal des ganzen großen durch die Schuld des Averbruch entstandenen Lagers zu den allerschlimmsten gehören. Haben Sie überhaupt irgendeine Mitteilung von einem der 50 Mitglieder?«[393]

Was Storfer genau gewusst hat, bleibt offen. Tatsächlich waren im Spätsommer 1942 die Teilnehmer des »Kladovo-Transportes« bis auf eine kleine Gruppe, der unmittelbar vor dem deutschen Überfall auf Jugoslawien im Frühjahr 1941 auf dem Landweg die Flucht nach Palästina gelungen war, tot. Die Männer waren im Oktober 1941 von Angehörigen der Deutschen Wehrmacht in einer Sühneaktion für von Partisanen ermordete deutsche Soldaten erschossen, die Frauen und Kinder im Lager Zajmiste an der Peripherie von Belgrad interniert und im Frühjahr 1942 in Gaswagen des SD ermordet worden.

Storfer machte David Jonas noch eine andere Mitteilung, die enthüllt, wie prekär seine eigene Situation inzwischen geworden war: »Was meine Person anbelangt, teile ich Ihnen mit, dass meine Bitte, mich mit einer Funktion an der Spitze von Th. nicht zu betrauen, genehmigt wurde.« Das Kürzel »Th.« steht ohne Zweifel für das jüdische Ghetto und Transitlager Theresienstadt. Denn auch aus anderen Quellen wird deutlich, dass die SS geplant hatte, Storfer dorthin zu deportieren und ihn mit einer Spitzenfunktion innerhalb der jüdischen »Selbstverwaltung« des Lagers zu betrauen. Storfer ließ David Jonas auch wissen, was er sich zu diesem Zeitpunkt offenbar am meisten – und, wie sich herausstellen sollte, vergeblich – wünschte: »Mir wäre es am liebsten, wenn ich bis Kriegsende ruhig in Wien verbleiben könnte. Ob dies möglich sein wird, weiß ich nicht. Ebendeshalb hat es mich interessiert zu erfahren, ob Sie mit Ihrer kleinen Gruppe dort [in Danzig] dauernd belassen werden. Auf diese Frage haben Sie mir nicht geantwortet und so vermute ich, dass Sie selber kein definitives Urteil haben. Sollte es Ihnen möglich sein, mir hierüber Ihre Ansicht mitzuteilen, so bitte ich, daran nicht zu vergessen.«[394]

Vermutlich war Storfer zu diesem Zeitpunkt wohl bewusst, dass ein Entkommen aus dem Deutschen Reich nicht mehr möglich war. Er machte Jonas in dem Schreiben auch nachdrücklich darauf aufmerksam, dass »Herr E.« – gemeint war wohl Adolf Eichmann – »Obersturmbannführer und nicht, wie Sie schreiben, Hauptsturmführer« sei: »Ich empfehle Ihnen sehr, dieses Schreiben zu vernichten, da man derlei Zwischenkorrespondenzen vielleicht nicht gerne sehen dürfte. Auch bitte ich, den Inhalt dieses Briefes nur als für Sie bestimmt zu betrachten.«[395]

Jonas hatte in einem ausführlichen Brief die Situation »unser[es] Gemeindewesen[s]«, also das Leben der noch in Danzig verbliebenen Juden, geschildert, doch hatte Storfer diesen Brief – wie einige andere Schreiben – nicht erhalten. Jonas zeigte sich darüber sehr beunruhigt.[396]

Anfang Oktober 1942 teilte Jonas Storfer mit, dass er selbst in Danzig »nach wie vor mit der Verwaltungsarbeit fleißig zu tun« habe und »die Arbeit hier noch leisten« könne.[397] Mehrfach erkundigte sich Jonas nach seinem Freund Alfred Kleppner, einem Mitarbeiter Storfers, der auf Zuschriften nicht mehr geantwortet hatte.[398] Storfer konnte Jonas beruhigen: Kleppner befinde sich nach wie vor in Wien, er sei allerdings bei einer anderen Stelle, nämlich »bei einer Möbelverwertung« beschäftigt. Gemeint war wohl die »Möbelverwertungsstelle Krummbaumgasse«, die unter der Leitung von zwei Schätzmeistern die bewegliche Habe, die in den Wohnungen der Deportierten zurückgeblieben war, im Auftrag der Gestapo abtransportierte und veräußerte.

Aus demselben Schreiben Storfers geht auch hervor, dass sich dieser nun vergeblich darum bemühte, die Genehmigung zu einer »vorübergehenden Einreise Reise in die Schweiz« zu erhalten.[399] Was genau mit dieser kryptischen Andeutung gemeint gewesen ist, lässt sich nicht klären, denn es gibt keine Hinweise darauf, dass Storfer über eine Ausreisegenehmigung verfügt hätte. Jonas allerdings reagierte zuversichtlich: »Sehr erfreut hat mich die Mitteilung, dass Sie beabsichtigen, vorübergehenden Aufenthalt in der Schweiz zu nehmen. Ich wünsche Ihnen alles Gute für Ihren neuen Aufenthalt«, schrieb er am 23. Dezember 1942 an Storfer.

Was Berthold Storfer selbst zu berichten hatte, gab hingegen nur wenig Anlass zur Hoffnung: »Inzwischen sind bei uns große Veränderungen vorgekommen. Am 9. und 15. ds. Mts. [dieses Monats] haben uns 107 Mitglieder verlassen. Diese sind nach Theresienstadt gekommen. Der Rest unserer Gemeinde besteht einschließlich jüd. Teilen in Mischehen aus 71 Mitgliedern.«[400]

Bis Anfang März 1943 hatte sich die Situation in Danzig weiter zugespitzt: »Durch die Auflösung des Heimes gibt es für mich wochenlang viel Arbeit. Unser Kreis zählt 68 Mitglieder«, berichtete Jonas. Er selbst hatte in der Zwischenzeit seine Unterkunft in der Milchkannengasse aufgeben und in die Mausegasse 7 übersiedeln müssen, wo sich auch das Büro der jüdischen Gemeinde befand.[401]

Am 22. April teilte Jonas Storfer mit, dass das Gebäude des Altersheimes inzwischen in anderen Besitz übergegangen sei. Die einzige positive Nachricht war, dass die jüdischen Partner aus »Mischehen« »nur registriert« – statt deportiert – worden seien. Eine neue Entwicklung gab es zu diesem Zeitpunkt auch hinsichtlich der DDSG: Auf Vorschlag des Danziger »Judenkommissars« Max Hellwig hatte die zuständige Behördenstelle in Wien die Bearbeitung der Angelegenheit übernommen.[402]

Objekt deutscher Begehrlichkeiten:
Der Dampfer *Rositta*

In Zusammenhang mit Storfers großem Transport hatte der griechische Reeder Sokrates Avgherinos 1940 einen vierten Hochseedampfer, die *Rositta*, bereitgestellt. Nach der Abreise der *Milos*, *Pazifik* und *Atlantik* hoffte Storfer, weitere 1 000 bis 1 100 Personen, großteils aus dem damaligen »Protektorat Böhmen und Mähren«, an Bord der *Rositta* auf den Weg bringen zu können. Doch eine Realisierung dieses Vorhabens wurde von Monat zu Monat unwahrscheinlicher. Das Schiff, das im Oktober 1940 im rumänischen Tulcea vor Anker lag, wurde auf Storfers Initiative zunächst in den Winterhafen von Galatz, später, im Juni 1941, schließlich nach Braila verlegt, ohne die geplante Fahrt angetreten zu haben.

Anfang Dezember 1940 unterrichtete Storfer die Berliner »Zentralstelle für jüdische Auswanderung« (eigentlich »Reichszentrale für die jüdische Auswanderung«) über die Situation. Da der Donauweg während der Wintermonate nicht genutzt werden könne, wolle der Reeder während dieser Zeit Personen mit legalen Einwanderungszertifikaten nach Palästina transportieren. Storfer zeigte sich von diesem Vorhaben wenig begeistert: »Der Reeder beabsichtigt, zwischenzeitig mit dem Dampfer ›Rositta‹ eine Reise mit sogenannten Zertifikatisten zu machen, sodann zurückzukehren und uns zur Verfügung zu stehen. Er rechnet mit der sicheren Rückkehr, weil ein Dampfer mit sogenannten legalen Reisenden niemals beanstandet wurde.«

Storfer schlug vor, selbst nach Bukarest zu reisen, nicht zuletzt, um die *Rosita* »nach Möglichkeit von der Sondertour mit Zertifikatisten abzuhalten und allenfalls wegen der Kosten für die Überwinterungszeit bis Ende Februar, Anfang März ein Übereinkommen zu treffen. Die DDSG rechnet, dass die Schifffahrt Anfang März eröffnet werden wird.«

Storfer konnte nur mit Bewilligung der »Zentralstelle für jüdische Auswanderung« beziehungsweise Adolf Eichmanns reisen und bat um die entsprechende Genehmigung. Zugleich unterbreitete er der SS den Vorschlag, als Alternative zum Wasserweg Reisemöglichkeiten für Auswanderergruppen über den Landweg – durch Ungarn und Rumänien – zu prüfen.[403]

Im Dezember 1940 erreichte Storfer die Nachricht, dass Sokrates Avgherinos am 11. des Monats im Alter von nur 52 Jahren plötzlich gestorben war. Storfer realisierte sofort, dass sich durch den Tod des Reeders, den er als zuverlässigen Partner und auch persönlich geschätzt hatte, die Situation noch unübersichtlicher gestalten würde als es bereits der Fall war. Er bat einen der Brüder des Toten, Panait Avgherinos, um Informationen über die Erbberechtigten und wies gleichzeitig darauf hin, dass es »ziemlich komplizierte Verrechnungen« gebe, »die mit einer erheblichen Forderung« für den »Ausschuss für jüdische Überseetransporte« in Wien abschließen würden. So sei das Schiff *Rositta* mit Geld des »Ausschusses« gekauft und ein Treuhänder in der Person des Prokuristen Richard Gyula Jaksch in Budapest bestellt worden. Storfer ging davon aus, dass sich der Wiener Bevollmächtigte »des leider verstorbenen Herrn Sokrates« – gemeint war der Rechtsanwalt Reinhold Melas – der Sache annehmen werde.[404]

Erst im Januar 1941 erfuhr Storfer aus einem mehrseitigen Brief von Constantin Avgherinos, einem weiteren Bruder des Reeders, Details über den Todesfall, für den auch Storfer und dessen Vertrauensleute in Rumänien mitverantwortlich gemacht wurden: »Sokrates ist am 11. XII., 1 Uhr nachmittags, gestorben und wurde am 12. beerdigt. Bei seiner Rückkehr aus Bukarest am 10. XII. ungefähr 10 Uhr abends hat er sich nicht wohl gefühlt und ist, ohne viel zu leiden, vom Leben geschieden. Friede seiner Asche!

Er hatte noch lange Jahre zu leben, aber die übermenschlichen Aufgaben, die er übernommen hat, haben ihn ermüdet, er war unermüdlich beschäftigt, seine übernommenen Verpflichtungen gut zu beenden. Er hat es zuwege gebracht, Unmögliches möglich zu machen, ohne Rücksicht darauf, dass er sein Vermögen und sein Leben dabei verloren hat. Der Gedanke, dass Ihrerseits ihm mit Briefen Vorwürfe, ja sogar Drohungen, zugegangen sind, anstatt ihm die nötigen Mittel für seine Engagements zur Verfügung zu stellen, und vor allem die Belästigung, die ihm dadurch entstanden ist, dass unbekannte Kreise behauptet haben, er sei mit ungedeckten großen Engagements Ihnen gegenüber verpflichtet, haben ihn geschwächt. Es dürfte Ihnen bekannt sein, dass er vor seiner Abfahrt aus Bukarest seine Tasche mit allen Schriftstücken und mit $ 300.– irgendwo vergessen hat. Trotz der von ihm in den Zeitungen publizierten Annoncen konnte er die Sachen nicht finden, und so hat er es unternommen, bei seiner hiesigen Ankunft seine Rechnungen zu rekonstruieren, doch der Tod hat ihm (…) keine Zeit [mehr] gelassen.«[405]

Tatsächlich hatte Sokrates Avgherinos seine Aktentasche in einem Taxi vergessen, womit ein Großteil der wichtigen Verrechnungen mit Storfer und Josef Goldner sowie der dazugehörigen Belege verlorengegangen war. Die Anwesenheit Storfers oder Goldners in Athen sei absolut notwendig, um die offenen Fragen zu regeln, drängte Constantin Avgherinos, der versprach, sich über seine Advokaten um die notwendigen Einreisebewilligungen zu bemühen. Er erklärte sich aber auch dazu bereit, auf deren Spesen nach Wien zu reisen. Storfer könne auf Deutsch antworten, er beherrsche diese Sprache, versicherte Constantin Avgherinos.

Sokrates Avgherinos hatte bei Storfer noch am 2. Dezember 1940 telegraphisch und brieflich die sofortige Überweisung von 9.000 Dollar verlangt. Das Geld war offenbar großteils für die Auslösung der in Haifa sequestrierten Schiffe von Storfers großem Transport bestimmt, zu einem kleineren Teil für die Bezahlung bis dahin nicht beglichener Spesen, die in Kreta – wohl im Zusammenhang mit dem wochenlangen Aufenthalt der *Atlantik* – aufgelaufen waren. In dem Schreiben von Constantin Avgherinos heißt es dazu: »Trotzdem Sie und Herr Goldner mit Ihren Depeschen behaupten, $ 3.000 a-conto der verlangten 9.000 überwiesen zu haben, ist bis heute nichts eingetroffen. Die Schiffe bleiben sequestriert und die Gehalte der Mannschaft erhöhen sich täglich, ebenso die anderen Spesen, und soferne die Schiffe längere Zeit sequestriert bleiben, riskieren wir, dieselben zu verlieren, und wer wird verantwortlich sein?

Was wird mit der ›Rositta‹ in Galatz geschehen? Mein Bruder Panait gibt mir zu verstehen, dass er durch Ihre Mitarbeiter beiseitegestellt wurde. Trotzdem scheint es mir, dass er allein kompetent ist, als Informierter zu handeln (…).«[406]

Abfällig äußerte sich Constantin Avgherinos über Constantin Lekas und Archimede Lychiardopol, zwei Mittelsmänner aus Rumänien, die der verstorbene Reeder engagiert hatte, sowie die ebenfalls involvierte griechische Brookerfirma Filissia. Lychiardopol, ein Schiffsmakler aus Galatz, befasste sich nach eigenen Angaben bereits seit Anfang Oktober 1940 mit der *Rositta*.

»Sie werden mich fragen, warum hat Sokrates den Lekas engagiert? Darauf antworte ich: Sokrates sagte mir, dass er über die Intriguen und Schikanen bei seiner Mannschaft und Lieferanten etc., welche die genannten Personen angerichtet haben, informiert war und er wollte andere fähige Vertrauensleute finden. Dasselbe war seine Absicht wegen der Filissia, doch der Tod verhinderte ihn, alles durchzusetzen.

Wen wollen Sie am hiesigen Platze betrauen, die Rolle des Sokrates fortzusetzen? Wenn Sie keinen anderen haben, stelle ich mich zu Ihrer Verfügung, und wollen Sie mir Ihre Instruktionen zugehen lassen, aber nur mit der Bedingung, dass die Filissia nicht mitarbeiten soll. Diese Herren haben sofort nach dem Ableben meines Bruders ihr Gesicht verändert und bis heute konnte ich die Rechnung des Verstobenen nicht erlangen (…). Ich bin auch Buchhalter und verstehe so etwas nicht. Advokaten und Schiffsbüros, die man benötigt, haben wir hier genug von Rang und Vertrauen«, so Constantin Avgherinos in seinem Schreiben an Storfer.[407] In einem Brief an Josef Goldner in Bukarest wiederholte er seine Vorbehalte gegen Lekas. Dessen einzige Beschäftigung sei es gewesen, »Intriguen unter der Equipage zu säen, zwischen dem Kapitän, Lieferanten etc., um selbst zu profitieren (…). Als ich mehrmals diesbezgl. mit dem Verstorbenen plauderte, antwortete mir dieser, und er hatte Recht: ›Wo findet man Bessere?‹, sagte der arme Sokrates.«[408]

Am 20. Februar 1941 bestellte Camilla Avgherinos, die in Athen wohnhafte Witwe und Haupterbin des verstorbenen Reeders, den Wiener Rechtsanwalt Dr. Reinhold Melas, der bereits ihren Mann vertreten hatte, zu ihrem Spezialbevollmächtigten. Er sollte ihre Interessen hinsichtlich der beiden Dampfer *Atlantik* und *Pazifik* wahrnehmen, an denen Sokrates laut Vollmacht zu 40 Prozent als Miteigentümer beteiligt gewesen war, und den ihr gehörigen Prozentanteil verkaufen beziehungsweise verwalten.[409]

Auf Wunsch von Melas hatte Storfer eine »kurzgefasste Zusammenstellung über die Rechtsverhältnisse der ›Rositta‹« ausgearbeitet. Während seine Art der Berichterstattung ansonsten kaum jemals beanstandet wurde, auch nicht seitens der SS, musste sich Storfer von Melas rügen lassen. Dieser hielt die »historischen Darstellungen« für »fehl am Platze« und forderte Storfer auf, »die Übersicht (…) auf das sachlich Notwendigste zu beschränken«. Außerdem sei es »vollständig überflüssig, Bemerkungen persönlicher Art einzuflechten und mit dem Hinweis auf den verstorbenen Avgherinos von einem Odium der Transporte zu sprechen«. Die Darstellung solle kurz, überblicksartig, sachlich und vollständig sein, sonst habe sie ihren Zweck verfehlt. Auf der anderen Seite bemängelte Melas, dass wichtige Momente nicht berücksichtigt seien. Informationen über die Beteiligungsverhältnisse würden fehlen, insbesondere über die Tatsache, dass Avgherinos nur etwa 40 Prozent der Anteile besessen habe, der Rest aber einer anderen Gruppe gehöre. Die Bestellung von Richard Jaksch – dem Schwager von Melas – als Treuhänder sei nicht nur im Hinblick auf dessen ungarische Staatsbürgerschaft erfolgt, »sondern weil in seiner Person ein Treuhänder behufs ordnungsmäßiger Bereinigung aller aus den Beförderungsverträgen sich ergebenden Fragen von beiden Vertragsteilen verlangt und bestellt wurde«. Jaksch könne diese Funktion nur dann mit dem nötigen Nachdruck erfüllen, wenn ihm auch die entsprechenen Machtmittel durch eine vertragliche Bestellung und Eintragung als Eigentümer im Schiffsregister zur Verfügung stünden.[410]

Im März 1941 wurde deutlich, dass es zu Uneinigkeiten innerhalb der großen Erbengemeinschaft gekommen war. Richard Jaksch hoffte, dass es gemeinsam mit Goldners Hilfe möglich sein würde, »diese[n] Wirrwarr« zu lösen.[411] Doch Constantin Avgherinos untersagte Jaksch im Namen der Geschwister des verstorbenen Reeders nachdrücklich, irgendwelche Vollmachten die Schiffe betreffend auszustellen, bevor die Erbschaft geordnet sei.[412]

Storfer unterrichtete die »Zentralstellen für jüdische Auswanderung« in Wien und Prag sowie deren vorgesetzte Dienststelle, das Eichmann-Referat IV D 4 (bzw. IV B 4) im Reichssicherheitshauptamt in Berlin, regelmäßig über alle Entwicklungen. Im Dezember 1940 und Anfang Januar 1941 hatte er sich in Berlin aufgehalten und war dort im vornehmen Hotel *Bristol* abgestiegen. In einem ausführlichen Schreiben an die »geehrte Zentralstelle für jüdische Auswanderung« in der Kurfürstenstraße 116 in Berlin, »zu Händen des Herrn SS Sturmbannführers«, hatte er den damaligen Stand der Dinge zusammengefasst: Die *Rositta*, die *Pazifik* und die *Atlantik* seien mit dem Reeder Avgherinos, das vierte Schiff, die später in *Milos* umbenannte *Canisbay*, hingegen mit Stamos Axelos abgeschlossen worden. Drei der vier Schiffe seien in Anspruch genommen worden, die *Rositta* hingegen in Tulcea zur Verfügung des »Ausschusses für jüdische Überseetransporte« verblieben. Als Grund dafür gab Storfer an, dass mit dem abgefertigten, für die *Rositta* vorgesehenen Transport nur 652 statt wie geplant 1 286 Auswanderer direkt aus dem »Protektorat« ausgewandert seien.[413] Die Vorschüsse waren von der Prager »Zentralstelle für jüdische Auswanderung« und Obersturmführer Theodor Dannecker jedoch für die ursprünglich geplante Personenzahl bewilligt worden.

»Das Vorhandensein des Dampfers ›Rositta‹ bildet für uns eine seltene Gelegenheit, in absehbarer Zeit 1 000 Auswanderer nach Übersee zu befördern. Die Verhältnisse im Mittelmeer haben sich so grundlegend geändert, dass man weitere Schiffsangelegenheiten oder Bemannung nur außerordentlich selten und zu sehr erschwerten Bedingungen auftreiben könnte. Wir haben also ein wertvolles Verkehrsmittel in der Hand, das nicht ersetzt werden könnte. Ich glaube, dass wir im Frühjahr die hiedurch ermöglichte Auswanderung von 1 000 Leuten auch durchzuführen in der Lage wären. Sollten irgendwelche Bedenken obwalten, so können wir das Schiff ›Rositta‹ für andere Interessenten freigeben (Zertifikatisten usw.) und unseren aus Prag erteilten Vorschuss einbringen.«[414]

Storfer ging in dem Schreiben auch auf das im Hafen von Haifa gesunkene Schiff *Patria* ein, offenbar darum bemüht, zu beruhigen und die Geschehnisse zu verharmlosen. Er berichtete, dass insgesamt 1 800 seiner Auswanderer, die sich auf der

Pazifik und der *Milos* befunden hätten, »in Palästina auf die
›Patria‹ zur Reexpedition in eine englische Kolonie gebracht«
worden seien. Inwieweit er über die Hintergründe der Katastrophe und die Zahl der Unglücksopfer zum damaligen Zeitpunkt genau informiert gewesen ist, bleibt unklar.

Die von Berthold Storfer genannte Opferzahl lag jedenfalls
weit unter den realen Verlusten, und auch seine Behauptung,
die Flüchtlinge selbst hätten das Unglück verursacht, entspricht nicht den Tatsachen: »In den Zeitungen war zu lesen,
dass das Hochseeschiff ›Patria‹ durch eine Explosion vor Palästina gesunken war. Hiebei wurden übertriebene Verlustziffern
bekanntgegeben. Der wahre Sachverhalt ist folgender: Tatsächlich wollte die Protektoratsverwaltung von Palästina die
erwähnten 1800 Auswanderer mit der ›Patria‹ weiterschicken,
aber die Auswanderer selbst haben als Protest den Maschinen-
raum zur Explosion gebracht, wodurch die ›Patria‹ gesunken
ist. Es sind 28 Todesopfer, welche bei uns genau verzeichnet
sind.«[415]

Dem verstorbenen Reeder Avgherinos stellte Storfer post-
hum ein gutes Zeugnis aus: »Wir haben ihn zur Erfüllung
seiner Verpflichtungen uns gegenüber verhalten [angehalten]
und er hat vertragstreu gearbeitet.« Avgherinos sei schon früher kränklich gewesen, und die mit den drei Schiffstransporten verbundenen gewaltigen Anstrengungen hätten seinen
Zustand verschlimmert.

Nun plante Storfer die Abwicklung des bestehenden Ver-
tragsverhältnisses mit dem Treuhänder der *Rositta*, Richard
Jaksch, in Budapest, und dem Bruder des Verstorbenen, Panait
Avgherinos, in Galatz durchzuführen. Durch den griechisch-
italienischen Krieg seien Mehrkosten entstanden und es hätten sich rechnerische Auseinandersetzungen hinsichtlich der
Schlussabrechnung ergeben, die brieflich nicht bereinigt werden könnten, sondern seine Anwesenheit in Budapest und
Bukarest erfordern würden.[416]

Storfer unterrichtete auch die Prager »Zentralstelle für jüdische Auswanderung« über den Stand der Dinge: Die Abrechnungen der abgewickelten Transporte habe er mit den dortigen Funktionären der Kultusgemeinde und des Palästina-Amtes sowie mit der nun vom bereits erwähnten Robert Mandler geleiteten »Abteilung für jüdische Überseetransporte« durchgearbeitet. Für die finanzielle Gebarung sei Dr. Franz (František) Friedmann von der Prager Kultusgemeinde zuständig. Mit Storfers großem Transport waren insgesamt 1 031 aus dem »Protektorat Böhmen und Mähren« stammende Personen befördert worden – 652 direkt von dort und 364 aus dem Transitlager in Bratislava, 15 weitere waren ebenfalls dort zugestiegen. Die Überprüfungen hatten ergeben, »dass wir für die Beförderungskosten <u>ausschließlich nur im Rahmen der von der Nationalbank kontrollierten und für jeden einzelnen Reiseteilnehmer bewilligten Beträge, welche durchschnittlich etwa $ 93.– bis 94.– pro Person ausmachen, das Auslangen finden konnten</u>. Dies trotz der großen Mehrkosten, welche während der Seereise infolge des unvorhergesehenen griechisch-italienischen Krieges u. s. w. entstanden sind.«[417]

Nach der Schlussverrechnung würden die bis dahin getätigten Überweisungen sämtliche Kosten decken, versicherte Storfer. Es bleibe noch ein Vorschuss auf den Dampfer *Rositta* in der Höhe von rund 4.000 Pfund, was ungefähr 15.000 Dollar entspreche, zugunsten von Prag übrig. Demgegenüber schulde Prag dem »Ausschuss für jüdische Überseetransporte« in Wien 93.000 RM, weil die DDSG in Wien gezahlte Kautionen für Prager Rechnungen zurückgehalten habe und Barauslagen für die Transporte für Prag vorgestreckt worden seien. Storfer versprach, alsbald eine Gesamtabrechnung für die bis dahin erfolgten Transporte und eine Übersicht über die Kosten für die verschiedenen Gruppen aus Wien, Berlin, Danzig, Pressburg und Prag vorzulegen. Daraus werde hervorgehen, dass es zu keinerlei Benachteiligung der »Prager Fonds« gekommen sei. Abermals bat Storfer dringend um die Bewilligung einer Reise nach Budapest und Bukarest zur Klärung aller Rechtsverhältnisse.[418]

Er kalkulierte nun allerdings ein, dass die Passagiere eines künftigen Transportes voraussichtlich nicht in Palästina landen, sondern von den Briten, wie ein großer Teil der Teilnehmer seines letzten Transportes, nach Mauritius verbracht würden: »Hierüber erlaube ich mir, dem Herrn SS-Sturmbannführer den abschriftlich beiliegenden Bericht vom 6. Jänner zu unterbreiten, nachdem der Herr Sturmbannführer anfangs Dezember für neue Überseetransporte, offenbar wegen des griechischen Krieges, nicht besonders geneigt war, aber immerhin vorerst meinen neuen Bericht angefordert hat.

Ich halte mich verpflichtet, für die Fortsetzung der Arbeit vorzusprechen und zu beantragen, (selbstverständlich ohne der endgültigen Entscheidung des Herrn Sturmbannführers vorgreifen zu dürfen) dass der Dampfer ›Rositta‹ hauptsächlich für Ausreisende des Protektorates ausgenützt werde, wie es in meinem Arbeitsplan schon früher vorgesehen war.

Nach den bisherigen Erfahrungen besteht die Wahrscheinlichkeit, dass die ›Rositta‹ nach der kleinen englischen Kronkolonie Maurizius (nur 200 Quadratkilometer groß und etwa 500 Meilen von Madagaskar entfernt) weiterdirigiert wird. Mit diesem Risiko muss ich rechnen, und das ist nicht groß, wenngleich für die Reisenden, die ein bestimmtes Ziel haben, nicht befriedigend.«[419]

Zwei Tage nach dem zitierten Schreiben an die Prager »Zentralstelle« legte Storfer eine Aktennotiz über eine Vorsprache bei dem Leiter dieser Stelle, SS-Hauptsturmführer Hans Günther, an: »Für den Fall, dass ich im bevorstehenden Frühjahr 1000 Leute mit der ›Rositta‹ zu Auswanderung bringen dürfte, halte ich mich verpflichtet, (…) zu beantragen, dass aus dem Protektorate zwei Drittel der Auswanderer entnommen werden. Der Herr SS-Sturmbannführer hat sich zwar die Endentscheidung vorbehalten, war aber für diese Disposition gut gestimmt.«[420]

Storfer hatte der Prager »Zentralstelle« über seine »bisherige[n] Erfahrungen« mit Flüchtlingstransporten berichtet und dabei auch Seitenhiebe auf seine zionistischen Konkurrenten ausgeteilt. Dabei griff er die »Mossad«-Agenten ebenso an wie die »Revisionisten« (»NZO-Gruppe«)[421] und private Organisatoren. Nicht ganz den Tatsachen entsprechend betonte er, »dass unsere Transporte mit zusammen 3 600 Auswanderern die einzigen waren, welche regelrecht das Endziel erreicht haben, wenngleich eine ganze Reihe unvorhergesehener Schwierigkeiten« eingetreten sei. Jeder Versuch von anderen Seiten sei in den letzten beiden Jahren »kläglich gescheitert«, wobei er »nur die bekanntesten Fälle« aufzählen wolle, so Storfer:

»1) Die Strandung von 1 000 Personen am Donau-Ufer Kladovo, welche bis heute nicht weniger als $ 250.000.– gekostet hat (Aderbuch-Hechaluz) [richtig: Averbuch].

2) das Scheitern und Sinken des bekannten Pentcho-Schiffes, dessen 500 Reisende noch heute auf der Insel Rhodos sind (Expedition durch die NZO-Gruppe aus Bratislava).

3) Das letzte Unglück des kleinen Dampfers ›Salvador‹, welcher von Bulgarien mit 380 Reisenden anfangs Dezember abgegangen und im Marmarameer gesunken ist. Es wurden nur 121 gerettet. (Dr. Confino – Sofia – Zionist).«[422]

Storfer wollte aber offenbar eine allgemein abschreckende Wirkung dieses Berichtes vermeiden, weshalb er gleichzeitig betonte, dass die genannten Schiffe – im Gegensatz zu den von ihm gecharterten – weder seetüchtig noch ordnungsgemäß bemannt gewesen und »überhaupt leichtsinnig abgefertigt« worden seien.

»Unsere Leistung hat – wie ich aufrichtig berichten darf – die Bewunderung aller Kreise gefunden. Auch haben sämtliche jüdischen Spitzenorganisationen von Danzig, Berlin, Prag und Wien an mich anerkennende Dankschreiben gerichtet.

Ich gebe die Hoffnung nicht auf, die 3 Schiffe ›Atlantik‹, ›Pazifik‹ und ›Milos‹ (das Letztere bildet unser Eigentum für Prager Rechnung und ist im eingangs erwähnten Durchschnittspreis bereits einkalkuliert) freizubekommen.«[423]

Während sich Storfer in seiner Tätigkeit für den »Ausschuss für jüdische Überseetransporte« bis dahin weitgehend auf illegale Transporte nach Palästina konzentriert hatte, zog er in dieser späten Phase auch andere Auswanderungsmöglichkeiten für kleine Gruppen, etwa nach Shanghai, in Erwägung: »Der Vorgang ist so, dass man von einzelnen Konsulaten südamerikanischer Staaten Einwanderungsvisa bekommt, um daraufhin die Durchreisebewilligungen durch Russland und Mandschukuo zu erwirken. Derart kann der Reisende die Reise in Schanghai abschließen. Sofern die Zentralstelle kleinen Gruppen von je einigen Personen nach dieser Richtung auszureisen bewilligen würde, könnte ich die Durchführung durch die Abteilung (Mandler) sofort in die Wege leiten.«[424]

Bereits im Sommer 1940 war ein Beamter der Wiener Kultusgemeinde, Robert Prochnik, nach Berlin entsandt worden, von wo aus er mit Reisebüros und Schifffahrtsgesellschaften über Reisemöglichkeiten, meist über Berlin oder Spanien und Portugal, nach Shanghai und andere Überseehäfen verhandelte.[425]

Nach wie vor lag jedoch der Schwerpunkt von Berthold Storfers Tätigkeit auf Rettungsmöglichkeiten über Donauhäfen und das Mittelmeer. Eines der Kernprobleme im Zusammenhang mit dem Schiff *Rositta* waren seit Anfang 1941 die rückständigen Mannschaftslöhne.

Storfer stand mit den beiden erwähnten Kontaktpersonen des verstorbenen Reeders, Constantin Lekas und Archimede Lychiardopol, in Verbindung. Beide verhandelten vor allem mit Josef Goldner, Storfers Schwager und wichtigstem Mitarbeiter in Rumänien. Ein großer Teil des Schriftverkehrs zwischen Goldner auf der einen und Lekas und Lycharidopol auf der anderen Seite drehte sich um die Rückzahlung großer Lei-Beträge, die die beiden Männer nach eigenen Angaben bereits für Mannschaftslöhne und andere Posten verausgabt hatten. Dabei hatte Lychiardopol seinerseits beträchtliche Beträge für Lekas vorgeschossen.

Anfang März 1941 reiste Josef Goldner nach Wien. Obwohl er seinen Verhandlungspartnern versprochen hatte, binnen weniger Wochen zurückzukehren, war dies nicht der Fall. Im Sommer 1941 war den rumänischen Kontaktleuten völlig unklar, was aus Goldner geworden war, denn auch der Briefkontakt war abgerissen. Ende Juli 1941 teilte Berthold Storfer Lychiardopol mit, dass Josef Goldner in Wien erkrankt und im Spital sei. In Wirklichkeit befand sich dieser, was vor seinen Kontaktleuten in Rumänien offenbar verheimlicht wurde, seit Mitte Juni wegen diverser Devisenvergehen in Haft. Wie weiter oben beschrieben, ging aus den Prozessakten hervor, dass Goldner nicht geplant hatte, nach Rumänien zurückzukehren, sondern mit allen Mitteln versucht hatte, mit seiner Familie von Wien aus in die USA auswandern zu können. Die Vorbereitungen für die Flucht waren bereits weit gediehen, als die Festnahme das Auswanderungsvorhaben durchkreuzte.

Der Betrag, den Lychiardopol von Goldner einforderte, belief sich im Juli 1941 bereits auf 375.000 Lei. Auch Lekas fühlte sich von Goldner im Stich gelassen, schrieb an diesen fast täglich vorwurfsvolle Postkarten und drängte ihn, nach Braila zu kommen, um alle finanziellen Angelegenheiten zu bereinigen. Am 18. Juli drängte Lekas zur Zahlung von einer halben Million Lei, die 375.000 seiner Schulden an Lychiardopol inkludiert. Lychiardopol und die Mannschaft hätten mit Maßnahmen gegen den Dampfer *Rositta* gedroht und sogar, konform mit den maritimen Gesetzen, die Möglichkeit in den Raum gestellt, das Schiff zu verkaufen, um sich schadlos zu halten.[426] Am 7. August 1941 hatte Lychiardopol Berthold

Storfers Bruder Josef Storfer in Bukarest besucht, der jedoch jede Zahlung verweigert hatte.

»Niemand überlegt, dass ich allein in schwersten Umständen, in Kriegszustand (…) das Schiff nach Braila sicherstellte, die nötige Versicherung vornahm und es dort vor allen Verfolgungen rettete. – Wie viele Opfer und Mühe dies alles kostete, will niemand beurteilen. – Ich habe mein letztes Kapital verauslagt, um Ihre Interessen zu verteidigen, stehe heute ohne mein Geschäftskapital da, bin erwerbsunfähig und muss für mein Geld alle diese Unannehmlichkeiten ertragen. (…) Andere Firmen, wie z. B. Avgherinos & Co., Filissia, haben in solchen Angelegenheiten schweres Vermögen erworben«, beschwerte sich Lychiardopol in einem Schreiben an Berthold Storfer. Sollten die 375.000 Lei nicht umgehend an ihn zurückgezahlt werden, müsse er notfalls »die schärfsten Maßregeln (…) treffen«.[427]

Auch wegen der panamaischen Schiffsflagge war es inzwischen zu Problemen gekommen, denn die Genehmigung, sie für die *Rositta* zu verwenden, war bereits am 15. April abgelaufen. Goldner müsse sich unbedingt mit dem Konsul von Panama ins Einvernehmen setzen, drängte Lychiardopol.

Die Reibereien wegen der Mannschaftslöhne gingen indes weiter. Im September 1941 klagte Constantin Lekas in einem an Bord der *Rositta* verfassten Schreiben abermals über den Druck, der auf ihn durch die Mannschaft und Lychiardopol ausgeübt werde. Er bat Storfer, Letzteren zu ersuchen, »dass er mich gefl. in Ruhe lassen solle, da ich mit ihm direkt nichts zu tun habe«.[428] Inzwischen hatte das Schiffspersonal wegen der nichtbezahlten Löhne sogar eine Strafanzeige gegen Josef Goldner in Wien erstattet, polizeiliche Erhebungen waren in Gang gesetzt worden. Doch Storfer wollte die Bezahlung von Sicherheiten abhängig machen, wie er in einem Schreiben an seinen Treuhänder Richard Jaksch in Budapest ausführte: »Bei den völlig ungeklärten rechtlichen Verhältnissen der ›Rositta‹ können wir so große Geldvorlagen ohne eine Ordnung nicht machen. Unsere Organisation und allenfalls die aufsichtsbehördliche Stelle würden die Zustimmung zu derlei Zahlungen ohne gehörige Unterlagen nicht erteilen. Dazu ist erforderlich:

1) Eine Regelung des Rechtsverhältnisses, soweit dies durch den Tod des Avgherinos notwendig geworden ist,

2) Die Erneuerung des im April 1941 abgelaufenen panamäsischen Flaggenrechtes,

3) Die hypothekarische Sicherstellung unserer bisherigen Geldvorlagen. Bekanntlich ist das Schiff mit unseren Mitteln gekauft worden.

Nachdem weder ich noch Herr Dr. Melas die Möglichkeit haben, nach Budapest zu kommen, erlaube ich mir die Frage, ob Ihre Reise nach Wien demnächst zu erwarten wäre. Ich hoffe, dass Sie so freundlich waren, inzwischen wenigstens eine Handlungsvollmacht an Herrn Josef Storfer nach Bukarest (…) zu schicken (…).«[429]

Kurze Zeit später erhielt Storfer Nachrichten von R. Philippenopolos, dem Direktor und Geschäftsführer der Maklerfirma The Balkans & Near East Shipping Agency S. A. (vermutlich identisch mit der Filissia), die sich inzwischen mit dem panamaischen Generalkonsul in Verbindung gesetzt hatte. Die panamaische Regierung hatte wegen eines Übersetzungsproblems noch nicht die endgültigen Dokumente für den Dampfer übermittelt, doch hatte der Generalkonsul die grundsätzliche Bereitschaft signalisiert, nochmals provisorische, bis zum 14. September gültige Papiere auszustellen. Stempel- und sonstige Gebühren waren in Fremdwährung zu bezahlen.

»Diese ganze Angelegenheit wird insgesamt ca. Drachmen 10.000.– und $ 89.– kosten und wir bitten Sie, diesen Betrag (…) überweisen zu wollen. Nach dem 14. September wird Herr Generalkonsul vielleicht in der Lage sein, uns die endgültigen Papiere auszustellen, er erwartet jedoch hiefür die

Genehmigung der Gesandtschaft in Berlin, an welche er sich gewandt hat, da eine direkte Verständigung mit dem zuständigen Ministerium in Panama nicht möglich ist. (…)

Was den Personenverkehr im östlichen Mittelmeer anbelangt, so teilen wir Ihnen erg. mit, dass diese[r] möglich sein wird und dass zu diesem Zweck voraussichtlich ein Passagierdampfer, eventuell ein Fracht- bzw. Motordampfer zur Verfügung gestellt wird, unter der Voraussetzung natürlich, dass die deutschen Marinebehörden in Griechenland die nötige Bewilligung erteilen werden. Bezüglich der Reisen nach Nord- und Südamerika oder Schanghai, so ist momentan keine Schiffsgelegenheit von hier aus möglich.

Die Angelegenheit des Dampfers ›Liesl‹ [eines anderen Flüchtlingsschiffes] ist gerichtlich verhandelt worden, infolge der Klage, die wir vor der Unterbrechung des Post- und Telegrammverkehrs infolge der militärischen Operationen erhoben hatten. Nunmehr stehen wir in Erwartung des Gerichtsurteils, können leider hierüber nichts wissen«, hieß es seitens der Filissia.[430]

Noch im August 1941 bevollmächtigte Richard Jaksch in Budapest als Eigentümer der *Rositta* Berthold Storfers Bruder Josef in Bukarest, alle Verhandlungen mit Behörden und amtlichen Stellen zu führen und alle Schritte und Rechtshandlungen im Zuge der Vermietung des damals in Galatz bzw. Braila befindlichen Dampfers zu setzen. Lediglich über das Eigentumsrecht dürfe nicht verfügt werden.[431]

Storfer verfasste mehrfach längere Berichte an die Leitung der Wiener jüdischen Gemeinde sowie die »Zentralstellen für jüdische Auswanderung«, in denen er versuchte, einen Überblick und die komplexe Situation betreffend das Schiff *Rositta* und die Vorgeschichte der Angelegenheit zu vermitteln. In einem undatierten, aber vermutlich aus dem Jahr 1941 stammenden Bericht heißt es: »Das Schiff ›Rositta‹ gehört nicht uns, sondern dem Reeder Sokrates Avgherinos, welcher die Angestellten in Braila engagiert und zu bezahlen hat. Wir haben ohne jedes Interesse für uns, lediglich aus Gefälligkeit, für die ›Abteilung für jüdische Überseetransporte in Prag‹ ein Übereinkommen wegen Beförderung von Auswanderern für Rechnung der ›Abteilung für jüdische Überseetransporte, Prag‹ nach dem östlichen Mittelmeer vermittelt. Der Reeder Avgherinos ist plötzlich gestorben, und die Erben wohnen zum Teil in Griechenland und zum Teil in Rumänien. Durch die verschärften Kriegsverhältnisse sowohl im östlichen Mittelmeer als auch im Schwarzen Meer sind die Erben Avgherinos' nicht in der Lage, ihren Versprechungen nachzukommen, und das genannte Schiff steht eben deshalb in Braila unbenützt, bis der Seeverkehr möglich sein wird.

Wir haben, wie oben erwähnt, keine Zahlungspflicht. Nur wenn unsre Ausreisenden tatsächlich bis zum Endziel befördert werden, hat die ›Abteilung für jüdische Überseetransporte, Prag‹ einen bestimmten Preis zu entrichten. Im Gegenteil, soweit es uns anbelangt, so haben wir Forderungen an Sokrates Avgherinos beziehungsweise an die Erben aus dem Titel der früheren Geschäftsbeziehungen, die mit dem gegenständlichen Dampfer ›Rositta‹ nichts gemein haben.

Der Josef Goldner ist nichts anderes als der von uns und der ›Abteilung für jüdische Überseetransporte in Prag‹ zu dem Zwecke beauftragte Vertrauensmann, damit er den richtigen Verlauf der Vertragsabwicklung des Avgherinos kontrollieren soll. Durch den Tod des in Athen verstorbenen Avgherinos, wodurch das Schiff ›Rositta‹ und die Mannschaft ohne jede Fürsorge geblieben ist, hat sich Goldner auch um die laufenden Angelegenheiten unverbindlich und, wie gesagt, nur als Kontrollorgan bekümmert. Irgendwelche Zahlungsverpflichtungen hat er selbstverständlich nicht übernommen und auch nicht übernehmen können. Wir verhandeln mit dem Bevollmächtigten der Erben, der in Bukarest weilt, und verlangen

1) Erneuerung des Flaggenrechtes für dieses Schiff, welches Recht am 15. April 1941 abgelaufen ist,

2) eine sicherstellungsweise Hypothek für etwaige Geldvorlagen,

3) eine regelrechte Vollmacht für unseren Vertreter,

und erst wenn diese Forderungen uns gegenüber erfüllt werden, werden wir der ›Abteilung für jüdische Überseetransporte in Prag‹ empfehlen können, nach Einholung der Bewilligung der zuständigen Devisenstelle, Geldvorschüsse zu machen, damit die Ansprüche der Angestellten, zu Lasten der Erben des Avgherinos, auf Rechnung des zukünftigen Beförderungspreises erfüllt werden. Diesbezügliche Auseinandersetzungen erfordern Zeit, weil die Korrespondenz mit den Erben in Griechenland und Rumänien, die untereinander uneinig sind, nicht so rasch abgewickelt werden können, wie es notwendig wäre.«[432]

In einer vierseitigen Kurzdarstellung rekapitulierte Storfer Ende Februar 1942 noch einmal die wichtigsten Entwicklungen seit dem Jahr 1940: Der Schiffsreeder Sokrates Avgherinos hatte aufgrund von Verträgen mit Storfer beziehungsweise dem »Ausschuss für jüdische Überseetransporte« im Oktober 1940 die drei Schiffe *Atlantik*, *Pazifik* und *Milos* mit insgesamt 3600 Flüchtlingen nach Palästina befördert. Die Passagiere waren über Storfers Büro mit vorschriftsmäßigen Reisepässen und einem Endvisum für einen lateinamerikanischen Staat von einem Schwarzmeerhafen aus abgefertigt worden. Sie waren als illegale Einwanderer nach Palästina gekommen beziehungsweise von den Briten in deren Kronkolonie Mauritius verschickt worden.

»Derlei Transporte waren mit großen Risken verbunden, und der Reeder musste von vornherein mit der Beschlagnahme, d. h. mit dem Verluste der eingesetzten Schiffe rechnen. Wegen dieses Risikos und aller anderen Unzukömmlichkeiten wurde der Beförderungspreis mit ca. 90 bis 100 Dollar pro

Person so kalkuliert, dass der Wert bzw. Verlust der dabei in Frage gekommenen Küstenschiffe ungefähr berücksichtigt war«, so Storfer.[433] Avgherinos hatte die *Rositta* im Sommer 1940 von einem griechischen Schifffahrtsunternehmen in Piräus erworben und den Kaufpreis in von der griechischen Nationalbank vorgeschriebenen freien Devisen bezahlt. Die Benutzung der griechischen Flagge und die Verwendung griechischer Mannschaften für derartige Auswanderertransporte waren durch ein griechisches Gesetz streng verboten. Deshalb ging es vorrangig darum, das Flaggenrecht eines neutralen Staates zu sichern. Avgherinos hatte sich darum bemüht, seine Geschäftsbeziehungen zu Budapest zu nutzen, um die *Rositta* in Ungarn zu beheimaten und die ungarische Flagge erwerben zu können.

Weil es notwendig gewesen war, die klaglose Durchführung der umständlichen Beförderungsverträge und die Bereinigung aller eventuell auftauchenden Fragen durch eine verlässliche Treuhand zu gewährleisten, war im Einvernehmen mit Avgherinos der Kaufvertrag für die *Rositta* im Sommer 1940 auf den Namen Richard Gyula Jaksch in Budapest errichtet worden. Jaksch, mit dem Avgherinos offenbar schon seit früherer Zeit in Kontakt stand, hatte sich in der Folge jedoch vergeblich darum bemüht, von den ungarischen Behörden das Flaggenrecht zu erhalten. Schließlich war nur der Ausweg geblieben, für die *Rositta* die Panamaflagge zu erwerben.

Nach dem Tod des Sokrates Avgherinos waren als Erben seine fast 25 Jahre jüngere Gattin als Haupterbin sowie sechs Geschwister verblieben. Eine Zeit lang kursierte das Gerücht, dass die Witwe ebenfalls gestorben sei, womit ihre in Rumänien lebenden Eltern als ihre Erben in Betracht gekommen wären. Erst im April 1942 sollte Storfer von The Balkans & Near East Shipping Agency S. A. erfahren, dass sich Camilla Avgherinos bester Gesundheit erfreute.

Avgherinos' Erben waren gemäß Storfers Informationsstand an der *Rositta* mit 40 Prozent, andere Mitinteressenten mit 60 Prozent beteiligt. Inzwischen war es unter den Erben zum Streit gekommen. Darüber hinaus behauptete Constantin Lekas, der sich in Braila aufhielt, eine Sonderbeteiligung an der *Rositta* erworben zu haben – ein Anspruch, dessen Rechtmäßigkeit Storfer nicht überprüfen konnte.

Im Sommer 1940 war ein – im Februar 1942 nach wie vor gültiger – Beförderungsvertrag für den Transport von Auswanderern nach dem Muster der früheren Verträge abgeschlossen worden, und es waren auch Vorschusszahlungen für den Ankauf der *Rositta* erfolgt.

»Unsere tatsächliche Forderung ergibt sich aber in der Endabrechnung, die aus der Gebarung aller vier Schiffe resultiert. Die Endabrechnung konnte infolge des Ablebens des genannten Kontrahenten von den Erben noch nicht anerkannt werden, doch auch in dieser Hinsicht erweist sich die Person des Richard Jaksch als eine wichtige Vereinfachung für uns«, so Storfer.[434] Die *Rositta* war in mehrfacher Weise an Storfer gebunden: durch den Beförderungsvertrag, den administrativen Besitz, den Vorschuss, die Bemannung, durch die vertraglich garantierte Handlungsvollmacht von seinem Delegierten sowie durch Richard Jaksch, der laut Vertrag gleichzeitig auch als Treuhänder Storfers fungierte und ohne dessen Einwilligung er keine Handlungen setzen durfte.

»Durch diese Umstände ist es zu erklären, dass das Schiff mehr als ein Jahr tatsächlich zu unserer Verfügung verblieb. Allerdings sind dadurch, dass wir keine Verfügungen treffen konnten, in der letzten Zeit von interessierten Stellen Bestrebungen laut geworden, das Schiff für ungarische oder rumänische Auswanderer zu akquirieren, wodurch Quertreibereien entstanden sind.«[435] Durch den Tod des Reeders Avgherinos und die daraus resultierenden widersprüchlichen Ansichten der Erben waren laut Storfer »verwirrte Auffassungen über die Eigentumsverhältnisse« sowie auch die Rechtsstellung des Richard Jaksch enstanden.

»Wir selbst hatten nur Interesse an der Bereitstellung von Beförderungsmitteln, denn wir konnten uns mit den großen Sorgen der Bemannung, der Verwaltung und mit den Risken der Transporte als solche direkt nicht belasten. Dessen ungeachtet haben wir gegenüber den Eigentumsberechtigten unsere Vorzugsdisposition nachdrücklichst betont.«[436]

Es gelang Storfer nicht mehr, einen weiteren illegalen Transport nach Palästina, sei es mit der *Rositta* oder einem anderen Schiff, auf den Weg zu bringen. Der Grund war vor allem, dass durch die Ausweitung des Kriegsgebietes der private Personenverkehr erschwert und später ganz verunmöglicht wurde. »Einen Fracht- beziehungsweise Personenverkehr im Mittelmeer gibt es noch immer nicht, sodass wir einen Auswanderertransport momentan nicht für möglich halten«, lautete etwa die Information, die die Brookerfirma The Balkans & Near East Shipping Agency S.A. Storfer im November 1941 zukommen ließ.[437]

Ungeachtet der logistischen Probleme gab es zu diesem Zeitpunkt ein weiteres Hindernis von letztlich entscheidender Bedeutung: Wenige Wochen zuvor hatten die Nationalsozialisten die jüdische Auswanderung aus den »Reichsgebieten« endgültig verboten. Dennoch blieb das Schiff *Rositta* Gegenstand umfangreicher Korrespondenzen Storfers mit verschiedenen deutschen Stellen, Schiffsmaklern und anderen Kontaktpersonen sowie seinen Mitarbeitern in Rumänien. Angesichts des kriegsbedingten, extremen Mangels an Schiffsraum ging es nun plötzlich darum, die *Rositta* für deutsche Zwecke verfügbar zu machen. Das Schiff, das ungenutzt im Hafen von Braila vor Anker lag, hatte mittlerweile das Interesse der Deutschen Kriegsmarine geweckt. Am 22. August 1941 teilte Lekas Storfer mit, »dass zwei Offiziere der Deutschen Marine den Dampfer ›Rositta‹ besichtigt haben. Ich wurde zum Bureau ›Deutsche Transportstelle‹ gerufen, wo ich die Einzelheiten über die Beschaffenheit des Dampfers sowie die Adresse der Reederei in Wien mitteilte. Ich halte es für unbedingt notwendig, dass Sie nach hier kommen (…).«[438]

Mitte November wollten die Deutsche Marinemission in Bukarest und das Deutsche Transportkommando in Sofia (Marinegruppe Süd) wissen, warum das Schiff nicht genutzt werde, und äußerten den Wunsch, es zu mieten oder zu kaufen.

»Allem Anscheine nach wird vorläufig weder eine Zwangsmiete noch eine Beschlagnahme beabsichtigt, dagegen wird mit Nachdruck die rascheste freiwillige Verhandlung gefordert. Die diesbezügliche Erledigung kann aber ohne unsere Zustimmung nicht erfolgen, nachdem das Schiff durch einen Vorschuss und durch einen Vertrag an uns gebunden ist. So haben letzten Endes wir entscheidend mitzubestimmen«, berichtete Storfer in einem Schreiben an Adolf Eichmann im Dezember 1941.[439] Er bat diesen gleichzeitig um die Genehmigung, das Schiff freizugeben. Trotz der komplizierten Rechtsverhältnisse zeigte sich Storfer optimistisch, den Abschluss mit der Deutschen Marinebehörde durch seine persönliche Mitarbeit tatkräftigst fördern und bei dieser Gelegenheit auch den für Prager Rechnung geleisteten Vorschuss einbringen zu können. »Aus diesem Grund stelle ich die Bitte: Soferne nach den neuesten Dispositionen keine Bedenken gegen meine Reise nach Bukarest bestehen, zu erlauben, dass ich <u>ausschließlich nur zur Erledigung der vorstehend angeregten Angelegenheit nach Bukarest reisen darf</u>.«[440]

Storfer wurde seitens der Deutschen Kriegsmarine aufgefordert, die Originalschiffspapiere, unter anderem Dokumente über die Herkunft und die flaggenrechtlichen Verhältnisse des Schiffes, sowie Vertragsunterlagen zu den Eigentumsverhältnissen zu beschaffen. Umfangreiche Reparatur- und Umgestaltungsarbeiten mussten veranlasst werden, um den Dampfer für seinen neuen Verwendungszweck zu adaptieren, war doch das gesamte ursprüngliche Inventar, bis zum letzten Seil, 1940 von der *Rositta* auf die Schiffe *Milos* und *Pazifik* transferiert worden.

Anfang Januar 1942 rief die Deutsche Marinestelle in Bukarest überraschend in Storfers Büro an und erkundigte sich ausführlich über die Rechtsverhältnisse und die dispositionsberechtigten Personen. Storfer sollte Auskunft darüber erteilen, wem das »gegenständliche Fahrzeug unterstellt« sei und ob er nach Bukarest kommen könne.

»Ich habe erwidert, dass ich in Angelegenheit des Schiffes ›Rositta‹ nach den Befehlen des Herrn SS-Obersturmbannführers Eichmann zu handeln habe. Im Allgemeinen sei für mich eine Reise ins Ausland sehr fraglich und ich möchte in Kenntnis dieser behördlichen Einstellung nicht den Eindruck machen wollen, als ob ich Gelegenheit zu reisen suche. Die Deutsche Marinestelle betonte hiezu, diese Ansicht sei nicht am Platze, meine Anwesenheit in Bukarest sei zur Ordnung der mit dem Schiff ›Rositta‹ zusammenhängenden Rechtsverhältnisse sehr notwendig und gab zu verstehen, dass die bisher mit der Marinestelle in Verbindung gewesenen Rechtspersonen sich als unverlässlich erwiesen haben, deshalb wäre es bisher nicht möglich gewesen, zu irgendeinem einwandfreien Abschluss zu kommen. Die Marinebehörde beabsichtige daher, sich (…) direkt nach Berlin an meine vorgesetzte Behörde zu wenden. –

Die Rechtsverhältnisse sind tatsächlich kompliziert, und wenn die Deutsche Marinestelle, wie es den Anschein hat, vorzieht, nicht mit militärischer Beschlagnahme vorzugehen, sondern freihändig zu handeln, so stehe ich dienstbereit und erbitte diesbezügliche Weisungen.«[441]

Storfer betonte, dass es zur Bereinigung der Verhältnisse notwendig sei, das von der deutschen Marineverwaltung gewünschte Abkommen auf kurzem Weg herbeizuführen und die berechtigten Ansprüche der Mannschaft auf dem Schiff, die seit fast eineinhalb Jahren nicht mehr bezahlt worden sei, zu befriedigen. Soweit er informiert war, handelte es sich um zwei Mechaniker, einen Heizer und zwei Matrosen. Darüber hinaus sollte die gesamte Verrechung mit Jaksch beziehungsweise den Erben geregelt werden.[442]

Die genannten Marinestellen hatten bei den verschiedenen Rechtspersonen, den in Rumänien wohnenden Erben wie auch bei dem in Budapest lebenden Treuhänder Richard Jaksch Rückfragen gestellt, doch auch das Rumänische Marineministerium hatte inzwischen Interesse an dem Schiff bekundet.[443]

Im Januar 1942 hatte sich Storfer an das Königlich Ungarische Generalkonsulat in Wien gewandt und diesem mitgeteilt, dass er über dringenden Auftrag der deutschen Marinebehörde und mit Genehmigung der »Zentralstelle für jüdische Auswanderung« in Wien sofort nach Bukarest, Braila und Galatz reisen müsse, um ein früher für Auswanderer bestimmt gewesenes Schiff der Deutschen Marine zu übergeben. Das rumänische Einreisevisum werde erteilt, er benötige noch das Durchreise- und eventuell auch ein Einreisevisum für Ungarn, weil er in der Angelegenheit auch nach Budapest kommen müsse. Storfer fügte erklärend hinzu, dass bereits am 13. Dezember 1940 ein für ihn bestimmtes Einreisevisum zur Abholung bereitgelegen, er die Reise bis dato jedoch nicht angetreten habe.[444]

Das in Aussicht gestellte rumänische Einreisevisum ließ jedoch auf sich warten. Vom Rumänischen Generalkonsulat erfuhr Storfer schließlich, dass bei »J-Pässen« prinzipielle Schwierigkeiten bestünden. Als weiteres Problem kam hinzu, dass die Lufthansa gemäß der neuesten Instruktion »J-Reisende«, das heißt jüdische Passagiere, nur mit einer Sonderbewilligung des Auswärtigen Amtes befördern durfte. Auch dazu war eine Intervention der »Zentralstelle für jüdische Auswanderung« notwendig. Für den Bahnweg war wiederum ein Visum für Ungarn unabdingbar. Das Ungarische Generalkonsulat war nur auf ausdrückliches Ersuchen der »Zentralstelle« bereit, sich überhaupt mit dem Inhaber eines »J-Passes« zu befassen.

Da es Storfer bis zum Frühjahr 1942 nicht gelungen war, die geplante Reise anzutreten, kam im März 1942 Marineoberintendanturrat Tennstedt aus Sofia nach Wien, um bei Storfer alle einschlägigen Verträge, Korrespondenzen, Verrechnungen und die Schiffsdokumente zu prüfen. Anschließend wollte Tennstedt die Entscheidung seines obersten Chefs in Sofia über eine Charterung oder aber einen Kauf des Schiffes einholen. Dieses sollte als Lazarett-, Wohn- oder Frachtschiff ehestens in Verwendung kommen.

Tennstedt hatte, wie Storfer betonte, dessen Vorlagen und Aufklärungen als in bester Ordnung befunden. Nach entsprechenden Instruktionen seines obersten Chefs wollte er mit Storfer in Bukarest, Galatz und Braila die *Rositta*-Angelegenheit durchführen. Storfer sollte auf der Durchreise in Budapest mit dem Treuhänder der Erben die notwendige Vollmacht und die sonstigen Verrechnungen in Ordnung bringen. Storfer betonte gegenüber der »Zentralstelle«, dass zwar 1940 nur ein Beförderungsvertrag abgeschlossen worden sei, die Vertragsstipulationen aber so vorsichtig abgefasst seien, dass der »Ausschuss für jüdische Überseetransporte« eine einflussreiche rechtliche Position habe.[445]

Für die letzte Aprilwoche wurde abermals der Besuch eines Verteters der Deutschen Kriegsmarine in Wien angekündigt. Storfer sollte für die Verhandlungen eine genaue Aufstellung aller auf dem Schiff lastenden Forderungen sowie aller Gläubiger mit Angabe der jeweiligen Wohnorte vorbereiten. Auch war anzugeben, in welcher Währung – Reichsmark, Pengö, Lei etc. – die Forderungen entstanden und in welcher sie zu begleichen waren. Storfer war auch beauftragt, den Wert des Schiffes zu beziffern und die für die Wertfestsetzung notwendigen Unterlagen zu beschaffen. Das von ihm abzugebende

Kaufpreisangebot sollte ebenfalls Vorschläge über die Zahlungsart enthalten.[446]

Anfang Mai 1942 kam der mit der Causa beauftragte Vertreter der Deutschen Kriegsmarine, Zschät(z)sch, tatsächlich zu Besprechungen mit Storfer nach Wien. Dieser erfuhr nun, »dass die zur Erledigung aller Fragen in Aussicht gewesene Reise des Gefertigten aus prinzipiellen Gründen nicht stattfinden« könne. Rechtsanwalt Dr. Reinhold Melas hielt es angesichts dieser Situation für zweckmäßig, eine Reise von Richard Jaksch nach Wien zu erwirken, um dort einen endgültigen Abschluss in Anwesenheit aller Teilnehmer zu ermöglichen.

Noch immer war unklar, ob es zu einem Kauf oder einem Chartervertrag kommen würde. Doch ungeachtet dessen regte Storfer bei der Deutschen Marinestelle in Rumänien an, sofort einen Betrag von zwei bis drei Millionen Lei vorschussweise für die Bezahlung der rückständigen Mannschafts- bzw. Personallöhne flüssig zu machen, da die Sache sehr dringlich geworden sei.[447] Der Druck, den der in Braila befindliche Constantin Lekas ausübte, war von Monat zu Monat gewachsen. In einem seiner zahlreichen Schreiben an Storfer klagte Lekas, den bestehenden Zustand nicht länger ertragen zu können: »Ich habe Ihre Interessen bis zur Selbstaufopferung vertreten. (…) Ihre Ankunft in Bukarest wurde mehrfach avisiert und zum Schlusse wurde Ihre Ankunft widerrufen, und ich sah mich bei meinen Freunden und Bekannten völlig verschuldet, um das Schiff zu retten. (…) Ich war zwei Tage in Galatz und habe festgestellt, dass der Dampfer vollkommen verlassen in den Docks liegt und dass die Mannschaft nichts zu ihrem Unterhalt hat. Infolgedessen hat die Mannschaft manche Bestandteile des Schiffes verkauft, um sich erhalten zu können. Es ist nicht ausgeschlossen, dass die Mannschaft fortsetzen wird, auch Maschinenbestandteile zu verkaufen (…). Keinerlei Einschränkung kann ihr auferlegt werden, nachdem sie zum Leben haben muss.«[448]

Storfer versuchte, Lekas die Hintergründe der Zahlungsverzögerungen zu erklären: »Insbesondere blieben alle unsere monatelangen Anstrengungen wegen Überweisung des notwendigen Lei-Betrages erfolglos. Die Verhältnisse haben sich von Monat zu Monat so schwierig und kompliziert gestaltet, dass wir trotz unserer aufrichtigen und redlichen Bemühungen nichts Besseres unternehmen konnten.

Ich wollte mehrmals hinreisen (…). In der ersten Hälfte des Monates Januar [1942] dachte ich sicher, dort zu sein, die Durchreise durch Ungarn war bereits genehmigt. Bald darauf haben sich Hindernisse eingestellt und ich konnte wieder nicht reisen.

Nunmehr ist die Ankunft in Wien eines Delegierten der zuständigen Stelle in Sofia (…) avisiert und ich werde selbstverständlich mich sehr ernst bemühen, Ihren Anspruch und die Ansprüche des Personals bestens und in erster Reihe zur Geltung zu bringen. Die Ankunft dieses Herrn in Wien war vorerst für den 8. Februar in Aussicht gestellt und schließlich für Mitte März verschoben. Auch daraus ersehen Sie, wie sich alles verzögert, ohne dass wir daran etwas ändern können.«[449]

Lekas habe sich aus begreiflicher Unzufriedenheit über die Situation dazu verleiten lassen, ihm, Storfer, ungerechte Vorwürfe zu machen: »Es ist ihnen wohlbekannt, dass Sie und Ihre Mannschaft nicht von uns, sondern vom verstorbenen Herrn Avgherinos engagiert wurden und dass daher Ihr Rechtsverhältnis ausschließlich nur zu ihm bestanden hat. Unser Verhältnis zur ›Rositta‹ und zum unglücklicherweise verstorbenen Avgherinos besteht darin, dass wir einen nicht erfüllten Vertrag und große Ansprüche haben, die durch den Wert der ›Rositta‹ zu decken wären. Wir sind also Gläubiger und unterscheiden uns von Ihnen nur dadurch, dass wir die Rolle eines Großgläubigers haben.«[450]

Schon weil ihm die Dienste und Mühen von Lekas im Zusammenhang mit der *Rositta* bekannt seien, sei er darauf be-

dacht, dass dessen Ansprüche und jene der Mannschaft abge-
rechnet und gedeckt würden, doch seien die Möglichkeiten
durch die außerordentlichen Verhältnisse beschränkt.[451] Trotz
mehrfacher Erklärungsversuche erhielt Storfer weiterhin an-
klagende Briefe von Lekas, etwa Ende April 1942: »Nachdem
meine Lage alltäglich verzweifelter wird, mach ich zum letzten Male einen Appell an Ihr Rechtsgefühl und an Ihre Billig-
keit und bitte sie, meinen Kalvarienweg zu beenden, den ich
zwei Jahre abdiene und für welchen Zweck ich Schulden kre-
iert habe, wegen welcher ich Gefahr laufe, strafrechtlich verfolgt zu werden. (…) Meine Geduld und meine Kraft sind zu
Ende.«[452]

Die *Rositta* befand sich inzwischen zu Reparaturarbeiten in
der Schiffswerft in Galatz. Lekas erklärte, dass die Lohnforde-
rungen der Mannschaft auf den bei der Anheuerung festge-
setzten Löhnen beruhen würden und es gemäß den Verein-
barungen gleichgültig sei, ob die Mannschaft Arbeit geleistet
habe oder nicht.[453]

Auch im Hinblick auf die Beflaggung des Schiffes waren ständig neue Probleme aufgetreten. Bereits Ende November 1941
hatte The Balkans & Near East Shipping Agency S. A. Storfer
aus Piräus mitgeteilt, dass der panamaische Generalkonsul die
Gebühren nur in Dollarwährung und nicht in Drachmen ent-
gegennehmen könne, sodass Storfer entweder Dollar oder
einen Dollarscheck auf einer Schweizer Bank zur Verfügung
stellen müsse.[454] Dieselbe Brookerfirma benachrichtigte Storfer Ende März 1942, dass die Dokumente und Unterlagen, die
im panamaischen Konsulat hinterlegt worden waren, nicht
mehr zugänglich seien, »da die Archive des Konsulats versie-
gelt sind und der Konsul nicht mehr berechtigt« sei, »irgend-
welchen Akt vorzunehmen«.[455] Der Hintergrund dieser Vorgänge war, dass Panama im Januar 1942 Deutschland den
Krieg erklärt hatte.

Auch über die Frage, welchen Wert die *Rositta* tatsächlich repräsentierte, herrschte bald größte Uneinigkeit. Ende 1941 hatte The Balkans & Near East Shipping Agency Storfer mitgeteilt, dass der Verkehrswert eines Fahrzeugs wie der *Rositta* zwar im Augenblick schwer festzustellen sei, gleichzeitig aber versichert, dass ein solcher Dampfer unter neutraler Flagge einen Wert von etwa einer halben Million Reichsmark darstellen könne.[456]

Im Juli 1942 legte Ing. Ernst Bader, ein Sachverständiger für Fluss- und Seeschiffe in Braila, im Auftrag von Richard Jaksch den deutschen Marinebehörden in Bukarest und Sofia einen Bericht über die Werteinschätzung der *Rositta* (ex *Skiros*, ex *Kronos*) vor, nachdem er das in Galatz ankernde Schiff eingehend besichtigt hatte. Es handle sich um ein gemischtes Waren- und Passagierschiff, so Bader, das für die Aufnahme von Waren im Gewicht von etwa 350 Tonnen und für die Beförderung von etwa 1200 Personen geeignet sei. Einrichtungen für die Aufnahme von Passagieren seien auf dem Verdeck wie auch unter Deck und im Zwischendeck vorgesehen.

Das 57 Meter lange Schiff war 1882 auf einer Werft in Leith (England) gebaut worden und konnte im beladenen Zustand auf See eine Geschwindigkeit von etwa 15 Stundenkilometern erreichen. Die aus dickem Eisenblech bestehende Hülle des Schiffskörpers sei in gutem Zustand, versicherte Bader. Der Dampfer besaß eine einzige Schiffsschraube, die durch eine Dampfmaschine mit Kohlenfeuerung in Bewegung zu setzen war. Die Kohlenbunker konnten 50 bis 60 Tonnen Kohle fassen.

»In Anbetracht der Tatsache, dass s/s ›Rositta‹ (…) auch das offizielle Fahrtüchtigkeits-Zeugnis pro 1941 besitzt und sich speziell gut eignet für Küstendienst, sowohl für Ware wie auch für Passagiere, und im Betrieb sehr ökonomisch ist, ist der heutige kommerzielle Wert dieses Seeschiffes auf 85–90 Millionen Lei einzuschätzen, abgesehen davon, dass infolge des steigenden Mangels an Tonnage die Schiffspreise sehr gestiegen sind«.[457]

Intendanturrat Zschätsch von der Deutschen Marinemission »Admiral Schwarzes Meer« in Bukarest erklärte am 20. August 1942, dass das von Bader erstellte Gutachten über die *Rositta* keine genügende Verhandlungsgrundlage bilden könne und der von Bader genannte Preis von 85 bis 90 Millionen Lei, das seien rund 1,5 Millionen RM, erheblich überhöht sei. Der Schiffssachverständige der Deutschen Kriegsmarine habe den Wert des Schiffes mit nur etwa 75.000 RM beziffert. »Das Schiff hatte, bevor mit dem Umbau begonnen wurde, lediglich Schrottwert. Es ist verständlich, dass Sie bei der Besichtigung des Schiffes zu einer Zeit, da der Umbau nahezu vollendet ist, zu einem anderen Ergebnis gelangen. Die durch Reparaturen und Umbau bedingte Wertsteigerung muss aber für die Frage des Kaufpreises unberücksichtigt bleiben.

Die deutsche Kriegsmarine ist bereit, den Betrag von 75.000.– RM in noch zu vereinbarenden Währungen für das Schiff zu bezahlen und erwartet baldigst das Einverständnis der Verkäufer.«[458]

Die Deutsche Marinestelle bot also nur fünf Prozent des von Bader ermittelten Schätzwertes als Kaufpreis. »Der Unterschied zwischen An- und Gegengebot ist also ungeheuerlich groß und wir kommen erst recht zur Einsicht, wie richtig es war, dass wir uns von Wien aus in der Preisfrage nicht exponieren wollten.

Nach Rücksprache mit Herrn Dr. Melas bleibt nichts anderes übrig, als dass Herr Ing. Bader sich bemühen soll, sein Gutachten zu vertreten, schriftlich in ausführlicher überzeugender Form zu ergänzen und eine annähernde Einigung zu erzielen. Vor allem müssten endlich die täglich ansteigenden Ansprüche der unnütz am Schiff sitzenden Mannschaft befriedigt werden. – Diese völlig überflüssigen Kosten erschweren schließlich auch die Vergleichsverhandlungen. Das ist doch offenbar!«, schrieb Berthold Storfer Anfang Oktober 1942 an seinen Bruder Josef in Bukarest.

Panait Avgherinos hatte den Wert der *Rositta* Ende November 1941 mit 80.000 Pfund Originalvaluta, die Brookerfirma Filissia etwa zu selben Zeit mit einer halben Million Reichsmark eingeschätzt.

Storfer verwies auf Artikel in der *Frankfurter Zeitung* vom 9. und 15. September 1942, in denen Charterpreise genannt wurden, die als indirekte Berechnungsgrundlage dienen könnten. Sollten alle diese Daten als »Konjunkturwerte« angesehen werden, wäre die Hinzuziehung eines vollkommen unparteiischen Sachverständigen sinnvoll, schlug Storfer vor: »Es muss ein korrektes Verfahren gesucht werden, den reellen Wert zu ermitteln und daraufhin im Verhandlungswege die bestehende Preisdifferenz zu überbrücken, denn wir erfahren, dass Herr Jaksch imstande wäre, einen Verkauf auf ›Schrottgrundlage‹ abzuschließen. (…) Wir haben den Eindruck, dass dem ›Viel zu hoch‹ ein ›Viel zu niedrig‹ entgegengesetzt wurde, während inzwischen die Mannschaften und Spesen ins Unerträgliche heranwachsen.«

Laut Bader war allein das Material der *Rositta* 30 Millionen Lei wert, was einer halben Million Reichsmark entsprach. Storfer warf Bader jedoch andeutungsweise vor, sein Gutachten oberflächlich begründet zu haben, während die Deutsche Marinestelle gründlich arbeite.[459] Bader hatte bei der Ermittlung des Schätzpreises den Umbau, also die im Zuge befindlichen Reparaturen, nicht berücksichtigt. Das Inventar allein repräsentiere angeblich einen Wert von drei bis vier Millionen Lei, das Alteisen einen Wert von etwa 30 Millionen Lei, schrieb Josef Storfer an seinen Bruder Berthold in Wien: »Dem Vernehmen nach soll man von käuferischer Seite für gebrauchsunfähige, ausrangierte Objekte zum Ausschrotten 80 Pfund pro Registertonne (Nettotonne) in Zürich anbieten. Auf dieser Grundlage würde es in diesem Fall ausmachen: 355 N. T. à

80.– Pfund, 28.400.– Pfund. Die ›Rositta‹ wird zwar repariert, aber doch regelrecht verwendet. Wie mir mitgeteilt wird, werden hier für Schleppe im Privatverkehr ungefähr 20 Mill. Lei gezahlt. – Man darf sich durch das Anbot keineswegs einschüchtern lassen. Es wird Sache der Verhandlungen sein, eine Verständigung herbeizuführen.«[460]

Bader erklärte im Oktober 1942, er habe als Basis für seine Berechnung die Material- und Schiffspreise herangezogen, die zum Zeitpunkt der Übernahme des Schiffes zu Reparatur- und Umänderungsarbeiten an der unteren Donau üblich gewesen seien. Er führte detailliert die Preise für Winkeleisen und Blech an und wies darauf hin, dass sie inzwischen weiter angezogen hätten. So würden sogar für Flussremorqueure mit Dampfbetrieb, die nur zum Schleppen anderer Fahrzeuge dienten, auf dem Markt um die 500.000 RM bezahlt. Die *Rositta* sei hingegen ein für die Aufnahme von Waren und rund 1 200 Passagieren geeignetes Seeschiff und für den Überseedienst einsetzbar, weshalb von einem viel höheren Wert auszugehen sei.

»Es ist zugeblich, dass infolge seines Alters ›Rositta‹ etwas reparaturbedürftig war, wie dies bei allen ähnlichen Objekten der Fall ist, jedoch andererseits darf nicht außer Acht gelassen werden, dass es drei Hauptbedingungen erfüllte, die ein fahrtüchtiges Schiff erötigte, nämlich: Körper, Dampfkessel und Dampfmaschien sind stark und gesund. (…) Bei dieser Gelegenheit erlaube ich mir noch festzustellen, dass zur Zeit der Übernahme des Schiffes ›Rositta‹ nebst dem Schiffsinventar sich 700 Strohmatratzen und 1 000 Rettungsgürtel an Bord befanden, die für Emigrationszwecke angekauft wurden und denen auch Rechnung zu tragen ist.«

Das Schiff habe das Fahrtüchtigkeitszeugnis der Hafenbehörde erhalten, ohne Vermerk, dass das Schiff reparaturbedürftig sei, so Bader.[461] Bis zum Sommer 1943 war immer noch kein wesentlicher Fortschritt in der Angelegenheit erzielt worden. Nach wie vor war die Mannschaft, die nun bereits seit fast drei

Jahren untätig auf dem Schiff saß, nicht abgefertigt, da es nicht gelungen war, den notwendigen Betrag flüssig zu machen. Mitte März 1943 hatte Storfer gegenüber Ing. Bader in Braila abermals bestätigt, dass der Reeder Avgherinos gestorben sei, ohne »eine richtige Ordnung« zu hinterlassen: »Schließlich wird es notwendig werden, insbesondere von Herrn Lekas ein Absolutorium sowohl gegenüber den Erben nach Avgherinos als auch uns gegenüber zu erlangen, damit jede Diskussion für alle Zukunft ausgeschaltet bleibt. An dieser Stelle betonen wir, dass Herr Lekas zu uns gar kein Rechtsverhältnis unterhalten hat und an uns keinerlei Ansprüche zu stellen berechtigt ist, aber alle diese Leute denken primitiv und wir wollen auch aufklärende Auseinandersetzungen vermeiden.«[462]

Auch die Modalitäten einer Übertragung der *Rositta* in das Eigentum der Deutschen Kriegsmarine waren im Sommer 1943 nach wie vor ungeklärt.

Letzte Monate in Wien

Am 13. März 1938 hatten in Wien rund 190 300 Jüdinnen und Juden in rund 63 000 Wohnungen – darunter 60 000 Mietwohnungen – gelebt. Bereits in den ersten Tagen nach dem »Anschluss« im März 1938 waren jüdische Mieter aus ihren Unterkünften vertrieben, Hausrat und Einrichtungsgegenstände vielfach von »wilden Ariseuren« geplündert worden. Bis Mai 1939 waren bereits rund 44 000 Wohnungen »arisiert« worden, bis April 1945 mehr als 59 000.[463] Angesichts dieser Zahlen mutet es umso erstaunlicher an, dass Berthold Storfer bis in die zweite Hälfte des Jahres 1943, also bis kurz vor seiner Deportation, seine geräumige Wohnung in der Argentinierstraße behalten konnte.

Das Wohnhaus befand sich im Stadtteil Wien-Wieden, einer großbürgerlichen Wohngegend, die Sitz zahlreicher diplomatischer Vertretungen ist. Das Gebäude wurde nach Kriegsende wegen massiver Bombenschäden abgerissen und erst vor wenigen Jahren durch einen geschmacklosen Neubau, der wie früher die Bezeichnung Toskana-Hof trägt, ersetzt. Genau gegenüber befindet sich heute das Funkhaus des Österreichischen Rundfunks.

Storfers Wohnung lag in unmittelbarer Nähe jenes Viertels, in dem es in der NS-Zeit eine auffallende Anhäufung von Gebäuden des nationalsozialistischen Partei- und Staatsapparates gab. In der Theresianumgasse 16–18 befand sich der Dienstsitz des Wiener Inspekteurs der Sicherheitspolizei und des Sicherheitsdienstes, in der Prinz-Eugen-Straße 20–22 zwischen Ende August 1938 und Sommer 1942 die von Adolf Eichmann gegründete »Zentralstelle für jüdische Auswanderung«. Beide Gebäude waren zuvor im Besitz der jüdischen Familie Rothschild gewesen. In der Umgebung hatten auch die SA und weitere SS-Organisationen ihre Dienstsitze eingerichtet.

So war ab 1938 ein mehr oder weniger geschlossener Komplex entstanden, der sich mit dem Prinz-Albrecht-Gelände in Berlin vergleichen lässt und in dem nur eine Terrororganisation fehlte: die Gestapo, die sich am Morzinplatz am Rande der Wiener Innenstadt etabliert hatte.[464]

Wie aus erhaltenen Versicherungsunterlagen Storfers hervorgeht, bestand seine Wohnung in dieser Zeit aus fünf Zimmern, einem Vorzimmer und einer Küche. In den 1920er Jahren, als er bereits unter derselben Adresse gewohnt hatte, war nur von drei Räumen die Rede gewesen.

Ungewöhnlich ist auch, dass Storfer ebenfalls bis zu seiner Deportation seine nichtjüdische Haushälterin, die aus dem tschechischen Iglau stammende Marie (Maria) Krcal, weiter bei sich beschäftigen konnte. Sie lebte mit ihm im gemeinsamen Haushalt.

Laut einer Anordnung des Reichsführers SS und Chefs der Deutschen Polizei vom 26. August 1942 durften »deutschblütige Hausangestellte« nicht mehr bei Juden beschäftigt werden und wohnen.[465] Obwohl denkbar ist, dass Marie Krcal als Tschechin und nicht als »deutschblütig« eingestuft worden ist, bleibt die Konstellation ungewöhnlich. Aus den Korrespondenzen Storfers geht hervor, dass Marie Krcal ihrem Dienstgeber auch während der Jahre der Verfolgung in größter Loyalität zur Seite stand.

Im Sommer 1943 scheint die Situation unhaltbar geworden zu sein. Storfer stellte am 23. Juli 1943 bei den zuständigen Behörden den Antrag, bestimmte Gegenstände aus seinem Eigentum anstelle einer Zahlung an Marie Krcal übertragen zu dürfen. Er musste in dem Ansuchen nicht nur den für Juden obligaten Zusatznamen »Israel«, sondern auch seine »Kenn-Nummer«, E 05547, anführen.

In dem Schriftstück wurden ein beigelegtes Schätzungsprotokoll vom 20. Juli 1943, erstellt von Hans Fürst, dem Experten der Preisüberwachungsstelle, und ein entsprechendes Verzeichnis erwähnt – sie befinden sich jedoch nicht unter den erhaltenen Unterlagen. Der Schätzwert der in Frage stehenden Objekte belief sich auf 3.631 RM. In der Begründung wies Storfer darauf hin, dass »Frau Marie Krcal (…) durch 17 Jahre als Wirtschafterin« bei ihm tätig sei. Sie sollte 60 Prozent seiner Jahresleistungen als Abfertigung erhalten, darüber hinaus eine Nachzahlung für von ihr während der gesamten Dienstzeit nicht in Anspruch genommene Urlaube sowie »für Mehrleistungen außerhalb ihrer Dienstverpflichtungen, die sie für mich zu Überzeiten bei Tag und Nacht verrichtet hat«. Das Gesuch musste vom Ältestenrat der Juden in Wien, der an die Stelle der Israelitischen Kultusgemeinde getreten war, befürwortet sowie von der Gestapo bewilligt werden. Ob Marie Krcal die Abfertigung tatsächlich erhalten hat, bleibt unklar, denn in den vorhandenen Schriftstücken fehlen die entsprechenden Unterschriften.[466]

Während sich der umfangreichste Teil von Berthold Storfers heute noch vorhandenen Korrespondenzen mit Transport- und Schiffsagenden befasst, geben andere Schreiben Einblick in seine sonstigen, zum Teil privaten Kontakte in den letzten Lebensjahren. Eine besonders wichtige Verbindung scheint die zu dem Schweizer Ernst Fink in Zürich gewesen zu sein. Dieser hatte in den Jahren zuvor, von seinem Büro in der Splügengasse aus, jüdische Flüchtlinge aus dem deutschen Machtbereich unterstützt. Seine »Auswanderungsaktion« hatte sich unter anderem um Weiterwanderungsmöglichkeiten in Drittstaaten bemüht. In diesem Zusammenhang hatte Fink auch an der Organisation einiger illegaler Transporte nach Palästina mitgewirkt, etwa im Frühjahr 1939, als etwa 460 Flüchtlinge auf dem Frachter *Aghia Zioni* von Italien aus nach Palästina aufgebrochen waren.[467]

Ernst Fink war der Bruder der 1905 in St. Gallen geborenen Gusty Bornstein-Fink, die sich gemeinsam mit ihrem Mann, Hermann Bornstein, ebenfalls voller Hingabe für Flüchtlinge einsetzte, unter anderem im Rahmen des »Makkabi«-Hilfskreises für Emigranten aus Wien. Daneben war Gusty Bornstein-Fink für das »Schweizerische Hilfswerk für Emigrantenkinder« und die Frauengruppe der religiös-zionistischen »Misrachi« tätig und ebenfalls in die Vorbereitung illegaler Transporte eingebunden. Darüber hinaus sicherte sie private Hilfeleistungen und Freiplätze für kriegsgeschädigte Kinder, die sie zum Teil in ihrem eigenen Haus aufnahm. Erst in den 1980er Jahren wurde das Engagement des Ehepaares Bornstein öffentlich anerkannt.[468]

Storfers Schriftwechsel mit Ernst Fink vor allem aus dem Jahr 1943 ist äußerst kryptisch, was sich aber einfach durch die damalige prekäre Situation erklären lässt: Storfers Korrespondenzen wurden, abgesehen von der allgemein üblichen Briefzensur, von SS und Gestapo einer besonders strengen Kontrolle unterzogen, was besondere Vorsicht gebot. So konnte vieles nur angedeutet oder in verschlüsselter Form mitgeteilt werden. Namen wurden abgekürzt, meist nur Vornamen genannt, sodass eine eindeutige Zuordnung der Personen unmöglich ist.

Storfer hatte schon in der Zwischenkriegszeit im Rahmen seiner Finanzgeschäfte mit der Schweiz zu tun gehabt und dort Geldbeträge deponiert. Auch aus den Akten zum Strafverfahren gegen Josef Goldner im Jahr 1941 wird deutlich, dass er und Storfer Beziehungen zu verschiedenen Personen in der Schweiz unterhalten haben.

In der von Storfer zurückgelassenen Aktentasche befanden sich lediglich Briefe und Karten aus der Schweiz, die er und seine Haushälterin Marie Krcal erhalten hatten. Von den von ihm verfassten privaten Schriftstücken fertigte er, anders als bei seinem geschäftlichen Briefverkehr, großteils keine Durchschläge an. Besonders beklemmend sind die Poststücke aus den letzten Monaten vor Storfers Deportation. Wie daraus hervorgeht, war sein Bruder Josef Storfer, der für ihn in Bukarest tätig gewesen war, dort im Juli gestorben. Aber auch nach dieser Todesmeldung ging es um »die Angelegenheit von Storfers Bruder« – vermutlich in diesem Fall um Samuel.

Berthold Storfer und seine Haushälterin erhielten regelmäßig Pakete von Fink aus der Schweiz, und Fink korrespondierte auch direkt mit Krcal. Am 30. Juli 1943 bat er sie, ihm im Falle »eines Wohnungswechsels« Bescheid zu geben. Das macht, gemeinsam mit der erwähnten Abfindung, die Storfer seiner Haushälterin zukommen lassen wollte, deutlich, dass sein weiterer Verbleib in der Argentinierstraße zu diesem Zeitpunkt bereits fraglich geworden war.

Zwischen den Zeilen lässt sich herauslesen, dass sich Storfer zu diesem Zeitpunkt intensiv und wohl in höchster Verzweiflung um die Möglichkeit einer Reise in die Schweiz bemüht hat. Es muss ihm freilich bewusst gewesen sein, wie schlecht die Chancen standen, die notwendige behördliche Genehmigung zu erhalten. Obwohl immer wieder von Geschäften die Rede war, dürfte es nur noch um die Rettung des nackten Lebens gegangen sein. Die Zeit, in der die NS-Führung die Auswanderung der Juden aus Deutschland forciert hatte, war längst vorbei. Im Herbst 1941 war das endgültige Ende der jüdischen Auswanderung verfügt und schon Monate vorher waren die Weichen der antijüdischen Politik auf die systematische Vernichtung umgestellt worden.

Seit Anfang 1941 war auch Storfer in seiner Bewegungsfreiheit eingeschränkt worden. Die Zeit der Auslandsreisen war vorüber. Nach dem »Anschluss« Österreichs hatte er mehr als zweieinhalb Jahre lang viele Möglichkeiten gehabt, innerhalb

Europas zu reisen. Er war nach Frankreich zur Konferenz von Evian, in die Schweiz, nach Berlin und Prag, in die Slowakei, nach Ungarn, Rumänien und Griechenland gefahren. Während es Juden im Allgemeinen bei Androhung der KZ-Haft untersagt war, nach der Ausreise wieder in das Deutsche Reich zurückzukehren, war Storfer von dieser Regelung ausgenommen – dienten seine Reisen doch der Förderung der jüdischen »Auswanderung«.

Ab 1941 aber hatte sich das Blatt gewendet. Sogar die Wünsche der Deutschen Kriegsmarine in Rumänien, mit Storfer direkt verhandeln zu können, waren ignoriert worden. Alle Reisepläne waren an unüberwindlichen äußeren Hindernissen und wohl auch am Widerstand der SS gescheitert.

In einem Schreiben von Mitte Juli 1943 äußerte Fink sein Bedauern darüber, dass Storfers Ausreise im Augenblick nicht möglich sei. Er selbst habe alles in seiner Macht Stehende getan und hoffe, dass es doch bald die Möglichkeit zu einer Reise in die Schweiz geben werde. Die Korrespondenzen zwischen Fink und Storfer drehten sich auch um eine zumindest vordergründig wirtschaftliche Angelegenheit: Es ging um einen »Tubenexport nach Deutschland«. Fink betonte gegenüber Storfer, ebenfalls noch im Juli 1943, dass vor Abschluss eines neuen Handelsvertrages mit Deutschland kaum an einen Export zu denken sei, versprach aber, Storfer eventuell mit anderen Artikeln an die Hand zu gehen. Die Frage, ob hier lediglich an die Versorgung mit Gegenständen des täglichen Gebrauchs gedacht war, an denen es während des Krieges im Deutschen Reich mangelte, oder ob Storfer tatsächlich noch zu diesem Zeitpunkt die Anbahnung neuer Geschäfte geplant hat, muss offen bleiben.

Im Sommer 1943, als Berthold Storfer bereits allen Grund zur Sorge um sein eigenes Leben hatte, beinträchtigte auch eine familiäre Tragödie seine seelische Verfassung. Josef Storfer, sein in Bukarest lebender Bruder, der ab 1941 zu seinem wichtigsten Mitarbeiter in Rumänien geworden war, litt seit Monaten an einer schweren fieberhaften Krankheit, die nicht eindeutig diagnostiziert werden konnte. Zuletzt ging man von einer Endokarditis lenta, einer Herzinnenhautentzündung, aus. Berthold Storfer wurde von in Bukarest lebenden Verwandten auf dem Briefweg über den Zustand des Patienten auf dem Laufenden gehalten. Die Nachrichten, die ihn erreichten, wurden von Mal zu Mal deprimierender: »Nun hat sich in dieser Woche trotz Piramidon die Temperatur bis 38,5 Grad erhöht. (…) Die Ärzte kommen und gehen, ohne wirksame Mittel geben zu können. Außer dem Piramidon überlassen sie ihn einfach der Natur. Die Wiener Ärzte fehlen uns sehr. Bisher haben sich alle Konsultationen als unbefriedigend erwiesen. Die Professoren haben radikale Mittel verordnet, welche der geschwächte Organismus nicht vertragen hat«, schrieb eine Verwandte am 12. Juni aus Bukarest. Sie sei »ganz verzweifelt« und wisse sich keinen Rat.[469] Aus einem am 5. Juli verfassten Schreiben erfuhr Storfer, dass kaum noch Hoffnung für seinen Bruder bestand: »Dem l. [lieben] armen Josef geht es schlecht, ja leider sehr schlecht. Vorigen Montag ist eine wesentliche Verschlechterung seines Leidens eingetreten, sodass wir uns leider auf das Alleräußerste gefasst machen müssen. (…) Gepflegt nach jeder Richtung wird er (…) im allerbesten Sanatorium. (…) Nur der l. Gott allein kann ein Wunder bei dem so schwer geprüften armen Josef zeigen. Unser Kummer ist schwer und groß.«[470]

Einen Tag später war Josef Storfer tot. In einem Brief wurden Berthold Storfer später Details über die letzten Stunden seines Bruders mitgeteilt, der nur 52 Jahre alt geworden war: »Wir hatten schwere Tage und schwere Nächte. Gerade einen Tag nach Eintreffen der Angehörigen ist die Katastrophe eingetreten. In meinen Händen hat der Arme die Seele ausgehaucht – am 6. 7., 8.20 p. m. Der Arme hat nach jeder Richtung schmerzlich gelitten, wir aber, die an seinem Lager wachten, mit ihm. Die l. Josefine, selbst eine fragile Person, war und ist ob des schweren Verlustes untröstlich und gebrochen. Ich kann mir denken, wie Dich die schreckliche Nachricht tiefst ergriffen hat. (...) Die ewige Ruhe sei ihm gegönnt, (...) er ruhe in Frieden. Vielleicht ist ihm so manches erspart in der heutigen ernsten, schweren Zeit, die die Menschheit heute durchsteht.«

Die in dem Schreiben erwähnte Josefine war möglicherweise eine Schwester Berthold Storfers. Eine weitere Schwester, Berta, dürfte gerade in dieser Zeit mit ihrem Mann, Josef Goldner, und ihrem Sohn K. aus Wien nach Rumänien geflüchtet und in Bukarest eingetroffen sein, denn in dem Brief heißt es weiter: »Gerade in dieses Unglück hinein sind die Lieben gekommen und sind nach Sadagora abgereist. Ich erwarte deren Adressen.«[471]

Sadagora oder Sadhora, eine Stadt in der Nordbukowina, heute ein Stadtteil von Czernowitz, hatte ursprünglich eine überwiegend jüdische Bevölkerung gehabt und war ein Zentrum des Chassidismus gewesen. 1940 war sie von der Sowjetunion annektiert worden. Im Frühjahr des folgenden Jahres hatten Judenverfolgungen eingesetzt, und zahlreiche Bewohner waren nach Sibirien deportiert worden. Nach der Rückeroberung der Stadt durch Rumänien war die jüdische Bevölkerung teils ermordet, teils nach Transnistrien verbannt worden.[472]

Aus einem Schreiben vom 24. Juli 1943 erfuhr Storfer, dass die »Emigranten« – gemeint waren Josef Goldner und dessen Familie – wieder aus Sadagora abgereist waren: »Was die Emigranten betrifft, befinden sich dieselben in meiner Heimatgemeinde, wo ich zuständig bin. Es besteht Hoffnung, dass sie von dort nach Cernăuți können, wo sie voraussichtlich dauernd bleiben werden.«[473]

Die genauen verwandtschaftlichen Verhältnisse der in Rumänien lebenden Personen, die mit Storfer in dieser Phase korrespondierten, lassen sich nicht rekonstruieren. Die Namen »Dori« sowie »Schari«, vermutlich ein Kosename von Isidor Schwarz, scheinen als Absender auf – Schwarz war der Mädchenname von Storfers Mutter.

Wie aus den Briefen aus Bukarest andeutungsweise hervorgeht, war zu dieser Zeit möglicherweise auch eine Flucht Berthold Storfers nach Rumänien geplant. Mehrfach war in den Schreiben von »Ausreise« die Rede, ohne dass ausgesprochen wurde, um wessen Ausreise es ging. Einmal wird erwähnt, dass ein »SOS« von Berthold Storfer eingegangen sei. Jedenfalls wurde dieser über die behördlichen Vorgaben informiert, an die eine Einreise nach Rumänien offenbar geknüpft war: Die betreffende Person dürfe nicht im Land bleiben, hieß es, sondern müsse sich zur Weiterreise verpflichten. Zudem müsse das Herkunftsland des Fremden bestätigen, diesen wieder einreisen zu lassen.

In die Pläne dürfte auch ein gewisser »Molinar« eingebunden gewesen sein – der Name taucht in Storfers Korrespondenzen mit Ernst Fink in Zürich wieder auf. In Rumänien scheint »Dori« mit der Angelegenheit befasst gewesen zu sein, der sich jedoch offenbar nicht mit dem nötigen Nachdruck darum kümmerte: »Mit anderen Worten, die Angelegenheit sieht bei solcher Behandlung dilatorischer Art nicht brillant aus«, heißt es in einem Schreiben.[474]

Postkontakte mit Theresienstadt

Von 1942 bis Sommer 1943 stand Berthold Storfer auch in intensivem Schriftkontakt mit hochrangigen jüdischen Funktionären sowie Verwandten und Bekannten, die in das Lager Theresienstadt deportiert worden waren, während er selbst noch in Wien lebte.

Die kleine nordböhmische Garnisonstadt war nach der Absiedlung ihrer Einwohner ab November 1941 in ein jüdisches

»Ghetto« verwandelt worden, in das bis zum 20. April 1945 insgesamt 140 000 Jüdinnen und Juden, vor allem aus dem »Protektorat Böhmen und Mähren«, aber auch aus dem übrigen Mittel- und aus Westeuropa eingewiesen wurden. Aus Deutschland wurden 42 000, aus Österreich 15 000 Personen dorthin deportiert.

Das Ghetto unterstand der Aufsicht der nach Wiener Vorbild geschaffenen »Zentralstelle für jüdische Auswanderung« in Prag (ab 1943 »Zentralamt für die Regelung der Judenfrage in Böhmen und Mähren«) und in weiterer Linie dem Reichssicherheitshauptamt in Berlin. Alle drei Kommandanten des jüdischen »Ghettos« entstammten dem Umfeld der Wiener »Zentralstelle« und waren Österreicher.[475]

Von Anfang an war geplant, die Internierten des Ghettos nach und nach in verschiedene Vernichtungslager im Osten zu deportieren. Ein weiterer Zweck des Lagers sollte sein, als »jüdische Mustersiedlung« getarnt, dazu beizutragen, den Genozid am europäischen Judentum vor der Weltöffentlichkeit zu verschleiern.

Um die inneren Angelegenheiten des Ghettos kümmerte sich ein »Ältestenrat«, in den führende Funktionäre aus den Reihen der jüdischen Häftlinge berufen wurden. Den Vorsitz hatten – in chronologischer Reihenfolge – Jakob Edelstein aus Prag, Paul Eppstein aus Berlin sowie der Wiener Rabbiner Benjamin Murmelstein. Die jüdische Führung war für die Verteilung der Arbeit im Ghetto, die Zuteilung von Lebensmitteln und Unterkünften, die Aufsicht über die medizinische Versorgung und die Betreuung der Alten und Kranken sowie für die Aufrechterhaltung der öffentlichen Ordnung zuständig. Die von der SS etablierte »Selbstverwaltung« hatte vor allem auch die Aufgabe, die Befehle der Lagerleitung und der übergeordneten Dienststellen an die Häftlinge weiterzugeben und für die Einhaltung dieser Direktiven zu sorgen. Ihr fiel auch die heikle Aufgabe zu, die Listen jener zusammenzustellen, die von Theresienstadt weiter in die Vernichtungslager deportiert werden sollten.

Der Postverkehr mit den Internierten des jüdischen »Ghettos« war nur unter strengsten Auflagen der »Zentralstelle für jüdische Auswanderung in Prag« gestattet. Maximal dreimal pro Monat durfte eine Postkarte in deutscher Sprache, möglichst in Blockschrift oder mit Schreibmaschine geschrieben, an einen Empfänger in Theresienstadt gerichtet werden. Sie musste mit der genauen Anschrift des Empfängers versehen und unfrankiert in einem Briefumschlag nach Berlin, an die »Reichsvereinigung der Juden in Deutschland«, geschickt werden, von wo sie an die Adressaten weitergeleitet wurde. Außerdem war gestattet, einmal monatlich ein sogenanntes Liebesgabenpaket in der Größe eines Feldpostpäckchens an den jeweiligen Empfänger in Theresienstadt zu senden, doch durfte es keine schriftliche Mitteilung enthalten und nicht mehr als ein Kilogramm wiegen.

Postkarten und Päckchen durften erst gesandt werden, nachdem der jeweilige Adressat in Theresienstadt seine Anschrift persönlich mitgeteilt hatte. Verboten war hingegen, sich bei Dienststellen danach zu erkundigen. Jede Zuwiderhandlung gegen diese Vorschrift wurde mit dem Verbot des Postverkehrs geahndet.[476]

Berthold Storfer korrespondierte mit der Führungsspitze der jüdischen Selbstverwaltung. So hielt er den Postkontakt zu Dr. Leo Baeck, Dr. Paul Eppstein und Dr. Philipp Kozower aus Deutschland, Julius Boschan, Dr. Moses (Mauricy) Grün, Dr. Desider Friedmann, Robert Stricker und Dr. Benjamin Murmelstein aus Österreich sowie zu den beiden tschechischen Juden Franz (František) Weidmann und Robert Mandler auch noch nach deren Deportation in das Ghetto Theresienstadt 1942 bzw. 1943 aufrecht.

Leo Baeck (1873–1956) war in Berlin als liberaler Rabbiner tätig gewesen und nach der Machtergreifung der Nationalsozialisten in Deutschland zum Präsidenten der neugegründeten »Reichsvertretung der Deutschen Juden« gewählt worden, die später von den Nationalsozialisten in die »Reichsvertretung der Juden in Deutschland« umgewandelt und ihrer strikten Kontrolle unterworfen worden war. Wie Storfer hatte Baeck zahlreiche Auslandsreisen unternommen, um auf die Lage der Juden im Deutschen Reich aufmerksam zu machen und ihre Emigration zu organisieren. Auch Baeck hatte viele Chancen, selbst zu entkommen, ungenutzt gelassen.

Dr. Paul Eppstein hatte ebenfalls zu den führenden Persönlichkeiten des deutschen Judentums gezählt. Der Soziologe war Vorstandsmitglied der »Reichsvereinigung« und später auch der »Reichsvertretung« gewesen. Ein Lehrangebot, das ihm nach dem Novemberpogrom 1938 die Ausreise nach England ermöglicht hätte, hatte er abgelehnt, und auch er war geblieben. Mehrmals war er von der Gestapo verhaftet und nach Wochen wieder freigelassen worden. Im Oktober 1940 hatte ihm das Reichssicherheitshauptamt jede weitere Tätigkeit im Bereich der Auswanderung untersagt.

Der Jurist Philipp Kozower (1894–1944) war bis zu seiner Deportation nach Theresienstadt im Januar 1943 Vorstandsmitglied der jüdischen Gemeinde in Berlin und der »Reichsvereinigung der Juden in Deutschland« gewesen. In Theresienstadt wurde er in den »Ältestenrat« berufen und zum Leiter der Post des Ghettos bestellt.

Der 1896 in Wien geborene Julius Boschan hatte nach dem »Anschluss« Österreichs zum Mitarbeiterstab der Israelitischen Kultusgemeinde Wien gezählt und in Eichmanns »Zentralstelle für jüdische Auswanderung« die Expositur (Außenstelle) der jüdischen Gemeinde geleitet. Gemeinsam mit Storfer und Benjamin Murmelstein war er im Herbst 1939, im Zuge der ersten Deportationen aus Wien, nach Nisko am San gesandt worden. In Theresienstadt wurde Boschan Buchhalter der »Finanzverwaltung«.

Der bekannte zionistische Funktionär und letzte Präsident der Wiener jüdischen Gemeinde vor 1938, Desider Friedmann, war in Theresienstadt zum Leiter der Bank der jüdischen Selbstverwaltung bestellt worden. Diese sollte, wie viele andere von oben verordnete Einrichtungen der Lagergemeinschaft, inmitten des Grauens den Schein der Normalität aufrechterhalten. Der aus Lemberg stammende Moses Grün war viele Jahre in der zionistischen Bewegung in Österreich aktiv gewesen und hatte nach der Auswanderung von Alois Rothenberg von diesem die Leitung des Wiener Palästina-Amtes übernommen. Er befand sich seit Ende Januar 1943 im Lager.

Der Zionist Robert Stricker, bis 1938 Vizepräsident der Wiener jüdischen Gemeinde, war nach dem »Anschluss« Österreichs sofort verhaftet und nach seiner vorübergehenden Freilassung gemeinsam mit anderen hohen jüdischen Funktionären, darunter auch Desider Friedmann, nach Dachau und von dort weiter nach Buchenwald deportiert worden. 1939 war er, durch Misshandlungen dauerhaft geschädigt, entlassen worden, doch hatten die Nationalsozialisten ihm wie auch Friedmann die Auswanderung verwehrt. Im September 1942 waren Stricker und Friedmann mit ihren Frauen nach Theresienstadt gekommen, wo Stricker in den »Ältestenrat« berufen wurde und in der »Technischen Abteilung« tätig war.

Franz (František) Weidmann war 1939 vom »Reichsprotektor« zum Leiter der Jüdischen Kultusgemeinde Prag bestellt worden. In Theresienstadt gehörte er ebenfalls dem »Ältestenrat« an.[477] Der Prager Robert Mandler hatte zuvor mit illegalen Schiffstransporten nach Palästina zu tun gehabt, die sein Wiener Cousin Willy Perl organisiert hatte, und auch mit Berthold Storfer auf diesem Gebiet kooperiert.[478] Mandler hatte nach der deutschen Okkupation Böhmens und Mährens durch die Deutschen ein Auswanderungsbüro in Prag geleitet, das gegen Bezahlung Juden zur Flucht verhalf. Gegen Mandler wurden damals wie nach dem Krieg ähnliche Vorwürfe wie gegen Storfer erhoben: »Er kümmerte sich nur um ihre Ausreise, nicht aber um ihre Ankunft am Bestimmungsort«, beklagte etwa der tschechische Rabbiner Richard Feder.[479]

Mandler war aber in seiner Kooperation mit den Nationalsozialisten wesentlich weiter gegangen als Storfer: Er hatte in der Phase der Deportationen als Leiter der »Transportabteilung der Jüdischen Kultusgemeinde in Prag« für reibungslose Abläufe gesorgt. Er war berüchtigt, schon weil er, mit Reitstiefeln und Lederjacke bekleidet, äußerlich einem SS-Mann glich. »Ein wahrer Auswurf der Judenschaft« sei er gewesen – so der Befund eines Überlebenden.[480]

Noch umstrittener und gefürchteter als Mandler war der aus Lemberg stammende Dr. Benjamin Murmelstein, ein brillanter Philosoph und jüdischer Religionswissenschaftler, der sich zum Bürokraten und »Manager im Elend« entwickelt hatte. In Wien hatte er nach dem »Anschluss« Österreichs zunächst die Auswanderungsabteilung der jüdischen Gemeinde geleitet, aber im Umgang mit seinen Leidensgenossen wenig Sensibilität und Skrupel gezeigt. Murmelstein hatte in den Jahren 1938 bis 1940 zur Rettung zahlreicher Menschenleben beigetragen und versuchte auch noch in Theresienstadt, durch Kooperation mit der SS, das Überleben von Mithäftlingen zu gewährleisten. Dennoch brachten ihn seine Kälte, seine Herrschsucht und sein überhebliches Auftreten in Verruf. Murmelstein, der den im September 1944 erschossenen Paul Eppstein als »Judenältester« von Theresienstadt ablöste, überlebte den Holocaust.

Die Nachrichten aus und nach Theresienstadt waren – eine Folge der Auflagen und der Zensur – inhaltlich äußerst reduziert und hatten vor allem die Funktion, den zwischenmenschlichen Kontakt aufrechtzuhalten, zu trösten und zu beruhigen. Im Grunde übermittelten sie oft nur die Botschaft, dass die Verfasser noch am Leben waren. Desider Friedmann etwa schrieb am 14. Januar 1943 aus Theresienstadt an Storfer: »Sehr geehrter Herr Kommerzialrat (…). Wie Sie aus den Zuschriften an unsere anderen Freunde wahrscheinlich erfahren haben, bin ich in der Leitung der Ghettoverwaltung tätig. Ich bin sowohl mit meiner Amtsstellung als auch mit dem Aufenthalte in Theresienstadt recht zufrieden. Auch gesundheitlich geht es meiner Frau und mir gut. Was wir schmerzlich empfinden ist der Umstand, dass unsere Wiener Freunde so wenig an uns denken und die Möglichkeit der Postverbindung nicht ausnützen, um uns ihre Nachrichten zukommen zu lassen. Ich (…) erwarte Ihren baldigen Bericht. Ihr hochachtungsvoll ergebener D. Friedmann.«

Und am 21. Januar 1943: »Sehr geehrter Herr Kommerzialrat, ich bin sehr betrübt darüber, dass ich die ganze Zeit hindurch von Ihnen keinerlei Nachrichten erhalte. Sie wissen doch, wie ich mich freuen würde, von Ihnen Näheres zu erfahren. Ich bitte Sie, die nächste Gelegenheit, die sich Ihnen bietet, dazu zu benützen, mir mit Ihren Mitteilungen, die ich schon lange erwarte, näherzukommen. Von meiner l. [lieben] Frau und mir kann ich Ihnen nur Gutes berichten. Wir sind sowohl gesundheitlich als auch in jeder sonstigen Beziehung zufrieden. Mit der nochmaligen Bitte, sich bald unserer zu erinnern, begrüße ich Sie als Ihr ergebener D. Friedmann.«

Auf einer am 4. Februar 1943 geschriebenen Postkarte nach Theresienstadt, vermutlich an Friedmann, ließ Storfer, wie auch gegenüber Fink in der Schweiz, anklingen, dass er selbst noch immer auf eine Möglichkeit zur Flucht hoffte: »Sehr geehrter Herr Doktor. (…) Die erwartete Einreisebewilligung ist im Zuge und mit den letzten Briefen werden die Aussichten günstig beurteilt. Der zeitraubende Verlauf ist mir sehr unangenehm, aber ich kann daran nichts ändern. Seit Ihrer Abreise [nach Theresienstadt] lebe ich vollkommen zurückgezogen. Herzliche Grüße an alle.«

Leo Baeck schrieb am 29. April 1943 an Storfer: »Lassen Sie mich Ihnen aufs Wärmste für Ihre große Freundlichkeit danken, ich habe sie ganz besonders herzlich empfunden. Beides, die rekommandierte Sendung wie der Brief, ist pünktlich zu mir gelangt. Ich freue mich aufrichtig, von Ihnen zu hören und zu erfahren, dass Sie wohlauf sind. Von mir kann ich vor allem berichten, dass ich mit meiner Gesundheit zufrieden sein kann. Jeder Tag bringt in alt gewohnter Weise seine Tätigkeit. Haben Sie nochmals vielen Dank. Mit allen guten Wünschen und herzlichen Grüßen.«

Storfer antwortete Baeck am 24. Mai 1943: »Sehr geehrter Herr Doktor! Mit aufrichtigem Interesse habe ich Ihre von mir ersehnte Mitteilung v. 29. v. M. heute erhalten, aus der ich ersehe, dass Sie bei vollem Wohlbefinden sich dort in alt gewohnter Weise betätigen. Separat gehend überreiche ich Ihnen eine bescheidene rek. [rekommandierte] Sendung mit dem Wunsche, von Ihnen bald wieder zu hören. Gleichzeitig schreibe ich an zwei weitläufige Verwandte, Herrn Friedrich Storfer und Frau Adele Storfer, mit dem Bemerken, dass die Post Ihnen übermittelt wird, falls die Adressaten nicht erreichbar sind. Herzliche Grüße von Ihrem in Hochachtung stets ergebenen (…)«

Robert Stricker bedankte sich bei Storfer am 25. April 1943 für ein Paket: »Die Post arbeitet hier sehr gut und stellt Briefe und Pakete prompt und beliebig oft bei. Wenn Sie nicht regelmäßig von mir Nachrichten erhalten, so bitte nicht beunruhigt zu sein. Es kommt hier alles gut an. Wie geht es Ihnen, lieber Freund? Ich habe jetzt hier ein Referat, das viel Arbeit erfordert, aber die Hauptsache ist, man kann Menschen helfen. Bitte diese Karte auch Dr. Löwenherz und seiner lieben Frau zu zeigen, der ich für die freundlichen Zeilen herzlich danke. Lieber Freund, Sie können sich kaum vorstellen, wie sehnsüchtig wir Nachricht erwarten. Beste Grüße von meiner Frau und mir. Robert Stricker.«

In Storfers Antwort vom 14. Mai 1943 heißt es: »Sehr geehrter Herr Oberbaurat! (…) Ich lebe vollkommen zurückgezo-

gen, so wie es für die ernste Zeit angemessen ist. In den aller-
nächsten Tagen hoffe ich die Möglichkeit zu haben, Ihnen ein
bescheidenes Päckchen zugehen zu lassen. Über das Befinden
nachstehender Personen, die sich dort befinden, wird von mir
Auskunft erfragt: Irma und Hermine Dürrheim, Johanna
Lippmann.

Herr und Frau Dr. Löwenherz erwidern herzlichst Ihre
Grüße und ich schließe mich mit herzlichsten Wünschen für
Sie u. für Ihre Frau Gemahlin an als Ihr aufrichtig ergebener
(...).«

Vom 10. Juli 1943 stammt eine weitere von Stricker verfasste
Karte an Storfer, den er mit »Sehr geehrter Freund!« ansprach.
Auf Storfers Anfrage teilte Stricker mit, dass »Dürrheims nicht
hier sind«.[481] An einen Walter Bass schrieb Storfer am selben
Tag: »Lieber Freund! Warum höre ich von Ihnen nichts? Ich
erwarte von Ihnen Mitteilungen und begrüße Sie immer wieder, in aufrichtiger Ergebenheit (...).«

Und am 24. Mai 1943 an seinen Verwandten Friedrich Storfer: »Lieber Fritz! Warum hören wir nichts von Dir und Frau
Adele (Frau des Benedikt)? Herzliche Grüße.«

Am 30. Juni 1943 teilte Friedrich (Fritz) Storfer aus Theresienstadt mit, dass er Post und Pakete von Berthold Storfer erhalten habe, arbeite und gesund sei, fügte jedoch, auf Storfers
Anfrage Bezug nehmend, kryptisch hinzu: »Mit Adele sind wir
nicht beisammen.«[482] Wie sich heute rekonstruieren lässt, war
Adele Storfer, die am 27. August 1942 aus Wien nach Theresienstadt deportiert worden war, bereits am 29. September desselben Jahres in das Vernichtungslager Treblinka überstellt worden und 1943 nicht mehr am Leben.[483] Auch Friedrich Storfer
wurde am 18. Mai 1944 nach Auschwitz überstellt. Ebenso der
erwähnte Walter Bass, Jahrgang 1888, der seit September 1942
in Theresienstadt interniert war. Er wurde im Oktober 1944
nach Auschwitz verlegt und dort ermordet.

Das tragische Schicksal teilten Storfers Angehörige und

Freunde mit dem Großteil jener jüdischen Funktionäre in Theresienstadt, mit denen Storfer zuvor in Postkontakt gestanden hatte.

Paul Eppstein wurde am 27. September 1944 im Lager verhaftet, auf die nahe gelegene Kleine Festung Theresienstadt gebracht, die als Gestapogefängnis diente, und dort am folgenden Tag erschossen. Eppsteins Ermordung war, wie sich bald zeigen sollte, nur der Anfang. Mit den nun einsetzenden Herbsttransporten wurden viele jüdische Funktionäre aus leitenden Positionen, die alle zu unbequemen Zeugen des Genozids geworden waren, in die Transporte eingereiht und in Auschwitz ermordet. Eppstein wurde, um die Mithäftlinge zu täuschen, weiterhin in der Lagerevidenz geführt und später, zum Schein, sogar in einen Transport eingereiht, obwohl er längst tot war.

Desider Friedmann, der 1880, nur wenige Wochen vor Storfer geboren wurde, überstellte man am 12. Oktober 1944 nach Auschwitz. Auch Robert Stricker, Moses Grün und Philipp Kozower haben diesen Weg ins endgültige Verderben antreten müssen. Julius Boschan wurde am 28. Oktober 1944, mit dem allerletzten Transport, von Theresienstadt nach Auschwitz überstellt.

Als nur einer der wenigen jüdischen Funktionäre überlebte, wenn auch schwer misshandelt, der deutsche Rabbiner Leo Baeck, dessen vier Schwestern im Ghetto umgekommen waren. Er ging 1945 nach London und starb dort 1956. Auch Benjamin Murmelstein kam davon. Er ließ sich später in Rom nieder. Insgesamt kamen 33 000 Jüdinnen und Juden in Theresienstadt selbst ums Leben, meist infolge der schlechten sanitären Verhältnisse und der Mangelernährung. 88 000 wurden in Vernichtungslager deportiert, von ihnen entgingen nur 3 000 der Ermordung. 19 000 der in Theresienstadt Internierten haben das Kriegsende erlebt.[484]

All jene, die im Rahmen der jüdischen Administration mit den NS-Behörden kooperiert hatten, gerieten nach Kriegsende unter den generalisierten Verdacht, sich mitschuldig gemacht zu haben. Das galt vor allem für jene, die noch in der Phase der Deportationen Funktionen innegehabt oder etwa in Theresienstadt dem »Ältestenrat« angehört hatten. Oft entlud sich der Zorn der Überlebenden heftiger an ihnen als an den tatsächlichen NS-Verbrechern, die sich der Mitwirkung am Massenmord schuldig gemacht hatten.

Berthold Storfer, der bis lange nach Abschluss der großen Deportationswelle in Wien verblieb, gehörte dort nicht der jüdischen Administration im engeren Sinne an, obwohl er auch in dieser späten Phase noch mit den Nationalsozialisten kooperierte – wenn auch in anderen Angelegenheiten.

Zuletzt sollte auch er, wie aus Zeugenaussagen hervorgeht, nach Theresienstadt deportiert werden und dort eine Position im »Ältestenrat« übernehmen. Da es aber nicht dazu kam, bleibt auch die Frage, wie Storfer als jüdischer Funktionär im Ghetto agiert hätte, hypothetisch.

Noch 1943 wandten sich Bekannte und Bekannte von Bekannten an Storfer und bedrängten ihn, sich nach dem Schicksal von nach Theresienstadt deportierten Personen zu erkundigen. In den meisten Fällen scheint Storfer sich bemüht zu haben, diesen Bitten nachzukommen. So wandte er sich am 10. März 1943 an den Ältestenrat von Theresienstadt, Post Bauschowitz, und erkundigte sich nach einer Helene Sara Praus, geboren am 28. März 1872, die mit dem Wiener Transport Nr. 14/295 am 11. Januar 1943 in das jüdische Ghetto verschleppt worden war.

»Nachdem sie bei der Abreise krank war, bittet ihre Tochter um Nachricht über genaue Adresse und Befinden«, schrieb Storfer.[485]

Eine Antwort darauf ist im Aktenbestand nicht überliefert. Helene Praus war, wie heute eruiert werden kann, bereits wenige Wochen nach der Absendung dieser Nachfrage gestorben: Die 71-jährige Frau kam am 15. April 1943 in Theresienstadt ums Leben.

»Sehr geehrter Herr Storfer!«, schrieb ein J. Davidovici: »Als Bekannter der Familie Laufer habe ich von Ihrem Briefe an Herrn Laufer Kenntnis bekommen und ich bin so frei, Sie gleichfalls in einer ähnlichen Angelegenheit anzugehen.

Meine Mutter Sophie (Sura) Davidovici, im Alter von 61–62 Jahren, letzter Wohnort Wien, I, Zelinkagasse 4 (bei Schwarz) ist im August v. Js. [vergangenen Jahres] nach Theresienstadt abgereist und ich habe seitdem keinerlei Nachricht von ihr.

Ich bitte Sie inständigst, die Güte zu haben und zunächst ihre Adresse zu eruieren und, wenn es Ihnen möglich ist, anfragen zu lassen, wie es ihr geht und ob sie gesund ist.

Ich würde Sie ferner bitten, mir mitzuteilen, ob es möglich ist, mit ihr von Wien aus zu korrespondieren bzw. ob man ihr von dort Pakete zukommen lassen kann.«[486]

Sofie (Sophie) Davidovici war zu diesem Zeitpunkt längst tot: Sie war am 31. August 1942 deportiert worden, allerdings nicht nach Theresienstadt, sondern nach Maly Trostinec, wo sie wenige Tage später, am 4. September, ums Leben gekommen war.[487]

Seinen Bekannten Oscar Laufer in Bukarest machte Storfer grundsätzlich darauf aufmerksam, »dass weder ich noch irgendjemand in der Lage wären, über die von Ihnen angeführten Personen Auskünfte einzuholen.

Von hier aus kann man begreiflicherweise in der Regel nur solche Liebesgabenpakete versenden, deren Inhalt sich mit den bewirtschafteten Lebensmitteln deckt.

Die Postämter nehmen die Pakete geschlossen entgegen (...). Am Ankunftsorte werden die Pakete wohl zensuriert, aber nach den bisherigen Erfahrungen werden die ankommenden Liebesgaben in entgegenkommender Weise ohne Kleinlichkeit toleriert und gleich weitergeleitet.

Auf die Anfrage des Herrn Davidovici bitte ich zu antworten, dass man im Allgemeinen Anschriften über einzelne Personen nicht erhalten kann. Der Postverkehr ist außerordentlich beschränkt. Ich bleibe bemüht, seinem Wunsche zu entsprechen.[488]

»Ich dürfte Ihnen vielleicht kein ganz Unbekannter sein«, schrieb ein Arthur Heller aus Bukarest an Storfer. Möglicherweise habe er im Zusammenhang mit der Handelskreditbank oder der Internationalen Speditionsaktiengesellschaft R. Perl, deren Verwaltungsräten er angehört habe, mit Storfer zu tun gehabt. Auch Heller erhoffte sich Auskünfte über den Verbleib naher Angehöriger – seines Bruders und seiner Schwester, die allerdings in Prag gewohnt hatten.[489] Storfer informierte Heller darüber, dass Briefe aus Theresienstadt im Allgemeinen nur äußerst selten eintreffen würden, was nicht zwangsläufig Anlass zu Bedenken geben müsse.

»Obzwar ich mit den Mitgliedern des Ältesten Rates in Th. befreundet bin, sind dieselben offenbar nicht in der Lage, Auskünfte über einzelne Personen zu erteilen. Allem Anscheine nach ist auch der Ältesten Rat angewiesen, nur zeitweilig recht kurz und persönlich zu schreiben.

Aus Prag wird man Ihnen sicherlich keine andere Auskunft erteilen, doch stelle ich Ihnen anheim, an Herrn Salo Krämer, Leiter der Kultusgemeinde Prag, (…) zu schreiben.

Im empfehle Ihnen, an Ihre Geschwister Pakete mit Retourschein sofort zu schicken. Der Inhalt muss nicht bevorzugte Liebesgaben enthalten, für welche man eine Ausfuhrbewilligung schwer erhalten kann.«

Storfer versprach, sich unter allen Umständen sowohl in Prag als auch in Theresienstadt nach Arthur Hellers Geschwistern zu erkundigen.[490] Dr. Heller hatte Storfers Adresse wiederum an einen ebenfalls in Bukarest aufhältigen Bernhard Groag weitergegeben, der auch auf Informationen über das Schicksal seiner nächsten Verwandten hoffte. Seine Mutter,

Regine Groag, geborene Abeles, war bereits 76 Jahre alt, seine Schwester Hansi (Johanna) Rumpler, geborene Groag, 54.

Storfer war offenbar in der Lage, genau zu eruieren, wann und wohin die beiden Frauen deportiert worden waren. Auf dem Brief Groags vermerkte er in Form von Kürzeln das Datum, an dem der jeweilige Transport Wien verlassen hatte, die Nummer und das Ziel der Transporte. Johanna Rumpler war am 5. Juni 1942 nach Izbica deportiert worden, Regine Groag am 20. August 1942 nach Theresienstadt, wo sie am 30. Dezember desselben Jahres starb.[491]

Besonders beklemmend ist der Fall Heinrich Rottenstein. Dieser war, wie sich rekonstruieren lässt, am 24. August 1938 von Wien in das Konzentrationslager Dachau verschleppt und von dort später nach Buchenwald überstellt worden. Am 28. April 1942 wurde Storfer in einem Schreiben ersucht, einen Betrag von 425 RM, den Rottenstein zuvor von der Fürsorgeabteilung der Israelitischen Kultusgemeinde erhalten und zwecks Auswanderung beim »Ausschuss für jüdische Überseetransporte« deponiert hatte, an die Fürsorgeabteilung zurückzuüberweisen. Die Fürsorgeabteilung verwies auf eine von Rottenstein am 6. Januar 1942 ausgestellte und vom Amtsgericht Weimar beglaubigte Generalvollmacht. Das Schreiben suggeriert, dass Rottenstein Ende April 1942 noch am Leben gewesen sei – »dzt. Buchenwalde bei Weimar« heißt es dort. Tatsächlich war er bereits am 21. März im Lager ums Leben gekommen.[492] Storfer veranlasste Anfang Juni bei der Creditanstalt-Bankverein die entsprechende Überweisung.

In einem anderen Fall hatte Storfer in einer Kurznotiz, die später durchgestrichen wurde, Informationen über eine Familie Betz festgehalten: »Familie Betz Ernst Israel, Betz Anny Sara, 3 Kinder. Letzte Adresse: Gonzagagasse 8/4.« Dazu nur die Bemerkung: »abgegangen mit ... Trpt. ins Gen. Gouv.« Tatsächlich waren die Mutter Anna Marie Elisabeth und ihre drei Kinder, die fünfjährige Anna Ingeborg, der siebenjährige

Ernst Johann und der erst ein Jahr alte Johann Wolfgang Betz am 15. Mai 1942 ins Generalgouvernement – nach Izbica – deportiert worden, der Vater, Ernst Johann, am selben Tag nach Majdanek, wo er am 10. September ermordet wurde.[493]

Letzte Aktivitäten

Auch der Schriftverkehr mit seiner »vorgesetzten Stelle«, wie Storfer sie nannte, riss im Jahr 1943 nicht ab. Gemeint war die »Zentralstelle für jüdische Auswanderung« in Wien und, nach der Versetzung Adolf Eichmanns nach Berlin, das Referat IV B 4 im Reichssicherheitshauptamt, das dieser nun leitete.

Am 12. Juli 1943 verfasste Storfer ein dreiseitiges Schreiben an den damaligen SS-Obersturmbannführer Eichmann, das über die Wiener Gestapo dem Reichssicherheitshauptamt übermittelt wurde. Während er früher meist nur mit seinem Namen gezeichnet hatte, unterschrieb Storfer diesen Brief mit »Berthold Israel Storfer« und fügte am Ende die Nummer seiner Kennkarte an. Dieses zentrale Dokument, das viel über Storfers damaligen Status und seine nun immer prekärer werdende Situation verrät, beginnt mit folgender Feststellung: »Zum Auftrage der Staatspolizeileitstelle Wien, wonach ich mit meinem Bruder demnächst nach Theresienstadt abzugehen habe, erlaube ich mir, nachstehende Meldung zu erstatten.«[494]

Es drängt sich die Vermutung auf, als habe die Auflösung der Wiener »Zentralstelle für jüdische Auswanderung« im Frühjahr 1943 auch den Anfang von Storfers Ende markiert. Danach nämlich gingen alle Agenden, die die österreichischen Juden betrafen, an die Wiener Gestapo über. Storfer hatte trotz aller Abhängigkeit von der »Zentralstelle« eine – im Vergleich zu Zehntausenden anderen österreichischen Jüdinnen und Juden – privilegierte Behandlung erfahren. Auch nach

Eichmanns Weggang aus Wien war der Kontakt mit Storfer aufrecht geblieben. Storfer hatte auch weiterhin direkt mit der Wiener »Zentralstelle« zu tun, die in den folgenden Jahren von Alois Brunner, dem berüchtigten »Brunner I«[495], geleitet wurde.[496] Als nach dem Abschluss der großen Deportationswelle die Wiener »Zentralstelle« aufgelöst wurde, verlor Storfer den – wenn auch prekären – Schutz. Die Wiener Gestapo sah offenbar keinen Grund, ihm weiterhin eine bevorzugte Behandlung zukommen zu lassen. Im Sommer 1943 war Storfer also für die Deportation nach Theresienstadt vorgesehen.

Sich des Ernsts der Lage zweifellos voll bewusst, übermittelte Storfer Eichmann nun eine detaillierte Darlegung der beiden wichtigen Angelegenheiten, mit denen er in den Jahren nach der Abfertigung seines großen Palästina-Transportes befasst gewesen war. Tief verzweifelt, dürfte er seine letzte Chance darin gesehen haben, Eichmann von seiner Unabkömmlichkeit zu überzeugen: »Aus meinen vorliegenden Darlegungen bitte ich zu entnehmen, dass meine Mitarbeit in beiden sub I und II kurz ausgeführten Angelegenheiten nicht nur in sachlicher Hinsicht, sondern auch zur Hereinbringung großer Beträge notwendig ist. Unter diesen Umständen bitte ich, die gegen mich verfügte Maßnahme bis zur Beendigung dieser Agenden verschieben zu wollen.«[497]

Dem Hinweis auf die Möglichkeit, »große Beträge« hereinbringen zu können, dürfte Storfer besondere Bedeutung zugemessen haben, wusste er doch aus Erfahrung, dass materielle Aspekte bei den antijüdischen Maßnahmen stets eine zentrale Rolle gespielt hatten. Nun ging es um Gelder, die im Zusammenhang mit der jüdischen Auswanderung von in- und ausländischen jüdischen Organisationen aufgebracht worden waren. Storfer stellte in Aussicht, diese Beträge in die Kassen der SS fließen lassen zu können.

In der Causa »Reichsstatthalterei Danzig – Preisprüfstelle – DDSG« konnte er darauf hinweisen, dass für Anfang August des Jahres eine seit längerem geplante Verhandlung in Wien angesetzt war, zu der auch er, als die »der DDSG gegenüberstehende Vertragspartei«, geladen war. Der Beauftragte der Reichsstatthalterei Danzig hatte angekündigt, 24 Stunden vor der Verhandlung in Wien einzutreffen und mit Storfer die Zahlen zu erörtern.

»Die angekündigte Reise des Beauftragten der Reichsstatthalterei von Danzig zur Hauptverhandlung nach Wien steht im Zusammenhang mit meiner fortwährenden Mitarbeit im Interesse der Sache. – Meine persönliche Mitwirkung wurde schon während der Verhandlungen in Berlin angefordert. – Die Entwicklung war so, dass die DDSG gegen das Urteil des Polizeipräsidenten Wien (Preisprüfungsstelle) vom 12. März 1942, wonach die DDSG zu einer Ordnungsstrafe von 510.180.– RM verurteilt wurde, beim Herrn Reichskommissar in Berlin Einspruch erhoben hat. Daraufhin wurden schon in Berlin am 10. und 11. Juli 1942 Verhandlungen gepflogen, an denen ich telefonisch und telegraphisch herbeigerufen wurde. – So hat damals der Vertreter der Reichsstatthalterei Danzig erwirkt, es mögen die Akten von Berlin nach Wien zurückgeleitet werden, damit hier am Sitze aller Parteien und unter Heranziehung aller bei mir in Wien vorhandenen Behelfe eine entscheidende Auseinandersetzung erfolgen kann, und das soll endlich in der ersten Hälfte August sein.

Als Vertragspartei gegenüber der DDSG figuriere ich für alle interessierten Stellen Wien, Prag, Berlin und Danzig in Form des ›Ausschusses für jüdische Überseetransporte‹.

Der Beauftragte der Reichsstatthalterei in Danzig wurde im Hinblick auf seine behördliche Autorität von uns gebeten, auch unsere Interessen zu vertreten, wobei wir das ganze Beweismaterial zur Verfügung stellen. Über die komplizierte Materie verweise ich auf eine Reihe von Korrespondenzen mit Danzig.

Im schwierigen Verfahren habe ich seit mehr als zwei Jahren neben meinen persönlichen Aussagen die umfangreichen Verträge, Korrespondenzen usw. vorgelegt, viele Eingaben und meine persönlichen Aussagen gemacht und ich beherrsche die Materie so vollständig, dass ich nunmehr bei einem befriedigenden Abschluss dienlich sein kann, weshalb auf meine Anwesenheit Gewicht gelegt wird.

Nach den amtlichen Berechnungen der Preisprüfungsstelle in Wien ist die DDSG verpflichtet, an uns mindestens 500.000.– RM zurückzuvergüten, und wenn auch nur ein billiger Ausgleich zustande käme und der Beauftragte der Reichsstatthalterei Danzig für sich einen besonderen Vorzug in Anspruch nehmen sollte, dürfte immerhin für unsere Rechnung ein Betrag von ungefähr 100.000.– RM bis 150.000.– RM verbleiben, den wir zur Verfügung stellen werden.«

Der zweite von Storfer dargelegte Fall betraf das Schiff *Rositta* – eine Angelegenheit, die sich nach jahrelangem Tauziehen noch immer »im völlig ungeordneten Stand« befand:

»Die langwierigen Korrespondenzen mit Piräus, Braila und Bukarest konnten noch zu keinem Ende führen.

Die ursprünglich für die Auswanderung angeheuerte Mannschaft sitzt noch immer unbezahlt und nicht abgefertigt auf Kosten des Schiffes in Galatz und ich erhalte fortwährend Aufforderungen derselben, endlich eine Ordnung an Ort und Stelle herbeizuführen.

Wohl hat die Deutsche Marineverwaltung das Schiff für den eigenen Bedarf – wahrscheinlich als Spitalsschiff – ausgestattet, aber die von der Deutschen Marine mit Nachdruck angestrebte rechtliche Eigentums- oder Besitzübergabe konnte noch nicht zustande kommen, wiewohl ich sämtliche verlangten Dokumente, wie z. B. Schiffszertifikate, Klassifikationsurkunden, flaggenrechtliche Papiere, alle unsere Verträge und Pläne des Schiffes neben meinen gründlichen Informationen verfügbar gemacht habe.

Es konnte bisher weder ein Kauf noch ein Chartervertrag zustande kommen, weil der rechtliche Eigentümer plötzlich gestorben ist und mehr als ein Dutzend, in mehreren Staaten zuständige, unter sich uneinige Erben durch einen Treuhänder vertreten sind, der wieder einen sachverständigen Bevollmächtigten bestellt hat. – Die ziffernmäßigen Wertschätzungen gehen weit auseinander.

Herr Oberintendanturrat Tennstedt aus Sofia von der Marinegruppe Admiral Schwarzes Meer hat wiederholt die rechtliche Übernahme der ›Rositta‹ für notwendig erklärt, um nachträgliche Prozesse und eine vorgefallene Einmischung der rumänischen Marinestellen zu vermeiden.

Es wäre zu umständlich diesem Berichte auch nur einen Teil des bezüglichen Informationsmateriales anzuschließen, und es sei nur hervorgehoben, dass Herr Intendanturrat Zschätsch aus Bukarest im Mai d. J. wieder nach Wien kommen sollte, aber seine Reise aus dienstlichen Gründen über Lemberg machen musste.

Die abschließende Bearbeitung wird in Kürze in Wien erfolgen, wenn ich nicht in der Lage sein sollte, nach Budapest und Rumänien zu fahren. Unsere Verträge und Vorschüsse bieten der Deutschen Marine eine sehr wichtige Stütze.

Beim Abschluss werden für uns 15.542 Dollar à 3,75 RM, daher 58.657 RM, hereinkommen, die wir ebenfalls zur Verfügung stellen würden.«[498]

Es ging also um stattliche Beträge, die, wie Storfer andeutete, in die Kassen der SS fließen würden. Dies war, wie er wusste, ein zugkräftiges Argument.

Berthold Storfer muss sich zu diesem Zeitpunkt der ihm drohenden Gefahr voll bewusst gewesen sein. Er hoffte jedoch nach wie vor, durch Verhandlungsgeschick und den Hinweis auf seine Unersetzbarkeit für bestimmte, auch für das nationalsozialistische Deutschland wichtige Geschäftstransaktionen seine Haut retten zu können. Diesmal blieb der Erfolg aus. Der endgültige Ausgang der beiden Angelegenheiten – des Konflikts zwischen der Preisüberwachungsstelle und der

DDSG sowie der Causa *Rositta* – ist aus den Akten nicht ersichtlich. Es erscheint aufgrund der jahrelangen, verfahrenen Vorgeschichte in beiden Fällen eher unwahrscheinlich, dass es in den folgenden Wochen zu einem Durchbruch gekommen sein sollte.

Hinzu kam, dass sich Storfer in einer Zwickmühle befand: Denn selbst ein erfolgreicher Ausgang einer oder gar beider Affären hätte ihn in Bedrängnis gebracht. Damit nämlich wäre es mit seiner Unabkömmlichkeit endgültig vorbei gewesen, womit sich eine weitere Schonung seiner Person erübrigt hätte. Denkbar erscheint, dass auch seitens der involvierten deutschen Instanzen und vor allem Eichmanns nicht mehr mit einer Erledigung in absehbarer Zeit gerechnet wurde. Möglicherweise war aber auch die simple Tatsache entscheidend, dass die Gestapo beschlossen hatte, Storfer zu deportieren und sich die »Zentralstelle« nicht mehr für ihn zuständig fühlte, da er die ihm zugedachte Funktion längst erfüllt hatte.

Storfer befand sich in den folgenden Wochen noch in Freiheit und schien seine Hoffnung, durch die unbeirrte Fortsetzung seiner bisherigen Tätigkeit vielleicht doch noch vom Abtransport verschont zu bleiben, nicht aufgegeben zu haben.

Storfers Neffe, der erwähnte Josef Storfer jr. in London, berichtete gegenüber der Verfasserin noch von einem anderen möglichen Grund für Storfers Deportation: die Flucht seines Schwagers Goldner nach Rumänien. Sein Vater Samuel und seine Stiefmutter sowie sein Onkel Berthold Storfer seien von der Gestapo verhaftet worden, weil ihnen unterstellt wurde, sie hätten Goldner gewarnt. Sie seien dann nochmals freigekommen, hätten sich aber verpflichten müssen, zum nächsten abgehenden Transport – vermutlich am Aspangbahnhof – zu erscheinen. Daraufhin seien sie untergetaucht.[499]

Berthold Storfers Ende

Zu den Umständen von Storfers Deportation aus Wien gibt
es nur lückenhafte Informationen – vor Gericht getätigte Aussagen seines Bruders Samuel Storfer, der im Versteck überlebte,
und des Gestapomitarbeiters Johann Rixinger. Gegen Rixinger, der während des Krieges dem »Judenreferat« der Wiener
Gestapo angehört hatte, wurde nach Kriegsende ein Volksgerichtsverfahren wegen NS-Verbrechen eröffnet. In diesem
nahm er auch zur Causa Storfer Stellung: »Dieser arbeitete in
einer ›geheimen Reichssache‹, glaublich in einer wirtschaftlichen Konfidentenangelegenheit für das Reichssicherheitshauptamt in Berlin. Er sollte damals in die Schweiz ausreisen
und dort anscheinend Erhebungen durchführen. Der genaue
Sachverhalt ist mir nicht bekannt geworden. Die Angelegenheit wurde von Berlin widerrufen und später angeordnet, dass
er nach Theresienstadt gehen sollte, um dort eine Funktion zu
übernehmen. Ich eröffnete dies Storfer, nachdem ich [den]
Auftrag von Dörrhage [Gestapo] erhalten hatte, Storfer nach
Theresienstadt zu bringen. Nachdem ich Storfer nicht sofort
verhaftet hatte, verschwand dieser und blieb unauffindbar. Ich
selbst durfte in dieser Sache nichts mehr unternehmen und
musste eine Rechtfertigung schreiben, warum ich Storfer nicht
sofort verhaftet hatte.«

Berthold Storfers Bruder Samuel, der als Zeuge einvernommen wurde, bestätigte, dass Berthold Storfer Anfang 1939
zum Leiter des »Ausschusses für jüdische Überseetransporte«,

er selbst zu seinem Stellvertreter bestellt worden sei: »Dieser Ausschuss war von der Zentralstelle für jüdische Auswanderung mit Zustimmung der SS geschaffen worden. Der SS-Eichmann, der seinen Sitz im Reichsicherheitshauptamt in Berlin hatte, hatte auch meinem Bruder versprochen, wenn wir, das heißt er, ich und meine Frau, die Auswanderung der Juden durchgeführt hätten, würden wir die Ausreisegenehmigung erhalten und nicht verschickt werden. Im März 1943 erfuhr ich, dass ein Befehl herauskam, alle jüdischen Rumänen zusammenzufangen und abzutransportieren. Ich warnte meine Schwester, deren Mann [Josef Goldner] Rumäne war, sowie einen Neffen und seine Frau, die dann untertauchten.«[500]

Anscheinend sei dann Anton Brunner, einem Mitarbeiter der »Zentralstelle für jüdische Auswanderung«, zu Ohren gekommen, dass er – Samuel Storfer – seine rumänischen Angehörigen gewarnt hatte. Daraufhin sei ein Mitglied der JUPO, der sogenannten Judenpolizei, zu ihm geschickt worden. Diese aus Juden bestehende Truppe hatte in der Zeit der Deportationen an der Abholung der Opfer aus ihren Wohnungen mitgewirkt. Nun habe ein solcher JUPO-Mann im Auftrag der Gestapo eine Hausdurchsuchung bei ihm vorgenommen, berichtete Samuel Storfer, aber niemanden vorgefunden, worauf Brunner telefonisch die Anweisung erteilt habe, Samuel Storfer und dessen Frau mitzunehmen: »Es kam dann noch ein zweiter Jupomann, der mir mitteilte, dass mein Bruder [Berthold Storfer] als Geisel festgenommen sei und nicht eher entlassen würde, bis ich nicht [sic!] da sei. Ich und meine Frau wurden dann in den Bunker in das Lager Malzgasse [das während der Deportationen als »Sammellager« diente] gebracht. Mein Bruder wurde freigelassen. Er versuchte dann bei Eichmann, diesen an sein uns gegebenes Versprechen zu erinnern. Da hat dann Rixinger meinem Bruder die Reisebewilligung nach Berlin erteilt.«[501]

Im Volksgerichtsverfahren gegen Anton Brunner (in Abgrenzung zu Alois Brunner, den letzten Leiter der Wiener »Zentralstelle für jüdische Auswanderung« auch »Brunner II« genannt) machte Samuel Storfer im März 1946 folgende Angaben: »Ich selbst wurde mit meiner Gattin im März 1943 über Weisung des Beschuldigten [Anton Brunner] nach einer Hausdurchsuchung unter der Angabe, dass ich meine Verwandten, die rumänische Staatsbürger waren, versteckt hielte, trotzdem ich mit einer Fiebererkrankung bettlägerig war, verhaftet und in den Strafbunker des Massenlagers Miesbachgasse gebracht. Dort wurde ich nach einigen Tagen mit meiner gleichfalls angehaltenen Gattin durch den Beschuldigten kommissioniert. Der Vorgang bei der Kommissionierung war folgender: Brunner II hat persönlich die Kennkarte der zu evakuierenden Person mit dem Evakuierungsstempel versehen, hierauf wurde an einem weiteren Tische ein Vermögensverzeichnis des Betreffenden unterschrieben und nach meiner Erinnerung wurde auch gleichzeitig eine Erklärung abgegeben, dass sie auf dieses Vermögen Verzicht leisten. Sämtliches Bargeld und alle Wertgegenstände mussten bereits vorher abgegeben werden. (…)

Ich selbst hätte am 1.4.'43 [Tippfehler, Datum nicht eindeutig] evakuiert werden sollen, wurde aber vom Beschuldigten persönlich aus dem Lager entlassen, weil ich als Zeuge in einer Angelegenheit der Donaudampf-Schifffahrtsgesellschaft von einer Dienststelle in Danzig gebraucht wurde. Ich habe vom Beschuldigten einen mit seinem Namen unterschriebenen Entlassungsschein erhalten, den ich noch in meinem Besitz habe (…).«[502]

Samuel Storfer legte dem Gericht als Beweis seine Kennkarte und die seiner Ehefrau vor. Eindeutig erkennbar waren die Abstempelung nach Theresienstadt und zwei gelbe, für den Transport nach Theresienstadt geltende Nummernschilder. Samuel Storfer erkannte den Angeklagten eindeutig wieder: Dieser sei während des Krieges immer in Zivil aufgetreten. Anton Brunner gab auf Befragung an, er habe diesen Fall »im Auftrag des [Alois] Brunner« übernommen, »weil der Zeuge Schutzjude war und nur von Brunner I behandelt werden konnte«. Alois Brunner sei damals – entgegen den Behauptungen Samuel Storfers – in Wien gewesen.[503]

Samuel Storfer berichtete in seiner Aussage auch über Verhandlungen, die er zuvor mit der DDSG wegen der Donautransporte ab Wien und Bratislava geführt habe: Die Dampfschifffahrtsgesellschaft habe weit höhere Transportpreise als allgemein üblich verlangt, woraufhin der »Judenkommissar« von Danzig, Rudolph Bittner, Aufklärung über diese finanziellen Fragen verlangt habe. Berthold Storfer habe Eichmann erklärt, dass einzig und allein sein Bruder Samuel darüber Auskunft erteilen könne. Werde dieser deportiert, sei niemand anderer mehr über die Angelegenheit informiert. Storfer hatte zu diesem Zeitpunkt offenbar versucht, seinen Bruder mit dieser Angabe zu schützen, und seine eigene Kompetenz in der vertrackten Causa heruntergespielt.

Eichmann habe daraufhin den Auftrag erteilt, ihn und seine Frau vom Lager in der Malzgasse zu »beurlauben«, gab Samuel Storfer vor Gericht weiter an. Sie seien dann tatsächlich am 1. April 1943 enthaftet worden. Am 31. August 1943 sei Berthold Storfer jedoch vom Gestapomitarbeiter Rixinger über ein Telegramm aus Berlin verständigt worden, aus dem hervorgegangen sei, dass er (Samuel Storfer) und seine Frau »wegkommen müssten«. Sie seien angewiesen worden, sich am folgenden Tag zum Abtransport auf dem Aspangbahnhof einzufinden, von dem bereits zuvor ein großer Teil der Deportationszüge abgefertigt worden war. Sie seien sich damals im Klaren darüber gewesen, was der Begriff »Evakuierung« bedeutete, seien doch die Vergasungen in Auschwitz ein offenes Geheimnis gewesen. Deshalb hätten sie beschlossen, unterzutauchen, und sich getrennt, ohne einander ihren künftigen Aufenthaltsort mitzuteilen. Nach diesem Vorfall habe er seinen Bruder Berthold nicht mehr gesehen, gab Samuel Storfer weiter an.

Er erzählte auch, er habe später von Josef Löwenherz, dem Leiter der jüdischen Gemeinde während der NS-Zeit, ein weiteres Detail erfahren: Rixinger hatte demnach Löwenherz Ende 1944 mitgeteilt, dass Berthold Storfer in Auschwitz gestorben sei. Samuel Storfer überlebte vom 1. September 1943 bis zum 8. April 1945 als »U-Boot« in einem Versteck in Wien.

Am 1. September 1943 hatte Berthold Storfer einen Brief an Sofie Löwenherz, der Frau von Josef Löwenherz, geschrieben. Er ist ein letztes, erschütterndes Zeugnis von Storfers verzweifeltem Zustand in dieser Phase, lässt aber auch Fragen offen. In dem Brief heißt es:

»Sehr geehrte und liebe gnädige Frau!

Nach heftigen u. schmerzlichen Kämpfen zwischen ja u. nein benütze ich die mir glücklicherweise dargebotene Gelegenheit, mich u. meinen Bruder in Sicherheit zu bringen. – Gekämpft habe ich mit mir nur, weil ich den mir Gutgesinnten keine Unannehmlichkeiten bereiten dürfte. – Nach tiefer Erwägung weiß ich, dass mit Ausnahme von einigen Stunden Unannehmlichkeiten niemand einen Nachteil erleiden wird u. bei mir steht das Leben am Spiel. – Der Einsatz ist zu groß!!

Man wird meinen Bruder in Bukarest vielleicht suchen (ich habe bestimmten Anlass, dies zu glauben); leider ist er vor kurzem gestorben. – Mit Hast und zitternder Hand schreibe ich an die Staatspolizei u. an den Ältestenrat einige Zeilen u. überschreite noch heute nachts die deutsche Grenze, um den Frieden abzuwarten. – (...) In schicksalsschwerer Stunde: Adieu u. auf Wiedersehen! In Freundschaft u. Verehrung.«

Der Brief ist mit dem Kürzel »St.« unterschrieben. In einer anderen Handschrift wurde auf dem Papier folgende Notiz angebracht: »Copie. Original an die Gestapo Wien 1943 abgeliefert«.[504]

Vermutlich wurde der Brief bei Sofie Löwenherz gefunden,

oblag doch die gesamte Kommunikation der jüdischen Funktionäre der strikten Kontrolle des SD beziehungsweise der Gestapo. Denkbar wäre auch, dass Sofie Löwenherz den Brief bewusst einer dieser Stellen zugespielt hat, um sie auf eine falsche Fährte zu locken.

Ungewiss bleibt, ob Storfer tatsächlich versucht hat, ins Ausland zu gelangen. Oder war das Schreiben ein gescheiterter Versuch, die Behörden in die Irre zu führen? Hoffte er, sie würden von einer geglückten Flucht ausgehen und nicht nach ihm fahnden? Tatsache ist, dass Berthold Storfer in Wien untergetaucht ist – einen Tag nach seinem Bruder Samuel. Dies geht aus dem Tagesbericht Nummer zwei der Geheimen Staatspolizei, Staatspolizeileitstelle Wien, für die Zeit vom 3. bis 6. September 1943 hervor. Neben Berichten zu den Stichworten »Sabotage«, »Fallschirmagenten«, »ausländische Arbeiter und Kriegsgefangene« heißt es unter der Rubrik »Juden«:

»Am 7. September 1943 wurde der Jude Berthold Israel Storfer, ehemaliger Bankinhaber, 16. Dezember 1880 [in] Czernowitz geboren, DRA [Angehöriger des Deutschen Reiches], mosaisch, ledig, Wien 4., Argentinierstraße 29 wohnhaft, festgenommen.

Storfer ist am 2. September 1942 [richtig: 1943], nachdem ihm vom Leiter des Ältestenrates der Juden in Wien mitgeteilt worden war, dass er seinen Wohnsitz nach Theresienstadt zu verlegen hat, aus seiner Wohnung geflüchtet. Im Zuge der Ermittlungen wurde festgestellt, dass er durch die ehemalige Angestellte und jetzige Ärztin Dr. Katharina Müller, 5. Februar 1900 in Wien geboren, Wien 16., Richard-Wagner-Platz 2, in einem Siedlungshaus an der Stadtgrenze untergebracht worden war. Dr. Müller wurde gleichfalls festgenommen.

Weiter wurde festgestellt, dass Storfer von dem Bankkonto ›Ausschuss für jüdische Überseetransporte‹, dem er vorstand, durch die Dr. Müller größere Geldbeträge abheben ließ. Die Ermittlungen sind noch nicht abgeschlossen.«[505]

Bei der Datumsangabe 2. September 1942 muss es sich um einen Tippfehler gehandelt haben, denn Storfer hat sich bis August 1943 noch in Freiheit bewegt. Es ist somit davon auszugehen, dass er sich am 2. September 1943 in die Illegalität begeben hat. Storfer wurde nach wenigen Tagen, am 7. September 1943, von seinen Verfolgern in seinem Versteck aufgespürt und festgenommen.

Es bleiben viele Fragen offen, denn die erwähnte Ärztin, Katharina Müller, taucht nirgendwo in Storfers Korrespondenzen auf. Der Neffe Berthold Storfers, Josef Storfer jr., der Wien 1939 als Kind verlassen hatte, war kaum über das Privatleben seines Onkels informiert. Er wusste der Verfasserin dieses Buches später lediglich zu berichten, dass Berthold Storfer, der zeitlebens Junggeselle geblieben war, »eine Freundin« gehabt habe, eine nichtjüdische Ärztin namens »Doktor Müller«. Die NS-Gesetze stellten sexuelle Kontakte zwischen Juden und Nichtjuden als »Blutschande« unter Strafe und untersagten auch sonstige engere persönliche Kontakte. Somit waren Berthold Storfer und Katharina Müller nach dem »Anschluss« wohl gezwungen gewesen, auf Distanz zueinander zu gehen. Der Kontakt dürfte aber nie ganz abgerissen sein, sonst wäre Katharina Müller nicht in der Lage gewesen, ihren Freund zu verstecken.

In der sogenannten Gestapokartei[506], in der Opfer der Wiener Geheimen Staatspolizei namentlich und mit von der Gestapo aufgenommenen Photographien erfasst sind, scheint Katharina Müller nicht auf. Katharina Müller überlebte den Zweiten Weltkrieg. Was genau nach ihrer Verhaftung im September 1943 mit ihr geschehen ist, entzieht sich mangels entsprechender Überlieferungen unserer Kenntnis. Ihr Name taucht allerdings in einem Bericht über die Tätigkeit der Widerstandsorganisation »O5« (das Kürzel steht für »Österreich«) auf. Müller wird dort als Mitglied einer »Gruppe Mooshammer-Nürnberger« erwähnt, der zunächst Soldaten, später auch Studenten und Ärzte angehörten. Die Gruppe beschäftigte sich laut Bericht vornehmlich mit der »Zersetzung der Wehrkraft« durch Ausstellung und Beschaffung falscher Atteste sowie Unterbringung von Deserteuren und Verbringung von Simulanten in Krankenhäuser und Lazarette; ferner wurden slowenische Partisanen mit Medikamenten versorgt. Die »Gruppe Mooshammer-Nürnberger« habe aus 1500 Personen, hauptsächlich Intellektuellen, bestanden.

Aus Akten des Archivs der Universität Wien geht hervor, dass Müller im Jahr 1961 vom Landesgericht für Strafsachen Wien zu zehn Monaten schweren Kerkers verurteilt und ihr gleichzeitig der Ende 1936 erworbene akademische Grad (Dr. med.) aberkannt wurde. Der Grund war, dass Katharina Müller als Ärztin mehrfach Abtreibungen durchgeführt hatte, was – vor Einführung der Fristenlösung 1975 in Österreich – einen Straftatbestand darstellte. Ihre Berufung wurde sowohl von der Medizinischen Fakultät der Universität Wien als auch vom dortigen Akademischen Senat und schließlich 1965 vom Verwaltungsgerichtshof abgewiesen. Sie wohnte, wie den historischen Meldeunterlagen zu entnehmen ist, in den Nachkriegsjahren weiterhin unter derselben Adresse im 16. Wiener Gemeindebezirk.

Dr. Katharina (Käthe) Müller war die Tochter von Michael und Eva Müller und praktische Ärztin. Sie war vom 4. September 1940 bis zum 15. November 1967 am Richard-Wagner-Platz 2/1/7 in Wien-Ottakring gemeldet. Für die Zeit davor und danach wird im Meldeverzeichnis der Wiesenweg 9 in Wien-Hütteldorf, dem 14. Bezirk, angegeben. In den heutigen Stadtplänen von Wien findet sich zwar kein Wiesenweg, wohl aber eine Wiesengasse im 14. Gemeindebezirk, und zwar in Hadersdorf, an der Stadtgrenze.[507] Allerdings gibt es einen Wiesenweg Steinbachtal (Hadersdorf) als nichtamtliche Bezeichnung – einen privaten Weg in einer Wohnsiedlung.

Da Katharina Müller 1967 – vermutlich zum Zeitpunkt ihrer Pensionierung – von Ottakring wieder an ihren früheren Wohnsitz an der Peripherie von Wien übersiedelte, ist anzunehmen, dass sie diesen auch in dem dazwischenliegenden Zeitraum nicht vollständig aufgab. Auch im Gestapobericht ist von einem »Siedlungshaus an der Stadtgrenze« die Rede. Folglich erscheint die Annahme naheliegend, dass es sich um Storfers Versteck und den Ort seiner Verhaftung gehandelt hat.

Storfers Haushälterin, Marie (Maria) Krcal, hatte ab Mitte Oktober 1926 bei Berthold Storfer in der Argentinierstraße 29/4/1/24 in Wien-Wieden gelebt, zuvor im niederösterreichischen Ort Tullnerbach-Pressbaum. In den historischen Meldeunterlagen wird als Beruf der Marie Krcal »Wirtschafterin« angegeben und auch vermerkt, dass sie ledig war. Am 8. November 1943, zwei Monate nach Storfers Verhaftung, wurde Krcal aus der Wohnung in der Argentinierstraße ab- und wenige Tage darauf am Richard-Wagner-Platz 2/7 in Wien-Ottakring angemeldet – es ist die Adresse von Storfers Freundin Katharina Müller. Marie Krcal wohnte dort bis Anfang Dezember 1945.

Über das Verhältnis der beiden Frauen zueinander wissen wir nichts. Möglich ist, dass sie schon lange, vermutlich durch den gemeinsamen Bezug zu Berthold Storfer, miteinander bekannt oder sogar befreundet gewesen sind. Denkbar ist aber auch, dass sie erst durch das tragische Schicksal des ihnen beiden nahestehenden Storfer enger zusammengerückt sind. Krcal war 1943 bereits 63 Jahre alt und hatte plötzlich ihre Unterkunft und ihren Arbeitsplatz verloren.

Anfang Januar 1946 übersiedelte Marie Krcal in den vierten Bezirk, in die Gusshausstraße 14/7, die sich in unmittelbarer Nähe der Argentinierstraße befindet, wo Krcal 17 Jahre bei Storfer gelebt und gearbeitet hatte. Ob die Wahl dieser Adresse ein Zufall ist, muss ebenfalls offen bleiben. Am 17. Dezember 1947 meldete sich Marie Krcal ins tschechische Iglau ab. In Helenenthal, Bezirk Iglau, wurde sie am 4. April 1880 geboren – im selben Jahr wie Berthold Storfer in Czernowitz.[508]

Zwei Monate nach seiner Verhaftung war Berthold Storfers Schicksal besiegelt: Er wurde deportiert – gemäß den Unterlagen des Dokumentationsarchivs des österreichischen Widerstandes (DÖW) mit einem Klein- oder gar Einzeltransport direkt nach Auschwitz. In der Datenbank des DÖW ist der 26. November 1943 als Deportationsdatum angegeben, doch diese Angabe lässt sich nicht definitiv bestätigen.

Eine Abweichung zu dieser Datierung gibt es in den historischen Meldeunterlagen. Dort wird festgehalten, dass Storfer am 23. November 1943 nach Theresienstadt deportiert worden sei – nach einer Haftzeit im Polizeigefängnis seit dem 7. September. Es existieren nach gegenwärtigem Wissensstand keine weiteren Dokumente mehr, die über Storfers Schicksal in den Wochen von September bis November des Jahres näheren Aufschluss geben würden.[509]

Ende 1942 waren in Österreich von den ehemals mehr als 200 000 Menschen, die gemäß den Nürnberger Rassegesetzen als »Juden« galten, nur noch rund 8 000 Personen übrig geblieben. Die meisten von ihnen lebten in sogenannten Mischehen oder waren als »Geltungsjuden« durch einen »arischen« Elternteil von den Deportationen ausgenommen. Durch den Tod des »arischen Mischehepartners« oder des »arischen« Elternteils wurde dieser prekäre Schutz hinfällig. Andere Anlässe für die Verhaftung und Verschickung von bis dahin ausgenommenen Personen waren das vermeintliche oder tatsächliche Übertreten von einer der zahlreichen antijüdischen gesetzlichen Vorschriften beziehungsweise Verordnungen.

Mit mehreren Kleintransporten (47 a–47 h) wurden zwischen März 1943 und Oktober 1944 von der Gestapo insgesamt etwa 350 Menschen von Wien nach Auschwitz und etwa 1 400 nach Theresienstadt (Transporte 46 a–46 m sowie 48 a–48 e) deportiert.[510] Zu diesen Opfern zählte auch Berthold Storfer. Das genaue Datum von Storfers Deportation lässt sich auf Basis der heute zugänglichen Unterlagen nicht rekonstruieren. Sicher ist, dass er Wien im November 1943 mit einem Klein- oder sogar Einzeltransport verlassen hat und in Auschwitz am 26. des Monats registriert bzw. als »Schutzhäftling« übernommen wurde. Unter den im Österreichischen Staatsarchiv / Archiv der Republik verwahrten Transportlisten findet sich in der Abgangsliste zu Transport Nr. 47 d, der 20 Personen umfasste, Storfers Name nicht. Beigelegt ist jedoch eine mit dem 1. Dezember 1943 datierte handgeschriebene Notiz, dass der »ehemalige Bankdirektor« Berthold Storfer bei der Länderbank in Wien ein Wertpapierdepot in Höhe von 9.000 RM besitze. Samuel Storfer überlebte den Krieg im Versteck. Er trat in mehreren Nachkriegsverfahren vor dem Wiener Volksgericht als Zeuge auf. Im Jahr 1946 wohnte er wieder unter der Adresse Theobaldgasse 8 im sechsten Bezirk und war Leiter der Eisert AG.[511]

Über Storfers allerletzte Wochen – in Auschwitz – berichtete Adolf Eichmann während seines Polizeiverhörs in Israel mit kaum zu überbietendem Zynismus. Hannah Arendt hat in ihrem Buch *Eichmann in Jerusalem* diese Aussage zitiert und die Passage wie folgt kommentiert: »Gelegentlich bricht die Komik in das Grauen ein und bringt dann Geschichten hervor, an deren Wahrheit kaum zu zweifeln ist, deren makabere Lächerlichkeit aber alles übertrifft, was dem Surrealismus zu diesen Dingen je hätte einfallen können.«

Eichmanns Meinung nach war der Kommerzialrat Storfer »ein ehrenwerter Mann, aber ein Pechvogel« gewesen. Eichmann erzählte, er sei durch ein Telegramm von Rudolf Höss, dem Kommandanten von Auschwitz, über die Einlieferung Storfers und dessen dringenden Wunsch, ihn zu sehen, informiert worden: »Und da hab ich mir gesagt: Gut, der Mann war immer ordentlich gewesen, man hat die ganzen Jahre schließlich und endlich, er für sich und ich in meiner Zentralstelle, jeder am Strang gezogen. Das lohnt sich mir, da fahre ich hin, da wollen wir mal sehen, was da los ist. Und ich bin auf dem Wege zu Ebner [Karl Ebner war ab 1942 stellvertretender Leiter der Wiener Gestapo], und Ebner sagt mir – ich erinnere mich heute nur dunkel –: Ja, sagte er, hätte er sich nicht so ungeschickt benommen, hier hat er sich versteckt gehalten und wollte flüchten, oder irgendetwas war da gewesen. Da haben die Beamten zugegriffen, haben ihn eingesperrt, ins Konzentrationslager gesteckt, nach dem Reichsführerbefehl, wer drin war, durfte nicht wieder heraus. Konnte nichts gemacht werden, weder ein Dr. Ebner noch ich, noch irgendjemand konnte da etwas machen. Konnte nicht rauskommen.

Ich fuhr nach Auschwitz und sage – besuchte, suchte Höss auf – und sagte: Hier sitzt Storfer ein – ›Ja, er wurde einem Arbeitsblock zugeteilt.‹ Dann ist er geholt worden. Storfer, ja, dann war es ein normales menschliches Treffen gewesen. Er hat mir sein Leid geklagt. Ich habe gesagt: ›Ja, mein lieber guter Storfer, was haben wir denn da für ein Pech gehabt?‹, und habe ihm auch gesagt: ›Schauen Sie, ich kann ihnen wirklich gar nicht helfen, denn auf Befehl des Reichsführers [SS] kann keiner Sie herausnehmen. Ich kann Sie nicht herausnehmen, Dr. Ebner kann Sie nicht herausnehmen. Ich hörte, dass Sie hier eine Dummheit gemacht haben, dass Sie sich versteckt hielten oder türmen wollten, was Sie doch gar nicht notwendig gehabt haben.‹«

Storfer habe dann gebeten, nicht arbeiten zu müssen, die Arbeit im Lager sei Schwerarbeit. Daraufhin habe er (Eichmann) zu Höss gesagt: »Arbeiten braucht Storfer nicht.« Höss habe erwidert, in Auschwitz müsse jeder arbeiten.

»Da sag ich: Gut, sage ich, ich werde eine Aktennotiz anlegen, sagte ich, dass Storfer hier mit dem Besen (vor der Kommandantur war ein Garten, eine Gartenanlage) mit dem Besen die Kieswege in Ordnung hält. So kleine Kieswege waren dort, und dass er das Recht hat, sich jederzeit mit dem Besen auf eine der Bänke zu setzen. Sage ich: Ist das recht, Herr Storfer? Passt Ihnen das? Da war er sehr erfreut, und wir gaben uns die Hand, und dann hat er den Besen bekommen und hat sich auf die Bank gesetzt, das war für mich eine große innere Freude gewesen, dass ich den Mann, mit dem ich so lange Jahre, den ich so lange Jahre, zumindest sah – und man sprach.«

Sechs Wochen nach diesem »normalen, menschlichen Treffen« war Storfer tot – vermutlich nicht vergast, sondern erschossen in Auschwitz.[512] Die genauen Todesumstände lassen sich nicht mehr rekonstruieren. Weder im Archiv der Gedenkstätte Auschwitz noch beim Suchdienst Arolsen sind entsprechende Unterlagen erhalten. Hermann Langbein erwähnt jedoch in seinem Buch *Menschen in Auschwitz* einen Bericht von Dr. Albert Wenger, wonach Storfer im Oktober 1944 auf Block II geschafft worden und nie mehr von dort zurückgekehrt sei. Wenger habe später in der Kartei der Lagerhäftlinge recherchiert und auf Storfers Karte den Eintrag eines Todesdatums entdeckt.[513]

Epilog

Josef Storfer verließ das nationalsozialistische Österreich vermutlich im Jahr 1939 und flüchtete mit seiner Frau und seiner Tochter Ida nach Rumänien. Dort war er in den folgenden Jahren als Partner Berthold Storfers, und zwar als dessen lokaler Vertreter für den »Ausschuss für jüdische Überseetransporte« tätig. Josef Storfer starb Mitte 1943 an einer schweren Erkrankung, vermutlich einem septischen Fieber, in Bukarest. Frau und Tochter wanderten – der Zeitpunkt ist unbekannt – nach Israel aus.

Die letzte Wohnadresse von Rachele Evelina Storfer, Samuel Storfers erster Frau, war Salzgries 10/8 in Wien – Innere Stadt. Rachele Storfer wurde am 16. Juni 1942 nach Sobibor deportiert. Vermutlich der Ehe mit Rachele Storfer entstammte Josef Storfer jr., geboren etwa im Jahr 1923. Er besuchte das Realgymnasium in der Sperlgasse in Wien-Leopoldstadt. Nach dem »Anschluss« musste er gemeinsam mit allen anderen jüdischen Schülern die Schule verlassen. Er wurde im Dezember 1938, 15 Jahre alt, in einen Kindertransport nach London aufgenommen. Dort kam er zunächst zum Erlernen der englischen Sprache in eine Schule, war dann aber bald gezwungen, arbeiten zu gehen, um zu den Lebenserhaltungskosten beizutragen. Von London kam er nach Manchester, wo er ab 1941 in einer »Jeschiwa«, also einer jüdisch-theologischen Lehranstalt, studierte. Im Oktober 1945 heiratete er eine aus Belgien stammende Jüdin. Er arbeitete sieben Jahre als Lehrer und eröffnete später ein eigenes Geschäft mit einem Bijouterie- und Galanteriewaren-Großhandel. Nach seiner Pensionierung studierte er an der Universität Hebräisch und Aramäisch und schloss das Studium mit einem MA ab. Josef Storfer jr. starb 2005 in London.

Samuel Storfer wohnte während der NS-Zeit – zumindest im Jahr 1941 – in Wien 8., Josefstädterstraße 29, bei seiner Schwester Berta und seinem Schwager Josef Goldner. Samuel und Cornelia (Nelly) Storfer, seine zweite Frau, überlebten den Krieg in Wien gemeinsam als »U-Boote«. Am 30. November 1962 starb Samuel Storfer in einem Wiener Spital an den Folgen eines Herzinfarktes. Er wurde am Wiener Zentralfriedhof beim I. Tor in jenem Grab bestattet, in dem auch seine Mutter, Ida Storfer, begraben und auf dessen Grabstein auch der Name des 1944 in Auschwitz ermordeten Berthold Storfer eingraviert ist.

Cornelia Storfer, die nach dem Krieg in die USA auswanderte, kehrte offenbar wieder nach Wien zurück, wo sie mit ihrem Mann in der Scheibenberggasse 4 im 19. Bezirk lebte. Sie starb am 23. April 1983 und wurde auf dem Döblinger Friedhof bestattet. Ein Jahr zuvor, 1982, war sie aus der jüdischen Gemeinde ausgetreten.[514] Die sterblichen Überreste von Cornelia Storfer wurden später ebenfalls in die erwähnte Familiengruft überführt.

Benedikt Storfers Ehefrau Adele, geboren am 2. Mai 1872, wurde am 27. August 1942 nach Theresienstadt deportiert. Ihre letzte Wohnadresse in Wien war die Zirkusgasse 3 in Wien-Leopoldstadt. Adele Storfer wurde am 29. September 1942 von Theresienstadt nach Treblinka überstellt und dort ermordet.

Heinrich Storfer hat den Holocaust überlebt und starb am 26. November 1982 im Wiener Wilhelminenspital. Zuletzt war er in Wien 9., Glasergasse 5, wohnhaft. Seine Frau Elsa starb im selben Jahr. Sie wurde in der jüdischen Abteilung des Wiener Zentralfriedhofs (IV. Tor) beigesetzt.[515]

Friedrich Storfers letzte Wohnadresse in Wien war die Haasgasse 8 in Wien-Leopoldstadt. Berthold Storfer hat in einem Schreiben Friedrich Storfer als »entfernten Verwandten« bezeichnet. Er wurde am 24. September 1942 nach Theresienstadt und von dort am 18. Mai 1944 weiter nach Auschwitz deportiert.

Josef und Berta Goldners Tochter Emilie, verehelichte Schenkelbach, flüchtete nach dem »Anschluss« in die USA. Wie oben beschrieben, wurde Josef Goldner 1941 vom Landesgericht für Strafsachen Wien wegen Verstößen gegen die Devisengesetze und die Verordnung zur Anmeldung jüdischen Vermögens zu einer mehrmonatigen Haftstrafe verurteilt. Nach seiner Freilassung dürften er und seine Frau Berta gemeinsam mit dem Sohn nach Rumänien geflüchtet sein, wo sie den Krieg überlebten. Sie wanderten später in die USA aus.[516]

Der Großteil der jüdischen Bevölkerung von Czernowitz, der Heimatstadt Berthold Storfers, wurde während des Zweiten Weltkriegs von Deutschen und Rumänen ermordet. Die 16 000 in Czernowitz verbliebenen Juden lebten in bitterer Not. Im April 1945 verließen bis auf 2 000 alle von ihnen die Stadt und gelangten über Rumänien nach Palästina.[517]

Berthold Storfer wurde auf Antrag seines überlebenden Bruders Samuel mit rechtskräftigem Beschluss des Landesgerichts für Zivilrechtssachen vom 12. September 1952 für tot erklärt. Gleichzeitig wurde ausgesprochen, dass er den 8. Mai 1945 nicht überlebt hat.[518] Sein genaues Todesdatum ist nicht bekannt.

Für Storfer, der unverheiratet und kinderlos geblieben ist, hat bis zum heutigen Tag niemand einen Antrag auf materielle Entschädigung gestellt. Überliefert ist lediglich eine Anfrage Nelly Storfers, der zweiten Frau von Berthold Storfers Bruder Samuel, beim Bundesdenkmalamt in Wien am 7. November 1950. Nelly Storfer teilte dort mit, dass ihr Schwager zwei angeblich unter Denkmalschutz stehende kostbare Meistergeigen besessen habe – eine Amati- und eine Guarneri-Geige. Eine dieser Geigen sei zeitweilig von dem berühmten Violinvirtuosen Bronislav Hubermann benützt worden. Storfer habe sich vor der Verfolgung in der Umgebung von Wien versteckt gehalten, sei aber von der Gestapo ausgeforscht, nach Auschwitz verschleppt und dort später ermordet worden. Die Geigen habe die Gestapo damals an sich genommen.[519]

Nelly Storfer bat die Denkmalbehörde um Auskunft und Nachforschungen. Diese Behörde war während der NS-Zeit tief in die Entziehung von Kunst- und Kulturgütern verstrickt gewesen und befasste sich in der Nachkriegszeit mit Restitutionsagenden in diesem Bereich. Das Denkmalamt teilte Nelly Storfer auf ihre Anfrage mit, dass die Erkundigungen ein negatives Ergebnis gebracht hätten. Auch dem Kustos der Sammlung alter Musikinstrumente am Kunsthistorischen Museum in Wien, Dr. Viktor Luithlen, sei nichts davon bekannt. Die beiden Geigen würden aber in die Suchkartei des Denkmalamtes aufgenommen.[520]

Berthold Storfer hatte in seiner obligaten Vermögensanmeldung 1938 in der Rubrik IV g des Fragebogens (Luxus- und Kunstgegenstände) zwei Geigen angeführt und diese mit insgesamt 700 RM bewertet, jedoch keine Details bekanntgegeben. Am 8. Mai 1941 hatte sein Schwager Josef Goldner im Wiener Auktionshaus Dorotheum eine alte Meistergeige und einen Fernambuckbogen schätzen lassen. Als Gesamtwert war ein Betrag von 700 RM ermittelt worden. Es ist anzunehmen, dass es sich um eine von Storfers Geigen gehandelt hat. Die Schätzung erfolgte »zwecks Ausreise«. Die Devisenstelle Wien hatte im Mai die Genehmigung zur Ausfuhr erteilt, die Gültigkeit der Genehmigung wurde mehrmals verlängert, zuletzt bis zum 10. August 1943. Ob die Geige tatsächlich versteigert und eventuell ausgeführt worden ist, bleibt offen, ebenso die

Frage, ob die Schätzung mit Einwilligung Berthold Storfers erfolgt ist oder nicht.

In der prall mit Schriftstücken gefüllten Aktentasche, die Storfer bei seiner Deportation in Wien zurücklassen musste, befand sich zwischen all dem nüchternen, geschäftlichen Schriftverkehr ein Zeitungsausschnitt mit dem Titel: »Das Geheimnis alter Geigen«[521]. Aus den Bergen verfügbarer Dokumente von und über Storfer lässt sich das Bild eines selbstbewussten, kompetenten Geschäftsmannes, Bankiers und Organisators rekonstruieren. Storfer hatte – wie man es heute nennen würde – die Rolle eines Spitzenmanagers inne, vor der Zeit des Nationalsozialismus und auch nach der nationalsozialistischen Machtergreifung in Österreich. Nur die erwähnten, spärlichen Informationen über Storfers Geigen und sein Engagement für die Wiener Volksoper in der Zwischenkriegszeit lassen andere, der Forschung nicht zugängliche Facetten seiner Persönlichkeit erahnen.

Dank

Nachdrücklich danke ich all jenen, die maßgeblich am Zustandekommen dieses Buches beteiligt gewesen sind: Das Kulturamt der Stadt Wien hat durch Forschungszuschüsse meine grundlegenden Recherchearbeiten zur Biographie Berthold Storfers gefördert – gedankt sei Christian Hubert Ehalt und Angelika Lantzberg. Ganz besonders verbunden bin ich Christina Kruschwitz in Berlin, die das Lektorat dieses Buches übernommen hat. Durch ihre Geduld und ihre zahlreichen Anregungen zu inhaltlichen und formalen Fragen hat sie dessen Fertigstellung auf großartige Weise unterstützt und damit viel zur Qualität dieser Publikation beigetragen. Ebenso danke ich Heimo Halbrainer aus Graz, der das Manuskript gelesen und auf konstruktive Weise kritisiert hat, für seine unschätzbare Kollegialität. Peter Eigner vom Institut für Wirtschafts- und Sozialgeschichte und Peter Melichar vom Vorarlberger Landesmuseum danke ich für ihre Kommentare zu Storfers geschäftlicher Tätigkeit in der Zwischenkriegszeit.

Pierre Genée hat meine erste Publikation zu Berthold Storfer in der jüdischen Kulturzeitschrift *David* in den Jahren 1992/93 angeregt und unterstützt und mich auf Storfers Rolle im Ersten Weltkrieg hingewiesen. Wichtige Auskünfte verdanke ich auch Gerhard Ungar von dem Projekt »Namentliche Erfassung der österreichischen Holocaustopfer« sowie Wolfgang Neugebauer, dem ehemaligen Leiter des DÖW. Von größtem Wert für dieses Buch waren auch die zahlreichen

Hinweise, die ich von dem 2011 unerwartet verstorbenen Historiker Jonny Moser zum Kapitel über die Deportationen nach Nisko und die Rolle der jüdischen Funktionäre in diesem Kontext erhalten habe.

Zu großem Dank verpflichtet bin ich den Archivarinnen und Archivaren, die durch ihr Engagement und ihre Kompetenz viel zur Entstehung dieses Buches beigetragen haben. Mit Susanne Uslu-Pauer vom Archiv und Wolf Eckstein vom Matrikenamt der Israelitischen Kultusgemeinde Wien, Rita Tezzele und Martina Rupp vom Archiv der Wirtschaftskammer Österreich, Kurt Hientz vom Zentralgewerberegister des Magistrats der Stadt Wien sowie Hubert Steiner, Christian Kucsera und Anneliese Breschan vom Österreichischen Staatsarchiv und Johannes Seidl vom Archiv der Universität Wien seien nur einige genannt. Meinen Freundinnen und Kolleginnen Evelyn Adunka und Christine Kanzler danke ich für ihre Unterstützung bei diesem Projekt und vielen anderen Forschungen.

Last but not least möchte ich die Erinnerung an den inzwischen verstorbenen Josef Storfer in London bewahren. Er war der Sohn von Berthold Storfers Bruder Samuel und der einzige Verwandte, den ich im Zuge meiner Forschungen noch befragen konnte.

Arno Lustigers Bereitschaft, das Vorwort für dieses Buch zu verfassen, empfinde ich als große Ehre. Ich danke ihm auch für seine nachdrücklichen Bemühungen, Berthold Storfer zu rehabilitieren und ihm zu später Anerkennung zu verhelfen.

Anhang

Anmerkungen

1   Hugo Gold (Hrsg.), Geschichte der Juden in der Bukowina, 2 Bde., Tel Aviv 1958 und 1962.

2   Czernowitz, Genealogy and History Digest, Stand Februar 2012, siehe http://czernowitz.ehpes.com.

3   Alfred Heller, Dr. Seligmanns Auswanderung. Der schwierige Weg nach Israel, München 1990, S. 135.

4   Siehe dazu etwa: Gabriele Anderl / Dirk Rupnow, Die »Zentralstelle für jüdische Auswanderung« als Beraubungsinstitution. Veröffentlichungen der Österreichischen Historikerkommission. Vermögensentzug während der NS-Zeit sowie Rückstellungen und Entschädigungen, Band 20/1, Wien, München 2004; Theodor Venus / Alexandra-Eileen Wenck, Die Entziehung jüdischen Vermögens im Rahmen der Aktion Gildemeester. Eine empirische Studie über Organisation, Form und Wandel von »Arisierung« und jüdischer Auswanderung in Österreich 1938–1941, Veröffentlichungen der Österreichischen Historikerkommission, Bd. 20/2, Wien, München 2004.

5   Doron Rabinovici, Instanzen der Ohnmacht. Wien 1938–1945. Der Weg zum Judenrat, Frankfurt/M. 2000.

6   Ebenda, passim. Siehe auch die Rezension von Gabriele Anderl in der Neuen Zürcher Zeitung, 30.8.2000.

7   Hannah Arendt, Eichmann in Jerusalem. Ein Bericht von der Banalität des Bösen, München 1964, S. 94.

8   Zit. nach ebenda, S. 95.

9   Arnold Paucker, Jüdischer Widerstand in Deutschland. Tatsachen und Problematik. Beiträge zum Widerstand 1933–1945, Heft 37, Gedenkstätte Deutscher Widerstand Berlin, 1989, S. 15.

10   Ferdinand Kroh, David kämpft. Vom jüdischen Widerstand gegen Hitler, Hamburg 1988, S. 74.

11   Arno Lustiger, Rettungswiderstand. Über die Judenretter in Europa während der NS-Zeit, Göttingen 2011.

12   Gabriele Anderl, Emigration und Vertreibung, in: Erika Weinzierl / Otto D. Kulka (Hrsg.), Vertreibung und Neubeginn. Israelische Bürger österreichischer Herkunft, Wien, Köln, Weimar 1992, S. 183 ff.

13   Rabinovici, Instanzen der Ohnmacht, S. 191.

14   Wolfgang Benz, Vorwort zu dem Buch von Armin und Renate Schmid, Im Labyrinth der Paragraphen. Die Geschichte einer gescheiterten Emigration, Frankfurt/M. 1993, S. 9.

15   Ralph Weingarten, Die Hilfeleistung der westlichen Welt bei der Endlösung der deutschen Judenfrage. Das »Intergovernmental Committee on Political Refugees« (IGC) 1938–1939, Bern 1983, S. 204; siehe auch Wikipedia-Eintrag zum Stichwort »Konferenz von Evian«, Stand März 2012. Weingarten wurde von Kritikern, etwa von Magnus Brechtken, entgegengehalten, dass er die

Vorgänge auf der Flüchtlingskonferenz von Evian aus der Perspektive der späteren historischen Entwicklungen interpretiere, die Täter und die Außenstehenden auf eine Stufe stelle und damit letztlich die NS-Verbrechen relativiere. Siehe etwa: Magnus Brechtken, »Madagaskar für die Juden«. Antisemitische Idee und politische Praxis. 1885–1945, München 1997, S. 194 f., FN 141.

16 Archiv der IKG Wien, Bestand Jerusalem, A / W 2515, Mitteilung, April 1940.

17 Jürgen Rohwer, Jüdische Flüchtlingsschiffe im Schwarzen Meer – 1934 bis 1944, in: Ursula Büttner (Hrsg.), Das Unrechtsregime. Internationale Forschung über den Nationalsozialismus, Bd. 2: Verfolgung – Exil – Belasteter Neubeginn, Hamburg 1986, S. 242; Anderl, Emigration und Vertreibung, S. 256 ff.

18 Information von Josef Storfer / London.

19 Archiv der IKG Wien, Bestand Jerusalem, A / W 2515, Mitteilung Nr. 45, gez. Storfer, an die IKG, 23.3.1940.

20 Siehe dazu: Gabriele Anderl, Die »Zentralstellen für jüdische Auswanderung« in Wien, Berlin und Prag. Ein Vergleich, in: Jahrbuch des Instituts für Deutsche Geschichte, Tel Aviv 1994, S. 275–299.

21 Archiv der IKG Wien, Bestand Jerusalem, A / W 2515, Storfer an die IKG Wien, 1.4.1941, Schlussrechnungsbericht; Storfer an die IKG Wien, 1.3.1941, Abrechnungsbericht. Im Aktenbestand A / W 2515 finden sich an vielen Stellen Aufstellungen über die Zahl der Transportteilnehmer aus den verschiedenen Herkunftsgebieten und damit zusammenhängende Kostenaufstellungen. Da es im Laufe der Monate zu ständigen Änderungen gekommen ist und die finanzielle Seite der Transporte eine sehr komplexe Materie darstellt, wird auf eine detaillierte Darstellung in diesem Buch verzichtet.

22 Siehe dazu Gabriele Anderl / Walter Manoschek, Gescheiterte Flucht. Der jüdische »Kladovo-Transport« auf dem Weg nach Palästina. 1939–42, Wien 1993 (überarbeitete Neuauflage 2001).

23 Quellen für dieses Kapitel waren, wo nicht anders angegeben: Matrikenamt der IKG Wien (mit Dank an Mag. Wolf Eckstein), WStLA, Historische Meldeunterlagen (div. Namen), Informationen von Josef Storfer/London.

24 Siehe u. a. Harald Heppner (Hrsg.), Czernowitz. Die Geschichte einer ungewöhnlichen Stadt, Köln, Weimar, Wien 2000, S. 26 ff.

25 Cécile Cordon / Helmut Kusdat (Hrsg.), An der Zeiten Ränder. Czernowitz und die Bukowina. Geschichte – Literatur – Verfolgung – Exil, Wien 2002, S. 9; zur Geschichte von Czernowitz und der Bukowina siehe u. a. auch Helmut Braun, (Hrsg.), Czernowitz. Die Geschichte einer untergegangenen Kulturmetropole, Berlin 2006; Helfried Seemann (Hrsg.), Czernowitz und die Bukowina 1890–1910, Wien 2001; Hermann Mittelmann, Illustrierter Führer durch die Bukowina, Czernowitz 1907/1908 (neu herausgegeben von Helmut Kusdat, Wien 2001); Kurt Scharr, Die Bukowina. Erkundungen einer Kulturlandschaft. Ein Reiseführer, Wien, Köln, Weimar 2007; Helmut Braun (Hrsg.), Czernowitz. Die Geschichte einer untergegangenen Kulturmetropole, Berlin 2006.

26 ÖStA/AdR, BMF, Zl. 68.073/25, Abschrift von Berthold Storfers Geburts-
    zeugnis, Matrikenführung der Landeshauptstadt Czernowitz, Matrikenfüh-
    rer Dr. Rosenfeld, Geburtsbuch Jahrgang 1880, Tom. II, Blatt 49, Postzahl 62.

27 Informationen von Josef Storfer/London.

28 Charlotte Ackermann (Bass, *24.6.1899 in Uipest, Ungarn), nach Javr,
    Kleinpolen, zuständig, war die Tochter von Raphael Ackermann (Bass) und
    Cecilie (Frime), geborene Rippel.

29 Einige biographische Eckdaten zu Heinrich Storfer finden sich auch auf ver-
    schiedenen Formularen, etwa Anträgen an die Devisenstelle, die Heinrich
    Storfer ausgefüllt hatte und die sich in Storfers Aktentasche befanden (Ar-
    chiv der IKG Wien, Bestand Wien).

30 Archiv der IKG Wien, Bestand Wien, A/VIE/IKG/I–II/DIV/1/3, selbst-
    verfasster, nicht datierter Lebenslauf von Berthold Storfer (er dürfte etwa aus
    dem Jahr 1936 stammen) sowie weitere von Storfer verfasste Versionen seines
    Curriculum vitae und ein am 16.1.1939 vom Polizeipräsidium in Wien aus-
    gestellter Lebenslauf Storfers; siehe auch Archiv der IKG Wien, Bestand Je-
    rusalem, A/W 2515; ÖStA/AdR, BMF, Zl. 68.073/25, selbstverfasster, nicht
    datierter Lebenslauf von Berthold Storfer (er dürfte aus Mitte der 1920er
    Jahre stammen): Schilderung der beruflichen Vorbildung und beruflichen
    geschäftlichen Tätigkeit (Curriculum vitae) des Konzessionswerbers.

31 Archiv der IKG Wien, Bestand Wien, A/VIE/IKG/I–II/DIV/1/3, Unda-
    tierter Lebenslauf von Berthold Storfer.

32 Archiv der IKG Wien, Bestand Wien, A/VIE/IKG/I–II/DIV/1/3, Ab-
    schrift eines Briefes von Generalmajor Eduard Fischer, k. u. k. Aufbringungs-
    leitung, an Kriegswirtschafsrat Berthold Storfer, Czernowitz, 16.11.1918;
    ÖStA/Kriegsarchiv, Qualifikationslisten. Im Nachlass Eduard Fischers im
    Kriegsarchiv finden sich verschiedene von Storfer verfasste Schriftstücke. Sie
    wurden im Detail für dieses Buch nicht ausgewertet und sollen in einem
    späteren Artikel veröffentlicht werden.

33 Eduard Fischer, Krieg ohne Heer. Meine Verteidigung der Bukowina gegen
    die Russen, Wien 1935, S. 192.

34 Ebenda.

35 Ebenda, S. 193.

36 Ebenda, S. 194.

37 Ebenda.

38 Ebenda.

39 Ebenda.

40 Archiv der IKG Wien, Bestand Wien, A/VIE/IKG/I–II/DIV/1/3.

41 Archiv der IKG Wien, Bestand Wien, A/VIE/IKG/I–II/DIV/1/3, BM
    für Landesverteidigung, gez. für den Staatssekretär Generalmajor Klepsch-
    Kirchner, an Kriegswirtschaftsrat Komm. Rat Berthold Storfer, 22.2.1935.

42 ÖStA/AdR, BMF, Zl. 68.073/27, Heimatschein von Berthold Storfer (Ab-
    schrift), Gemeindeamt Fölling, Bezirkshauptmannschaft Graz, 18.12.1924,
    Gem. M. 61/231/1924, gez. Franz Herzog (Bürgermeister) und Josef Brenn-
    kohl (Gemeinderat).

43 Siehe dazu: Demokratiezentrum Wien, Entwicklung der Staatsbürgerschaft, http://www.demokratiezentrum.org/Wissen/timelines/, Stand März 2012.

44 WStLA, Historische Meldeunterlagen, Berthold Storfer. In einem behörd-lichen Erhebungsbericht über Storfer aus den 1920er Jahren wird, abwei-chend davon, angegeben, dass Storfer seit dem 18.4.1922 unter der genann-ten Adresse wohne, allerdings mit der Zusatzangabe »IV. Stiege, 1. Stock, Tür 29«.

45 Siehe dazu das Kapitel über die »Notgesetze« von 1919 in: Eva Frodl-Kraft, Gefährdetes Erbe. Österreichs Denkmalschutz und Denkmalpflege 1918–1945 im Prisma der Zeitgeschichte, Wien, Köln, Weimar 1997, S. 7 ff.

46 ÖStA/AdR, BMF, Zl. 68.073/25. Bericht über Erhebungen aus dem Jahr 1922, ergänzt durch Angaben bis zum Jahr 1924, o.D. Betreff: Berthold Stor-fer, Bank- und Kommissionsgeschäft, 1., Schottenring 8.

47 Ebenda; Magistrat der Stadt Wien, Mag. Abt. 63 (Zentralgewerberegister); Archiv der IKG Wien, Bestand Wien, A/VIE/IKG/I–II/DIV/1/3; Archiv der IKG Wien, Bestand Jerusalem, A/W 2515.

48 Anton Czinner, wurde am 18.1.1887 in Wien geboren, war dorthin zuständig und Mitte der 1930er Jahre römisch-katholisch und ledig. Der Name Anton Cziner mit demselben Geburtsdatum taucht in den von den Nationalsozia-listen eingeführten Vermögensanmeldungen für Juden auf. Demnach dürfte Czinner/Cziner gemäß den Nürnberger Gesetzen als »Jude« gegolten haben.

49 ÖStA/AdR, BMF, Zl. 68.073, Auszug aus dem Handelsregister betr. die Kommanditgesellschaft B. Storfer.

50 ÖStA/AdR, BMF, Zl. 68.073., Bericht von Berthold Storfer an das BMF, Dep. 15, 16.8.1927.

51 ÖStA/AdR, BMF, Zl. 68.073, W.P. [vermutlich Wirtschaftspolizei] Wien, an das BMF, 12.4.1926. Zurzeit des »Anschlusses« 1938 befand sich das Haus Schottenring 8 im Eigentum der Domus. Erste österreichische Haus-Scha-den-Versicherungs AG, das Haus Hessgasse 6 im Eigentum einer Karoline Weiß. (Lehmann's Allgemeiner Wohnungsanzeiger, 1938, Bd. 2).

52 ÖStA/AdR, BMF, Zl. 68.073/25, Bankkommanditgesellschaft Berthold Storfer & Co., Wien 1., Schottenring 8/Hessgasse 6, gez. Berthold Stor-fer, an das BMF, Department 15, 6.8.1926; Berthold Storfer, Alleininhaber (persönlich haftender Gesellschafter) der Firma Bankkommanditgesellschaft Berthold Storfer & Co., an das BMF, Dept. 15, o.D.

53 ÖStA/AdR, BMF, Zl. 68.073, Berthold Storfer, Übersichtsblatt über die im § 14 der Bankgewerbe-Konzessionsverordnung geforderten Daten des Kon-zessionswerbers Berthold Storfer, 6.10.1925.

54 ÖStA/AdR, BMF, Zl. 68.073., Bericht von Berthold Storfer an das BMF, Dep. 15, 16.8.1927.

55 Ebenda.

56 ÖStA/AdR, BMF, Zl. 68.073. Vgl. auch Handelsregister, Abt. A. Am 9.11.1935 wurde vom Nachrichtendienst Wien I. amtlich mitgeteilt, dass sich die Kommanditgesellschaft Berthold Storfer & Co. an ihrer Betriebsstätte in der Hessgasse 6 entgegen den Vorschriften der Bankgewerbe-Konzessionsver-

ordnung auch der äußeren Bezeichnung »Bankhaus Berthold Storfer & Co.« bedient habe. Storfer wurde zu einer Geldstrafe von 1.000 Schilling oder ersatzweise zwei Tagen Arrest sowie einem Kostenbeitrag von 100 Schilling verurteilt, erhob dagegen aber Einspruch. Diesem wurde wegen der verhältnismäßigen Geringfügigkeit der Übertretung und dem offensichtlichen Fehlen einer bösen Absicht Folge gegeben und das Strafurteil der Finanzlandesdirektion aufgehoben. (ÖStA/AdR, BMF, Zl. 60.476–15/1936, Bundesministerium für Finanzen/Nachrichtendienst Wien 1., Singerstraße 17, Erhebung bzgl. die Kommanditgesellschaft Berthold Storfer & Co., Juli 1936.)

57 ÖStA/AdR, BMF, Zl. 68.073/25. Bericht über Erhebungen aus dem Jahr 1922, ergänzt durch Angaben bis zum Jahr 1924, o. D. Betreff: Berthold Storfer, Bank- und Kommissionsgeschäft, 1., Schottenring 8.

58 Ebenda.

59 Robert Metzger wohnte damals in Wien 4., Wiedner Hauptstraße 61, Arnold Lehmann in Wien 8., Piaristengasse 56.

60 ÖStA/AdR, BMF, Zl. 68.073., Bericht von Berthold Storfer an das BMF, Dep. 15, 16.8.1927.

61 Lebenslauf Berthold Storfer (vgl. FN 47).

62 Ebenda.

63 Ebenda.

64 ÖStA/AdR, BMF, Zl. 68.073, Berthold Storfer an Sektionsrat Dr. Andräe/BMF, 16.8.1927.

65 ÖStA/AdR, BMF, Zl. 68.073, Handelsgericht Wien, Abt. VIII, 22.4.1927.

66 Rudolf Kraft, Handbuch der Kommerzialräte Österreichs, Wien 1933.

67 ÖStA/AdR, BMF, Zl. 68.073, Bericht von Berthold Storfer an das BMF, Dep. 15, 16.8.1927.

68 Wirtschaftskammer Wien, Archiv, E 30.517, Der Bundesminister für Handel und Verkehr, an das Präsidium der Kammer für Handel, Gewerbe und Industrie, 24.7.1928, Betreff: Berthold Storfer, Titel Kommerzialrat.

69 Wirtschaftskammer Wien, Archiv, E 30.517, Kammer für Handel, Gewerbe und Industrie in Wien, Präsidium, an den Abgeordneten Dr. Hans Schürff, Bundesminister für Handel und Verkehr, 5.8.1928, Betreff: Berthold Storfer, Kommerzialrat.

70 Wirtschaftskammer Wien, Archiv, E 30.517, Max Simon an das Präsidium der Kammer für Handel, Gewerbe und Industrie in Wien, 14.11.1928.

71 Wirtschaftskammer Wien, Archiv, E 30.517, Das Präsidium/Kammeramt der Kammer für Handel, Gewerbe und Industrie in Wien, an Bundesrat Rudolf Pechall, Kammerrat etc., 11.6.1929.

72 Zu Rudolf Pechall (*1866 in Wiener Neustadt, †1937 ebenda) siehe Niederösterreichische Landtagsdirektion (Hrsg.), Biographisches Handbuch des Niederösterreichischen Landtages und der Niederösterreichischen Landesregierung 1921–2000, St. Pölten 2000.

73 Wirtschaftskammer Wien, Archiv, E 30.517, Lebensbeschreibung Berthold Storfers, o. D. und Unterschrift.

74 Ebenda.

75 Für diese Auskünfte danke ich Felix Brachetka vom Archiv der Volksoper Wien.

76 Wirtschaftskammer Wien, Archiv, E 30.517, Rudolf Pechall/Wiener Neustadt, an die Kammer für Handel, Gewerbe und Industrie, 14.7.1929, Betreff: Berthold Storfer, Kommerzialratstitel.

77 Ebenda.

78 Archiv der IKG Wien, Bestand Wien, A/VIE/IKG/I–II/DIV/1/3, Lebenslauf Berthold Storfer; ÖStA/AdR, BMF, Zl. 68.073.

79 WStLA, LG St Wien I, Vr 6735/38 (Vr 3148/37), Verfahren gegen Berthold Storfer, Dr. Viktor Gross/Wien an die Wirtschaftspolizei bzw. Gestapo, 14.5.1938, Betreff: Strafanzeige gegen Berthold Storfer, S. 9 f.

80 Ebenda, S. 12.

81 WStLA, LG St Wien I, Vr 6735/38, Verfahren gegen Berthold Storfer, Schreiben von Ing. Viktor Gross an die NSDAP, Gauleitung Wien, Kreisleitung 1., Dorotheergasse 9, 30.6.1938, weitergeleitet an die Geheime Staatspolizei Wien, 5.7.1938.

82 Wikipedia-Eintrag zu Guido Jakocig, Stand Februar 2012.

83 WStLA, LG St Wien I, Vr 6735/38, Verfahren gegen Berthold Storfer, Elaborat, verfasst von Ing. Viktor Gross: »Getarnte jüdische Korruption«, O. Nr. 17, Bl. 401.

84 WStLA, LG St Wien I, Vr 6735/38, Verfahren gegen Berthold Storfer.

85 Hauptquelle dieses Kapitels: Peter Melichar, Neuordnung im Bankenwesen. Die NS-Maßnahmen und die Problematik der Restitution, Veröffentlichungen der Österreichischen Historikerkommission, Bd. 11, Wien, München 2004, S. 412 ff.; siehe auch: Compass/Österreich, Finanzielles Jahrbuch, Wien 1933, S. 1226. Allgemein zur Liquidierung von Privatbanken in jüdischem Besitz s. Melichar, S. 112 ff.

86 ÖStA/AdR, VVSt, VA 34.463 (Berthold Storfer).

87 ÖStA/AdR, Ministerium für Finanzen, Zl. 49.638/38, Handelsgericht Wien, Abt. 8, Änderungen im Handelsregister bei der Firma »Kommanditgesellschaft Berthold Storfer & Co.«, 1.7.1938.

88 Zit. nach Melichar, Neuordnung im Bankenwesen, S. 116.

89 Zit. nach ebenda, S. 55 f.

90 Zit. nach ebenda, S. 120 f.

91 ÖStA/AdR, o 6, VVSt, Ktn. 850, KuTr 6.480, Bericht des WGCV, 28.9.1939.

92 Siehe dazu Anderl/Rupnow, Die »Zentralstelle für jüdische Auswanderung« als Beraubungsinstitution, passim; zum Auswanderungsfonds und zu den NS-Anwälten Rajakowitsch und Weber siehe auch Venus/Wenck, Die Entziehung jüdischen Vermögens im Rahmen der Aktion Gildemeester.

93 Lola Blonder, Heimat ist Sprache, in: Anna Rattner/Lola Blonder, 1938 – Zuflucht in Palästina. Zwei Frauen berichten (bearbeitet und eingeleitet von Helga Embacher), Materialien zur Zeitgeschichte, Bd. 6, Wien, Salzburg 1989, S. 116 f.

94 Ebenda, S. 120.

95 Ebenda, S. 118 ff.

96 Ebenda.

97 Wikipedia-Eintrag zu Heinrich Neumann von Héthárs, Stand März 2012;
siehe auch http://ub.meduniwien.ac.at/blog; Anderl/Rupnow, Die »Zentral-
stelle für jüdische Auswanderung« als Beraubungsinstitution, S. 103 ff.;
ÖStA/AdR, BKA/Inneres, 1938, 2236/164, Zl. 97.865 – WA/1938, u.a.
Reichsstelle für das Auswanderungswesen in Berlin an das Amt des Reichsstatthalters in Österreich, Wanderungsamt, 10.6.1938; Zl. 98.988 – WA/1938,
Komitee zur Regelung der jüdischen Auswanderung aus Österreich, u.a.
Bericht des Polizeipräsidenten in Wien an das Amt des Reichsstatthalters,
Wanderungsamt, 28.6.1938; Zl. 98.716 – WA/1938, Vorbereitendes Komitee
zur Regelung der jüdischen Auswanderung aus Österreich, gez. Storfer, an
das Wanderungsamt, 23.6.1938; Storfer an den Vorstand des Wanderungsamtes, Baron Komers, 23.6.1938; Komers an die Reichsstelle für das Auswanderungswesen in Berlin, 30.6.1938, Betreff: Komitee zur Regelung der
jüdischen Auswanderung aus Österreich. – Der Polizeipräsident in Wien
teilte dem Wanderungsamt am 28.6.1938 mit, dass das von Storfer geleitete
Komitee seine Tätigkeit noch nicht begonnen habe und die Zustimmung
der zuständigen Stellen (Gestapo) abwarte. Storfer sei gut beleumundet. Als
weitere (potenzielle) Mitglieder werden in den Schreiben die Professoren
Dr. Gottlieb (Zahnarzt) und Dr. Ehrenfest bzw. Ehrenhaft genannt, weiters
Rechtsanwalt Dr. Kimmelmann, Dir. Goldarbeiter (ehemals bei der Creditanstalt), der Kaufmann Heinrich Kalmann Pappenheim und Dr. Brichta,
ehem. Generalsekretär des Vereines Wiener Kaufmannschaft. Die Vertretung des Komitees habe der »deutschvölkische Rechtsanwalt« Dr. Ludwig
Rochlitzer übernommen, heißt es in dem Schreiben der Reichsstelle für das
Auswanderungswesen.

98 Anderl/Rupnow, Die »Zentralstelle für jüdische Auswanderung« als Beraubungsinstitution, S. 103 ff.

99 Venus/Wenck, Die Entziehung jüdischen Vermögens im Rahmen der Aktion Gildemeester, S. 49 ff., Zitat S. 51.

100 Zit. nach ebenda, S. 106 f.

101 Anderl/Rupnow, Die »Zentralstelle für jüdische Auswanderung« als Beraubungsinstitution, S. 103 ff.

102 Die Palästina-Ämter in den verschiedenen Ländern waren vor allem auch
für die Verteilung der legalen Einwanderungszertifikate für Palästina zu-
ständig. Die Zahl der Zertifikate wurden jeweils in halbjährlichen Quoten
(»Schedules«) von der britischen Mandatsbehörde festgelegt und der »Jewish
Agency«, der jüdischen Schattenregierung Palästinas, mitgeteilt, die über die
Zuteilung an die einzelnen Länder entschied.

103 ÖStA/AdR, Bürckel/Materie, 1762/3, 31.

104 Dan Diner, Austreibung ohne Einwanderung. Zum historischen Ort des
»9. November«, in: Babylon. Beiträge zur jüdischen Gegenwart, Heft 5/1989,
S. 23 f.

105 Golda Meir, zit. in: Wikipedia, Stichwort: Konferenz von Evian, Stand Februar 2012.

106 Weingarten, Die Hilfeleistung der westlichen Welt bei der Endlösung der deutschen Judenfrage, S. 197.

107 Yehuda Bauer, Freikauf von Juden? Verhandlungen zwischen dem national-sozialistischen Deutschland und jüdischen Repräsentanten von 1933 bis 1945, Frankfurt/M. 1996, S. 54 f.

108 Ebenda, S. 411. Dieter Wisliceny, geboren 1911, der in den Nürnberger Prozessen als Zeuge der Anklage auftrat und erschreckende Details über die »Endlösung« enthüllte, wurde später an die Tschechoslowakei ausgeliefert und 1948 wegen Beihilfe zum Massenmord in Bratislava hingerichtet (siehe dazu Robert Wistrich, Wer war wer im Dritten Reich? Frankfurt/M. 1987, S. 380 f.).

109 ÖStA/AdR, BKA/Inneres, 1938, 2236/164, Zl. 100.336 – WA/1938; Wanderungsamt, Prof. Dr. Heinrich von Neumann, Kommerzialrat Berthold Storfer, Bericht über die Evianer Konferenz (für das Wanderungsamt), 21.7.1938.

110 Ebenda.

111 Ebenda. Storfer und Neumann berichteten auch, sie hätten auf ihrer Rückreise in der Schweiz dafür gesorgt, dass die ausgewanderten Juden dort der Öffentlichkeit nicht zur Last fallen, von einem Hilfskomitee der jüdischen Gemeinde in Zürich unterstützt und »zur Abwanderung in das Endziel reisebereit gemacht« würden.

112 Josef Löwenherz an die Gestapo Wien, 19.7.1938 (Privatarchiv Gabriele Anderl).

113 Prof. Dr. Heinrich von Neumann, Kommerzialrat Berthold Storfer: Bericht über die Evianer Konferenz für das Wanderungsamt, verfasst am 23.7.1938, ebenda.

114 ÖStA/AdR, Bürckel/Materie, 1762/3, 31, Komitee zur Regelung der Nichtarischen Auswanderung, gezeichnet Prof. H. Neumann und Kommerzialrat Berthold Storfer, an den Grafen Carl Chorinsky, 26.7.1938.

115 ÖStA/AdR, Bürckel/Materie, 1762/3, 31, Pg. Carl Graf Chorinsky, Wien I, Weihburggasse 3, an Reichskommissär Gauleiter Bürckel, Wien I, Parlament, 27.7.1938.

116 Otto Chorinsky wurde 1835 in Wien geboren und starb 1885 in Kreuzlingen (Schweiz), 1874 heiratete er in Klagenfurt Klothilde Orsini und Rosenberg. Diese wurde 1850 in Weizenegg/Kärnten geboren und starb 1924 in Salzburg. Siehe: http://www.familysearch.org, Stand Februar 2012.

117 Obwohl in Akten aus der NS-Zeit zwei Wohnadressen Chorinskys in der Wiener Innenstadt aufscheinen (zuerst Weihburggasse 3, später Lobkowitzplatz 3), ist sein Name in Lehmann's Allgemeinem Wohnungsanzeiger für diese Jahre nicht zu finden.

118 BA Berlin, ehemalige BDC-Akten, Akten des Obersten Parteigerichts, I. Kammer, betr. Pg. Graf Karl Chorinsky, geboren 1882.

119 BA Berlin, ehemalige BDC-Akten, Akten des Obersten Parteigerichts, I. Kammer, betr. Pg. Graf Karl Chorinsky, geboren 1882, NSDAP, Gaugericht Wien, gez. der Vorsitzende (Giesbert Hoberg), an das Oberste Parteigericht, München, 8.6.1942.

120 BA Berlin, ehemalige BDC-Akten, Akten des Obersten Parteigerichts, I. Kammer, betr. Pg. Graf Karl Chorinsky, geboren 1882. Urteil des Gaugerichtes Wien der NSDAP im Verfahren gegen Pg. Karl Graf Chorinsky-Ledske, gez. Hohberg e. h. (Vorsitender), 22.7.1943.

121 Ebenda.

122 Wikipedia-Eintrag zu Ludwig Rochlitzer, Stand März 2012. Als Quellen werden dort Rochlitzers Tagebücher und Manuskripte sowie seine in der Österreichischen Nationalbibliothek archivierten Briefe an Josef Marx genannt.

123 DÖW, 5732 b, Tagesberichte der Geheimen Staatspolizei, Staatspolizeileitstelle Wien, März/April 1941, Tagesrapport Nr. 11 vom 25.–27.4.1941, S. 4; DÖW, Erkennungsdienstliche Kartei der Gestapo Wien (Homepage des DÖW, »Nicht mehr anonym«), Ludwig Rochlitzer.

124 ÖSTA, AdR, Justiz, RJM, Personalakten, R 1758 (Rochlitzer), siehe Sonja Niederacher, Dossier »Fritz Grünbaum« von Dr. Sonja Niederacher (Leopold Museum Privatstiftung), 30.6.2010, S. 20.

125 Wikipedia-Eintrag zu Ludwig Rochlitzer, Stand März 2012.

126 RGVA (Sonderarchiv Moskau), 500/1/649.

127 ÖStA/AdR, BKA/Inneres 1938, Wanderungsamt, 2236/164.

128 Ebenda.

129 Ebenda.

130 Ebenda.

131 Ebenda.

132 Siehe dazu Anderl/Rupnow, Die »Zentralstelle für jüdische Auswanderung« als Beraubungsinstitution, passim.

133 YVA, 02/595, Josef Löwenherz, Bericht 19.5.1938–31.10.1942, zusammengestellt aus den Aktennotizen der Israelitischen Kultusgemeinde Wien durch Wilhelm Bienenfeld, Wien 1945, fortan zitiert als »Löwenherz-Bericht«.

134 Lehmann's Allgemeiner Wohnungsanzeiger, 1938, Bd. II.

135 Lehmann's Allgemeiner Wohnungsanzeiger, 1940, Bd. II. In der Ausgabe von 1942, Bd. II, scheint Ella Bauer nicht mehr als Eigentümerin des Hauses auf.

136 Gabriele Anderl, Porträts (u. a. von Georg Überall), in: Angelika Hagen/Joanna Nittenberg, Flucht in die Freiheit. Österreichische Juden in Palästina und Israel, Wien 2006, S. 222 f. (das Zitat stammt aus einem Interview mit Ehud Avriel in der Zeitschrift Die Gemeinde).

137 Zit. nach ebenda, S. 223.

138 Ebenda.

139 Anderl, Emigration und Vertreibung, S. 211, 264 ff., 298 und 301.

140 YVA, YVA, 02/595, Löwenherz-Bericht.

141 Herbert Rosenkranz, Verfolgung und Selbstbehauptung. Die Juden in Österreich 1938–1945, Wien 1978, S. 103.

142 Ebenda, S. 171 f.

143 YVA, 02/595, Löwenherz-Bericht. – Die Berliner Vertreter waren Erich (später Ephraim) Frank und Paul Eppstein; aus Wien kamen Löwenherz und Storfer, aus Prag Jakob Edelstein und Friedmann (vermutlich Richard Friedmann).

144 YVA, 01/227, Bericht von Ephraim Frank: »Vorladung der Repräsentanten der jüdischen Dachorganisationen in Berlin, Wien und Prag vor die Gestapo in Berlin (Eichmann) im März 1940«, erstattet in der Sitzung des »Kreises von Zionisten aus Deutschland« am 2.4.1958 in Tel Aviv, stenographisch aufgenommen von Dr. Ball-Kaduri.

145 Archiv der IKG Wien, Bestand Jerusalem, A/W 2515, »Ausschuss für jüdische Überseetransporte« an das Palästina-Amt, z. Hdn. Dr. Grün, Marc Aurelstraße 5, 12.12.1940.

146 Archiv der IKG Wien, Bestand Wien, div. Dokumente aus Storfers Aktentasche (div. Signaturen).

147 Adolf Eichmann, zit. nach: Jochen von Lang, Das Eichmann-Protokoll. Tonbandaufzeichnungen der israelischen Verhöre, Frankfurt/M., Berlin, Wien 1995, S. 57.

148 YVA, 02/595, Löwenherz-Bericht.

149 Eine zentrale Quelle für dieses Kapitel ist das Buch von Jonny Moser, Nisko. Die ersten Judendeportationen, Wien 2012. Siehe dort vor allem S. 43 ff. und 92 ff.

150 YVA, 02/595, Löwenherz-Bericht.

151 Zit. nach: Moser, Nisko, S. 143; Rat der jüdischen Gemeinden in den böhmischen Ländern (Prag) und Zentralverband der jüdischen Gemeinden in der Slowakei (Bratislava) (Hrsg.), Nazi-Dokumente sprechen, Prag/Bratislava, o. D., ohne Seitenangaben.

152 Zit. nach: Rat der jüdischen Gemeinden (Hrsg.), Nazi-Dokumente sprechen, S. 12 ff.

153 Peter Longerich, Politik der Vernichtung. Eine Gesamtdarstellung der nationalsozialistischen Judenverfolgung, München, Zürich 1998, S. 258.

154 Zum Nisko-Transport siehe auch Hans Safrian, Eichmann und seine Gehilfen, Frankfurt/M. 1997; zur Rolle der jüdischen Funktionäre in diesem Kontext auch Rabinovici, Instanzen der Ohnmacht, S. 194 ff.

155 Longerich, Politik der Vernichtung, S. 259.

156 Ebenda, S. 260.

157 WStLA, Landesgericht für Strafsachen Wien I, Vr 3148/37 bzw. 6735/38 (Verfahren Viktor Gross gegen Berthold Storfer), Konsulent Dr. Arthur Israel Koenig an das Straflandesgericht Wien I, z. Hdn. des Untersuchungsrichters Landesgerichtsrat Dr. Hörmann, 3.11.1939.

158 Zum Verhältnis der Nationalsozialisten zum Zionismus siehe Francis Nicosia, The Third Reich and the Palestine Question, London 1985.

159 William R. (Willy) Perl (1906–1998) war Mitglied der rechtszionistischen »revisionistischen Bewegung«, die sich unter dem Namen »Neue Zionistische Organisation« (NZO) 1935 von der Zionistischen Weltorganisation abgespalten hatte, und gehörte innerhalb dieser Bewegung dem extremen Flügel an. Die Revisionisten forderten eine Masseneinwanderung nach Palästina und die Schaffung eines jüdischen Staates zu beiden Seiten des Jordans. Trotz dieser ideologischen Bindungen organisierte Perl seine Transporte weitgehend auf privater Basis. Er lebte später bis zu seinem Tod in den

365

USA. Zu Willy Perl siehe Anderl, Porträts, S. 191 ff. sowie seine Autobiographie: Operation Action. Rescue from the Holocaust, New York 1983.

160 Dalia Ofer, Escaping the Holocaust, Illegal Immigration to the Land of Israel, 1939–1944, New York, Oxford 1990, S. 14. Zu allgemeinen Aspekten der illegalen Einwanderung nach Palästina siehe ebenda; Anderl, Emigration und Vertreibung, S. 169 ff. sowie 256 ff.; Rohwer, Jüdische Flüchtlingsschiffe im Schwarzen Meer, S. 197 ff. In den angeführten Arbeiten finden sich zahlreiche weitere Literaturhinweise zum Thema.

161 Archiv der IKG Wien, Bestand Jerusalem, A/W 2515, Mitteilung Nr. 91, gez. Storfer, an die IKG, 19.7.1940.

162 YVA, 02/595, Löwenherz-Bericht.

163 Archiv der IKG Wien, Bestand Wien, A/VIE/IKG/II/AUS/4/4, Ascher Schneebalg an die Amtsdirektion der IKG Wien, z. Hdn. Amtsdirektor Dr. Josef Löwenherz, 14.3.1940. Auf dem Brief ist die Nummer 5537, vermutlich die Registrierungsnummer für den Storfer-Transport, vermerkt.

164 Rosenkranz, Verfolgung und Selbstbehauptung, S. 218.

165 Archiv der IKG Wien, Bestand Wien, A/VIE/IKG/II/AUS/4/4, Schulim Hebenstreit an Dr. Löwenherz, 14.1.1940.

166 Archiv der IKG Wien, Bestand Wien, A/VIE/IKG/II/AUS/4/4, Julius Israel Stern an Dr. Löwenherz, 1.12.1939.

167 Archiv der IKG Wien, Bestand Wien, A/VIE/IKG/II/AUS/4/4, Hechaluz, Wien 1., Gonzagagasse 1, gez. A. Adler, an Kommerzialrat Storfer, 13.7.1939.

168 Archiv der IKG Wien, Bestand Wien, A/VIE/IKG/II/AUS/4/4, Hermann Bornstein/Zürich an Kommerzialrat Berthold Storfer, 11.8.1939.

169 DÖW, Namentliche Erfassung der österreichischen Holocaustopfer, Samuel Weissmann; Uscher Schneebalg, geboren 1904 in Borodinja, und Elfrieda Schneebalg, geboren 1902 in Lemberg; Schulim Schachne Hebenstreit, geboren 1890 in Kamionka, und Nechlie Hebenstreit, geboren 1894 in Jelesnia.

170 Archiv der IKG Wien, Bestand Wien, Israelitischen Kultusgemeinde Wien, A/VIE/IKG/II/AUS/4/4, Schreiben aus Cernăuți, Unterschrift unleserlich, an Berthold Storfer (»Lieber Berthold!), 2.11.1939.

171 DÖW, Namentliche Erfassung der österreichischen Holocaustopfer, Johanna Meiselmann.

172 Archiv der IKG Wien, Bestand Wien, A/VIE/IKG/II/AUS/4/4, Oswald Pomeranz an Storfer, 6.11.1939. Oswald Pomeranz wurde am 2.11.1881 in Lezajsk geboren (vgl. DÖW, Namentliche Erfassung der österreichischen Holocaustopfer, Oswald Pomeranz).

173 Archiv der IKG Wien, Bestand Wien, A/VIE/IKG/II/AUS/4/4, Gildemeester Auswanderungs-Hilfsaktion, gez. Kuffler (Unterschrift schwer leserlich, aber wohl Arthur Kuffler), an Kommerzialrat Storfer, 1.12.1939.

174 Archiv der IKG Wien, Bestand Wien, A/VIE/IKG/II/AUS/4/4, Israelitische Kultusgemeinde Wien, Auswanderungsabteilung, Unterschrift vermutlich Engel, an Kommerzialrat Berthold Storfer, 3.12.1939.

175 Archiv der IKG Wien, Bestand Wien, A/VIE/IKG/II/AUS/4/4, IKG Wien, Auswanderungsabteilung, gez. Dr. Benjamin Israel Murmelstein, an

den »Ausschuss für jüdische Überseetransporte«, z. Hdn. Kommerzialrat Storfer, 11.3.1940. Auf dem Brief ist die Nummer 3.370 vermerkt.

176 DÖW, Namentliche Erfassung der österreichischen Holocaustopfer, Hans Herzka (*26.6.1922).

177 Archiv der IKG Wien, Bestand Wien, A / VIE / IKG / II / AUS / 4 / 4, Lotti Pressburger an Storfer, 23.1.1940.

178 DÖW, Namentliche Erfassung der österreichischen Holocaustopfer, Lotti Pressburger.

179 Heller, Dr. Seligmanns Auswanderung.

180 Ebenda, S. 131 f.

181 Ebenda.

182 Ebenda, S. 141.

183 Archiv der IKG Wien, Bestand Jerusalem, A/W 2515, »Ausschuss für jüdische Überseetransporte«, Mitteilung Nr. 32, 24.12.1939.

184 Archiv der IKG Wien, Bestand Jerusalem, A/W 2515, »Ausschuss für jüdische Überseetransporte«, Mitteilung Nr. 35, betreffend Herrn Schlie, 25.12.1939.

185 Archiv der IKG Wien, Bestand Jerusalem, A/W 2515, Vertrauliche Aktennotiz Nr. 9 (verfasst von Storfer), 23.12.1939.

186 Archiv der IKG Wien, Bestand Jerusalem, A/W 2515, »Ausschuss für jüdische Überseetransporte« an die Mitglieder des Auswahl-Komitees, 28.1.1940.

187 Archiv der IKG Wien, Bestand Jerusalem, A/W 2515, Storfer an die Mitglieder des Auswahl-Ausschusses, 3.2.1940.

188 Ebenda.

189 Archiv der IKG Wien, Bestand Jerusalem, A/W 2515, »Ausschuss für jüdische Überseetransporte«, gez. Storfer, Mitteilung Nr. 48, an die Israelitische Kultusgemeinde, 7.4.1940.

190 Archiv der IKG Wien, Bestand Jerusalem, A/W 2515, »Ausschuss für jüdische Überseetransporte«, gez. Dr. Anschel, an die Israelitische Kultusgemeinde Wien, 16.6.1940. Mitwirken sollten neben Löwenherz und Storfer Amtsvorstand Engel, Dr. Murmelstein, Dr. Grün, Dr. Ornstein, Steinfeld und Braver.

191 Archiv der IKG Wien, Bestand Jerusalem, A/W 2515, »Ausschuss für jüdische Überseetransporte«, gez. Storfer, Mitteilung Nr. 48, an die Israelitische Kultusgemeinde, 7.4.1940.

192 Archiv der IKG Wien, Bestand Jerusalem, A/W 2515, »Ausschuss für jüdische Überseetransporte«, gez. Storfer, Mitteilung Nr. 51 an die Israelitische Kultusgemeinde, 18.4.1940.

193 Archiv der IKG Wien, Bestand Jerusalem, A/W 2515, Storfer (in der Wohnung) an die IKG z. Hdn. des Leiters, Amtsdirektor Dr. Löwenherz, 22.3.1940.

194 Ebenda.

195 Archiv der IKG Wien, Bestand Jerusalem, A/W 2515, Mitteilung Nr. 47, gez. Storfer, an die IKG, 3.4.1940.

196 Siehe dazu Anderl/Manoschek, Gescheiterte Flucht.

197 Archiv der IKG Wien, Bestand Jerusalem, A/W 2515, Schreiben von J. Herszmann / Šabac an seine Schwiegereltern, 21.10.1940.

198 Archiv der IKG Wien, Bestand Jerusalem, A/W 2515, »Ausschuss für jüdische Überseetransporte«, gez. Storfer, Mitteilung Nr. 48, an die IKG Wien, 7.4.1940.

199 Archiv der IKG Wien, Bestand Jerusalem, A/W 2515, »Ausschuss für jüdische Überseetransporte«, gez. Storfer, Mitteilung Nr. 62, 30.4.1940.

200 Archiv der IKG Wien, Bestand Jerusalem, A/W 2515, Schreiben Storfers, Mai 1940.

201 Archiv der IKG Wien, Bestand Jerusalem, A/W 2515, Aktenvermerk über die Vorladung (Storfers) zur Geheimen Staatspolizei, Amtszimmer Nr. 315, 16.7.1940.

202 Archiv der IKG Wien, Bestand Jerusalem, A/W 2515, Schreiben Storfers an die »Zentralstelle für jüdische Auswanderung« in Wien, 16.7.1940.

203 Archiv der IKG Wien, Bestand Jerusalem, A/W 2515, »Ausschuss für jüdische Überseetransporte«, gez. Storfer, Mitteilung Nr. 62, 30.4.1940.

204 CAHJP, A/W 25 15, »Ausschuss für jüdische Überseetransporte«, gez. Storfer, Mitteilung Nr. 61, 30.4.1940.

205 Archiv der IKG Wien, Bestand Jerusalem, A/W 2515, Erklärung von F. L., 5.7.1940.

206 Archiv der IKG Wien, Bestand Jerusalem, A/W 2515, Storfer an Rottenstreich / Hotel *Palace*, Bratislava, 22.6.1940.

207 Ebenda.

208 Archiv der IKG Wien, Bestand Jerusalem, A/W 2515, Aktennotiz, 28.10.1940.

209 Archiv der IKG Wien, Bestand Jerusalem, A/W 2515, »Ausschuss für jüdische Überseetransporte«, gez. Storfer, Mitteilung Nr. 107 über Beschuldigungen und Kritiken, 29.10.1940.

210 Archiv der IKG Wien, Bestand Jerusalem, A/W 2515, Bekanntmachung, 30.4.1940. Auch in einem Schreiben an die Synagogengemeinde zu Danzig vom 10.7.1940 stellte Storfer verärgert richtig: »Wie Sie wissen sollten, bin ich kein Reiseunternehmer, sondern ein Funktionär, der über Ersuchen der maßgebenden jüdischen Körperschaften und über Auftrag der zuständigen Auswanderungsbehörde mich um die Überseewanderung ehrenamtlich bekümmere.«

211 Die wesentliche Grundlage dieses Kapitels bildet der umfangreiche Aktenbestand des von Berthold Storfer geleiteten »Ausschusses für jüdische Überseetransporte«, Archiv der IKG Wien, Bestand Jerusalem, A/W 2515. Darüber hinaus wurde folgende Sekundärliteratur verwendet: Ehud Avriel, Open the Gates! A Personal Story of »Illegal« Immigration to Israel, New York 1975; Munya M. Mardor, Haganah. Strictly Illegal. New York 1964; Nicosia, The Third Reich and the Palestine Question; Ofer, Escaping the Holocaust; Perl, Operation Action, New York 1983; Bernard Wasserstein, Britain and the Jews of Europe. 1939–1945, Oxford, New York 1988; Aaron Zwergbaum, From Internment in Bratislava and Detention in Mauritius to Freedom. The Story of the Czechoslovak Refugees on the Atlantic (1939–1945), in: The Jews

of Czechoslovakia. Historical Studies and Surveys, vol. H, Philadelphia 1971. Siehe auch Gabriele Anderl, »Entweder ihr verschwindet über die Donau oder in der Donau«. Die Flucht österreichischer Juden nach Palästina sowie das »Tagebuch einer Flucht« von Abraham Nemschitz, in: Robert Streibel, Plötzlich waren sie alle weg. Die Juden der »Gauhauptstadt Krems« und ihre Mitbürger, Wien 1991, S. 252–270 bzw. S. 209 ff.; Gabriele Anderl, Fluchtpunkt Mauritius, Artikelserie in der Zeitschrift Profil 28 (1990), S. 26–29, 29 (1990), S. 58–61, 30 (1990), S. 70–73 und 31 (1990), S. 48–51. Als Quelle für dieses Kapitel diente ferner ein nicht namentlich gezeichneter ausführlicher Bericht eines Überlebenden von Storfers großem Transport (Privatarchiv Gabriele Anderl). Zu diesem Transport bzw. zur *Patria*-Katastrophe liegen zahlreiche, zum Teil publizierte Zeitzeugenberichte und neuerdings auch ein Dokumentarfilm vor; siehe etwa: Erich Gershon Steiner, The story of the Patria, New York 1982; Heller, Dr. Seligmanns Auswanderung. Siehe auch Geneviève Pitot, Der Mauritius-Schekel. Geschichte der jüdischen Häftlinge auf der Insel Mauritius 1940–1945, Berlin 2008. (Englische Originalfassung: The Mauritius Shekel. The Story of the Jewish Detainees in Mauritius. 1940–1945, Port Louis/Mauritius 1998). Pitot, geboren und aufgewachsen auf Mauritius, starb 2002 in Bad Homburg.

212 Archiv der IKG Wien, Bestand Jerusalem, A/W 2515.

213 Archiv der IKG Wien, Bestand Jerusalem, A/W 2515, Vertrauliche Aktennotiz Nr. 33, verfasst von Storfer, 25.12.1939.

214 Two vessels Founder in Black Sea, in: The Mercury, 28.12.1939.

215 Archiv der IKG Wien, Bestand Jerusalem, A/W 2515, Aktennotiz als Ergänzung zur Mitteilung Nr. 42, gez. Storfer, 7.2.1940. Die Hlinka-Garde (HG) war eine paramilitärische Vereinigung der Slowakischen Volkspartei (Partei der Slowakischen Nationalen Einheit) Andrej Hlinkas und galt als Sammelbecken der ultranationalistischen, faschistischen und radikal antisemitischen Kräfte in der Slowakei. 1942 beteiligte sich die Garde aktiv an den Deportationen slowakischer Juden (siehe dazu Wikipedia-Eintrag zum Stichwort »Hlinka-Garde«, Stand März 2012).

216 Archiv der IKG Wien, Bestand Jerusalem, A/W 2515, Aktennotiz als Ergänzung zur Mitteilung Nr. 42, gez. Storfer, 7.2.1940.

217 Archiv der IKG Wien, Bestand Jerusalem, A/W 2515, Fortsetzung zur Mitteilung Nr. 42, 4.2.1940.

218 Archiv der IKG Wien, Bestand Jerusalem, A/W 2515, Aktennotiz als Ergänzung zur Mitteilung Nr. 42, gez. Storfer, 7.2.1940.

219 Archiv der IKG Wien, Bestand Jerusalem, A/W 2515, Fortsetzung zur Mitteilung Nr. 42, 4.2.1940.

220 Ebenda.

221 Archiv der IKG Wien, Bestand Jerusalem, A/W 2515, u. a. »Ausschuss für jüdische Überseetransporte«, gez. Storfer, Mitteilung Nr. 42, an die IKG Wien, 3.2.1940, Betreff: Seeschiffe.

222 Ebenda.

223 Archiv der IKG Wien, Bestand Jerusalem, A/W 2515, Storfer an Präsident Troper/Lissabon, Hotel *Metropole*, 10.7.1940.

224 Archiv der IKG Wien, Bestand Jerusalem, A/W 2515, Gedächtnisprotokoll, 4.3.1940.

225 Archiv der IKG Wien, Bestand Jerusalem, A/W 2515, u.a. Storfer (in der Wohnung) an die IKG z.Hdn. des Leiters, Amtsdirektor Dr. Löwenherz, 22.3.1940.

226 Ebenda.

227 Archiv der IKG Wien, Bestand Jerusalem, A/W 2515, Mitteilung Nr. 45, gez. Storfer, an die IKG, 23.3.1940.

228 Archiv der IKG Wien, Bestand Jerusalem, A/W 2515, Mitteilung Nr. 46, gez. Storfer, 31.3.1940.

229 Archiv der IKG Wien, Bestand Jerusalem, A/W 2515, Aktennotiz, 3.4.1940, für die Reichsvereinigung der Juden in Deutschland (Berlin), die Synagogengemeinde in Danzig, die Abteilung für jüdische Überseetransporte (Prag), den »Ausschuss für jüdische Überseetransporte« (Wien) bzw. die IKG Wien, die Emigrationshilfe Mandler & Gross sowie die NZO (Prag).

230 Archiv der IKG Wien, Bestand Jerusalem, A/W 2515, Mitteilung Nr. 47, gez. Storfer, an die IKG, 3.4.1940.

231 Archiv der IKG Wien, Bestand Jerusalem, A/W 2515.

232 Ebenda und Anderl/Manoschek, Gescheiterte Flucht, S. 113 ff.

233 Archiv der IKG Wien, Bestand Jerusalem, A/W 2515, »Ausschuss für jüdische Überseetransporte«, Mitteilung Nr. 52, gez. Storfer, an die Israelitische Kultusgemeinde Wien, 20.4.1940.

234 Ebenda.

235 Archiv der IKG Wien, Bestand Jerusalem, A/W 2515, Mitteilung Nr. 56, gez. Storfer, an die Israelitische Kultusgemeinde Wien, 27.4.1940, Betreff: Unerhörte Pression der Gruppe Averbuch-Kantor.

236 Archiv der IKG Wien, Bestand Jerusalem, A/W 2515.

237 Ebenda.

238 Ebenda.

239 Dies bezieht sich vermutlich auf die Kategorien von legalen Einwanderungszertifikaten für Palästina.

240 Ebenda.

241 Ebenda.

242 Archiv der IKG Wien, Bestand Jerusalem, A/W 2515, Mitteilung Nr. 58 (verfasst von Storfer), 28.4.1940.

243 Ebenda.

244 Zit. in: Archiv der IKG Wien, Bestand Jerusalem, A/W 2515, »Ausschuss für jüdische Überseetransporte«, gez. Storfer, Mitteilung Nr. 68, an die IKG Wien, 4.5.1940, Betreff: Auflösung des Vertrages durch Avgherinos.

245 Archiv der IKG Wien, Bestand Jerusalem, A/W 2515, »Ausschuss für jüdische Überseetransporte«, gez. Storfer, Mitteilung Nr. 81, an die IKG Wien, 22.6.1940.

246 Archiv der IKG Wien, Bestand Jerusalem, A/W 2515, »Ausschuss für jüdische Überseetransporte« (Storfer), Mitteilung Nr. 80, Nachrichten nach meinem heutigen Besuch in der Kultusgemeinde, 19.6.1940.

247 Archiv der IKG Wien, Bestand Jerusalem, A/W 2515, »Ausschuss für jüdische Überseetransporte«, gez. Storfer, an den Amtsdirektor (Löwenherz), 3.6.1940.

248 Archiv der IKG Wien, Bestand Jerusalem, A/W 2515, Der Reichsstatthalter Danzig-Westpreußen, i.V. Bittner/Gotenhafen, an den »Ausschuss für jüdische Überseetransporte«, 3.7.1940.

249 Archiv der IKG Wien, Bestand Jerusalem, A/W 2515, Telegramm von Troper an Synagogengemeinde Danzig für Bittner, zit. in: »Ausschuss für jüdische Überseetransporte«, gez. Storfer, Mitteilung Nr. 84, an die Israelitische Kultusgemeinde Wien, 10.7.1940.

250 Archiv der IKG Wien, Bestand Jerusalem, A/W 2515, Ausschuss für jüdische Sondertransporte/Berlin, gez. Erich Israel Frank und Georg Israel Kopydlowski, an den »Ausschuss für jüdische Überseetransporte«, z.Hdn. Kommerzialrat Storfer, 17.7.1940.

251 Archiv der IKG Wien, Bestand Jerusalem, A/W 2515, Storfer an Präsident Morris Troper/Lissabon, Hotel *Metropole*, 10.7.1940.

252 Ebenda.

253 Ebenda.

254 Archiv der IKG Wien, Bestand Jerusalem, A/W 2515 »Ausschuss für jüdische Überseetransporte«, gez. Storfer, Mitteilung Nr. 90 zur gestrigen Verhandlung in der Kultusgemeinde, an die IKG Wien, 18.7.1940.

255 Archiv der IKG Wien, Bestand Jerusalem, A/W 2515, »Ausschuss für jüdische Überseetransporte«, Rundschreiben Nr. 4, an die Auswanderungs-Fürsorgestellen Wien, Berlin, Prag, Budapest und Danzig, 9.7.1940.

256 Archiv der IKG Wien, Bestand Jerusalem, A/W 2515, »Ausschuss für jüdische Überseetransporte«, gez. Storfer, Mitteilung Nr. 85, an die IKG Wien, 13.7.1940.

257 Archiv der IKG Wien, Bestand Jerusalem, A/W 2515, »Ausschuss für jüdische Überseetransporte«, gez. Storfer, Mitteilung Nr. 86, an die IKG Wien, 13.7.1940.

258 Archiv der IKG Wien, Bestand Jerusalem, A/W 2515, »Ausschuss für jüdische Überseetransporte«, gez. Storfer, Rundschreiben Nr. 87, 14.7.1940.

259 Archiv der IKG Wien, Bestand Jerusalem, A/W 2515, »Ausschuss für jüdische Überseetransporte« (Storfer) an die IKG Wien, 15.7.1940.

260 Heller, Dr. Seligmanns Auswanderung, S. 145.

261 Aus der Erinnerung zit. in ebenda, S. 150 f.

262 Zit. in ebenda, S. 151.

263 Archiv der IKG Wien, Bestand Jerusalem, A/W 2515, Storfer an die Zentralstellen für jüdische Auswanderung Wien und Prag, 18.3.1940, Betreff: DDSG.

264 Niederschrift einer Einvernahme bei der Gestapo vom 23.12.1939, von Storfer als »vertrauliche Aktennotiz« festgehalten, vermutlich für die Zentralstelle.

265 Archiv der IKG Wien, Bestand Jerusalem, A/W 2515, Aktennotiz (verfasst von Storfer), 18.3.1940.

266 Archiv der IKG Wien, Bestand Jerusalem, A/W 2515, Schreiben an die Zentralstellen für jüdische Auswanderung Wien und Prag, 18.3.1940, Betreff: DDSG.

267 Archiv der IKG Wien, Bestand Jerusalem, A/W 2515, Schreiben an den Hechaluz, Prag, 18.3.1940. Es ist nicht klar, ob Storfer das »Mit Zionsgruß!« unterschriebene Schreiben selbst verfasst hat.

268 CAHUP, A/W 2515, »Ausschuss für jüdische Überseetransporte«, Aktennotiz, 31.3.1940.

269 Archiv der IKG Wien, Bestand Jerusalem, A/W 2515, »Ausschuss für jüdische Überseetransporte«, gez. Storfer, Mitteilung Nr. 81, an die Israelitische Kultusgemeinde Wien, 20.6.1940.

270 Archiv der IKG Wien, Bestand Jerusalem, A/W 2515, »Ausschuss für jüdische Überseetransporte«, Mitteilung Nr. 50, 15.4.1940.

271 Archiv der IKG Wien, Bestand Jerusalem, A/W 2515, »Ausschuss für jüdische Überseetransporte«, Mitteilung Nr. 78, 15.6.1940.

272 Archiv der IKG Wien, Bestand Jerusalem, A/W 2515, Storfer/Berlin an die Zentralstelle, 4.7.1940.

273 Archiv der IKG Wien, Bestand Jerusalem, A/W 2515, »Ausschuss für jüdische Überseetransporte«, gez. Storfer, Mitteilung Nr. 83, 8.7.1940.

274 Archiv der IKG Wien Bestand Jerusalem, A/W 2515, Mitteilung Nr. 65, gez. Storfer, 2.5.1940; Storfer an Zentralstellen für jüdische Auswanderung in Wien und Berlin, 18.4.1940, Betreff: DDSG.
In der Mitteilung Nr. 65 findet sich auch eine genaue Aufstellung über die altersmäßige Zusammensetzung der 810 vorgesehenen Transportteilnehmer sowie über deren Berufe.

275 Archiv der IKG Wien Bestand Jerusalem, A/W 2515, u. a. Mitteilung Nr. 91, gez. Storfer, an die IKG, 19.7.1940

276 Archiv der IKG Wien, Bestand Jerusalem, A/W 2515, Protokoll über die Besprechung in Angelegenheit der Übersee-Transporte am 17.6.1940.

277 Archiv der IKG Wien, Bestand Jerusalem, A/W 2515, Storfer an Morris Troper, Juli 1940.

278 Archiv der IKG Wien, Bestand Jerusalem, A/W 2515, Storfer an IKG Wien, 19.7.1940.

279 Archiv der IKG Wien, Bestand Jerusalem, A/W 2515, Storfer, z. Zt. Berlin/Hotel *Bristol*, an die Zentralstelle, 4.7.1940.

280 Archiv der IKG Wien, Bestand Jerusalem, A/W 2515, Schreiben an die »Zentralstelle für jüdische Auswanderung«, 29.7.1940, Betreff: Über die Sicherheit der Leute von der Donaumündung nach dem Mittelmeer.

281 Siehe dazu Götz Aly/Susanne Heim, Vordenker der Vernichtung. Auschwitz und die deutschen Pläne für eine neue europäische Ordnung, Hamburg 1991, S. 488 ff. und 501. Zur Rücksiedlung der Volksdeutschen aus Bessarabien und der nördlichen Bukowina siehe auch Anderl/Manoschek, Gescheiterte Flucht, S. 109 ff.

282 Archiv der IKG Wien, Bestand Jerusalem, A/W 2515, Storfer an die »Zentralstelle für jüdische Auswanderung«.

283 Archiv der IKG Wien, Bestand Jerusalem, A/W 2515, Telegramm aus Bukarest an Storfer, Juli 1940.

284 Archiv der IKG Wien, Bestand Jerusalem, A/W 2515, Rundschreiben Nr. 14, verfasst von Storfer, über die Abfertigung der Schiffe *Atlantik*, *Pazifik* und *Milos* und den bisherigen Verlauf der Weiterreise, 15.10.1940; Schiff *Milos*, Verzeichnis der Lebensmittel etc., die dem Schiff vor der Abreise mitgegeben wurden, o.D. Gemäß den Angaben befanden sich auf der *Milos* 70 Kinder bis 14 Jahre.

285 Archiv der IKG Wien, Bestand Jerusalem, A/W 2515; Zitat nach: Samuel Echt, Die Geschichte der Juden in Danzig, Leer (Ostfriesland) 1972, S. 238; zur Situation in Rumänien siehe Anmerkung 473.

286 Archiv der IKG Wien, Bestand Jerusalem, A/W 2515, »Ausschuss für jüdische Überseetransporte«, gez. Storfer, Mitteilung Nr. 104, an IKG Wien, 17.9.1940; Schreiben Storfer an SS-Sturmbannführer Adolf Eichmann, 17.9.1940.

287 Hinnerk Dreppenstedt, Donaukreuzfahrt. Von Passau bis zum Schwarzen Meer, Trescher-Reihe Reisen, Berlin 2005, S. 389 ff.

288 Archiv der IKG Wien, Bestand Jerusalem, A/W 2515, Rundschreiben Nr. 14, verfasst von Storfer, über die Abfertigung der Schiffe *Atlantik*, *Pazifik* und *Milos* und den bisherigen Verlauf der Weiterreise, 15.10.1940.

289 Ebenda.

290 Ebenda.

291 Ebenda.

292 Archiv der IKG Wien, Bestand Jerusalem, A/W 2515, Erich Frank/Tulcea, an Bord der *Pacific*, an die Reichsvereinigung der Juden in Deutschland/ Berlin-Charlottenburg, 26.9.1940.

293 Archiv der IKG Wien, Bestand Jerusalem, A/W 2515, Telegramm Erich Frank/Tulcea an die jüdischen Stellen in Berlin.

294 Archiv der IKG Wien, Bestand Jerusalem, A/W 2515, Rundschreiben Nr. 14, verfasst von Storfer, über die Abfertigung der Schiffe *Atlantik*, *Pazifik* und *Milos* und den bisherigen Verlauf der Weiterreise, 15.10.1940.

295 Ebenda.

296 Ebenda.

297 Quellen siehe Angaben in Anmerkung 211; Archiv der IKG Wien, Bestand Jerusalem, A/W 2515, Storfer an die IKG Wien, 1.4.1941, Schlussrechnungsbericht; Storfer an die IKG Wien, 1.3.1941, Abrechnungsbericht. – 300.000 RM hatte Storfer für diese an die DDSG bezahlt, rund 55.000 RM für bolivianische Endvisa und slowakische Visa – Scheinvisa, die verwendet wurden, um formal den Auflagen der Transitländer gerecht zu werden. Seitens der großen österreichischen Flüchtlingsgruppe waren 2.122.000 RM an eigenen Beiträgen eingegangen, die Ausgaben für sie betrugen 1.975.000 RM. Über die Abrechnung mit dem Reeder Avgherinos gemäß den Verträgen vom 14. November 1939 und vom 4. März 1940 gab Storfer folgenden Überblick:

Die Wiener Kultusgemeinde hatte im November 1939 5.000 Pfund und später nochmals 13.800 Pfund in Devisen flüssig gemacht. Unter Einrechnung weiterer von der Kultusgemeinde bereitgestellter Devisenbeträge sowie der Einzahlungen von Angehörigen der Auswanderer im Ausland beliefen sich die Gesamtzahlungen an den Reeder auf 26.490 englische Pfund für die Beförderung von 1400 Personen, für Lebensmittel von Tulcea bis zum Endziel, die außervertragliche Beförderung von 103 Personen sowie eine Pauschalvereinbarung für Mehrkosten, Kursverluste und die dadurch entstandenen Differenzen bei den Preisen für Kohle und Personalkosten. Aus diesen Berechnungen ergibt sich, dass sich der Preis für die Beförderung und Verpflegung von 1503 Personen bis zum Endziel auf 17 ½ Pfund pro Kopf belief. Mit Bewilligung der Devisenstelle [der Reichsbank] hatte Storfer von der Wiener jüdischen Gemeinde erhalten: 5.000 Pfund im Gegenwert von 150.000 RM im November 1939 und insgesamt 74.000 Dollar im Gegenwert von 715.000 RM im Jahr 1940. Der Gegenwert war der Kultusgemeinde in Reichsmark rückerstattet worden: 340.000 RM hatte sie direkt von Storfers Büro, 375.000 RM als »Subvention« von der »Zentralstelle für jüdische Auswanderung« erhalten. Dieser Betrag stammte höchstwahrscheinlich aus dem Topf der »Passumlagen«, einer von der »Zentralstelle« eingeführten Steuer, die von den Auswanderern – gestaffelt nach der Höhe ihres jeweiligen Gesamtvermögens – vor Verlassen des Reichsgebietes eingehoben wurde. Das auf diese Weise eingetriebene Geld wurde von der »Zentralstelle« nicht an die Reichsbehörden abgeführt. Die SS argumentierte vielmehr, die Beträge würden zur Förderung der jüdischen Auswanderung herangezogen werden. In Wirklichkeit herrschte jedoch keinerlei Transparenz über die tatsächliche Verwendung dieser Gelder, was der Wiener »Zentralstelle« in späteren Jahren eine heftige Rüge seitens des Reichsrechnungshofes bescherte. Die Kritik blieb allerdings ohne Folgen. Siehe dazu auch Anderl/Rupnow, Die »Zentralstelle für jüdische Auswanderung« als Beraubungsinstitution sowie Anderl, Die »Zentralstellen für jüdische Auswanderung« in Wien, Berlin und Prag.

298 Archiv der IKG Wien, Bestand Jerusalem, A/W 2515, Storfer an die IKG Wien, 1.4.1941, Schlussrechnungsbericht; Storfer an die IKG Wien, 1.3.1941, Abrechnungsbericht.

299 Archiv der IKG Wien, Bestand Jerusalem, A/W 2515, Storfer an die »Zentralstelle für jüdische Auswanderung« in Prag, Februar 1940.

300 Rosenkranz, Verfolgung und Selbstbehauptung, S. 284.

301 Archiv der IKG Wien, Bestand Jerusalem, A/W 2515, »Ausschuss für jüdische Überseetransporte«, gez. Storfer, Mitteilung Nr. 61, 30.4.1940.

302 Archiv der IKG Wien, Bestand Jerusalem, A/W 2515, u.a. Mitteilung Nr. 61, gez. Storfer. – An Bord der *Milos* waren während der Fahrt die Lebensmittel knapp geworden. Zu einer von Storfer genannten Kontaktadresse (Filissia in Piräus) hatte sich keine Verbindung herstellen lassen. Der Flüchtling Ernst (Ernesto) Braun hatte sich daraufhin als »Direktion des Transportes« aus dem Hafen Lavrion (von Bord der *Milos*) am 16.10.1940 hilfesuchend an

das Hilfskomitee für jüdische Flüchtlinge in Athen gewandt, ebenso am 18.10.1940 an den Minister der Handelsmarine in Athen. Aus den Schreiben Brauns wird deutlich, dass dieser offenbar aus Brünn stammte und den Revisionisten bzw. Robert Mandler in Prag nahestand. Er berichtete, man habe dort »traurige Erfahrungen mit Storfer« und der schlechten Organisationsarbeit von dessen Büro gemacht. Nachdem Storfer von der »Zentralstelle für jüdische Auswanderung« zum »einzigen Kommissar« für alle illegalen Transporte ernannt worden sei, seien sämtliche Vorbereitungsarbeiten für Transporte und die laufenden Verhandlungen im Ausland unterbrochen und für alle Dispositionen über Devisen habe Storfers Genehmigung eingeholt werden müssen. Die alten Büros in Prag seien zur Inaktivität verurteilt gewesen.

Auch an den Vorbereitungen für die Reise der drei Schiffe *Milos*, *Pazifik* und *Atlantik* ließ Braun kein gutes Haar. In Tulcea hätten »die widerlichen Verhandlungen« der Reiseleitung mit Storfer begonnen, der nicht für genügende Mengen an Wasser und Lebensmitteln für die Fahrt gesorgt habe. Nachdem die Passagiere in Lavrion die gewünschte Hilfe erhalten hatten, verschickte Braun überschwängliche Dankesbriefe an den Kapitän des Hafens, das Hilfskomitee in Athen sowie den Minister der Handelsmarine.

Storfer zeigte sich über diese Vorgehensweise äußerst erzürnt. In einem Schreiben an Generaldirektor Colonel Morris Troper vom »Joint« (Lissabon, Hotel *Metropole*) vom 25.11.1940 erklärte er, den »Mitreisenden« des Schiffes *Milos*, der sich »zum ›Directeur‹ des Transportes heraufgeschwungen« habe, »wegen seiner Bedeutungslosigkeit zuvor nicht gekannt« zu haben. Wie er (Storfer) erfahren habe, hänge das Athener Komitee »seit jeher mit der extremen und untraitablen Clique Zameres-Averbuch usw. zusammen«. Die Transporte seien »niemals ›gestrandet‹«. Vielmehr hätten die Schiffe durch den Ausbruch des italienisch-griechischen Krieges vorübergehend die Verbindung mit den von Storfer genannten Kontaktpersonen verloren. Die Situation sei jedoch nie so ernst gewesen, um derartige Alarmrufe zu rechtfertigen. Gegenüber dem Athener Hilfskomitee (Comité Secours Refugiés) betonte Storfer am 1.12.1940, dass der Inhaber der Brookerfirma Filissia »ein tüchtiger und seriöser Herr« sei. In einem Rundschreiben (Nr. 18, 9.11.1940) erklärte Storfer, dass Ernst Braun die Ereignisse vollkommen falsch und verleumderisch dargestellt habe. Er sprach von der »Anmaßung des hergesprengten und jedenfalls von keiner maßgebenden Stelle betrauten Braun« und bezeichnete es als unfassbar, dass sich dieser zu einem solchen Pamphlet erkühnt habe. Aus Prag und Brünn habe er (Storfer) erfahren, dass Braun vermutlich »von hetzerischer Seite« den Auftrag mitbekommen habe, ihn (Storfer) anzugreifen. Braun habe offenbar in dem Athener Komitee willkommene Handlanger gefunden. Braun habe ihn u. a. »in frecher Weise«, beschuldigt, das von der *Milos* zur Adaptierung angeforderte Material zu spät geliefert zu haben. »Jedermann weiß, dass ich kein Lieferant bin«, stellte Storfer dazu verärgert fest: »Das ist der Dank für mein aufopferndes Auftreten von 5 Uhr morgens bis Mitternacht (…). Auf die Schluss-Apotheose zu Ehren des Athener Komitees und zur Herabsetzung meiner Person brauche ich nicht zu reflektieren.«

David Jonas, der Vorstand der Synagogengemeinde zu Danzig, betonte in der Auseinandersetzung seine Solidarität mit Storfer: Er habe den Eindruck, »dass in diesem Herrn Braun lediglich ein böswilliger, offenbar von reinem Geltungsbedürfnis getriebener Abenteurer zu erblicken« sei; David Jonas an »Ausschuss für jüdische Überseetransporte«, z. Hdn. Storfer, 19.11.1940, Betreff: Befremden über Polemik eines Gewissen Ernst Braun aus Brünn.

303 Archiv der IKG Wien, Bestand Jerusalem, A/W 2515, Storfer an Josef Löwenherz, 9.11.1940.

304 Archiv der IKG Wien, Bestand Jerusalem, A/W 2515, Mitteilung (von Storfer) an die Amtsdirektion der IKG Wien.

305 Archiv der IKG Wien, Bestand Jerusalem, A/W 2515, Schreiben (Storfers) an die Reichsvereinigung der Juden in Deutschland / Berlin, 15.7.1940.

306 Archiv der IKG Wien, Bestand Jerusalem, A/W 2515, Storfer an Präsident Morris Troper / Lissabon, Hotel *Metropole*, 10.7.1940.

307 Ebenda.

308 Ebenda.

309 Archiv der IKG Wien, Bestand Jerusalem, A/W 2515, Schreiben Storfer an Josef Löwenherz.

310 Archiv der IKG Wien, Bestand Jerusalem, A/W 2515, Bericht über schlecht vorbereitete Transporte, verfasst (von Storfer) in Berlin, an die »geehrte Zentralstelle«, 4.7.1940.

311 Ofer, Escaping the Holocaust, S. 85 ff.

312 Joshua Torczyner, »Mörder« – schrie ich Eichmann an …, Tel Aviv 1975, S. 40 ff.

313 Ebenda, S. 40.

314 Ebenda, S. 40 f.

315 Ebenda, S. 41.

316 Ebenda, S. 43.

317 Ebenda, S. 45 f.

318 Interview Dr. Pierre Genée mit Dr. Benjamin Murmelstein, Rom 1982. Das Interview wurde der Verfasserin von Dr. Genée dankenswerterweise zur Verfügung gestellt. Siehe auch den Artikel Pierre Genée / Gabriele Anderl, »Wer war Benjamin Murmelstein?« Biographische Streiflichter, in: David. Jüdische Kulturzeitschrift, 10. Jg., Nr. 38, September 1998, S. 9–20.

319 Perl, Operation Action, S. 141, 290 ff. und 325.

320 Zum *Sakarya*-Transport siehe Anderl, Emigration und Vertreibung, S. 290 ff.

321 Interview Gabriele Anderl mit Dr. Willy Perl, Wien, Juni 1990. Perl, geboren 1906 in Prag, starb 1998 in den USA.

322 Ehud Avriel, Open the Gates! A Personal Story of »Illegal« Immigration to Israel, New York 1975, S. 72 ff. und 90. Übersetzung der zitierten Passage: Gabriele Anderl. Georg Überall (Ehud Avriel) wurde 1917 geboren und starb 1980.

323 Ebenda, S. 72 ff.

324 Ebenda. Interessant erscheinen die von Dalia Ofer (Escaping the Holocaust, S. 111 ff.) erwähnten beiden persönlichen Treffen Storfers mit dem »Mossad«-Agenten Zvi Yehieli (ursprünglich Schechter) in der Schweiz, von denen in Storfers Korrespondenzen nirgendwo die Rede ist. Das erste dieser Treffen fand am 25. Februar 1940, das zweite am 11. Mai 1940 in Genf statt.

325 Archiv der IKG Wien, Bestand Jerusalem, A/W 2515, Abschrift eines auf dem Kuvert als streng vertraulich bezeichneten Briefes des Ehut Uiberall an Kommerzialrat Storfer, 1.12.1939.

326 Archiv der IKG Wien, Bestand Jerusalem, A/W 2515, »Ausschuss für jüdische Überseetransporte«, gez. Storfer, an die Israelitische Kultusgemeinde Wien, Mitteilung Nr. 66. 3.5.1940, Betreff: Kladovo – 22 Hechaluzleute.

327 Arendt, Eichmann in Jerusalem, S. 94.

328 CZA, S 7/966, Erich Frank aus dem Lager Atlit/Palästina an Pino (vermutlich Pino Ginsburg), 26.1.1941.

329 YVA, 01/227, Bericht von Ephraim Frank: »Vorladung der Repräsentanten der jüdischen Dachorganisationen in Berlin, Wien und Prag vor die Gestapo in Berlin (Eichmann) im März 1940«, erstattet in der Sitzung des »Kreises von Zionisten aus Deutschland« am 2.4.1958 in Tel Aviv, stenographisch aufgenommen von Dr. Ball-Kaduri.

330 Archiv der IKG Wien, Bestand Jerusalem, A/W 2515, Dr. Otto Israel Hirsch, Reichsvereinigung der Juden in Deutschland, Berlin, an Berthold Storfer, 29.11.1940.

331 Archiv der IKG Wien, Bestand Jerusalem, A/W 2515, Franz Lyon, Leiter des Palästina-Amtes in Berlin, an Storfer, 27.11.1940.

332 Archiv der IKG Wien, Bestand Jerusalem, A/W 2515, Jüdische Emigrationshilfe nach Übersee/Prag, an Storfer, 21.11.1940. Auch der Amtsdirektor und Leiter der IKG Wien, Dr. Josef Löwenherz, würdigte nachdrücklich Storfers Leistungen, nachdem er im Frühjahr 1941 Storfers Schlussrechnungsbericht erhalten hatte: »Es gereicht mir zur besonderen Freude, dass Sie seinerzeit über meinen Vorschlag die Leitung des Ausschusses für jüdische Übersee-Transporte übernommen haben. Während der ganzen Zeit hatte ich Gelegenheit, in ernster Arbeit mit Ihnen die großen Schwierigkeiten, die sich der Durchführung der Transporte entgegenstellten, zu überbrücken. Mit überaus großem Eifer, selbstloser Aufopferung und zäher, nie erlahmender Energie konnten Sie alle Schwierigkeiten überwinden und sich Ihrer verantwortungsvollen großen Aufgabe in bewundernswerter Weise entledigen. Es gereicht mir zur aufrichtigen Genugtuung, dass ich in schwierigsten Zeiten, ja in Augenblicken, in welchen schon viele verzagten, Sie in treuer Weggemeinschaft stets begleitete und Sie im Glauben an den Enderfolg immer unterstützte. Niemand kann auch die Größe Ihrer Leistung aus unmittelbarer Wahrnehmung so richtig beurteilen wie ich, der stets über alle Phasen der gehäuften Schwierigkeiten unterrichtet war.« Löwenherz versicherte Storfer nochmals seine persönliche aufrichtige Freundschaft und dankte ihm auch Namen der gesamten jüdischen Gemeinde.

333 WStLA, LG St Wien I, Vr 1605/41, Verfahren gegen Josef Goldner.

334 Zu Schleich siehe Heimo Halbrainer, Josef Schleich – ein »Judenschlepper« an der Grenze zu Jugoslawien 1938–1941, in: Gabriele Anderl / Erwin Köstler (Hrsg.), Exil in Jugoslawien II, Schwerpunktheft der Zeitschrift Zwischenwelt. Literatur – Widerstand – Exil, 27. Jg., Nr. 4, Februar 2011, S. 32–40.

335 LG St Wien I, Vr 1605/41, Verfahren gegen Josef Goldner; WStLA, Historische Meldeunterlagen, Berthold Storfer.

336 WStLA, LG St Wien I, Vr 1605/41, Verfahren gegen Josef Goldner.

337 WStLA, LG St Wien I, Vr 1605/41, Verfahren gegen Josef Goldner, Vermerk, gez. ZS Grünhardt, 20.6.1941, 19 St 10611/41.

338 LG St Wien I, Vr 1605/41, Verfahren gegen Josef Goldner, Zollfahndungsstelle Wien, Zl. 1380/41, Personalbogen Josef Goldner, gez. Josef Goldner und Knoll, 20.6.1941. Es wurde auch festgehalten, dass Goldner 1914 bis 1918 am Ersten Weltkrieg teilgenommen hatte.

339 LG St Wien I, Vr 1605/41, Verfahren gegen Josef Goldner, Protokoll der Verhandlung im Verfahren gegen Josef Goldner, Wien, 20.6.1941, Verhandlungsleiter: Grünhardt.

340 Ebenda, Bl. 61.

341 Ebenda, Bl. 67.

342 Ebenda, Fortsetzung der Verhandlung am 24.6.1941; Zollfahndungsstelle Wien, Vernehmung von Samuel Storfer, Verhandlungsleiter: ZS Grünhardt, 20.6.1941.

343 LG St Wien I, Vr 1605/41, Verfahren gegen Josef Goldner, Vernehmung von Heinrich Storfer vor der Zollfahndungsstelle Wien, Verhandlungsleiter ZS Grünhardt, 1.7.1941.

344 LG St Wien I, Vr 1605/41, Verfahren gegen Josef Goldner, Hauptverhandlung, 10.12.1941.

345 LG St Wien I, Vr 1605/41, Verfahren gegen Josef Goldner, Urteil 10.12.1941.

346 Gutman u. a. (Hrsg.), Enzyklopädie des Holocaust. Die Verfolgung und Ermordung der europäischen Juden, München, Zürich 1998, Bd. I, S. 309 f.

347 Ingo Loose, Kredite für NS-Verbrechen: die deutschen Kreditinstitute in Polen und die Ausraubung der polnischen und jüdischen Bevölkerung 1939–1945, München 2007, S. 39 f.

348 Echt, Die Geschichte der Juden in Danzig, S. 190. Rudolph Bittner wird von Echt falsch Büttner geschrieben.

349 Ebenda, S. 223.

350 Erwin Lichtenstein, Die Juden der Freien Stadt Danzig unter der Herrschaft des Nationalsozialismus, Tübingen 1973, S. 124.

351 Zit. nach ebenda, S. 125.

352 David Jonas an Dr. Lichtenstein, zit. nach ebenda, S. 125 ff. Der Brief wurde durch ein früheres Gemeindemitglied aus Kopenhagen nach Palästina gesandt.

353 Zit. nach ebenda. S. 128.

354 Ebenda, S. 128 f. Bei Lichtenstein findet sich noch die lange Zeit verbreitete Annahme, alle Teilnehmer des »Kladovo-Transportes«, denen nicht im letzten Moment vor dem deutschen Überfall auf Jugoslawien die Flucht

gelungen war, seien erschossen worden. In Wirklichkeit galt das nur für die Männer. Die Frauen und Kinder wurden ein halbes Jahr später, im Frühjahr 1942, in Gaswagen des SD in Belgrad ermordet. Einem der Danziger Überlebenden des Transportes, Ing. Israel Herszman, gelang sieben Tage vor dem deutschen Überfall die Flucht. Er gelangte über Dalmatien nach Italien, wo er zweieinhalb Jahre lang interniert wurde. 1944 flüchtete er weiter nach Bellinzona (Schweiz), wo er erneut interniert wurde. Erst im September 1945 erreichte er Palästina.

355 Robert Sander, selbst jüdisch, war ursprünglich Sportredakteur einer Danziger Zeitung gewesen. Er schrieb den Bericht in der Absicht, seine Tätigkeit im Auswanderungsausschuss zu rechtfertigen und zu zeigen, dass er den Juden im Rahmen seiner Möglichkeiten geholfen habe (siehe dazu Lichtenstein, S. 130).

356 Lichtenstein, Die Juden der Freien Stadt Danzig, S. 131.

357 Ebenda, S. 132.

358 Zit. nach ebenda.

359 Bei Lichtenstein (S. 134) findet sich der Wortlaut einer entsprechenden Aktennotiz betreffend Manie und Margit Genzer sowie Ella Rosenthal.

360 Lichtenstein, Die Juden der Freien Stadt Danzig, S. 135. Als Mitglieder der »Transportleitung« nennt Lichtenstein den Rabbiner Dr. Bieler, Alfred Hirsch, Erich Ruschkewitz, Benno Förster und E. Lewinsohn.

361 Aus dem Tagebuch von Berthold Wartski, zit. nach ebenda, S. 135 f.

362 Ebenda, S. 136. Der SS-Mann Franz Abromeit (*1907 in Tilsit) war Mitarbeiter des Eichmann-Referats im Reichssicherheitshauptamt in Berlin. 1939 bis 1941 war er Leiter des SD-Sonderreferats für die Evakuierung (also Zwangsaussiedlung) von Polen und Juden aus Danzig-Westpreußen. Später war er an den Judendeportationen aus Kroatien und Ungarn beteiligt. 1945 gelang ihm die Flucht, wobei er in Ägypten vermutet wurde. 1964 wurde er, weil unauffindbar, für tot erklärt (siehe Wikipedia-Eintrag zu Franz Abromeit, Stand März 2012).

363 Bericht von Erwin Czarlinski (1960), zit. nach: Echt, Die Geschichte der Juden in Danzig, S. 237 f.

364 Zit. nach Lichtenstein, Die Juden der Freien Stadt Danzig, S. 137.

365 Er führte die Mitgliedsnummer 1.528.776. Schötz gehörte auch der DAF, dem RKB, dem BLS und der NSV an.

366 WStLA, »Gauakten« (Personalakten des Gaues Wien), Zl. 55.007 (Franz Xaver Schötz).

367 Archiv der IKG Wien, Bestand Jerusalem, A/W 2515, Storfer an die »Zentralstelle für jüdische Auswanderung« in Prag.

368 Archiv der IKG Wien, Bestand Wien, A/VIE/IKG/II/AUS/7/3.

369 Gesetzblatt für das Land Österreich, 160/39.

370 RGBl. I S. 539.

371 Gesetzblatt für das Land Österreich, 53/38.

372 Archiv der IKG Wien, Bestand Wien, A/VIE/IKG/II/AUS/7/3, Der Polizeipräsident/Preisüberwachungsstelle an die Firma Erste Donau-Dampfschifffahrtsgesellschaft, Wien, Strafbescheid, 12.3.1942.

373 Ebenda.

374 Archiv der IKG Wien, Bestand Wien, A/VIE/IKG/II/AUS/7/3, Storfer an die »Zentralstelle für jüdische Auswanderung« Prag/Stresovice, 9.5.1942; Storfer an die »Zentralstelle für jüdische Auswanderung« Wien, 22.4.1942.

375 Archiv der IKG Wien, Bestand Wien, A/VIE/IKG/II/AUS/7/4, Storfer an die »Zentralstelle für jüdische Auswanderung« Wien, 13.3.1942.

376 Ebenda.

377 Archiv der IKG Wien, Bestand Wien, A/VIE/IKG/II/AUS/8/1, Storfer an die »Zentralstelle für jüdische Auswanderung« Prag, 9.5.1942, Betreff: DDSG.

378 Ebenda.

379 Archiv der IKG Wien, Bestand Wien, A/VIE/IKG/II/AUS/8/1, Kleppner/Wien, Marc Aurelstraße 5, an David Jonas/Danzig, 26.5.1942.

380 Archiv der IKG Wien, Bestand Wien, A/VIE/IKG/II/AUS/8/1, David Jonas/Danzig an Kleppner/Wien, 25.5.1942.

381 Archiv der IKG Wien, Bestand Wien, A/VIE/IKG/II/AUS/8/1, David Jonas/Danzig an Storfer, 11.7.1942.

382 Archiv der IKG Wien, Bestand Wien, A/VIE/IKG/II/AUS/8/1, Storfer an David Jonas/Danzig, 11.7.1942.

383 Ebenda.

384 Archiv der IKG Wien, Bestand Wien, A/VIE/IKG/II/AUS/8/1, David Jonas/Danzig an Storfer, 24.7.1942.

385 Archiv der IGK Wien, Bestand Wien, A/VIE/IKG/II/AUS/8/1, Storfer an David Jonas/Danzig, 25.7.1942.

386 Archiv der IKG Wien, Bestand Wien, A/VIE/IKG/II/AUS/8/1, David Jonas/Danzig an Storfer, 27.8.1942.

387 Archiv der IKG Wien, Bestand Wien, A/VIE/IKG/II/AUS/8/1, David Jonas/Danzig an Storfer, 8.9.1942.

388 Archiv der IKG Wien, Bestand Wien, A/VIE/IKG/II/AUS/8/1, David Jonas/Danzig an Storfer, 20.9.1942.

389 Archiv der IGK Wien, Bestand Wien, A/VIE/IKG/II/AUS/8/1.

390 Ebenda.

391 Archiv der IKG Wien, Bestand Wien, A/VIE/IKG/II/AUS/8/1, Storfer an David Jonas/Danzig, 28.12.1942.

392 Archiv der IKG Wien, Bestand Wien, A/VIE/IKG/II/AUS/8/1, David Jonas/Danzig an Storfer, 23.12.1942.

393 Archiv der IKG Wien, Bestand Wien, A/VIE/IKG/II/AUS/8/1, Storfer an David Jonas, Danzig, 27.8.1942.

394 Ebenda.

395 Ebenda.

396 Archiv der IKG Wien, Bestand Wien, A/VIE/IKG/II/AUS/8/1. Er bewahre keine Kopien seiner eigenen Briefe und auch nicht alle von Storfer verfassten Schreiben auf, erläuterte Jonas.

397 Archiv der IKG Wien, Bestand Wien, A/VIE/IKG/II/AUS/8/1, David Jonas/Danzig an Storfer, 9.10.1942.

398 Archiv der IKG Wien, Bestand Wien, A / VIE / IKG / II / AUS / 8 / 1.

399 Archiv der IKG Wien, Bestand Wien, A / VIE / IKG / II / AUS / 8 / 1, Storfer an David Jonas / Danzig, 9.12.1942. Alfred Kleppner (*9.12.1903) wurde dennoch später deportiert, und zwar am 11. November 1943, also etwa zur selben Zeit wie Berthold Storfer, allerdings nicht direkt nach Auschwitz, sondern zunächst nach Theresienstadt. Von dort aus wurde er am 19. Oktober 1944 nach Auschwitz überstellt (DÖW, Namentliche Erfassung der österreichischen Holocaustopfer, Alfred Kleppner).

400 Archiv der IKG Wien, Bestand Wien, A / VIE / IKG / II / AUS / 8 / 1, David Jonas / Danzig an Storfer, 23.12.1942.

401 Archiv der IKG Wien, Bestand Wien, A / VIE / IKG / II / AUS / 8 / 1, David Jonas / Danzig an Storfer, 1.3.1943.

402 Archiv der IKG Wien, Bestand Wien, A / VIE / IKG / II / AUS / 8 / 1, David Jonas / Danzig an Storfer, 22.4.1943.

403 Archiv der IKG Wien, Bestand Wien, A / VIE / IKG / II / AUS / 7 / 4, Storfer / Hotel *Bristol*, Berlin, an die »Zentralstelle für jüdische Auswanderung« Berlin, 5.12.1940, Betreff: Dampfer *Rositta*.

404 Archiv der IKG Wien, Bestand Wien, A / VIE / IKG / II / AUS / 7 / 4, Storfer an Panait Avgherinos / Galatz, 14.12.1940.

405 Archiv der IKG Wien, Bestand Wien, A / VIE / IKG / II / AUS / 7 / 4, Constantin Avgherinos / Athen an Storfer / »Ausschuss für jüdische Überseetransporte«, 28.1.1941.

406 Ebenda.

407 Ebenda.

408 Archiv der IKG Wien, Bestand Wien, A / VIE / IKG / II / AUS / 7 / 4, Constantin Avgherinos / Athen an Josef Goldner / Bukarest, 15.1.1940 (Tippfehler, richtig: 1941!).

409 Archiv der IKG Wien, Bestand Wien, A / VIE / IKG / II / AUS / 7 / 4, Notariell beglaubigte Vollmacht für Rechtsanwalt Dr. Reinhold Melas / Wien, erteilt von Camilla Avgherinos / Athen, 20.2.1941.

410 Archiv der IKG Wien, Bestand Wien, A / VIE / IKG / II / AUS / 7 / 4, Dr. Reinhold Melas / Wien an Kommerzialrat B. Storfer, 17.2.1942.

411 Archiv der IKG Wien, Bestand Wien, A / VIE / IKG / II / AUS / 7 / 4, Richard Jaksch / Budapest an Übersee Wien, 10.3.1941.

412 Archiv der IKG Wien, Bestand Wien, A / VIE / IKG / II / AUS / 7 / 4, Telegramm-Abschrift, Constantin Avgherinos an Richard Jacksch (Jaksch), o. D.

413 Storfer verwies auf seine Berichte und Verträge vom 4.3.1940 in Prag, vom 29.4. in Berlin, vom 23. und 25.5.1940 in Prag und Berlin sowie ferner vom 3.8. und vom 1.9.1940 in Prag und Berlin.

414 Archiv der IKG Wien, Bestand Wien, A / VIE / IKG / II / AUS / 7 / 4, Storfer / z. Zt. Berlin, Hotel *Bristol*, an die »Zentralstelle für jüdische Auswanderung« Berlin, z. Hdn. des Herrn SS-Sturmbannführers [kein Name genannt], 6.1.1941.

415 Ebenda.

416 Ebenda.

417 Archiv der IKG Wien, Bestand Wien, A/VIE/IKG/II/AUS/7/4, Storfer an die »Zentralstelle für jüdische Auswanderung« in Prag, 12.1.1941.

418 Ebenda.

419 Ebenda.

420 Archiv der IKG Wien, Bestand Wien, A/VIE/IKG/II/AUS/7/4, von Storfer verfasste Aktennotiz über seine Vorsprache bei SS-Hauptsturmführer Günther, 14.1.1941.

421 NZO = »Neue Zionistische Organisation«.

422 Archiv der IKG Wien, Bestand Wien, A/VIE/IKG/II/AUS/7/4, Storfer an die »Zentralstelle für jüdische Auswanderung« in Prag, 12.1.1941.

423 Ebenda.

424 Ebenda.

425 Rosenkranz, Verfolgung und Selbstbehauptung, S. 225.

426 Archiv der IKG Wien, Bestand Wien, A/VIE/IKG/II/AUS/7/4, u.a. Constantin Lekas, c/o A. Grigorescu/Braila, an Josef Goldner, 16., 17., 18. und 19.7.1941, Betreff: S/S *Rositta*.

427 Archiv der IKG Wien, Bestand Wien, A/VIE/IKG/II/AUS/7/4, Archimede Lychiardopol, Aprovizionator de Vapoare/Galatz an »Übersee« Wien, 10.8.1941.

428 Ebenda; Constantin Lekas an Bord der *Rositta*/Braila an B. Storfer, c/o »Übersee«, 4.9.1941.

429 Archiv der IKG Wien, Bestand Wien, A/VIE/IKG/II/AUS/7/4, Storfer an Richard Jaksch Gyula/Budapest, 14.8.1941.

430 Archiv der IKG Wien, Bestand Wien, A/VIE/IKG/II/AUS/7/4, The Balkans & Near East Shipping Agency S. A., gez. R. Philippenopolos, Director, General Manager/Piräus an den »Ausschuss für jüdische Überseetransporte«, 15.8.1941. Zum Schiff *Liesl (Lisl)* siehe Anderl, Emigration und Vertreibung, S. 282 ff.

431 Archiv der IKG Wien, Bestand Wien, A/VIE/IKG/II/AUS/7/4, Vollmacht von Julius Richard Jacksch (Jaksch), Prokurist, an Josef Storfer, 13.8.1941.

432 Archiv der IKG Wien, Bestand Wien, A/VIE/IKG/II/AUS/7/4, Storfer, Information in Angelegenheit des Schiffes *Rositta*, welches derzeit in Braila steht, o. D.

433 Archiv der IKG Wien, Bestand Wien, A/VIE/IKG/II/AUS/7/4, Storfer, Kurzgefasste Darstellung über die Rechtslage betreffend das Schiff *Rositta*, 28.2.1942.

434 Ebenda.

435 Ebenda.

436 Ebenda.

437 Archiv der IKG Wien, Bestand Wien, A/VIE/IKG/II/AUS/7/4, The Balkans & Near East Shipping Agency S. A., Shipping – Chartering – Insurance – Bunkering, an den »Ausschuss für jüdische Überseetransporte«/Wien, 25.11.1941.

438 Archiv der IKG Wien, A / VIE / IKG / II / AUS / 7 / 4, Postkarte von C. Lekas von Bord der *Rositta* / Braila an Storfer, c/o »Übersee«, 22.8.1941 (Luftpost).

439 Archiv der IKG Wien, Bestand Wien, A / VIE / IKG / II / AUS / 7 / 4, Bericht von Storfer an SS-Obersturmbannführer Eichmann / z. Zt. Wien, 15.12.1941, Betreff: Dampfer *Rositta*.

440 Ebenda.

441 Archiv der IKG Wien, Bestand Wien, A / VIE / IKG / II / AUS / 7 / 4, Bericht von Storfer an SS-Obersturmbannführer Eichmann / Berlin, 3.1.1942, Betreff: Dampfer *Rositta*.

442 Archiv der IKG Wien, Bestand Wien, A / VIE / IKG / II / AUS / 7 / 4, Kurzgefasste Darstellung über die Rechtslage betreffend das Schiff *Rositta*, verfasst von Storfer, 28.2.1942.

443 Ebenda.

444 Archiv der IKG Wien, Bestand Wien, A / VIE / IKG / II / AUS / 7 / 4, Storfer an das Königlich Ungarische Generalkonsulat Wien, 12.1.1942.

445 Archiv der IKG Wien, Bestand Wien, A / VIE / IKG / II / AUS / 7 / 4.

446 Archiv der IKG Wien, Bestand Wien, A / VIE / IKG / II / AUS / 7 / 4, Admiral Schwarzes Meer, B. Nr. G 5193 A III, Unterschrift unleserlich, an Storfer, nachrichtlich an das Marinegruppenkommando Süd-Seetransport Sofia, 22.1.1942 und 17.4.1942, Betreff: Dampfer *Rositta*. Schreiben Storfers an die Marinestelle wurden per Feldpost weitergeleitet.

447 Archiv der IKG Wien, Bestand Wien, A / VIE / IKG / II / AUS / 7 / 4, Storfer an Admiral Schwarzes Meer, Deutsche Marinestelle / Bukarest, 8.5.1942, Betreff: Schiff *Rositta*.

448 Archiv der IKG Wien, Bestand Wien, A / VIE / IKG / II / AUS / 7 / 4, Constantin Lekas. c/o A. S. Grigorescu / Braila, an Storfer, 7.2.1942, Übersetzung aus dem Französischen.

449 Archiv der IKG Wien, Bestand Wien, A / VIE / IKG / II / AUS / 7 / 4, Storfer an Constantin Lekas, c/o A. S. Grigorescu / Braila, 19.2.1942.

450 Archiv der IKG Wien, Bestand Wien, A / VIE / IKG / II / AUS / 7 / 4, Storfer an C. Lekas, c/o Grigorescu / Braila, 17.2.1943.

451 Ebenda.

452 Archiv der IKG Wien, Bestand Wien, A / VIE / IKG / II / AUS / 7 / 4, div. Schreiben Lekas an Storfer.

453 Archiv der IKG Wien, Bestand Wien, A / VIE / IKG / II / AUS / 7 / 4, C. Lekas, c/o Anastase Grigorescu / Braila, an den »Ausschuss für jüdische Überseetransporte«, 27.5.1942.

454 Archiv der IKG Wien, Bestand Wien, A / VIE / IKG / II / AUS / 7 / 4, The Balkans & Near East Shipping Agency S. A., Shipping – Chartering – Insurance – Bunkering, gez. Ph. Philippenopolos an den »Ausschuss für jüdische Überseetransporte«, 25.11.1941.

455 Archiv der IKG Wien, Bestand Wien, A / VIE / IKG / II / AUS / 7 / 4, The Balkans & Near East Shipping Agency S. A. an den »Ausschuss für jüdische Überseetransporte«, 28.3.1942.

456 Archiv der IKG Wien, Bestand Wien, A / VIE / IKG / II / AUS / 7 / 4, The Balkans & Near East Shipping Agency S. A., an den »Ausschuss für jüdische Überseetransporte« / Wien, 25.11.1941.

457 Archiv der IKG Wien, Bestand Wien, A / VIE / IKG / II / AUS / 7 / 4, Bericht über die Werteinschätzung des Seedampfers *Rositta*, vom Sachverständigen Ing. Ernst Bader / Galatz, Juli 1942.

458 Archiv der IKG Wien, Bestand Wien, A / VIE / IKG / II / AUS / 7 / 4, Admiral Schwarzes Meer an Ing. Ernst Bader / Braila, nachrichtlich Marine Gruppenkommando Süd-Seetr. / Sofia, 20.8.1942 Betreff: Schiff *Rositta*, Gutachten Baders.

459 Archiv der IKG Wien, Bestand Wien, A / VIE / IKG / II / AUS / 7 / 4, Storfer an Josef Storfer / Bukarest, 4.10.1942.

460 Archiv der IKG Wien, Bestand Wien, A / VIE / IKG / II / AUS / 7 / 4, Josef Storfer / Bukarest an »Ausschuss für jüdische Überseetransporte«, 25.9.1942, Betreff: *Rositta*.

461 Archiv der IKG Wien, Bestand Wien, A / VIE / IKG / II / AUS / 7 / 4, Ing. Ernst Bader / Braila an die Deutsche Marine Mission, Admiral Schwarzes Meer, z. Hdn. Intendanturrat Zschätsch / Bukarest, 20.10.1942, Betreff: Schiff *Rositta*.

462 Archiv der IKG Wien, Bestand Wien, A / VIE / IKG / II / AUS / 7 / 4, Storfer an Ing. Ernst Bader / Braila, 13.3.1943.

463 Clemens Jabloner u. a., Schlussbericht der Historikerkommission der Republik Österreich. Vermögensentzug während der NS-Zeit sowie Rückstellungen und Entschädigungen seit 1945 in Österreich. Zusammenfassungen und Einschätzungen. Veröffentlichungen der Österreichischen Historikerkommission, Bd. 1, Wien, München 2003, S. 116 ff.

464 Siehe dazu Gabriele Anderl, Orte der Täter. Der NS-Terror in den »arisierten« Wiener Rothschild-Palais, Bd. 15 der Schriftenreihe des Instituts zur Erforschung der Geschichte der Gewerkschaften und der Arbeiterkammern, Wien 2005.

465 Joseph Walk (Hrsg.), Das Sonderrecht für die Juden im NS-Staat. Eine Sammlung der gesetzlichen Maßnahmen und Richtlinien – Inhalt und Bedeutung, Heidelberg 1996, S. 385.

466 Archiv der IKG Wien, Bestand Wien, A / VIE / IKG / I–II / DIV / 1 / 3, Antrag Nr. 1781, von Berthold Israel Storfer, 23.7.1943.

467 Unter den Flüchtlingen dieses Transportes hatte sich auch eine größere Gruppe von Juden aus Gailingen befunden. Zur Geschichte des *Aghia Zioni*-Transportes siehe Anderl, Flucht und Vertreibung, S. 279 ff.

468 Die Schreiben von Ernst Fink finden sich im Archiv der IKG Wien, Bestand Wien, unter der Signatur A / VIE / IKG / I–II / DIV / 1 / 4; zu Fink bzw. Bornstein-Fink siehe auch Archiv für Zeitgeschichte der Eidgenössischen Technischen Hochschule (ETH) Zürich, Nachlässe und Einzelbestände, Teilnachlass Gusty Bornstein-Fink. Hermann Bornstein wurde 1907 geboren und starb im Jahr 2000; Gusty Bornstein-Fink wurde 1905 geboren.

469 Archiv der IKG Wien, Bestand Wien, A/VIE/IKG/I–II/DIV/1/4, div. Schreiben von Ernst Fink/Zürich an Storfer; Schreiben aus Bukarest an Berthold Storfer, 12.6.1943. Der Name des Verfassers oder der Verfasserin ist nicht eindeutig entzifferbar, eventuell Sari.

470 Archiv der IKG Wien, Bestand Wien, A/VIE/IKG/I–II/DIV/1/4, Schreiben aus Bukarest an Berthold Storfer, 5.7.1943, Unterschrift unleserlich.

471 Archiv der IKG Wien, Bestand Wien, A/VIE/IKG/I–II/DIV/1/4, Schreiben aus Bukarest an Berthold Storfer, 13.7.1943. Der Vorname der Verfasserin ist Josefine, der Nachname nicht eindeutig entzifferbar, vermutlich aber Storfer.

472 Wikipedia, Stichwort »Sadhora«, Stand März 2012.

473 Archiv der IKG Wien, Bestand Wien, A/VIE/IKG/I–II/DIV/1/4, Schreiben aus Bukarest an Berthold Storfer, 24.7.1943. Seit Ende der 1920er Jahre hatte die »Eiserne Garde«, eine rechtsextreme, antisemitische Organisation, zunehmend Einfluss auf das politische Leben Rumäniens gewonnen und war zu einer Massenbewegung angewachsen. Ende 1937 war der Antisemitismus offen zur Staatspolitik erklärt worden. Im Februar 1938 wurde unter Carol II. eine Königsdiktatur errichtet, und Rumänien geriet in zunehmende wirtschaftliche und politische Abhängigkeit vom Dritten Reich. 1940 wurde das Land infolge des Hitler-Stalin-Paktes durch ein Ultimatum zur Abtretung Bessarabiens und der Nordbukowina an die Sowjetunion gezwungen, es verlor Nord- und Ostsiebenbürgen an Ungarn und die südliche Dobrudscha an Bulgarien. Die Gebietsabtretungen führten Anfang September 1940 zum Sturz der Regierung, zur Abdankung des Königs und zur Einsetzung General Ion Antonescus als »Staatsführer« in einer zunächst von der »Eisernen Garde« beherrschten Regierung. Seit Oktober 1940 waren deutsche Truppen in Rumänien stationiert, das dem Dreimächtepakt zwischen Deutschland, Italien und Japan beigetreten war. Im Januar 1941 kam es zu einem Putschversuch der »Eisernen Garde« und einem antijüdischen Pogrom. Antonescu setzte sich gegen die »Eiserne Garde« durch, doch änderte dies nichts am antijüdischen Kurs des Staates. Am 21. Juni 1941, einen Tag vor dem deutschen Überfall auf die Sowjetunion und dem damit verbundenen Kriegseintritt Rumäniens auf deutscher Seite, verfügte Antonescu, dass alle Juden aus ländlichen Regionen in die Städte zu deportieren seien. Innerhalb weniger Wochen eroberten rumänische Truppen die ein Jahr zuvor an die Sowjetunion verlorenen Gebiete Nordbukowina und Bessarabien zurück. Fast alle Juden aus diesen Gebieten, aber auch aus der Südbukowina wurden in eigens dafür eingerichtete Lager in Transnistrien deportiert. Ein großer Teil von ihnen starb an Krankheiten und Hunger oder wurde Opfer von Massenerschießungen. Die Juden aus den übrigen Landesteilen wurden in der Regel jedoch nicht deportiert. Die geplante Deportation der in den rumänischen Städten konzentrierten Juden nach Transnistrien unterblieb weitgehend. Antonescus bereits prinzipiell gegebene Zusage, die Juden Rumäniens an Deutschland auszuliefern, wurde nicht umgesetzt; Wikipedia-

Eintrag zur Geschichte der Juden in Rumänien, abgerufen im Februar 2012; Israel Gutman u. a. (Hrsg.), Enzyklopädie des Holocaust, Bd. III, S. 1249 ff.

474 Archiv der IKG Wien, Bestand Wien, A/VIE/IKG/I–II/DIV/1/4.

475 Zum jüdischen Ghetto Theresienstadt siehe u. a. www.ghetto-theresienstadt. info – Ein Nachschlagewerk; H. G. Adler, Theresienstadt 1941–1945. Das Antlitz einer Zwangsgemeinschaft, Göttingen 2005, sowie Gutman u. a. (Hrsg.), Enzyklopädie des Holocaust, Bd. III, S. 1403 ff. Die Kommandanten waren, in chronologischer Reihenfolge, Siegfried Seidl, Anton Burger und Karl Rahm. Siehe dazu Gabriele Anderl, Die Kommandanten des jüdischen Ghettos in Theresienstadt – ein Werkstattbericht, in: Österreichische Zeitschrift für Geschichtswissenschaften, Nr. 4/1992, S. 563–577; dies., Die Lagerkommandanten des jüdischen Ghettos Theresienstadt, in: Miroslav Kárny/Vojtech Blodig/Margita Kárná, Theresienstadt in der »Endlösung der Judenfrage«, Prag 1992, S. 213–222; dies., Die »Zentralstelle für jüdische Auswanderung« in Wien und die Lagerkommandanten des Ghettos Theresienstadt, in: Institut Theresienstädter Initiative/Dokumentationsarchiv des österreichischen Widerstandes (Hrsg.), Theresienstädter Gedenkbuch. Österreichische Jüdinnen und Juden in Theresienstadt 1942–1945, Prag 2005, S. 157–180.

476 Zum Postverkehr mit Theresienstadt siehe Archiv der IKG Wien, Bestand Wien, A/VIE/IKG/II/DIV/2/2, Reichsvereinigung der Juden in Deutschland/Berlin: Anweisungen betr. den Postverkehr mit Einwohnern von Theresienstadt, o. D. Der Schriftverkehr Storfers mit Häftlingen in Theresienstadt findet sich im Archiv der IKG Wien, Bestand Wien, unter den Signaturen A/VIE/IKG/II/DIV/2/2 sowie A/VIE/IKG/I–II/DIV/1/3 und A/VIE/IKG/I–II/DIV/1/4.

477 Zit. in: www.ghetto-theresienstadt.info – Ein Nachschlagewerk, Stichwort: Dr. František Weidmann. H. G. Adler, ehemaliger Häftling und der wichtigste Chronist des Lagers, beurteilte ihn später als »rückgratlosen Schwächling«. Biographische Angaben zu verschiedenen prominenten Häftlingen finden sich auch bei Martin Niklas, »… die schönste Stadt der Welt«. Österreichische Jüdinnen und Juden in Theresienstadt, Wien 2009.

478 Robert Mandlers Rolle, vor allem im Rahmen der Lagerselbstverwaltung in Theresienstadt, wurde von vielen Mithäftlingen kritisch beurteilt. So schreibt H. G. Adler über »Sicherheitsformationen unter dem Kommando des berüchtigten Mandler (…), der sich auch diesmal [in Theresienstadt], wie früher bei den Verschickungen aus dem ›Protektorat‹ [Böhmen und Mähren] unrühmlich« ausgezeichnet habe. »Seine Leute waren an hohen weißen Papierturbanen kenntlich, in denen sie, komisch genug, wie Köche aussahen.« An anderer Stelle bezeichnet H. G. Adler Mandler, der zu den »Prominenten« des Lagers zählte, als »Henkershelfer der SS«. (H. G. Adler, Theresienstadt, S. 160, 311).

479 Zit. in: www.ghetto-theresienstadt.info – Ein Nachschlagewerk, Stichwort »Robert Mandler«.

480 Zit. ebenda.

481 Zu Benjamin Murmelstein siehe ebenda; Rabinovici, Instanzen der Ohnmacht, passim; Archiv der IKG Wien, Bestand Wien, A/VIE/IKG/I–II/DIV/1/3, Korrespondenzen verschiedener jüdischer Funktionäre in Theresienstadt mit Storfer, u. a. Robert Stricker/Theresienstadt, Mitglied des Ältestenrates, an Storfer, 10.7.1943. Die Karte trägt den Stempel »Rückantwort nur über die Reichsvereinigung der Juden in Deutschland, Berlin-Charlottenburg«.

482 Archiv der IKG Wien, Bestand Wien, A/VIE/IKG/I–II/DIV/1/3, Friedrich (Fritz) Storfer/Theresienstadt an Storfer, 30.6.1943.

483 DÖW, Namentliche Erfassung der österreichischen Holocaustopfer, Adele Storfer.

484 Gutman u. a. (Hrsg.), Enzyklopädie des Holocaust, Bd. III, S. 1406 f. Zu den biographischen Angaben vgl. Anmerkung 477; siehe auch DÖW, Namentliche Erfassung der österreichischen Holocaustopfer.

485 Archiv der IKG Wien, Bestand Wien, A/VIE/IKG/I–II/DIV/1/3, Storfer an den Ältestenrat Theresienstadt, Post Bauschowitz, 10.3.1943; DÖW, Namentliche Erfassung der österreichischen Holocaustopfer, Helene Praus (*28.3.1872 in Belgrad).

486 Archiv der IKG Wien, Bestand Wien, A/VIE/IKG/I–II/DIV/1/3, J. Davidovici an Storfer, 17.5.1943.

487 DÖW, Namentliche Erfassung der österreichischen Holocaustopfer, Sofie Davidovici (*28.2.1882).

488 Archiv der IKG Wien, Bestand Wien, A/VIE/IKG/I–II/DIV/1/3, Storfer an Oscar Laufer/Bukarest, 26.5.1943.

489 Archiv der IKG Wien, Bestand Wien, A/VIE/IKG/I–II/DIV/1/3, Dr. Arthur Heller/Bukarest an Storfer, 18.5.1943.

490 Archiv der IKG Wien, Bestand Wien, A/VIE/IKG/I–II/DIV/1/3, Storfer an Dr. Arthur Heller/Bukarest, 26.5.1943.

491 Archiv der IKG Wien, Bestand Wien, A/VIE/IKG/I–II/DIV/1/3, Bernhard Groag/Bukarest an Bernhard [sic!] Storfer, 11.7.1943; DÖW, Namentliche Erfassung der österreichischen Holocaustopfer, Regine Groag (*13.11.1866) und Johanna Rumpler (*6.4.1889 in Wien).

492 Archiv der IKG Wien, Bestand Wien, A/VIE/IKG/I–II/DIV/1/3, Schreiben (Unterschrift unleserlich, Adresse: Wien 9., Porzellangasse 49/3) an den »Ausschuss für jüdische Überseetransporte«, 28.4.1942; DÖW, Namentliche Erfassung der österreichischen Holocaustopfer, Heinrich Rottenstein (*27.4.1885 in Wien).

493 Archiv der IKG Wien, Bestand Wien, A/VIE/IKG/I–II/DIV/1/3; Namentliche Erfassung der österreichischen Holocaustopfer: Anna Ingeborg Betz (*19.7.1936 in Oberndorf, Mitterndorf/Niederösterreich), Anna Marie Elisabeth Betz (*25.5.1909 in Wien), Ernst Johann Betz (*21.10.1934 in Wien), Ernst Johann Betz (*1.6.1901 in Wien) und Johann Wolfgang Betz (*9.1.1941 in Wien).

494 Archiv der IKG Wien, Bestand Wien, A/VIE/IKG/II/AUS/8/1, Storfer an SS-Obersturmbannführer Eichmann/RSHA Berlin, durch die Geheime Staatspolizei, Staatspolizeileitstelle Wien, 12.7.1943.

495 Alois Brunner wurde »Brunner I« genannt, um ihn von Anton Brunner (»Brunner II«), einem anderen Mitarbeiter der Wiener »Zentralstelle«, zu unterscheiden.

496 Siehe dazu Anderl/Rupnow, Die »Zentralstelle für jüdische Auswanderung« als Beraubungsinstitution, sowie Safrian, Eichmann und seine Gehilfen.

497 Archiv der IKG Wien, Bestand Wien, A / VIE / IKG / II / AUS / 8 / 1; A / VIE / IKG / II / AUS / 7 / 4.

498 Ebenda.

499 Information von Josef Storfer / London.

500 WStLA, Landesgericht für Strafsachen Wien, Volksgericht, Vg Vr 1866 / 46, Verfahren gegen Johann Rixinger, u. a. Zeugenaussage von Samuel Storfer.

501 Ebenda.

502 WStLA, Volksgerichtsakten, Verfahren gegen Anton Brunner, Vg 4574 / 45, O. Nr. 27, Bl. 77, Vernehmung des Zeugen Samuel Storfer, 19. 3. 1946.

503 Ebenda. 3. Tag der Hauptverhandlung, 9. 5. 1946, Befragung u. a. von Samuel Storfer mit Stellungnahmen des Angeklagten.

504 Ebenda; Berthold Storfer an Sofie Löwenherz, 1. 9. 1943, zit. nach: Rabinovici, Instanzen der Ohnmacht, S. 338.

505 DÖW 8476, Tagesberichte der Geheimen Staatspolizei, Staatspolizeileitstelle Wien, 1. 9.–31. 10. 1943, S. 2 f.

506 Das Original der Kartei befindet sich im WStLA, elektronisch ist die Kartei über die Homepage des DÖW (»Nicht mehr anonym«) abrufbar (www.doew.at).

507 DÖW, Archiv, 7936, Verschiedene Notizen über die Tätigkeit der Widerstandsgruppe »O5«; Archiv der Univ. Wien, Dekanat der med. Fakultät der Univ. Wien, Zl. 135, Studienjahr 1962/63 (Katharina Müller), Betreff: Wiedererlangung des Doktorgrades; Rektorat der Univ. Wien, Zl. 370 (S 272.180), Studienjahr 1962/63, Betreff: Dr. Katharina Müller, Verurteilung; Rektorat der Univ. Wien, Zl. 131 (S 271.214, Sch. 662), Studienjahr 1963/64, Betreff: Katharina Müller, Ansuchen um Wiedererlangung des akad. Grades; WStLA, Historische Meldeunterlagen, Dr. Katharina Müller. Der Name »O5« steht für »Österreich«: E ist der fünfte Buchstabe des Alphabets, also eigentlich »OE«.

508 WStLA, Historische Meldeunterlagen, Maria (Marie) Krcal.

509 WStLA, Historische Meldeunterlagen, Berthold Storfer; DÖW, Namentliche Erfassung der österreichischen Holocaustopfer, Berthold Storfer.

510 Florian Freund / Hans Safrian, Vertreibung und Ermordung. Zum Schicksal der österreichischen Juden 1938–1945. Das Projekt »Namentliche Erfassung der österreichischen Holocaustopfer«, herausgegeben vom Dokumentationsarchiv des österreichischen Widerstandes, Wien 1993, S. 37.

511 WStLA, Volksgerichtsakten, Verfahren gegen Anton Brunner, Vg 4574 / 45, O. Nr. 77, Vernehmung des Zeugen Samuel Storfer, 19. 3. 1946; WStLA, Historische Meldeunterlagen, Josef Storfer.

512 Zit. nach Arendt, Eichmann in Jerusalem, S. 79 f.

513 Hermann Langbein, Menschen in Auschwitz, S. 618 f.; Auskunft von Wojciech Płosa, Archivdirektor des Staatlichen Museums Auschwitz-Birkenau in Oświęcim, 4.1.2012; Auskunft von Bianka Geißler, Benutzerservice des International Tracing Service, Bad Arolsen, 5.1.2012 (Archiv-Nr. 3508).

514 Auskünfte von Josef Storfer/London und des Matrikenamtes der IKG Wien (Dank an Wolf Eckstein); WStLA, Historische Meldeunterlagen; DÖW, Namentliche Erfassung der österreichischen Holocaustopfer, Rachele Storfer. Samuel Storfer starb in der Polyklinik in Wien-Alsergrund an Koronarsklerose nach einem Koronarinfarkt sowie an Colitis ulcerosa.

515 Ebenda.

516 Ebenda. Zum Schicksal der Familienangehörigen Storfers siehe auch die Inschriften der Grabstelle am Wiener Zentralfriedhof, Tor I.

517 Gutman (Hrsg.), Enzyklopädie des Holocaust, Bd. 1, S. 197 f.

518 WStLA, Historische Meldeunterlagen, Berthold Storfer; LGf. ZRS Wien, Zl. 48 T 2798 / 51–7.

519 Nelly Storfer datierte die Vorgänge allerdings falsch. Sie gab an, die Verhaftung Storfers sei »vor Beginn der Judenverfolgungen im Jahre 1938« erfolgt.

520 BDA, Restitutionsmaterialien, Personenmappe Berthold Storfer, Wien, Zl. 10.249/50.

521 Archiv der IKG Wien, Bestand Wien, A / VIE / IKG / I–II / DIV / 1 / 3, u. a. Dorotheum, Schätzungsstelle, Auszug aus dem Schätzungsprotokoll, 8.5.1941. Die Schätzung ließ Josef Goldner durchführen. Die Geige wird wie folgt beschrieben: 1 alte Meistergeige, brauner Lack auf gelbem Grund, Mensur Länge 19,9 cm, Corpuslänge 35,8 cm. Zettel unleserlich. Die erwähnten Zeitungsartikel finden sich unter der Signatur A / VIE / IKG / I–II / DIV / 1 / 4.

522 Wikipedia-Eintrag zur Geschichte der Juden in Rumänien, Stand Februar 2012; Israel Gutman u. a. (Hrsg.), Enzyklopädie des Holocaust, Bd. III, S. 1249 ff.

523 Die Zahlenangaben in der Literatur und in Storfers Korrespondenzen weichen voneinander ab, die Rede ist von 327 bzw. (bei Storfer) 380 Passagieren. In den Storfer-Akten sind Meldungen zitiert, wonach die Geretteten in der Synagoge der kleinen türkischen Stadt Silivri (heute in der Provinz Istanbul) Zuflucht gesucht hatten. Doch die türkischen Behörden wollten ihnen den Verbleib im Land nicht gestatten und bestanden auf rascheste Abbeförderung der Flüchtlinge nach Palästina (Archiv der IKG Wien, Bestand Jerusalem, A/W 2515).

524 Siehe dazu: Douglas Frantz / Catherine Collins, Death on the Black Sea. The untold story of the Struma and World War II's Holocaust at sea, New York 2003.

525 Rohwer, Jüdische Flüchtlingsschiffe im Schwarzen Meer, S. 219 ff.; Archiv der IKG Wien, Bestand Jerusalem, A/W 2515, »Ausschuss für jüdische Überseetransporte«, Rundschreiben über die Vorgänge hinsichtlich der Auswanderung durch rumänische Schifffahrt-Häfen (auf Basis eines Berichts aus Bukarest), 20.4.1941.

Abkürzungen

In den Fußnoten verwendete Abkürzungen für Archive bzw. einzelne Archivbestände:

AdR	–	Archiv der Republik (Wien)
BA	–	Bundesarchiv
BDC	–	Berlin Document Center
BKA	–	Bundeskanzleramt
BMF	–	Bundesministerium für Finanzen
CAHJP	–	Central Archives for the History of the Jewish People, Jerusalem
CZA	–	Central Zionist Archives, Jerusalem
DÖW	–	Dokumentationsarchiv des Österreichischen Widerstandes, Wien
FLD	–	Finanzlandesdirektion
IKG	–	Israelitische Kultusgemeinde Wien
KuTr	–	Kommissare und Treuhänder
ÖStA	–	Österreichisches Staatsarchiv
RJM	–	Reichsjustizministerium
VA	–	Vermögensanmeldung
VVSt	–	Vermögensverkehrsstelle
WStLA	–	Wiener Stadt- und Landesarchiv
YVA	–	Yad Vashem Archives, Jerusalem
Zl.	–	Zahl

Weiterführende Literatur

Adler, H. G., Theresienstadt 1941–1945. Das Antlitz einer Zwangsgemeinschaft, Göttingen 2005.

Adler, H. G., Der verwaltete Mensch. Studien zur Deportation der Juden in Deutschland, Tübingen 1974.

Adler-Rudel, S., The Evian Conference on the Refugee Question, in: Year Book of the Leo Baeck Institute, XIII, London 1968.

Aly, Götz / Susanne Heim, Vordenker der Vernichtung. Auschwitz und die deutschen Pläne für eine neue europäische Ordnung, Hamburg 1991.

Anderl, Gabriele, Berthold Storfer: Retter oder Kollaborateur? – Skizzen einer umstrittenen Persönlichkeit. Ein Beitrag zur Geschichte der sogenannten »illegalen Einwanderung« in das britische Mandatsgebiet Palästina, in: David. Jüdische Kulturzeitschrift, Nr. 35, Dez. 1997, S. 15–30.

Anderl, Gabriele, Emigration und Vertreibung, in: Erika Weinzierl / Otto D. Kulka (Hrsg.), Vertreibung und Neubeginn. Israelische Bürger österreichischer Herkunft, Wien, Köln, Weimar 1992, S. 167–337.

Anderl, Gabriele, »Entweder ihr verschwindet über die Donau oder in der Donau!« Die Flucht österreichischer Juden nach Palästina, in: Robert Streibel, Plötzlich waren sie alle weg. Die Juden der »Gauhauptstadt Krems« und ihre Mitbürger, Wien 1991, 252–274.

Anderl, Gabriele, Flucht und Vertreibung, 1938–1945, in: Traude Horvath / Gerda Neyer, Auswanderungen aus Österreich. Von der Mitte des 19. Jahrhunderts bis zur Gegenwart, Wien, Köln, Weimar 1996, S. 235–275.

Anderl, Gabriele, Fluchtpunkt Mauritius, Artikelserie in: Profil 28–31 (1990).

Anderl, Gabriele / Manoschek, Walter, Gescheiterte Flucht. Der jüdische »Kladovo-Transport« auf dem Weg nach Palästina. 1939–42, Wien 1993 (überarbeitete Neuauflage Wien 2001).

Anderl, Gabriele, Die Kommandanten des jüdischen Ghettos in Theresienstadt – ein Werkstattbericht, in: Österreichische Zeitschrift für Geschichtswissenschaften, Nr. 4/1992, S. 563–577.

Anderl, Gabriele, Die Lagerkommandanten des jüdischen Ghettos Theresienstadt, in: Miroslav Kárny / Vojtech Blodig / Margita Kárná, Theresienstadt in der »Endlösung der Judenfrage«, Prag 1992, S. 213–222.

Anderl, Gabriele, Orte der Täter. Der NS-Terror in den »arisierten« Wiener Rothschild-Palais, Bd. 15 der Schriftenreihe des Instituts zur Erforschung der Geschichte der Gewerkschaften und der Arbeiterkammern, Wien 2005.

Anderl, Gabriele, Porträts, in: Angelika Hagen / Joanna Nittenberg (Hrsg.), Flucht in die Freiheit. Österreichische Juden in Palästina und Israel, Wien 2006, S. 191–279.

Anderl, Gabriele, Die »Umschulungslager« Doppl und Sandhof der Wiener Zentralstelle für jüdische Auswanderung, Druckfassung, in: David. Jüdische Kulturzeitschrift, Teil I: Nr. 58, September 2003, Teil II: Nr. 60, März 2004 (der Artikel ist auch über die Homepage des Dokumentationsarchivs des österreichischen Widerstandes abrufbar: www.doew.at).

Anderl, Gabriele, Vom Wunschland zum Fluchtland. Emigration und Flucht österreichischer Juden nach »Eretz Israel«, in: Eva Grabherr (Hrsg.): Das Dreieck im Sand. 50 Jahre Staat Israel, Wien 1997, S. 49–66.

Anderl, Gabriele / Rupnow, Dirk, Die »Zentralstelle für jüdische Auswanderung« als Beraubungsinstitution. Veröffentlichungen der Österreichischen Historikerkommission. Vermögensentzug während der NS-Zeit sowie Rückstellungen und Entschädigungen, Band 20/1, Wien, München 2004.

Anderl, Gabriele, Die »Zentralstelle für jüdische Auswanderung« in Wien, 1938–1943, in: David. Jüdische Kulturzeitschrift; Teil I: Nr. 13, Juni/Juli 1992; Teil II: Nr. 16, April 1993.

Anderl, Gabriele, Die »Zentralstellen für jüdische Auswanderung« in Wien, Berlin und Prag. Ein Vergleich, in: Jahrbuch des Instituts für Deutsche Geschichte, Tel Aviv 1994, S. 275–299.

Anderl, Gabriele, Die »Zentralstelle für jüdische Auswanderung« in Wien und die Lagerkommandanten des Ghettos Theresienstadt, in: Institut Theresienstädter Initiative / Dokumentationsarchiv des österreichischen Widerstandes (Hrsg.), Theresienstädter Gedenkbuch. Österreichische Jüdinnen und Juden in Theresienstadt 1942–1945, Prag 2005, S. 157–180.

Arendt, Hannah, Eichmann in Jerusalem. Ein Bericht von der Banalität des Bösen, München 1964.

Avriel, Ehud, Open the Gates! A Personal Story of »Illegal« Immigration to Israel, New York 1975.

Bauer, Yehuda, American Jewry and the Holocaust. The American Jewish Joint Distribution Committee, 1935–1945, Detroit 1981.

Bauer, Yehuda, Freikauf von Juden? Verhandlungen zwischen dem nationalsozialistischen Deutschland und jüdischen Repräsentanten von 1933 bis 1945, Frankfurt/M. 1996.

Bondy, Ruth, »Elder of the Jews«. Jakob Edelstein of Theresienstadt, New York 1989.

Braun, Helmut (Hrsg.), Czernowitz. Die Geschichte einer untergegangenen Kulturmetropole, Berlin 2006.

Brechtken, Magnus, »Madagaskar für die Juden«. Antisemitische Ideen und politische Praxis 1885–1945, München 1997.

Brunner, Walter, Der Steirer Josef Schleich (1902–1949) – Judenschlepper oder Fluchthelfer im Dritten Reich?, in: Zeitschrift des Historischen Vereines für Steiermark, XCI./XCII. Jahrgang. Festschrift: 150 Jahre Historischer Verein Jahrgang, Graz 2000/2001, S. 589–599.

Campion, Joan, The lion's mouth: Gisi Fleischmann & the Jewish fight for survival, Lanham 1987.

Cordon, Cécile / Kusdat, Helmut (Hrsg.), An der Zeiten Ränder. Czernowitz und die Bukowina. Geschichte – Literatur – Verfolgung – Exil, Wien 2002.

Diner, Dan, Austreibung ohne Einwanderung. Zum historischen Ort des »9. November«, in: Babylon. Beiträge zur jüdischen Gegenwart, Heft 5/1989.

Echt, Samuel, Die Geschichte der Juden in Danzig, Leer (Ostfriesland) 1972.

Fischer, Eduard, Krieg ohne Heer. Meine Verteidigung der Bukowina gegen die Russen, Wien 1935.

Freund, Florian / Safrian, Hans, Vertreibung und Ermordung. Zum Schicksal der österreichischen Juden 1938–1945. Das Projekt »Namentliche Erfassung der österreichischen Holocaustopfer«, herausgegeben vom Dokumentationsarchiv des österreichischen Widerstandes, Wien 1993.

Frodl-Kraft, Eva, Gefährdetes Erbe. Österreichs Denkmalschutz und Denkmalpflege 1918–1945 im Prisma der Zeitgeschichte, Wien, Köln, Weimar 1997.

Genée, Pierre / Anderl, Gabriele, Wer war Dr. Benjamin Murmelstein? Biographische Streiflichter, in: David. Jüdische Kulturzeitschrift, Nr. 38, September 1998, S. 9–20.

Gold, Hugo, Geschichte der Juden in der Bukowina, Bd. II, Tel Aviv 1962.

Gutman, Israel u. a. (Hrsg.), Enzyklopädie des Holocaust. Die Verfolgung und Ermordung der europäischen Juden, 4 Bände, München, Zürich 1998 (Hrsg. der dt. Ausgabe: Eberhard Jäckel / Peter Longerich / Julius H. Schoeps).

Habe, Hans, Die Mission, Wien 1965.

Hafner, Georg M. / Schapira, Esther, Die Akte Alois Brunner. Warum einer der größten Naziverbrecher noch immer auf freiem Fuß ist, Frankfurt/M. 2000.

Hagenberg-Miliu, Ebba, Rumänien (Dumont – Richtig reisen), Ostfildern 2006.

Halbrainer, Heimo, Josef Schleich – ein »Judenschlepper« an der Grenze zu Jugoslawien 1938–1941, in: Gabriele Anderl / Erwin Köstler (Hrsg.), Exil in Jugoslawien II, Schwerpunktheft der Zeitschrift Zwischenwelt. Literatur – Widerstand – Exil, Nr. 4, Februar 2011, S. 32–40.

Heimann-Jelinek, Felicitas u. a., Ordnung muss sein. Das Archiv der Israelitischen Kultusgemeinde Wien, Wien 2007.

Heller, Alfred, Dr. Seligmanns Auswanderung. Der schwierige Weg nach Israel, München 1990.

Heppner, Harald (Hrsg.), Czernowitz. Die Geschichte einer ungewöhnlichen Stadt, Köln, Weimar, Wien 2000.

Jabloner, Clemens u. a., Schlussbericht der Historikerkommission der Republik Österreich. Vermögensentzug während der NS-Zeit sowie Rückstellungen und Entschädigungen seit 1945 in Österreich, Bd. 1, München, Wien 2003.

Jansen, Hans, Der Madagaskar-Plan. Die beabsichtigte Deportation der europäischen Juden nach Madagaskar, München 1987.

Kraft, Rudolf, Handbuch der Kommerzialräte Österreichs, Wien 1933.

Kroh, Ferdinand, David kämpft. Vom jüdischen Widerstand gegen Hitler, Hamburg 1988.

Lang, Jochen von, Das Eichmann-Protokoll. Tonbandaufzeichnungen der israelischen Verhöre, Berlin 1985.

Langbein, Hermann, Menschen in Auschwitz, Wien 1972.

Lengyel, Olga, Five chimneys. A Women Survivor's True Story of Auschwitz, Chicago 1947.

Lentin, Ronit, Re-presenting the Shoah for the Twenty-First Century, Oxford 2004.

Levine, Herbert S., Hitlers's Free City. A History of the Nazi Party in Danzig, 1925–39, Chicago, London 1973.

Lichtenstein, Erwin, Bericht an meine Familie. Ein Leben zwischen Danzig und Israel. Mit einem Nachwort von Günter Grass, Darmstadt 1985.

Lichtenstein, Erwin, Die Juden der Freien Stadt Danzig unter der Herrschaft des Nationalsozialismus, Tübingen 1973.

Longerich, Erwin, Politik der Vernichtung. Eine Gesamtdarstellung der nationalsozialistischen Judenverfolgung, München, Zürich 1998.

Loose, Ingo, Kredite für NS-Verbrechen. Die deutschen Kreditinstitute in Polen und die Ausraubung der polnischen und jüdischen Bevölkerung. 1939–1945, München 2007.

Lustiger, Arno, Rettungswiderstand. Über die Judenretter in Europa während der NS-Zeit, Göttingen 2011.

Mardor, Munya M., Haganah. Strictly Illegal, New York 1964.

Melichar, Peter, Neuordnung im Bankenwesen. Die NS-Maßnahmen und die Problematik der Restitution, Veröffentlichungen der Österreichischen Historikerkommission, Bd. 11, Wien, München 2004.

Mittelmann, Hermann, Illustrierter Führer durch die Bukowina, Czernowitz 1907/1908 (neu herausgegeben von Helmut Kusdat, Wien 2001).

Nicosia, Francis, The Third Reich and the Palestine Question, London 1985.

Niklas, Martin, »… die schönste Stadt der Welt«. Österreichische Jüdinnen und Juden in Theresienstadt, Wien 2009.

Ofer, Dalia, Escaping the Holocaust, Illegal Immigration to the Land of Israel, 1939–1944, New York / Oxford 1990.

Perl, William R., Operation Action. Rescue from the Holocaust, New York 1983 (überarbeitete und erweiterte Auflage von »The Four Front War«, 1979).

Paucker, Arnold, Jüdischer Widerstand in Deutschland. Tatsachen und Problematik, Beiträge zum Widerstand 1933–1945, Heft 37, Gedenkstätte Deutscher Widerstand Berlin, 1989.

Pitot, Geneviève, The Mauritius Shekel. The Story of the Jewish Detainees in Mauritius. 1940–1945, Port Louis (Mauritius) 1998.

Rabinovici, Doron, Instanzen der Ohnmacht. Wien 1938–1945. Der Weg zum Judenrat, Frankfurt/M. 2000.

Rat der jüdischen Gemeinden in den böhmischen Ländern (Prag) und Zentralverband der jüdischen Gemeinden in der Slowakei (Bratislava) (Hrsg.), Nazi-Dokumente sprechen, Prag, Bratislava, o. D.

Rattner, Anna / Blonder, Lola, 1938 – Zuflucht in Palästina. Zwei Frauen berichten (bearbeitet und eingeleitet von Helga Embacher), Materialien zur Zeitgeschichte, Bd. 6, Wien, Salzburg 1989.

Rohwer, Jürgen, Jüdische Flüchtlingsschiffe im Schwarzen Meer – 1934 bis 1944, in: Ursula Büttner (Hrsg.), Das Unrechtsregime. Internationale Forschung über den Nationalsozialismus, Bd. 2: Verfolgung – Exil – Belasteter Neubeginn, Hamburg 1986, S. 197–248.

Rosenkranz, Herbert, Verfolgung und Selbstbehauptung. Die Juden in Österreich 1938–1945, Wien 1978.

Safrian, Hans, Eichmann und seine Gehilfen, Frankfurt/M. 1997.

Schmid, Armin und Renate, Im Labyrinth der Paragraphen. Die Geschichte
einer gescheiterten Emigration, Frankfurt/M. 1993.

Seemann, Helfried (Hrsg.), Czernowitz und die Bukowina 1890–1910, Wien
2001.

Stangneth, Bettina, Eichmann vor Jerusalem: das unbehelligte Leben eines
Massenmörders, Hamburg, Zürich 2011.

Sternberg, Hermann, Zur Geschichte der Juden in Czernowitz, in: Hugo Gold,
Geschichte der Juden in der Bukowina, Bd. II, Tel Aviv 1962, S. 27–47.

Steur, Claudia, Theodor Dannecker. Ein Funktionär der »Endlösung«, Essen
1997.

Streibel, Robert, Plötzlich waren sie alle weg. Die Juden der »Gauhauptstadt Krems« und ihre Mitbürger, Wien 1991 (Tagebuch Josef Nemschitz,
3.9.1940–21.9.1941, S. 216–251).

Steiner, Erich Gershon, The story of the Patria, New York 1982.

Torczyner, Joshua, »Mörder« – schrie ich Eichmann an …, Tel Aviv 1975.

Venus, Theodor / Wenck, Alexandra-Eileen, Die Entziehung jüdischen Vermögens im Rahmen der Aktion Gildemeester. Eine empirische Studie über
Organisation, Form und Wandel von »Arisierung« und jüdischer Auswanderung in Österreich 1938–1941, Veröffentlichungen der Österreichischen
Historikerkommission, Bd. 20/2, Wien, München 2004.

Wasserstein, Bernard, Britain and the Jews of Europe. 1939–1945, Oxford, New
York 1988.

Weiner, Hana / Dalia Ofer, Dead-End Journey: the Tragic Story of the Kladovo-
Šabac-group, Lanham 1996.

Weingarten, Ralph, Die Hilfeleistung der westlichen Welt bei der Endlösung
der deutschen Judenfrage. Das »Intergovernmental Committee on Political
Refugees« (IGC) 1938–1939, Bern 1983.

Wistrich, Robert, Wer war wer im Dritten Reich? Ein biographisches Lexikon.
Anhänger, Mitläufer, Gegner aus Politik, Wirtschaft und Militär, Kunst und
Wissenschaft, Frankfurt/M. 1987.

Wojak, Irmtrud, Eichmanns Memoiren. Ein kritischer Essay, Frankfurt/M.
2001.

Zwergbaum, Aaron, Exile in Mauritius, in: Yad Vashem Studies (Jerusalem),
IV, 1960.

Zwergbaum, Aaron: From Internment in Bratislava and Detention in Mauritius to Freedom. The Story of the Czechoslovak Refugees on the Atlantic
(1939–1945), in: The Jews of Czechoslovakia. Historical Studies and Surveys,
vol. H, Philadelphia 1971.

Personenregister